基礎から学ぶ

賃金・賞与・退職金の法律実務

ヒューマンテック経営研究所
藤原 伸吾 著

経営書院

はじめに

　近年、少子高齢化や非正規従業員の増加、雇用のグローバル化等を背景に、高年齢者雇用安定法や労働契約法、労働者派遣法など、労働関連法令の改正が目まぐるしく行われています。このため、企業の実務担当者だけでなく、人事労務の専門家である社会保険労務士や法律の専門家である弁護士も、複雑化する法律を実際の労働現場にどのようにあてはめていくか、日々頭を悩ませているものと思われます。

　また、労働条件の中でもとくに重要な賃金は、誤った理解の下に運用を進めるとトラブルに発展する可能性が非常に高いものです。このため、実務担当者や専門家は、賃金に関する法令の定めと実務上の取扱いについて、しっかりと理解し、対応できるようにしておかなければなりません。

　そこで本書では、法令の条文だけでなく、行政通達や裁判例、さらには筆者が企業で実際に携わったコンサルティング事例をもとに、人事労務実務の初級担当者にも理解できるよう、できる限り図表やポイントを駆使して解説を加えました。

　賃金の決定や支払いの実務に直接携わる実務担当者は、人事や労務、人事企画などの部門に所属する方々が多いものと思われますが、執筆にあたっては、管理職として部下を管理する立場にある方

や、一般の従業員の方にも分かるよう心がけて執筆しました。

　本書は、産労総合研究所の定期刊行誌『賃金事情』に、平成17年4月から平成19年6月までの約2年間にわたって連載した『基礎から学ぶ賃金と法律』を単行本化するという企画から始まったものです。

　しかし、企画が立ち上がった段階から今日まで6年近くが経過し、その間、労働基準法をはじめとする多くの労働関連法令が改正され、また労働契約法が創設されるなど、前提となる法令が大きく変わりました。このため、本書を改めてまとめるにあたっては、ほぼ全面書換えに近い書き直しを行いました。

　また、前述したように、初級実務担当者にも賃金の法律実務を理解してもらえるよう、平易な言い回しに書き換え、あるいは多数の図表を新たに作成するなども試みました。

　本書の構成としては、第1章から第6章までは、賃金の定義や賃金の支払いにかかる法的規制をはじめ、賃金の決定や計算、支払い等の実務について分かりやすく解説しています。また、第7章では平均賃金、第8章では賞与、第9章では退職金の法律実務をそれぞれ解説しています。

　一方で、近年の激動する社会経済情勢を背景に、企業が直面する

人事労務の問題や、Ｍ＆Ａに伴う賃金の不利益変更の問題など、実務の現場で人事労務の諸問題に対応している担当者の方々は、日々、訴訟や紛争のリスクと向き合いながら業務にあたられていることと思います。

　このため、そのような実務担当者の方々にも役立つ実務書となるよう、『補章』として、賃金の不利益変更等に関する諸問題をまとめました。このテーマは必ずしも初級レベルのものではありませんが、できるだけ幅広い層の方々に本書をご活用いただきたいという思いから追加執筆したものです。

　最後に、本書の刊行にあたって、企画の段階から約６年間を要したにもかかわらず、この間お付き合いをいただいた産労総合研究所賃金事情編集部の歴代スタッフ各位に、この場をお借りして、改めて心より御礼申し上げます。

　平成25年３月

ヒューマンテック経営研究所

藤 原 伸 吾

基礎から学ぶ

賃金・賞与・退職金の
法律実務

◆はじめに／Ⅰ
◆法令等の表記・略称／ⅩⅥ

第1章　賃金とはなにか／1

1．労働基準法上の賃金の定義／2
2．労働の対償として支払われるもの／3
  （1）任意的、恩恵的なものであるか否か／3　（2）福利厚生施設であるか否か／5　（3）企業設備の一環であるか否か／6
3．賃金に該当するか否かの個別判断／6
  （1）実物給与の基本的な考え方／6　（2）通勤定期券の実物支給／7　（3）居残り弁当料、早出弁当料／7　（4）所得税等の事業主負担分／7　（5）食事の供与／8　（6）住宅の貸与／8　（7）制服、作業衣等の貸与／8　（8）ストック・オプション／8　（9）チップ／9　（10）法定の額を超える休業補償／9　（11）マイカーを社用に利用する場合の維持費／10

Coffee break　経済的観点からみた賃金の性格／11

第2章　賃金支払いにかかる規制と保護／13

Ⅰ．賃金支払いの確保と賃金の保護／14

1．労働基準法による賃金支払いの確保／14
  （1）非常時払い／14　（2）退職時の金品の返還／15　（3）出来高払いの保障給／16　（4）賃金債権の消滅時効／18　（5）強制貯蓄の禁止／19
2．賃確法による賃金債権の保護／20
  （1）貯蓄金の保全措置／21　（2）退職手当の保全措置／21　（3）退職労働者の賃金にかかる遅延利息／22　（4）未払い賃金の立替払事業／22
3．その他の法律による賃金債権の保護／26
  （1）民法による賃金債権の先取特権／26　（2）民事執行法による差押えの制限／27　（3）倒産手続きと賃金債権の保護／28

4．付加金／29

Ⅱ．休業手当／30

　1．休業手当の意義／30

　　（1）休業手当とはなにか／30　（2）民法第536条第2項と労働基準法第26条の関係／30　（3）"使用者の責めに帰すべき事由"とは／31　（4）"使用者の責めに帰すべき事由"にあたらない場合／36　（5）特別なケースにおける休業手当の要否／39

　2．休業手当の額／42

　　（1）会社都合の休職とした場合／42　（2）1日の一部を労働した場合／43　（3）1日の所定労働時間が短い場合／43　（4）休日の場合／44

　3．休業手当の支払い時期／44

第3章　賃金決定の実務／45

Ⅰ．書面交付、就業規則への記載／46

　1．労働契約締結時に書面で明示すべき事項／46

　2．就業規則の必要記載事項／46

Ⅱ．賃金の決定／48

　1．賃金決定の原則／48

　　（1）労使対等の原則／48　（2）均等待遇の原則／49　（3）男女同一賃金の原則／49

　2．非正規労働者の均衡待遇／50

　　（1）パートタイム労働者の差別的取扱いの禁止と均衡待遇の原則／50　（2）有期契約労働者の不合理な労働条件の禁止／55　（3）派遣労働者の均衡を考慮した待遇の確保／56

　3．賃金体系／56

　　（1）所定内賃金と所定外賃金／57　（2）基本給／57　（3）諸手当／58

Ⅲ．最低賃金／60

　1．最低賃金の種類／60

　　（1）地域別最低賃金／60　（2）特定（産業別）最低賃金／62

2．最低賃金の対象となる賃金とその計算方法／62

   　　（1）対象となる賃金／62　（2）最低賃金と実際に支払われる賃金との比較方法／63　（3）最低賃金の計算の具体例／64

   3．最低賃金の適用対象者／66

   　　（1）最低賃金の減額の特例／66　（2）特定（産業別）最低賃金の適用除外者／66　（3）派遣労働者の最低賃金／67

   4．最低賃金の効力と罰則／68

Coffee break　同一労働同一賃金の原則／70

第4章　賃金計算の実務／71

Ⅰ．賃金の計算／72

   1．賃金の計算方法／72

   　　（1）賃金形態ごとの計算方法／72　（2）割増賃金の計算方法／73　（3）端数計算／74　（4）年次有給休暇取得日の賃金／74

   2．賃金控除の計算方法／77

   　　（1）ノーワーク・ノーペイの原則／77　（2）賃金形態ごとの賃金控除／78　（3）フレックスタイム制における実労働時間の清算方法／82　（4）賃金の日割計算／82

Ⅱ．減給の制裁と賃金控除／87

   1．減給の制裁の制限と意義／87

   　　（1）遅刻・早退の場合の賃金控除／88　（2）変動的賃金の減給／90　（3）数事案の制裁による減給／90　（4）賞与の減給／91　（5）精皆勤手当のカットによる減給／92

   2．減給以外の制裁／93

   　　（1）出勤停止と賃金控除／93　（2）昇給停止／93　（3）降給、減俸／94　（4）制裁としての降格と賃金減額／94　（5）制裁としての月給者から日給者への格下げと賃金減額／95

Ⅲ．賃金計算の記録と賃金台帳／96

   1．賃金台帳に記載すべき事項／96

   2．賃金台帳の記入方法／97

3．賃金台帳の様式／98
4．賃金台帳の備付けおよび保存／99
Coffee break　月給制／101

第5章 賃金支払いの実務／103

Ⅰ．賃金支払いの5原則／104
1．通貨払いの原則／104
（1）法令もしくは労働協約に基づく場合／105　（2）厚生労働省令で定めるものによる場合／106
2．直接払いの原則／109
（1）代理人への支払い／109　（2）賃金債権の譲受人への支払い／110
（3）差押え債権者への支払い／110　（4）行方不明者への支払い／111
（5）派遣労働者への支払い／111
3．全額払いの原則／111
（1）全額払いの原則の例外／112　（2）端数処理／114　（3）過払い賃金の調整的相殺／115　（4）使用者が労働者に対して有する債権と賃金の相殺の可否／116　（5）控除額の限度／117
4．毎月1回以上払いの原則／117
5．一定期日払いの原則／119

Ⅱ．賃金の締切ならびに支払時期／121
1．賃金の締切日と支払日／121
2．締切日または支払日の変更／122
（1）変更時の留意点／122　（2）具体的な変更と留意点／123
3．遡及払い／126

Ⅲ．前借金等との相殺の禁止／128
1．賃金と前借金等との相殺が禁じられている趣旨／128
2．身分的拘束を伴わないことが明らかな社内融資制度と法第17条の関係／129
3．労働者の完全な自由意思に基づく相殺契約と法第17条との関係／129

4．法定を上回る育児休業期間中の社会保険料の事業主立替分控除／130

Ⅳ．違約金または損害賠償額の予定の禁止／131

1．違約金の禁止／131

2．損害賠償額の予定の禁止／132

Coffee break 留学費用の返還／133

第6章 割増賃金の実務／135

Ⅰ．時間外・休日労働および深夜労働と割増賃金／136

1．時間外・休日労働にかかる規制／136

（1）法定労働時間と時間外労働にかかる規制／136 （2）法定休日と休日労働にかかる規制／137 （3）時間外・休日労働にかかる規制の例外／137

2．割増賃金の意義／138

3．時間外労働と割増賃金／139

（1）割増賃金の対象となる時間外労働／139 （2）月60時間を超える時間外労働／141 （3）限度時間を超える時間外労働にかかる割増賃金率の引上げ（努力義務）／144 （4）法定時間内労働／146 （5）違法な時間外労働／146 （6）"実働主義"と割増賃金の要否／146 （7）労働時間の範囲と割増賃金の要否／151 （8）その他のケースにおける時間外割増賃金の要否／152 （9）変形労働時間制における時間外労働／155 （10）代替休暇制度／164

4．休日労働と割増賃金／169

（1）休日労働にかかる割増賃金／169 （2）法定休日以外の休日労働にかかる割増賃金／169 （3）休日振替／170 （4）1カ月単位の変形労働時間制における休日振替／172 （5）休日労働と時間外労働が重複した場合／172 （6）休日労働にかかる割増賃金支払いの要否／173

5．深夜労働と割増賃金／176

（1）深夜労働の割増賃金／176 （2）法第41条に定める管理監督者の深夜労働にかかる割増賃金／176 （3）一昼夜交替勤務の場合の割増賃金／176 （4）監視断続労働者の深夜労働にかかる割増賃金／177

6．割増賃金にかかるその他の留意事項／177

（1）通常の賃金の支払い／177　（2）労使の申し合わせによる割増賃金の返上／178　（3）派遣労働者の割増賃金の支払い／179　（4）管理監督者への割増賃金の支払い／179

Ⅱ．割増賃金の計算と支払方法／182

1．割増賃金の計算方法／182

（1）割増賃金の基礎となる賃金の計算／182　（2）割増賃金計算時の端数処理／183

2．残業手当の定額払い制／184

（1）定額残業手当／184　（2）残業手当の上限設定／185　（3）定額残業手当の具体的な設定方法／185

3．みなし労働時間制／186

4．出来高払（歩合給）制／186

（1）割増賃金の要否／187　（2）割増賃金に含まれる通常の賃金／187　（3）割増賃金の計算／187

5．年俸制／188

（1）年俸額に割増賃金が含まれる場合／188　（2）年俸額に賞与を含めている場合／190　（3）管理監督者の年俸制と深夜労働割増賃金／190

Ⅲ．割増賃金の算定基礎賃金／191

1．割増賃金の算定基礎から除外される賃金／191

（1）家族手当／192　（2）通勤手当／192　（3）別居手当／192　（4）子女教育手当／193　（5）住宅手当／193　（6）臨時に支払われた賃金の取扱い／194　（7）1カ月を超える期間ごとに支払われる賃金の取扱い／194

2．その他の特殊な手当の取扱い／195

（1）特殊作業手当／195　（2）夜間看護手当／196　（3）生産奨励手当／196　（4）所得税補充手当／197

Coffee break　不払い残業をめぐる課題／198

第7章　平均賃金の実務／199

Ⅰ．平均賃金の算定／200

1．算定理由／200

 2．算定方法／200

Ⅱ．平均賃金の算定期間／202

 1．起算日／202

  （1）算定すべき事由の発生した日／202　（2）賃金締切日がある場合の起算日／204

 2．総日数／206

  （1）除外期間が3カ月以上にわたる場合／207　（2）法定の育児休業期間を上回る育児休業期間がある場合／207　（3）雇入れ後3カ月未満の場合／207　（4）試用期間中の場合／210　（5）試用期間を経て本採用後に算定事由が発生した場合／210

Ⅲ．平均賃金の算定基礎となる賃金／211

 1．支払われた賃金の総額／211

  （1）支払われるべき賃金に遅払いがあった場合／211　（2）賃金水準の変更があった場合／212　（3）二重雇用等の場合／213

 2．算定基礎となる賃金の範囲／214

  （1）通勤手当および通勤定期乗車券／214　（2）年休所得日の賃金／215　（3）休業手当／215　（4）昼食料、居残り弁当料等／215

 3．賃金総額から除外する賃金／215

  （1）臨時に支払われた賃金／216　（2）3カ月を超える期間ごとに支払われる賃金／216　（3）通貨以外のもので支払われた賃金／217

Ⅳ．平均賃金にかかるその他の留意事項／218

 1．端数処理／218

  （1）平均賃金の日額／218　（2）解雇予行手当および休業手当／218　（3）労災保険の給付基礎日額／218

 2．最低保障／219

  （1）日給制、時間給制等による場合／219　（2）月給制等と日給制等が混在している場合／220　（3）賃金形態が算定期間中に変更された場合／220　（4）日給月給制等による場合／221　（5）日給月給制等で欠勤控除された場合で時間給等と併用している場合／221

 3．常用労働者に関する特例／222

（1）使用者の責めによらない休業期間が算定事由発生日以前3カ月以上にわたる場合／222　（2）賃金総額が不明の場合／222　（3）いわゆる完全月給制で、一賃金締切期間に満たない期間中に算定事由が発生した場合／223　（4）算定期間が2週間未満で、かつ、満稼働の場合／224　（5）通常の算定方法によると著しく不適当なものとなる場合／224　（6）算定期間中に争議行為のための休業期間がある場合／225　（7）業務上の疾病にかかった場合／225

　4．日雇労働者の平均賃金／225

　　　（1）原則的な算定方法／225　（2）原則的な算定方法で算定し得ない場合／226　（3）不適当と認め申請した場合／226　（4）一定の事業または職業の場合／226

第8章　賞与支払いの実務／227

Ⅰ．賞与の法的性格と意義／228

　1．賞与の法的性格／228

　2．労働基準法上の賞与とは／229

Ⅱ．賞与額の決定および計算方法／230

　1．賞与の算定期間と算定方法／230

　　　（1）中途採用者の場合／230　（2）算定期間中に休業期間等がある場合／231

　2．賞与の算定基準と減額控除／234

　　　（1）不就業時間を超える減額控除／234　（2）遅刻・早退・欠勤等に対する月例給与と賞与からの二重の減額控除／234　（3）ストライキに対する賞与の減額控除／235　（4）ストライキに対する月例給与と賞与からの二重の減額控除／235

　3．年休や生理日の休暇の取得と賞与の減額控除／235

　　　（1）年休の取得日／236　（2）生理日の休暇の取得と賞与の減額／236

　4．懲戒処分による賞与不支給と減給の制裁／237

　　　（1）懲戒処分による賞与不支給／237　（2）賞与減額と減給の制裁／238

Ⅲ．賞与支払いの実務／239

　1．支払期日／239

2.口座振込等／239

3.非常時払い／240

Ⅳ．賞与請求権と賞与の不支給／241

1.賞与請求権の発生時期／241

2.評価に関する使用者の裁量の範囲／242

（1）評価内容についての使用者の裁量／242　（2）評価額の確定が遅れた場合の賞与請求権／242

3.毎年支給する賞与の額の慣行化／243

4.支給日在籍要件／244

（1）支給日在籍要件にかかる特段の定めや慣行がある場合／244　（2）支給日在籍要件にかかる特段の定めや慣行がない場合／245　（3）年俸制その他賞与額があらかじめ確定している場合／246　（4）支給日前に解雇した場合／246　（5）定年退職または契約期間満了によって労働契約が終了した場合／247　（6）賞与の支給が予定日より遅れた場合／248

5.退職予定者の賞与減額の可否／249

第9章　退職金支払いの実務／251

Ⅰ．退職金の法的性格と就業規則等への必要記載事項／252

1.退職金の法的性格／252

（1）退職金の法的性格／252　（2）賃金の該当性／253

2.就業規則等に記載すべき退職金に関する事項／254

（1）適用される労働者の範囲／254　（2）退職金の決定、計算および支払いの方法／254　（3）退職金の支払いの時期／256

Ⅱ．退職金の支払い方法／258

1.賃金支払いの5原則の適用／258

2.通貨払いの原則の例外／259

3.直接払いの原則の例外／260

（1）成年被後見人または失踪者への退職金の支払い／260　（2）譲渡または

　　　　質入れされた退職金の支払い／261
　　4．全額払いの原則の例外／265
　　　　（1）損害賠償との相殺／266　（2）住宅融資額との相殺／267
Ⅲ．退職金の支払いにかかるその他の留意事項／270
　　1．退職金の支給制限／270
　　　　（1）普通解雇の場合／270　（2）懲戒解雇の場合／271　（3）同業他社に就職した場合／272
　　2．退職金の返還請求／273
　　　　（1）退職後の懲戒解雇の可否／273　（2）退職金返還請求の効力／273
　　3．死亡退職金／274
　　　　（1）死亡退職金の意義／274　（2）民法の相続に関する規定／275
　　　　（3）施行規則第42条、第43条の規定／275　（4）受取人の判定が困難な場合や争いがある場合の取扱い／276
　　4．退職金の時効／278
　　5．退職金の保全措置／279
　　　　（1）保全措置を講ずべき事業主／279　（2）保全措置の方法／280
　　　　（3）保全すべき退職金の額／280

補章　賃金の不利益変更等に関する諸問題／281

Ⅰ．賃金の改定（昇給・降給）をめぐる諸問題／282
　　1．昇給／282
　　　　（1）昇給の種類／282　（2）就業規則の絶対的必要記載事項と定昇凍結／283
　　2．降給／284
　　　　（1）降格に基づく降給／285　（2）職務変更（配転）に伴う降給／290
　　　　（3）人事考課に基づく降給／293
Ⅱ．賃金の不利益変更について／295
　　1．労働契約と就業規則、労働協約、法令の関係／295
　　2．労働条件の不利益変更の法的効力／295

（1）個別合意による労働条件の変更／297　（2）就業規則による労働条件の変更／299　（3）労働協約による労働条件の変更／303

　3．就業規則の変更による賃金の不利益変更の合理性の判断基準／306

　　　（1）変更の必要性／306　（2）不利益の程度／309　（3）労働条件の不利益変更にかかる手続き／311

　4．賞与の不利益変更／312

　　　（1）賞与の支給水準の引下げ、不支給／312　（2）賞与の廃止／313　（3）月給制から年俸制への移行と賞与の廃止／314

Ⅲ．成果主義賃金制度の導入と不利益変更／315

　1．成果主義賃金制度の導入についての不利益変更の該当性／315

　2．成果主義への移行に伴って許容される不利益変更の範囲／316

　　　（1）変更の必要性の内容・程度／316　（2）変更内容の相当性／319　（3）労働者の受ける不利益の程度／321

Ⅳ．雇用形態の変更・契約更新に伴う賃金の引下げと不利益変更／323

　1．出向社員の賃金の取扱い／323

　2．定年再雇用、定年延長と賃金引下げ／324

　　　（1）定年再雇用者の賃金引下げ／324　（2）定年延長と賃金引下げ／325

　3．有期契約労働者の契約更新時の賃金引下げ／326

　4．変更解約告知による賃金引下げ／327

　　　（1）変更解約告知が有効とされた事例／328　（2）変更解約告知が無効とされた事例／328

Ⅴ．退職金・企業年金の制度変更等による不利益変更／330

　1．退職金の法的性格／330

　2．退職金の不利益変更／331

　　　（1）裁判例／331　（2）退職金制度の見直し／333

　3．企業年金の不利益変更／340

　　　（1）企業年金の概要／341　（2）企業年金の給付減額にかかる要件／341　（3）企業年金の不利益変更にかかる問題／342

Ⅵ. 企業再編に伴う労働契約の承継と不利益変更／344
　1．企業再編の種類／344
　　（1）合併／344　（2）買収／345　（3）会社分割／345　（4）事業譲渡／345
　2．労働契約関係の承継／346
　　（1）合併における権利義務の承継／347　（2）買収における権利義務の承継／347　（3）会社分割における権利義務の承継／348　（4）事業譲渡における権利義務の承継／351
　3．企業再編時における労働条件の変更と調整／355
　　（1）合併前後の労働条件の統一・調整／355　（2）買収における権利義務の承継／359　（3）会社分割前後の労働条件の変更と調整／360　（4）事業譲渡前後における労働条件の変更と調整／360
　4．企業再編におけるその他の労働条件の統一・調整／362
Coffee break　高年齢者雇用をめぐる課題と対応／363
◆**著者略歴**／364

〔法令等の表記・略称〕
本文中の法令等のうちの以下のものについては、略称で記述しました。

正式名称	略称
労働基準法	法
労働基準法施行規則	施行規則
労働者災害補償保険法	労災法
労働者災害補償保険	労災保険
労働保険の保険料の徴収等に関する法律	徴収法
労働者安全衛生規則	安全衛生規則
労働者派遣事業の適正な運営の確保及び派遣労働者の保護等に関する法律	労働者派遣法
派遣元事業主が講ずべき措置に関する指針（平成21年厚生労働省告示第244号）	派遣元指針
派遣先事業主が講ずべき措置に関する指針（平成21年厚生労働省告示第245号）	派遣先指針
高年齢者等の雇用の安定等に関する法律	高年齢者雇用安定法
育児休業、介護休業等育児又は家族介護を行う労働者の福祉に関する法律	育児・介護休業法
子の養育又は家族の介護を行い、又は行うこととなる労働者の職業生活と家庭生活との両立が図られるようにするために事業主が講ずべき措置に関する指針（平成21年厚生労働省告示第509号）	育介指針
短時間労働者の雇用管理の改善等に関する法律	パートタイム労働法
事業主が講ずべき短時間労働者の雇用管理の改善等に関する措置等についての指針（平成19年厚生労働省告示第326号）	パートタイム指針
雇用の分野における男女の均等な機会及び待遇の確保等に関する法律	男女雇用機会均等法
賃金の支払の確保等に関する法律	賃確法
出入国管理及び難民認定法	入管法
最低賃金法	最賃法
会社分割に伴う労働契約の承継等に関する法律	労働契約承継法
分割会社及び承継会社等が講ずべき当該分割会社が締結している労働契約及び労働協約の承継に関する措置の適切な実施を図るための指針（平成12年労働省告示第127号）	労働契約承継法指針
労働者の過半数で組織する労働組合がある場合においてはその労働組合、労働者の過半数で組織する労働組合がない場合においては労働者の過半数を代表する者	過半数代表者等

第1章

賃金とはなにか

労働の対価として使用者から労働者に対して支払われる金銭のことを、通常、賃金あるいは給与といいますが、法令ではこのほかにも、報酬、給料、所得、収入、俸給、手当、賞与など、さまざまな呼称が用いられており、その範囲や内容は必ずしも同一ではありません。
　賃金は、労働者にとって、生活を支える中心的な糧となるものです。このため、労働者保護の観点からは、なるべくこれを広く明確にとらえるべきですが、国際労働条約や諸外国の立法例でも、賃金について詳細かつ明確に定義したものはありません。このことは、現実に支払われている賃金の態様が各種各様で、賃金とはなにかを定義することがきわめて困難であることのあらわれといってもいいでしょう。
　本章では、労働基準法における賃金の定義とその範囲についてみていくことにします。

1. 労働基準法上の賃金の定義

　労働基準法では、賃金について、「賃金、給料、手当、賞与その他名称の如何を問わず、労働の対償として使用者が労働者に支払うすべてのものをいう」（法第11条）と定義されています。

【労働基準法上の賃金の3つの要件】
① 名称の如何を問わないこと
② 労働の対償として支払われるものであること
③ 使用者から支払われるものであること

　まず、①の"名称の如何を問わない"とは、物価手当や寒冷地手当など、一見、労働とは直接関係ないような名称であっても、その名称のみによって賃金から除外されるわけではないということです。

次に、②の"労働の対償"とは、使用者から労働者に対して支払われるもののうち、労働者が使用従属関係のもとで行う労働に対して、その報酬として支払われるものをいいます。また、必ずしも通貨に限られることはなく、実物（現物）も含まれます。

③の"使用者から支払われるもの"とは、文字どおり、使用者から労働者に対して支払われるものをいいます。ただし、旅館従業員やタクシー運転手などが客から受けるチップについては、例外的に賃金にあたる場合があります（本章9ページ参照）。

2. 労働の対償として支払われるもの

前記の賃金の3つの要件のうち、"労働の対償として支払われるもの"が実際にどういった場合にあたるかについては、個別具体的に判断する必要があり、その尺度には①任意的、恩恵的なものであるか否か、②福利厚生施設であるか否か、③企業設備の一環であるか否か、という3つの基準があります（図表Ⅰ-①参照）。では、これらの基準について詳しくみていきます。

(1) 任意的、恩恵的なものであるか否か

労働者に対して使用者が任意に支給する慶弔見舞金は、原則として"労働の対償"としての賃金にはあたりません。

しかし、発生自体は恩恵的な見舞金であっても、その支給条件等が就業規則や労働協約で定められている場合には、使用者に支払い義務が生じる一方、労働者に請求権が発生します。このため、見舞金は労働の対償と認められ、賃金として保護されます。この点について、行政解釈では、祝金、見舞金等であっても、労働協約や就業規則等でその支給基準が定められている場合には、労働の対価、代償の一部分を構成し、賃金に含まれるとされています。

ところで、使用者が労働条件の1つとして退職金の定めをする場合には、就業規則等において、対象労働者の範囲、退職手当の決定、計算および支払いの方法、支払時期に関する事項を記載しなければなりません（注1）が、就業規則等において、あらかじめ支給条件が明確に規定されている場合の退職金も賃

図表Ⅰ—① "賃金が労働の対償として支払われるもの"であるか否かの判断基準

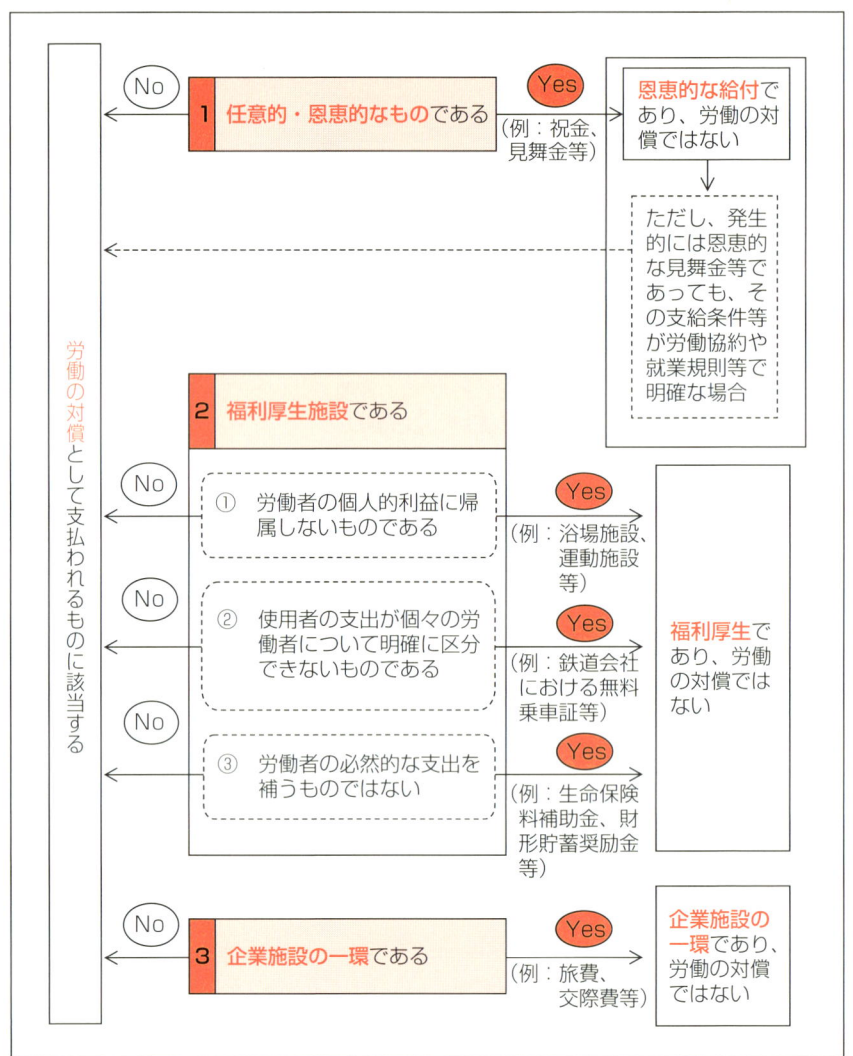

金に該当します。

(注1) 就業規則の相対的必要記載事項（法第89条）。詳細は、**第3章 Ⅰ．－「2．就業規則の必要記載事項」**46ページを参照のこと。

(2) 福利厚生施設であるか否か

　福利厚生施設の範囲について、行政解釈では、なるべくこれを広く解釈することとされています。しかし、その解釈を曖昧なままにしておくと、労働者保護に欠けるおそれがあるため、何が賃金で何が福利厚生であるかの判断基準が必要となります。

　この点について、『労働基準法』コンメンタールでは、以下の基準があげられています（厚生労働省労働基準局「平成22年版 労働基準法（上）」164～165ページ）。

① **労働者の個人的利益に帰属しないものであるか**

　使用者の支出が労働者の個人的利益に帰属しないと認められる場合には、福利厚生施設にあたります。たとえば、会社の浴場施設や運動施設は、労働者の個人的利益ではないため、福利厚生施設にあたります。

② **使用者の支出が個々の労働者について明確に区分できないものであるか**

　使用者の支出が個々の労働者について明確に区分できない場合には、福利厚生施設にあたります。たとえば、鉄道会社の従業員に支給される無料乗車証は、使用者の支出を個々の労働者ごとに明確に区分することができないため、労働の対価とはいえず、福利厚生施設にあたります。

③ **労働者の必然的な支出を補うものでないか**

　労働者の必然的な支出を補うものは、福利厚生施設にあたりません。たとえば、所得税や社会保険料など、法律上、本人が当然負担すべき額を使用者が代わって負担したような場合には、その部分は福利厚生施設ではなく賃金とみなされます（本章7ページ参照）。一方、労働者が自己を被保険者として生命保険会社等と任意に保険契約を締結し、企業が保険料の補助を行う場合には、その補助金は、労働者の福利厚生のために使用者が負担するものであるため、賃金とは認められません。また、労働者が行う財産形成貯蓄等を奨励するために、これを行う労働者に対して一定の奨励金を支払う場合の財形貯蓄奨励金等についても、同様に解されます。

なお、生命保険料補助金と称していても保険契約締結の有無にかかわらず支給されるものは、この限りではありません。

（3）企業設備の一環であるか否か

ここでいう"企業設備"とは、企業が経営体として労働者から労務の提供を受けるうえで、当然備えておかなければならない有形、無形の設備をいいます。

たとえば、通常、実費弁償としてとらえられている旅費や社用のために支給される交際費等は、企業設備にあたります。

●●●
3．賃金に該当するか否かの個別判断

では、どういったものが労働基準法上の賃金に該当し、どういったものが該当しないのか、具体的なケースごとにみていきます。

（1）実物給与の基本的な考え方

法第24条第1項では、「賃金は、通貨で、直接労働者に、その全額を支払わなければならない」（注2）とされており、実物での給与支払いは原則として禁じられています。しかし、わが国におけるこれまでの実物給与の慣例から、そのすべてを禁止することは適当ではなく、あくまでも基本給を不当に低額に据え置く原因となることを抑制するものです。このため、法律上は、実物給与のすべてが禁止されているわけではなく、労働組合との間で締結された労働協約による場合には、給与を実物で支払うことも認められています。

したがって、物や利益などのように実物で支給されるものであっても、貨幣による賃金の代わりに支給されるものや労働契約であらかじめその支給が約束されているものは、法第11条の賃金に該当します。ただし、"代金を徴収するもの"や"労働者の厚生福利施設とみなされるもの"は賃金にはあたりません。

それでは、"代金を徴収するもの"の具体的な範囲はどうなっているのでしょうか。

前述のように、実物で支給するものについて代金を徴収する場合、原則として法第11条の賃金とはみなされませんが、その代金が著しく少額な場合、具

体的には、その徴収金額が実際費用の3分の1以下であるときは、徴収金額と実際費用の3分の1との差額部分については、賃金とみなすこととされています（**図表Ⅰ-②**参照）。

(注2) 賃金支払いの定めについては、**第5章「Ⅰ．賃金支払いの5原則」**104ページを参照のこと。

図表Ⅰ-②　実物支給するもので代金を徴収する場合に賃金とされる範囲

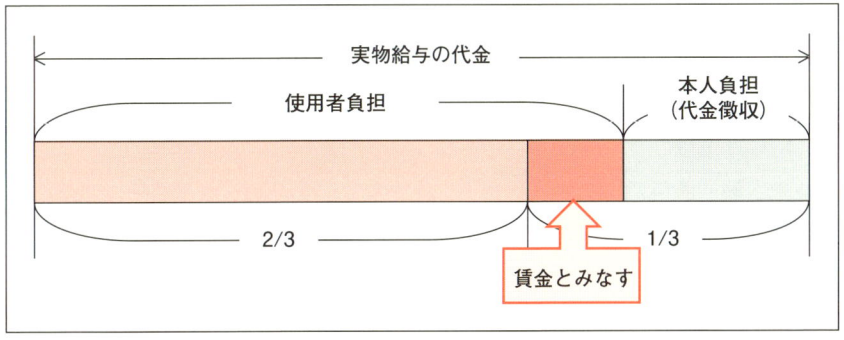

（2）通勤定期券の実物支給

通勤定期券を実物で支給する場合、たとえば6カ月ごとに現金ではなく実物で支給する場合、この通勤定期券は法第11条の賃金として、各月分の賃金の前払いとして認められます。このため、平均賃金の算定基礎に加えなければならず、また、これを賃金台帳に記入しなければならないこととされています。

なお、通勤定期券を実物で支給するには、労働協約の締結が必要です（注3）。

(注3) 実物給与の支払い実務は、**第5章 Ⅰ.-「1．通貨払いの原則」**104ページを参照のこと。

（3）居残り弁当料、早出弁当料

業務の性質上、所定労働時間労働した後で予測していない突発的な仕事が発生することが多い場合や早出をすることがある場合に、午後7時以降とか午前7時より前に労働した者について、経費補助として居残り弁当料や早出弁当料を支払った場合、これらは賃金に該当します。

（4）所得税等の事業主負担分

本来、労働者が法令により負担すべき所得税等や健康保険料、厚生年金保険

料、雇用保険料等を、事業主が労働者に代って負担する場合、これらの行為によって、労働者が法律上当然に負うべき義務を免れるものとなるため、事業主が労働者に代って負担する部分は賃金とみなされます。たとえば、私傷病休職期間中の社会保険料等の本人負担分を会社が負担する場合などがこれにあたります。

(5) 食事の供与

食事の供与は、代金を徴収するかどうかにかかわらず、①食事の供与のために賃金の減額を伴わないこと、②食事の供与が就業規則、労働協約等に定められ、明確な労働条件の内容となっている場合でないこと、③食事の供与による利益の客観的評価額が、社会通念上、僅少なものと認められるものであることの3つの条件を満たす場合には、原則として福利厚生として取り扱われます。

なお、使用者の定める社宅等の施設に住み込み、1日に2食分以上支給を受けるような特殊な場合のものについて代金の徴収がないときは、賃金とみなされる場合があります。

(6) 住宅の貸与

住宅の貸与は、原則として福利厚生施設と解されます。しかし、他の労働者との均衡を図るために、住宅の貸与を受けない者に対しても一定の手当が支給されるような場合は、住宅貸与の利益が明確に評価され、住宅の利益を賃金に含ませたものとみられるため、その手当の範囲で賃金と解されます。

(7) 制服、作業衣等の貸与

制服、作業衣等の業務上必要な被服は、賃金には該当せず、作業備品として賃金から除外することができます。

(8) ストック・オプション

労働者に付与されるストック・オプションは、就業規則等にあらかじめ定められた賃金の一部として取り扱うことはできません。なぜなら、ストック・オプションはその権利を受けた労働者が権利行使を行うか否か、また権利を行使する場合に、その時期や株式売却時期をいつにするかについての決定が労働者

に委ねられているため、労働の対償となる賃金とは認められないからです。さらには、通貨で全額を一定期日に支払うという賃金支払いの5原則（注4）の要件を満たすことができないこともその理由といえます。

ただし、ストック・オプションは労働条件の一部に該当するため、制度として設ける場合には、法第89条第10号の定めに基づいて、就業規則に定めておかなければなりません（注5）。

なお、ストック・オプションは、所得税法上は給与所得にあたります（**荒川税務署長（日本アプライド・ストックオプション）**事件・最高裁三小平17.1.25判決）。

(注4) 詳細は、**第5章「Ⅰ．賃金支払いの5原則」**104ページを参照のこと。
(注5) 法第89条第10号では、相対的必要記載事項の1つとして、「事業場の労働者のすべてに適用される定め」を掲げている。なお、詳細は、**第3章 Ⅰ．-「2．就業規則の必要記載事項」**46ページを参照のこと。

(9) チップ

旅館従業員等が客から受けるチップは、使用者から支払われるものではなく、また労働の対償として支払われるものではないため、原則としては賃金にはあたりません。しかし、チップのみが収入で、無償あるいは極めて低廉な価格で食事の供与を受け、またはその旅館等に宿泊を許されている場合には、チップも賃金に該当します。

労働基準法では、単に金銭のみではなく、物または利益についても賃金とされていることから、金銭の現実の授受に限定せず、チップ収入を受けるために必要な営業設備を使用し得る利益そのものが賃金と解されるような場合には、仮にそれが使用者から支払われたものでない場合でも、賃金にあたるものと解されます。

(10) 法定の額を超える休業補償

労働基準法では、業務上の傷病により休業している労働者に対して、平均賃金の100分の60に相当する額の休業補償を行わなければならないこととされていますが、就業規則等で平均賃金の100分の60を上回る休業補償を行うことを定めている場合に、100分の60を上回って支給する部分についても、賃金ではなく、その全額が休業補償とみなされます（**図表Ⅰ-③参照**）。

図表Ⅰ-③　平均賃金の6割を超える休業補償の扱い

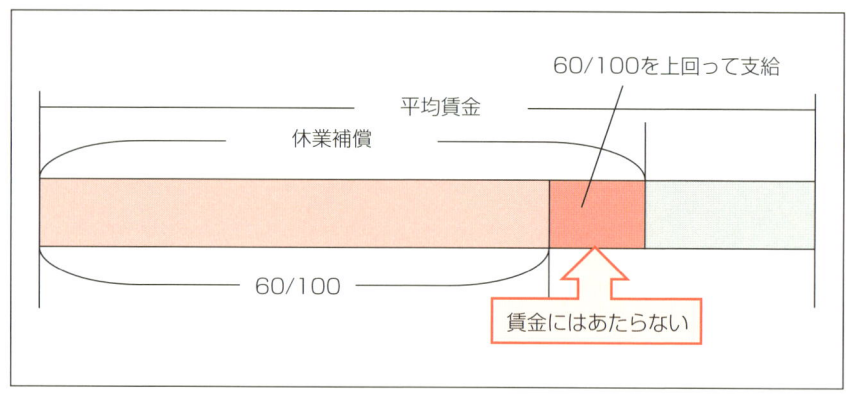

(11) マイカーを社用に利用する場合の維持費

マイカー（私有自動車）を業務上使用する者に対して支給される維持費の取扱いは、それぞれ図表Ⅰ-④のとおりとされています。

図表Ⅰ-④　マイカーを社用に利用する場合の維持費

維持費	賃金の該当性	備　考
マイカー**維持費**として支給される**定額金額**	×	**実費弁償**と解される
自己の通勤に併用する者に対して支給される**通勤定期券**の一定割合加算額	○	—
社用に利用するためにマイカーを提供した者に対して支給する**自動車重量税**および**自動車税**の一部	×	自動車の使用貸借契約における**必要経費の負担**とみられ、賃金にはあたらない
社用に用いた走行距離に応じて支給される**ガソリン代**	×	**実費弁償**と解される

経済的観点からみた賃金の性格

賃金を経済的な観点からとらえた性格として、①生計費②費用③労働力の価格、の3つの側面があります。

① **労働者の生計費としての側面**

まず第1に、賃金は労働者の生計費です。人は、自己の最低限の生活を維持し、あるいは経済的にゆとりある生活を送るために、自己の労働力を企業に提供し、その代わりに受け取るのが"賃金"であるという見方です。

② **企業にとっての生産費用としての側面**

賃金を費用（コスト）という側面からみた場合、人件費や労務費等としてとらえることができます。企業は生産活動を通じて付加価値を生み出しますが、労働力はその生産活動の重要な要素となります。そして、そこで生み出された付加価値は、企業のみならず、労働者に対しても"賃金"という形で配分されることになります。

③ **労働市場における労働力の価格（世間相場）としての側面**

賃金は、一般商品の価格や株価と同様に、労働市場における労働力の価格とみることができます。市場の需要と供給の動向によって、その水準（世間相場）が変動します。すなわち、バブル経済時には、労働市場が売手市場であったため、初任給やベアを初めとする賃金水準は上昇しました。しかし、バブル崩壊後は、定昇廃止やベアゼロなど、賃金の抑制現象が起きました。

また、一般商品の価格は、通常、市場の需給関係を反映して上下しますが、賃金は、最低賃金法、労働組合の存在等の影響を受けて下方硬直性を有しており、不況時に労働力の需要が減少したからといって急激に下がることはありません。このため、賃金の下方硬直性が企業収益に悪影響を及ぼし、デフレ・スパイラルにつながるという見方と、逆に所得の減少を抑制し、景気の循環的な悪化を防止するという見方があります。

これら3つの側面は相互に絡み合っているわけですが、"労働力の価格"は、労働者が最低限の生活を維持するための"生計費"としての側面と、企業が許容しうる"費用"として側面の間で、労働市場の需給動向によって決定されるのです。

第2章

賃金支払いにかかる規制と保護

Ⅰ．賃金支払いの確保と賃金の保護

賃金は、労働者が労務を提供したことへの対償として支払われるものですが、労働者にとっては、主たる生活の糧であることから、賃金の支払いについては、労働基準法をはじめとするいくつかの法律において特別の保護措置が講じられています。

ここでは、賃金の支払いの確保と賃金債権に関する法的保護の主なポイントについてみていくことにします。

1．労働基準法による賃金支払いの確保

労働基準法は、賃金の支払いを確実なものとするため、賃金の支払いについて5つの原則（注1）を定めるとともに、**①賃金の非常時払い、②退職時の金品の返還、③出来高払いの保障給、④賃金債権の消滅時効、⑤強制貯蓄の禁止**の5つの保護規定を定めています。

(注1) 賃金支払いの5つの原則については、**第5章「Ⅰ．賃金支払いの5原則」**104ページを参照のこと。

(1) 非常時払い

賃金は、原則として、あらかじめ定められた支払期日が到来するまで、その支払いを請求することができません。この点については、民法でも、「期間によって定めた報酬は、その期間を経過した後に、請求することができる」（同法第624条第2項）とされています。

しかし、賃金を主な収入源とする労働者に、結婚や出産、疾病など不時の出費を要する事情が生じた場合、賃金の繰上げ払いが必要となることがあります。このため、労働基準法では、一定の非常に際して労働者から請求があった場合には、支払期日前であっても既往の労働に対する賃金を支払わなければならないこととされています（法第25条）。

> 【賃金の非常時払いが必要な場合】
> 　労働者またはその収入によって生計を維持する者が、以下のいずれかに該当した場合で、その費用に充てるために請求したとき
> ①　出産した場合
> ②　疾病にかかった場合
> ③　災害を受けた場合
> ④　結婚した場合
> ⑤　死亡した場合
> ⑥　やむを得ない事由により1週間以上にわたって帰郷する場合

　労働者が上記のような非常の場合の費用に充てるために請求することができる額は、"既往の労働"に対する賃金の範囲内であって、これを超える額を請求することはできません。したがって、労働者がこれを超える賃金を請求したとしても、使用者は、その超えた額について支払う必要はありません。

　また、請求があったときから何日以内に支払うべきかについてはとくに定めがありませんが、非常時払いの性質上、遅滞なく支払わなければならないものと解されます。

（2）退職時の金品の返還

　労働者が退職した際に賃金等の金品が迅速に返還されなければ、不当に労働者を足留めすることにつながり、また労働者やその遺族の生活を窮迫させることになるおそれがあるため、使用者は、賃金等の金品を迅速に返還しなければならないこととされています。

①　金品の返還時期

　労働者が死亡または退職した場合に、その権利者から請求があったときは、使用者は7日以内に既往の労働に対する賃金を支払い、会社に代わって立て替えていた立替金や積立金、保証金、貯蓄金その他名称の如何を問わず、労働者の権利に属する金品を返還しなければなりません（法第23条第1項）。

　ただし、退職手当については通常の賃金の場合と異なり、あらかじめ就業規則等で定められた支払時期に支払えば足り、支払時期が就業規則（退職金規程）等で定められている場合には、必ずしも7日以内に支払う必要はありませ

ん（図表Ⅱ－①参照）。また、賃金または金品に関して争いがある場合においては、使用者は、異議のない部分を、7日以内に支払いまたは返還しなければならないこととされています。

図表Ⅱ－①　金品の返還

	金品の返還
通常の賃金等 （退職手当を除く）	労働者の死亡または退職の場合において、**権利者の請求**があったときは、**7日以内**に賃金を支払い、労働者の権利に属する金品を返還しなければならない。
退職手当	**あらかじめ**就業規則等で**定められた支払時期**に支払えば足りる。

② 死亡退職金の支給順位

　労働者が死亡したときの退職金については、労働者の死亡による退職という事実の発生によって支給されるものであり、労働者が死亡する前に請求権が発生していることを前提とする相続財産とは異なります。このため、別段の定めがない場合には、民法の一般原則による遺産相続人に支払う趣旨と解されますが、労働協約、就業規則等において受取人の順位について、労働基準法で規定された遺族の順位による旨を定めることも可能です（注2）。

　また、同順位の相続人が複数人いる場合や相続人の判定が困難な場合には、死亡退職金の支払いについて注意が必要です（注2）。

（注2）詳細は、**第9章　Ⅲ.－「3.死亡退職金」**274ページを参照のこと。

（3）出来高払いの保障給

　労働基準法では、「出来高払制その他の請負制で使用する労働者については、使用者は、労働時間に応じ一定額の賃金を保障しなければならない」（法第25条）と定められています。

　この規定は、仕事の単位量に対する賃金率を不当に低くして、労働者に過酷な重労働を強要する結果となったり、仕事の一部に不出来があった場合に、不完全履行として労働の全部に対して賃金を支払わず、労働者の生活を困窮に陥れるなど、過去に多くの弊害がみられ、劣悪な労働条件の基盤となっていたこ

とがその背景にあります。このように、出来高払いの保障給は、労働者の責めに基づかない事由によって、実収賃金が低下することを防ぐことを目的として規定されたものです。

① **保障給の支払いが必要な場合**

労働者が就業したにもかかわらず、労働者の責めに帰さない理由（材料不足のため多くの時間を費やした、原料粗悪のために出来高が減少した等）でその実収賃金が低下した場合に、保障給の支払いが必要となります。

なお、保障給といっても、労働者が働かない場合など、労働者の責めに基づく事由によって賃金が減少した場合にまで、その保障が求められているわけではありません。

② **保障給の額**

保障給の支払いが発生した場合、労働時間に応じて"一定額の賃金"を保障しなければなりませんが、この場合の一定額について法令上の定めはありません。

そこで、行政解釈では、通常の実収賃金とあまりへだたりがない程度の収入が常に保障されるように保障給の額を定めるようにすることとされています。この場合、大体の目安としては、使用者の責めに基づく事由による休業の場合に平均賃金の100分の60以上の額の休業手当の支払いが必要とされていることからすれば、労働者が現実に就業している本条の場合については、少なくとも平均賃金の100分の60程度を保障することが妥当と解されます。

なお、保障給の計算期間は、出来高払制等の賃金計算期間と合致している必要があり、それより長く定めることはできません。

③ **出来高払いの保障給にあたらない場合**

法27条の保障給は、労働時間に応じた一定額のものでなければなりません。したがって、原則として、実労働時間の長短に関係なく、単に1ヵ月について一定額を保障するものは、本条の保障給にはあたりません。ただし、月給制や週給制など、一定期間について保障給を定める場合であっても、保障給の基準となる労働時間数を上回ったときに、その上回った時間数に応じて増額されるものは本条の保障給とみるべきものと解されます。なお、同種の労働者が多数いる場合に、個々の労働者の技量、経験、年齢等に応じて、その保障給額に差を設け、また同一の労働者に対しても、別種の労働に従事した場合には、異な

る金額の保障給を支給することはとくに差し支えありません。

　また、全額請負給に対する保障給に限らず、一部請負給の場合にも、その請負給について保障すべきものと解されます。しかし、固定給の比率が高い場合、すなわち、賃金構成からみて固定給の部分が賃金総額中の大半（概ね６割程度以上）を占めている場合には、本条のいわゆる"請負制で使用する"場合には該当しないものと解されます（**図表Ⅱ－②**参照）。

図表Ⅱ－②　一部請負給の場合

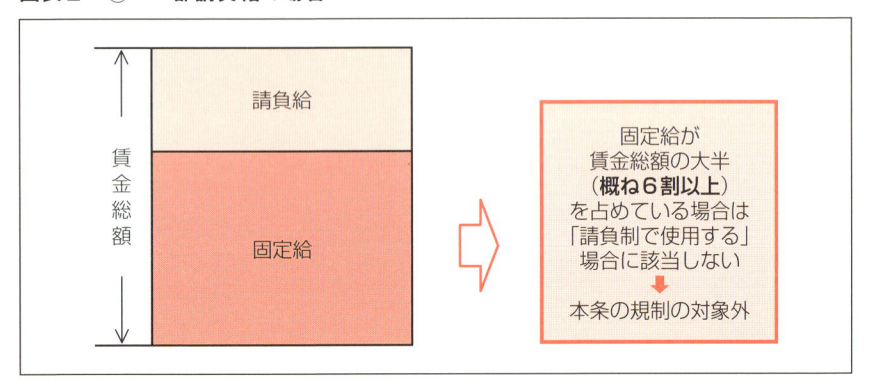

賃金総額：請負給／固定給

固定給が賃金総額の大半（**概ね６割以上**）を占めている場合は「請負制で使用する」場合に該当しない
↓
本条の規制の対象外

（４）賃金債権の消滅時効

　民法では、一般の債権の消滅時効については10年（民法第167条）、賃金債権の消滅時効については１年（同第174条）とされています。しかし、労働者にとっての重要な賃金債権の消滅時効が１年ではその保護に欠ける点があり、かといって10年となると、使用者には酷であり、取引の安全に及ぼす影響も少なくありません。このため、民法の特別法（注３）である労働基準法第115条では、"賃金、災害補償その他の請求権"については２年、"退職手当"については５年で請求権が時効消滅することとされています（**図表Ⅱ－③**参照）。なお、「その他の請求権」には、休業手当および年次有給休暇、帰郷旅費の請求権が含まれるものと解されます。

(注３)　一般法と特別法とで異なった規律を定めている場合、特別法の定めが一般法に優先して適用される。

図表Ⅱ－③　消滅時効

法　律	債　権	消滅時効の年限
民　法	一般債権	10年
	（賃金債権）	（1年）
労働基準法	賃金（退職手当を除く）、災害補償、休業手当、年次有給休暇、帰郷旅費	2年
	退職手当	5年

　以上のように、労働基準法では、民法の賃金債権の時効に関する規定よりも、消滅時効の年限が長く定められています。

　賃金請求権の消滅時効について民法では、「権利を行使することができる時から進行する」（民法第166条）こととされており、時効の起算日は、賃金支払日となります。

　なお、裁判例として、サービス残業が常態化している事業場において、時効消滅した時間外勤務手当相当額について不法行為に基づく損害賠償請求権（注4）を認め、3年分の割増手当相当分の支払いを命じた例があります（**杉本商事事件・広島高裁平19.9.4判決**）。また、時効によって賃金債権が消滅した場合にも、刑事的には、公訴時効（注5）が完成するまで労働基準法上の罰則が適用されます。

（注4）民法第709条に定める不法行為に基づく損害賠償請求権の時効は、「被害者又はその法定代理人が損害及び加害者を知った時から3年間行使しないときは、時効によって消滅する」（民法第724条前段）とされている。
（注5）賃金の支払い義務（法第24条）違反の場合、公訴時効は3年とされている。

（5）強制貯蓄の禁止

　貯蓄金の管理については、強制貯蓄によって労働者の足留策となること、および、企業が経営危機に陥って払戻しが困難になることを防止するために、「労働契約に附随して貯蓄の契約をさせ、又は貯蓄金を管理する契約をしてはならない」（法第18条第1項）と、一定の規制が設けられています。

　このため、使用者が社内預金制度を実施する場合には、以下の事項を順守しなければなりません。

① **労使協定を締結し届け出ること**
　事業主は、過半数代表者等との間で貯蓄金管理に関する労使協定を締結し、その内容を「貯蓄金管理に関する協定届」により所轄労働基準監督署長に届け出なければなりません。

② **貯蓄金の管理に関する規定を定め、これを労働者に周知すること**
　事業主は、貯蓄金の管理に関する規定を定め、これを労働者に周知するため、作業場に備え付ける等の措置を講じなければならないこととされています。

③ **利子を付けること**
　労使協定において下限利率を下回る利率を定めた場合、当該利率は無効となり、下限利率を付けたものとみなされます。この場合の下限利率は利率省令で定められており、現在は、年5厘（0.5％）とされています。
　また、社内預金の利率を改正する場合には、原則として、あらためて労使協定を締結し、これを所轄労働基準監督署長に届け出なければなりません。

④ **労働者が貯蓄金の返還を請求したときは、遅滞なくこれを返還すること**
　貯蓄金管理による労働者の足留策を防止する観点から、労働者が貯蓄金の返還を請求したときは、遅滞なくこれを返還しなければならないこととされています。

⑤ **受入預金額の金額について保全措置を講じること**
　毎年3月31日において事業主が受け入れている預金の額（以下、「受入預金額」という）について、同日後1年間を通じて保全措置を講じなければなりません。
　この場合の保全措置とは、賃確法第3条の定めに基づいて必要な措置をいいます（詳細は次ページを参照）。

⑥ **毎年、預金の管理状況を所轄労働基準監督署長に報告すること**
　毎年3月31日までの1年間の預金の管理状況を、「預金管理状況報告」により4月30日までに所轄労働基準監督署長に提出することとされています。

●●●●●
2．賃確法による賃金債権の保護

　賃確法は、従来、労働基準法に定められていた賃金支払いの確保に関する規定（旧第29条から第31条。賃確法の制定により削除）を補完・充実させるこ

とを目的として、昭和51年5月に制定されたものです。この賃確法は、①**貯蓄金の保全措置**、②**退職手当の保全措置**、③**退職労働者の賃金にかかる遅延利息**、④**未払賃金の立替払事業**の4つの柱からなっています。以下、各項目ごとに、その内容について詳しくみていきます。

(1) 貯蓄金の保全措置

　賃確法第3条では、貯蓄金の保全について、事業主が労働者の貯蓄金をその委託を受けて管理する場合に、貯蓄金の管理が労働者の預金の受入れであるときは、原則として、毎年3月31日現在の受入預金額について、同日後1年間を通じて貯蓄金の保全措置を講じなければならないこととされています。この場合の保全措置は、以下の4つとされています（同法第3条および賃確法施行規則第2条第1項）。

【貯蓄金の保全措置】
① 金融機関等による保証契約を締結すること
② 信託会社との信託契約を締結すること
③ 質権または抵当権を設定すること
④ 預金保全委員会を設置し、かつ、貯蓄金管理勘定その他適当な措置を講じること

---

(2) 退職手当の保全措置

　賃確法第5条では、事業主が労働契約または労働協約、就業規則等において労働者に退職手当を支払うことを明らかにしたときは、当該退職手当の支払いに充てるべき額として厚生労働省令（同法施行規則第5条）で定める額について、(1)の貯蓄金の保全措置に準ずる措置を講ずるよう努めなければならないと定められています（注6）。

(注6) 退職手当の保全措置の詳細は、**第9章 Ⅲ.－「5. 退職金の保全措置」** 279ページを参照のこと。

(3) 退職労働者の賃金にかかる遅延利息

賃確法第6条では、事業主が退職した労働者にかかる賃金の全部または一部をその退職の日（退職の日後に支払期日が到来する賃金にあっては当該支払期日。以下同じ）までに支払わなかった場合、当該退職日の翌日からその支払いをする日までの期間について、その日数に応じて、退職日の経過後まだ支払われていない賃金の額に年14.6パーセントを乗じて得た金額を遅延利息として支払うことが義務づけられています。

したがって、たとえば退職した労働者から残業代等の未払賃金を遅延利息とともに請求された場合、使用者は未払賃金のほか14.6パーセントの遅延利息を支払わなければなりません。

また、在職中の労働者が未払賃金を請求した場合、使用者が営利企業や個人事業主などの商人である場合には年6パーセント（商法第514条）、公益法人など商人以外の場合には年5パーセント（民法第404条および第419条）の遅延利息の支払いが必要となります（図表Ⅱ-④参照）。

図表Ⅱ-④　遅延利息

		遅延利息	根拠法令
退職者への賃金（退職手当を除く）支払い		年14.6%	賃確法第15条
在職者への賃金支払い	使用者が商人の場合（営利企業、個人事業主など）	年6%	商法第514条
	商人以外の場合（公益法人など）	年5%	民法第404条、第419条（注7）

（注7）民法第419条では、「金銭の給付を目的とする債務の不履行については、その損害賠償の額は、法定利率によって定める。ただし、約定利率が法定利率を超えるときは、約定利率による」とされている。

なお、賃金の支払いの遅滞が天災地変その他やむを得ない事由によるものである場合には、その事由が存する期間中は、賃確法の規定は適用されず（賃確法第6条第2項）、商法または民法の定めによることとなります。

(4) 未払い賃金の立替払事業

賃確法第7条では、労災保険の適用事業が破産手続き開始等の決定を受けた

場合において、その事業に従事する労働者で一定の期間内に退職した者にかかる未払い賃金があるときは、当該労働者の請求に基づいて、未払い賃金にかかる債務の一部を事業主に代わって弁済することとされています。

① 立替払いを受けることができる者

立替払いを受けることができるのは、以下のいずれの要件にも該当する者とされています。

> 【立替払いを受けることができる者】
> ① 労災保険の適用事業場で1年以上にわたって事業活動を行ってきた事業（法人・個人を問わない）に労働者として雇用されていたこと
> ② 企業の倒産に伴い一定の期間内に退職したこと
> ③ 未払賃金が2万円以上残っていること

まず、"労災保険の適用事業"とは、労災保険法の規定が適用される事業をいい、現在では、いわゆる強制適用事業として、農林水産業の一部を除き、労働者を1人以上使用する事業であればすべてこれに該当することとされています。なお、労災保険にかかる保険関係成立届の提出の有無や保険料納付の有無は問われません。

次に、"労働者"とは、倒産した事業に雇用され、労働の対償として賃金の支払いを受けていた者をいい、代表権または業務執行権を有する役員は対象となりません。

また、立替払い制度の対象となる"倒産"とは、労働者が従事していた事業が、図表Ⅱ—⑤のいずれかに該当することとなった場合をいいます。

労働基準監督署の認定を受けることによって、立替払いの対象となる事業規模は、図表Ⅱ—⑥のとおりです。

さらに、"一定の期間内に退職した者"とは、裁判所に対する破産等の申立日または労働基準監督署長に対する倒産の事実についての認定申請日の6カ月前の日から2年の間に当該事業を退職した者とされています。

図表Ⅱ-⑤　立替払いの対象となる倒産とは

	内　　容
法律上の倒産	事業主が、破産手続きの開始、特別清算の開始、再生手続きの開始、または更生手続きの開始についての申立を行い、裁判所がそれについて開始の決定または命令を行った場合をいう。
事実上の倒産	一定の規模に該当する事業（**図表Ⅱ-⑥参照**）で、破産等の手続きをとっておらず、労働者の申請に基づき、下記の事項について、労働基準監督署長が認定した場合をいう。 イ）事実上事業活動が停止していること（注8） ロ）再開の見込みがないこと（注9） ハ）賃金の支払能力がないこと（注10）

(注8) 事業場が閉鎖され、労働者全員が解雇されるなどにより、その事業本来の事業活動が停止した場合をいう。したがって、事業廃止のために必要な清算活動を行っているに過ぎない場合は、これに該当するが、事業規模を縮小しても、その事業本来の事業活動を継続している場合は、これに該当しない。
(注9) 一般的には、事業主が再開の意図を放棄し、または清算活動に入るなどにより再開する見込みがなくなった場合をいう。
(注10) 一般的には、事業主に賃金の支払いに充てることのできる資産がなく、かつ、資金借入れその他によっても賃金支払いの見込みがない場合をいい、単に、負債額が資産額を上回る、いわゆる債務超過の状態にあることのみでは、これに該当しない。

図表Ⅱ-⑥　立替払いの対象となる事業規模

業　種	資本金の額または出資総額		常時使用する労働者数
卸売業	1億円以下	または	100人以下
サービス業	5千万円以下	または	100人以下
小売業	5千万円以下	または	50人以下
その他の業種	3億円以下	または	300人以下

※事業規模は、事業活動に著しい支障を生ずる前（概ね1年前）の時点で判断する。

② 　立替払いの対象となる未払賃金

　立替払いの対象となる未払賃金は、退職日の6カ月前の日から立替払い請求の日の前日までに支払期日が到来している"定期賃金"と"退職手当"で未払いとなっているものです（**図表Ⅱ-⑦参照**）。

　ここでいう定期賃金とは、基本給、家族手当、通勤手当、役付手当、住宅手当、時間外手当等、毎月、一定期日に、決まって支払われる賃金をいい、税金、

社会保険料などの法定控除額を控除する前の額となります。

なお、慰労金、祝金名目の恩恵的または福利厚生上の給付、実費弁償としての旅費、用品代、解雇予告手当、賃金の遅延損害金等そもそも賃金ではないものや、賞与、臨時の賃金等は対象になりません。

月給制（日給月給制のほか、欠勤しても賃金が減額されない完全月給制を含む）の場合も、賃金計算期間の途中で退職した場合には、出勤日数に応じて日割した額が立替払いの対象となる未払賃金となります。また、退職手当とは、退職金規程等に基づいて支給される手当をいいます。

図表Ⅱ－⑦　立替払いの対象となる未払い賃金の例（6カ月間未払いのケース）

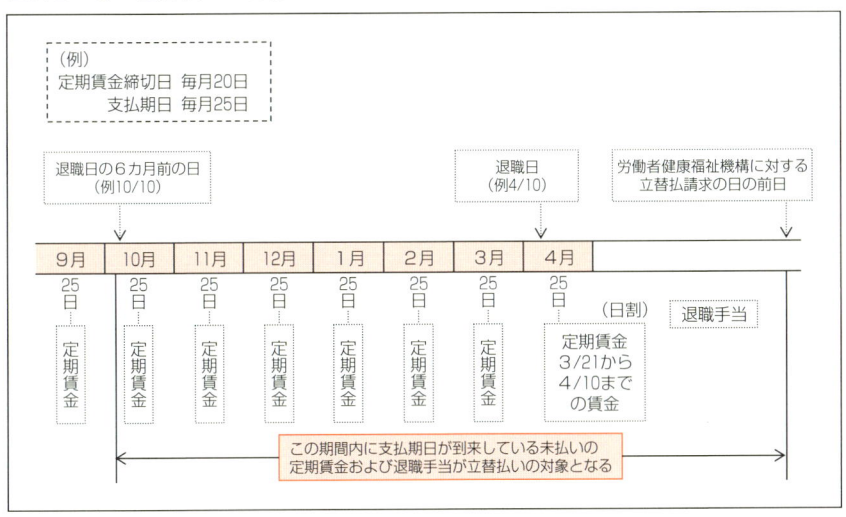

```
(例)
定期賃金締切日　毎月20日
　　　　支払期日　毎月25日
```

| 退職日の6カ月前の日 (例10/10) | | | | | | 退職日 (例4/10) | 労働者健康福祉機構に対する立替払請求の日の前日 |

9月	10月	11月	12月	1月	2月	3月	4月
25日	25日	25日	25日	25日	25日	25日	(日割) 退職手当
定期賃金	定期賃金	定期賃金	定期賃金	定期賃金	定期賃金	定期賃金	定期賃金 3/21から4/10までの賃金

この期間内に支払期日が到来している未払いの定期賃金および退職手当が立替払いの対象となる

③　立替払いされる額

立替払いの実際の金額は、"未払賃金の総額"の100分の80の額とされています。ただし、未払賃金総額には、退職日の年齢による限度額があり、未払賃金総額が限度額を超えた場合は、立替払いの上限額となります（**図表Ⅱ－⑧、図表Ⅱ－⑨参照**）。

なお、社宅料、物品購入代金、貸付金返済金等、事業主の債権に基づき当該賃金から控除が予定されているものについては、未払賃金総額から控除されます。

図表Ⅱ−⑧　未払い賃金総額の上限額と立替払いの限度額

退職日の年齢 (注11)	未払い賃金総額の限度額	立替払いの上限額
45歳以上である者	370万円	296万円
30歳以上45歳未満である者	220万円	176万円
30歳未満である者	110万円	88万円

(注11) 退職日の年齢は、基準退職日の年齢であり、以下のいずれかの日をいう（施行令第3条）。
　ⅰ) 破産等の宣告または命令等を受けたときは最初の申立ての日
　ⅱ) 裁判所が職権で破産等を宣告または命令したときはその日
　ⅲ) 労働基準監督署長の認定の基礎となった最初の申請の日

図表Ⅱ−⑨　年齢による立替払いの上限額の例

	退職時年齢	未払賃金総額	未払賃金の8割	立替払いの上限額	立替払いの額
ケース1	32歳	170万円（定期給与：50万円　退職手当：120万円）	136万円（170万円×0.8）	176万円（30歳以上45歳未満の上限額）	136万円
ケース2	48歳	470万円（定期給与：150万円　退職手当：320万円）	376万円（470万円×0.8）	**296万円**（45歳以上の上限額）	296万円

3．その他の法律による賃金債権の保護

　ここでは、民法、民事執行法等の法律による賃金債権の保護規定についてみていくことにします。

(1) 民法による賃金債権の先取特権

　債務者の財産について、他の債権者に先立って自己の債権の弁済を受ける権利を先取特権といいますが、民法第306条では、雇用関係によって生じた賃金債権について、"先取特権をもつ債権"とされています。
　したがって、雇用主が破産等の宣告を受けたような場合には、労働者には、

他の債権に優先して、未払賃金や退職金等の支払いを受ける権利があるわけです。

（2）民事執行法による差押えの制限

　民事執行法第152条第1項では、給料、賃金、俸給、退職年金および賞与ならびにこれらの性質を有する給与にかかる債権の差押えを行う場合には、原則として、支払期に受ける給付の4分の1を超えてはならないとしています。つまり、給付の4分の3に相当する部分については、原則として差押えが禁止されているわけです（注12）が、その例外として、支払期に受ける給付が一定程度以上ある場合は、4分の1を超えて差押えをすることが認められています。この場合の上限額は、支払期によって異なります（**図表Ⅱ-⑩**参照）。

図表Ⅱ-⑩　支払期別にみた差押え額の上限（民事執行法施行令第2条）

支　払　期	差押え上限額
毎月	33万円
毎半月	16万5,000円
毎旬	11万円
月の整数倍の期間毎	33万円に当該倍数を乗じて得た金額に相当する額
毎日	1万1,000円
その他の期間	1万1,000円に当該期間にかかる日数を乗じて得た金額に相当する額

　また、賞与およびその性質を有する給与にかかる債権については、33万円とされています。さらに、退職手当およびその性質を有する給与にかかる債権については、金額にかかわらず4分の3を超える部分のみ差押えが可能とされています。
　なお、債権者の有する債権がいわゆる養育費等である場合には、給付の2分

の1に相当する部分まで差押えが可能とされています（民法執行法第151条の2および第152条第3項）。

(注12) 詳細は、**第5章 Ⅰ.－3.－「（5）控除額の限度」**117ページを参照のこと。

（3）倒産手続きと賃金債権の保護

　倒産手続きには、破産法、会社更生法または民事再生法による法律上の倒産手続きのほか、債権者と個別に交渉等を行いながら債務を減らす任意整理がありますが、いずれの場合にも、賃金および退職金について法律上の保護が図られています。では、それぞれの方法による賃金債権の保護の取扱いについてみていきます。

① 破産法による賃金債権の保護

　破産法では、破産手続き開始前3カ月間の給料請求権および破産手続き終了前に退職した者の退職手当請求権のうち、原則として退職前3カ月間の賃金総額相当額は、破産手続きによらず、破産債権に優先して随時弁済を受けることができる財団債権とされています。また、これらに該当しない給料、退職手当についても一定の保護が図られています（破産法第149条、第151条）。

② 会社更生法による賃金債権の保護

　会社更生法では、更生手続き開始前6カ月間および開始後に生じた給料ならびに一定の退職手当については、更生手続きによらず、随時弁済を受けることができる共益債権とされています（会社更生法第127条、第130条、第132条第1項および第2項）。また、これらに該当しない給料、退職手当についても一定の保護が図られています（会社更生法第127条、第130条）。

③ 民事再生法による賃金債権の保護

　民事再生法では、民事再生手続き開始前に生じた賃金債権および退職金債権は、一般優先債権とされており、再生手続きによらないで随時弁済を受けることができることとされています（民事再生法第122条）。

④ 任意整理による賃金債権の保護

　任意整理では、基本的に、民法や商法の定めにより、債権者と債務者の個別の交渉によって金額や支払方法等が決定されますが、双方による合意が成立しない場合には、賃金債権は一般の債権に優先することとされています。

4. 付加金

　使用者が、賃金その他労働基準法によって課せられた金銭給付の義務を履行しない場合には、刑罰が科されることとされています。ただし、格別の保護を必要とする下記の4つの場合については、裁判所が、その給付義務違反に対して制裁的に付加金（本来支払うべき金額と合わせると最大で倍額）を課すことができることとされています。

【付加金の支払いが必要となる場合】
① 解雇予告手当（法第20条）を支払わないとき
② 休業手当（法第26条）を支払わないとき
③ 割増賃金（法第37条）を規定どおりに支払わないとき
④ 年次有給休暇の賃金（法第39条第7項）を支払わないとき

　付加金は、裁判所の命令によってのみ、その支払いが使用者に義務づけられることとされています。そして、その額は、法違反の程度や態様、労働者への不利益の性質や内容等を考慮したうえ、裁判所が決定するものであり、労働者に未払賃金の倍額請求権を認めるものではありません。

　ところで、付加金支払い義務の発生時期について、最高裁判例では、裁判所がその支払いを命じたときに使用者の付加金支払い義務が発生するもので、その前に全額が支払われれば、もはや労働者は付加金請求の申立てをすることができないとするのが相当とされています（**細谷服装事件**・最高裁二小昭35.3.11判決）。したがって、裁判が確定せず、控訴または上告等で係争中のときは、付加金の支払い義務はいまだ発生していないものと解されます。

　なお、付加金は違反のあったときから2年以内に請求の訴えを提起する必要があります（法第114条後段）。

Ⅱ．休業手当

　労働者の生活を保護する観点から、使用者がその責めに帰すべき事由によって労働者を休業させた場合には、その休業期間中、使用者は一定の補償義務を負います。
　ここでは、休業手当の法律上の意義および内容と実務的な対応についてみていくことにします。

1．休業手当の意義

　使用者の責めに帰すべき事由によって労働者が就業できなかった場合、労働者は本来得られるべき賃金を受け取れないこととなり、労働者の生活を脅かすこととなりかねません。そこで、労働基準法では、労働者を保護する見地から、使用者に一定の所得保障を行うことを義務づけています。

（1）休業手当とはなにか
　法第26条では、「使用者の責に帰すべき事由による休業の場合においては、使用者は、休業期間中当該労働者に、その平均賃金の100分の60以上の手当を支払わなければならない」とされており、使用者の責めによる休業の場合には、使用者に休業手当の支払義務が課されています。

（2）民法第536条第2項と労働基準法第26条の関係
　民法第536条第2項では、「債権者の責めに帰すべき事由によって債務を履行することができなくなったときは、債務者は、反対給付を受ける権利を失わない」として、債務者（労働者）が債務の履行（労務の提供）を行うことができなかった場合でも、その原因が債権者（使用者）の責めに帰すべき事由によるものであるときは、債務者（労働者）は反対給付（賃金）を受ける権利を失わないこととされており、債権者（使用者）は、その全額を支払う義務を免れ

ることはできません。しかし、この規定は任意規定であり、当事者の合意があれば排除することが可能です。とくに、労働関係においては、必ずしも労使が対等でないため、この規定を排除する特約が締結される可能性があり、また、経済的変動に伴う経営障害の形で休業が生じる場合には、民法の規定だけでは労働者の保護が十分とはいえません。

　また、この規定は、債権者の責めに帰すべき事由、すなわち、使用者の過失責任があることを債務者である労働者が立証しなければならず、労働者に大きな負担を課すものとなっています。

　そこで、労働基準法では、使用者の責めに帰すべき事由によって労働者の労務提供の機会を失した場合には、強制的に平均賃金の100分の60以上を保障することを使用者に義務づけることにより、労働者の最低生活保障を確保しようとの趣旨から、休業手当の規定が定められました（図表Ⅱ－⑪参照）。

　そして、この規定に反した場合には、使用者に対して罰則が科されるだけでなく、裁判所は付加金の支払いを命ずることができることとされています（詳細は本章29ページ参照）。

（3）"使用者の責めに帰すべき事由"とは

　"使用者の責めに帰すべき事由"とは、使用者の故意や過失によるものだけではなく、経営管理上の理由も含まれます。つまり、使用者は企業経営上当然予想することができる危機や障害に対しては、最善の努力を尽くさなければならず、そうした努力が不十分な場合には、"使用者の責めに帰すべき事由"に該当することとなります。

　この"使用者の責めに帰すべき事由"について、裁判例には、「企業の経営者として不可抗力を主張し得ないすべての場合も含むものと解すべき」（**国際産業事件**・東京地裁昭25.8.10決定）としたものがあります。さらに、「取引における一般原則たる過失責任主義とは異なる観点をも踏まえた概念というべきであって、民法536条2項の『債権者ノ責ニ帰スヘキ事由』よりも広く、使用者側に起因する経営、管理上の障害を含むものと解するのが相当である」（**ノース・ウエスト航空事件**・最高裁二小昭62.7.17判決）とした裁判例もあります。

　一方、本条は、"労働者の責めに帰さない事由による休業"、すなわち、天災

図表Ⅱ-⑪　「使用者の責めに帰すべき事由」に関する民法と労働基準法の相関図

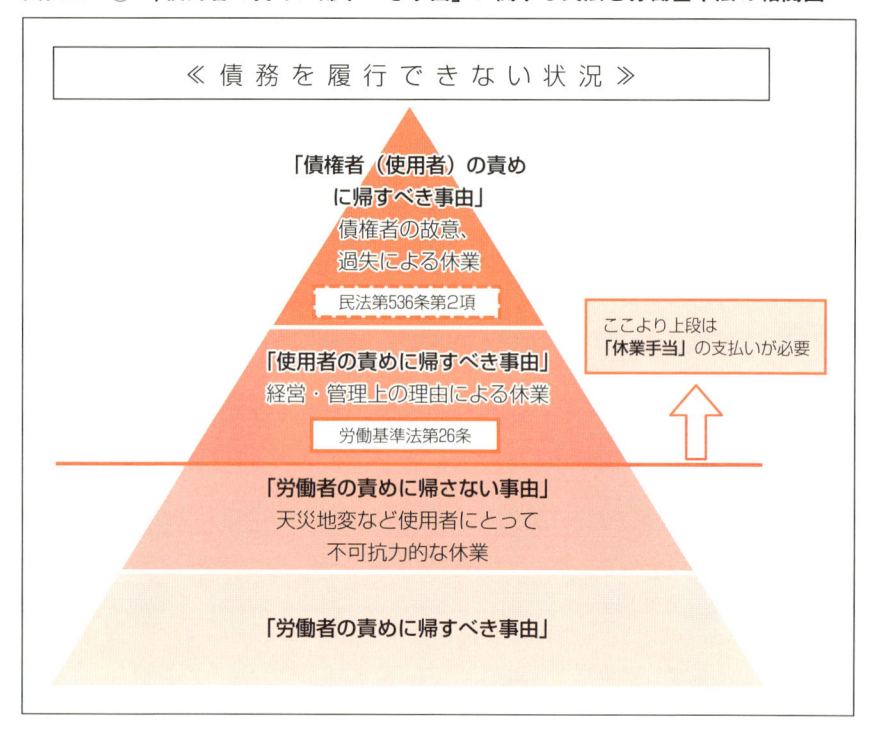

≪債務を履行できない状況≫

- 「債権者（使用者）の責めに帰すべき事由」
  債権者の故意、過失による休業
  民法第536条第2項
- 「使用者の責めに帰すべき事由」
  経営・管理上の理由による休業
  労働基準法第26条
- 「労働者の責めに帰さない事由」
  天災地変など使用者にとって不可抗力的な休業
- 「労働者の責めに帰すべき事由」

ここより上段は「休業手当」の支払いが必要

地変など、経営者として最善の努力をしてもなお防ぐことのできない不可抗力的な休業は除かれます（本章37ページ参照）。

ここでは、具体的なケースをもとに考えていきます。

① 経営障害による休業

"使用者の責めに帰すべき事由"には、天災地変等による休業を除いて、業務の都合等使用者側の事情によって休業するすべての場合が含まれます。

たとえば、工場や店舗等の移転や増改築、機械や設備の故障などにより一時休業する場合や、一時帰休制によって自宅待機をさせる場合、あるいは操業短縮のため半日休業とする場合などがこれに該当します。これらは、すべて営業設備の範囲内の事故と解されます。この点について、労働基準法コンメンタールでは、生産に必要な資材または動力は使用者が常に調達しておくべきものであり、加えて、企業利潤の自由と生産責任とを有することから当然の結果であるとしています（厚生労働省労働基準局「平成22年版　労働基準法（上）」

370ページ)。

また、親会社からのみ資材や資金の提供を受けて事業を営む下請工場が、親会社の経営難が原因で資材や資金の獲得に支障をきたし、下請工場がこれらの供給を受けられないために休業したような場合には、一見、下請事業主の責めによらない休業のようにみえますが、このような場合にも、使用者の責めに帰すべき休業に該当することとされ、休業した日について下請事業主が休業手当を支払わなければなりません（昭和23.6.11基収1998号）。

② 新規学卒内定者の自宅待機

新規学卒者の採用通知を発し、学生から入社誓約書またはこれに類するものを受領した場合には、一般的には、例年の入社時期（4月1日）を就労の始期とした、就労の始期付解約権留保付労働契約が成立したものと解されます。企業の都合によって就労の始期を繰り下げる、いわゆる自宅待機の措置をとるときは、その繰り下げられた期間について、休業手当を支給すべきものと解されています。

③ 子の死亡等による育児休業終了後の労務提供開始までの期間

子の死亡等によって育児休業が終了した労働者の就業開始時期については、労使の話し合いによって取り決めるべきものであり、使用者が一方的に職場復帰時期を遅らせる場合には、休業手当の支払いが必要となることがあることに留意が必要です。

④ 出勤停止と自宅待機の取扱い

出勤停止とは、一定の日数について出勤を停止し、その間の賃金を支給しないことを内容とする制裁（懲戒）処分の1つですが、出勤停止の目的は、労働者の非違行為に対して罰則を科すとともに、当該労働者が職場において就労することによる企業秩序の混乱や不都合が生じることを回避し、あるいは非違行為の再発や証拠いん滅を回避することにあります。制裁として行われた出勤停止処分によって労働者が休業した期間は、労働者の責めに帰すべき事由による休業にあたるため、その期間が民法第90条の"公序良俗"に反しない範囲内である限り、休業手当の支払いの問題は生じません。

これに対して自宅待機は、制裁処分に該当する嫌疑がある場合に、調査等のために処分が決定するまでの間、業務命令として自宅で待機させるもので、いまだ制裁処分が確定していないため、その期間については休業手当の支払い義

務が生じることになります。

　この点について裁判例でも、自宅待機は「雇用契約上の一般的指揮監督権に基づく業務命令として許される」（ノース・ウェスト航空（橋本）事件・千葉地裁平5.9.24判決）とされていますが、自宅待機の場合、まだ制裁処分は行われていないため、原則として処分が確定するまでは、使用者都合の休業として１日につき平均賃金の60％の休業手当を支払わなければなりません。ただし、「当該労働者を就労させないことにつき、不正行為の再発・証拠湮滅のおそれなどの緊急かつ合理的な理由が存するか又はこれを実質的な出勤停止処分に転化させる懲戒規定上の根拠が存在する」（**日通名古屋製鉄作業事件**・名古屋地裁平3.7.22判決）場合には、休業手当の支払い義務はありません。

⑤　**派遣期間の途中で派遣契約が解除された場合**

　派遣先との派遣契約に基づいて、登録型の派遣労働者を一定の期間派遣先に派遣する旨の労働契約を締結している場合に、派遣先の都合によってその契約の途中に派遣契約が解除されたときは、派遣元の使用者は、当該派遣労働者を別の派遣先に派遣するかまたは解雇（注13）しなければなりません。

　契約期間の途中で派遣契約を解除された派遣労働者について、代わりの派遣先がすぐにみつからず、解雇もしないときは、一定期間派遣労働者を待機させることになりますが、このような場合には、派遣元の"使用者の責めに帰すべき事由"に該当し、派遣元事業主は、その期間について休業手当を支払わなければなりません。

　すなわち、派遣中の労働者の休業手当について、労働基準法第26条の使用者の責めに帰すべき事由があるかどうかの判断は、派遣元の使用者についてなされるべきものとされており、派遣元に他の就労先を準備できる可能性があるかどうかを含めて休業手当支払いの適否を判断することとされています。

　また、派遣元指針では、労働者派遣契約の契約期間満了前に派遣労働者の責めに帰すべき事由以外の事由によって労働者派遣契約の解除が行われた場合で、新たな就業機会の確保ができない場合は、まず休業等を行い、当該派遣労働者の雇用の維持を図るようにするとともに、休業手当の支払等の労働基準法等に基づく責任を果たすこととされています。

　なお、労働者派遣法第29条の２では、派遣先の責めに帰すべき事由によって労働者派遣契約の中途解除を行おうとする場合、派遣先は、派遣労働者の新

たな就業の機会を確保すべきこととされており、それができなかったために、派遣元事業主が当該労働者派遣にかかる派遣労働者を休業させること等を余儀なくされた場合には、そのことによって生じた損害の賠償を行わなければならないこととされています。

(注13) 派遣元の使用者が派遣労働者を解雇する場合にも、法第20条の解雇手続きの定めが適用される。したがって、予告期間をおかないときは、平均賃金の30日分以上の解雇予告手当を支払わなければならない。

⑥ **雨天による休業**

雨天によって通常より売上の減少が見込まれるような場合に、雨天を理由として休業を命ずることは、原則として、"使用者の責めに帰すべき事由"に該当し、休業手当の支払いが必要となるものと解されます。

しかし、野球やサッカー等のスポーツやコンサート等の、屋外で実施されるもので、雨天の場合は順延となることが見込まれる催事において、チケット売場や案内係、売店等に従事する労働者に対して当該雨天の日に休業を命じる場合には、休業手当の支払いが不要となる場合があります。

この点について、行政解釈では、「一般に屋外労働者に対しては休日を規定することは非常に困難を伴うが、雨天の日を休日と規定する如きは差支えないか。」との問いに対して、「屋外労働者についても休日はなるべく一定日に与え、雨天の場合には休日をその日に変更する旨を規定するよう指導されたい」（昭23.4.26基発651号、昭33.2.13基発90号）とされています。

したがって、このような取扱いをする場合には、就業規則等において、雨天の場合には休日をその日に変更する旨を規定しておく必要があります。また、これはあくまでも休日の変更として認められるものであり、所定の休日日数より雨天の日が多い場合には、変更すべき休日がありませんので、当該雨天の日に休業させた場合には、休業手当の支払いが必要となることに留意が必要です。さらに、雨天による休日変更の通知については、あらかじめいつまでに行うかを明確にするとともに、その時期を"前日の正午"とするなど、労働者の生活への負担を少なくすることが望まれます。

⑦ **訪問介護事業における利用者からの利用申込み撤回**

訪問介護事業においては、利用者からの利用申込みの撤回を理由として労働者を休業させた場合に、休業手当が支払われず、トラブルになることが多いことから、2004年に厚生労働省より「訪問介護労働者の法定労働条件の確保に

ついて」（平16.8.27基発0827001号）が発出されました。

　その内容についてみると、労働日およびその勤務時間帯が「月ごと等の勤務表により訪問介護労働者に示され、特定された後、労働者が労働契約に従って労働の用意をなし、労働の意思を持っているにもかかわらず、使用者が労働日の全部または一部を休業させ、これが使用者の責めに帰すべき事由によるものである場合」には、使用者は休業手当としてその平均賃金の100分の60以上の手当を支払わなければならないこととされています。

　したがって、利用者からの利用申込みの撤回、利用時間帯の変更を理由として労働者を休業させる場合には、たとえば、他の利用者宅での勤務の可能性についてしかるべき検討を十分に行ったかどうかなど、その労働者に代替業務を行わせる可能性等を含めて判断し、使用者として行うべき最善の努力を尽くしたと認められない場合には、使用者の責めに帰すべき事由があるものとして休業手当の支払いが必要となります。

　一方、利用者からの利用申込みの撤回、利用時間帯の変更の要請に対し、使用者が当該労働者に対して他の利用者宅で勤務させる等、代替業務の提供を行った場合、あるいは就業規則の規定に基づいて始業・終業時刻を繰上げるか繰下げる等によって勤務時間帯の変更や休日を振替える労働日の変更を行い、他の利用者宅で勤務させるなど、必要な業務の提供を行った場合には、休業手当の支払いは必要ありません。

（4）"使用者の責めに帰すべき事由"にあたらない場合

　経営者として最善の努力をしたとしても、天災地変などによる災害のような、なお防ぐことのできない不可抗力的な休業は、"使用者の責めに帰すべき事由"からは除かれます。なぜなら本条は、"使用者の責めに帰すべき事由"と明文で規定している以上、何らかのかたちで使用者の帰責事由に該当するものであることは文理上明らかであり、不可抗力はこれに含まれないものだからです。

　不可抗力であるか否かの判断は容易ではありませんが、『労働基準法』コンメンタールでは、"不可抗力"的な休業と認められるためには、以下の2つの要件を満たさなければならないとされています（厚生労働省労働基準局編「平成22年 労働基準法（上）」369ページ）。

> 【休業が不可抗力と認められるための要件】
> ① その原因が外部より発生した事故であること
> ② 使用者が通常の経営者として最大の注意を尽くしてもなお避けることができない事故であること

　この点の本質は"危険負担"の問題であり、一般的には、法の目的は、危険の発生に対していかなる分担が社会的に公平であるかということにあります。

　また、"使用者の責めに帰すべき事由"にあたらないものには、天災地変などの不可抗力による休業だけでなく、法令を順守することによる休業があります。さらには、原料、資材等の不足であっても、いわば一般的原因（事業主の関与外のもの）に基づく場合には、例外として事業の外を起因するものと解するのが相当であり、原則として使用者の責めに帰すべき事由による休業に該当しないものと解されます（厚生労働省労働基準局「平成22年 労働基準法（上）」370ページ）。

　ここでは、これらの具体的なケースについてみていきます。

① **天災地変の場合**

　台風や地震、大雨による水害など天災地変のために停電したり、設備や機械が故障しその復旧のために休業するような場合は、不可抗力による休業に該当するため、"使用者の責めに帰すべき事由"にはあたらず、したがって、使用者は休業手当を支払う必要はありません。

② **争議行為による休業**

　労働組合が争議に突入したために、同一事業場の当該労働組合の組合員以外の労働者の一部が労務を提供し得なくなった場合には、その程度に応じて労働者を休業させることは差し支えないこととされています。しかし、その限度を超えて休業させた場合には、その部分については法第26条の使用者の責めに帰すべき事由による休業に該当するため、休業手当の支払いが必要となります。

　ただし、労働組合の争議行為に対して、使用者がその対抗手段として作業場を閉鎖（いわゆるロックアウト）したため、労働者が休業するに至った場合には、その作業場閉鎖が社会通念上正当と判断される限り、"使用者の責めに帰すべき事由による休業"とは認められず、休業手当の支払いは必要ありません。

また、ストライキ解決後に操業を再開する場合、作業工程が長工程の流れ作業であるため、通常、経営者としてなし得る最善の措置を講じてもなお労働者を一斉に就業させることが困難であり、作業工程に応じて就業に時間的な差を生ずることが客観的にやむを得ないと認められるような場合、そのやむを得ない限度において一部労働者を休業させることは、"使用者の責めに帰すべき事由による休業"には該当しないものと解されています。

③ **代休付与命令による休業**

法第33条では、「災害その他避けることのできない事由によって、臨時の必要がある場合においては、使用者は、行政官庁の許可を受けて、その必要の限度において第32条から前条まで若しくは第40条の労働時間を延長し、又は第35条の休日に労働させることができる」こととされていますが、火事や地震など緊急の対応が迫られる場合も考えられるため、同条ただし書では「事態急迫のために行政官庁の許可を受ける暇がない場合においては、事後に遅滞なく届け出なければならない」とされています。

この場合、"事態急迫"の判断は、一時的に使用者に委ねられることとなりますが、事後に行政官庁に届出が行われた際に、行政官庁がその労働時間の延長または休日労働を不適当と判断することも考えられます。このため、法第33条第2項では、行政官庁が「その労働時間の延長又は休日の労働を不適当と認めるときは、その後にその時間に相当する休憩又は休日を与えるべきことを、命ずることができる」とされています。

この場合、法第33条第2項の規定に基づいて代休を与えた時間または日について、休業手当を支払うべきか否かが問題となりますが、行政解釈では、法第33条第2項による代休附与命令による休憩または休日は、法第26条に規定する使用者の責めに帰すべき休業ではないとされているため、休業手当を支払う必要はありません。

④ **妊産婦の就業制限**

法第64条の3では、「使用者は、妊娠中の女性及び産後1年を経過しない女性を、重量物を取り扱う業務、有害ガスを発散する場所における業務その他妊産婦の妊娠、出産、哺育等に有害な業務に就かせてはならない」と、危険有害業務等に就く女性が妊娠した場合、または産後1年を経過しない場合には、他の業務に配置するか、休業させるかのいずれかの措置を採ることが求められて

います。この場合、他に適当な業務がないときは休業させることになりますが、この場合の就業制限は、法の定めに基づくものであり、"使用者の責めに帰すべき事由"にはあたりません。したがって、休業手当の支払いは必要ありません。

⑤　健康診断の結果に基づく就業制限

　労働安全衛生法第66条による健康診断の結果、私傷病のため医師の指示によって休業させまたは労働時間を短縮した場合にも、使用者は労働の提供のなかった限度において賃金を支払わなくても差し支えないこととされています。ただし、使用者が健康診断の結果を無視して不当に休業させ、または労働時間を短縮した場合には、法第26条の休業手当を支払わなければならない場合もあります。

⑥　その他"使用者の責めに帰すべき事由"にあたらないもの

　以上のほか、法令の定めに従って行うボイラーの検査（注14）のための休業は、"使用者の責めに帰すべき事由"には該当しません。

(注14) 法令の定めに従って行うボイラーの検査とは、労働安全衛生法第45条の「定期自主検査」のことを指す。

(5) 特別なケースにおける休業手当の要否

　近年、新型インフルエンザなどの感染症の流行や大震災による被害、計画停電等により、労働者が出勤して労働することができなかったり、事業所全体が休業を余儀なくされるといった事象が起きています。

　ここでは、このような特別なケースにおける休業の際の休業手当の要否についてみることにします。

① 新型インフルエンザに関連して労働者を休業させた場合

　新型インフルエンザに感染した労働者を休業させる場合の休業手当の支払いの要否について、平成21年9月18日に厚生労働省から発表された「新型インフルエンザに関連して労働者を休業させる場合の労働基準法上の問題に関するＱ＆Ａ」をもとに、その取扱いについてみてみます。

①-ⅰ) 休業手当の支払いが必要ない場合

　労働者が新型インフルエンザに感染し、医師等による指導によって休業する場合や、家族が新型インフルエンザに感染したり、または労働者が感染者と近

くで仕事をしていたなど、濃厚接触者であることを理由に、保健所からの協力要請等によって当該労働者を休業させる場合は、一般的には"使用者の責めに帰すべき事由による休業"に該当しないものと解され、休業手当を支払う必要はありません。

ただし、「自宅勤務などの方法により労働者を業務に従事させることが可能な場合において、これを十分検討する等休業の回避について通常使用者として行うべき最善の努力を尽くしていないと認められた場合」には、"使用者の責めに帰すべき事由による休業"に該当する場合があり、休業手当の支払いが必要となることがあるとされています。

したがって、他店舗への応援が可能な場合など、休業を回避できるのにこれを行わないときは、休業手当を支払わなければならないことがあるわけです。

①-ⅱ）休業手当の支払いが必要な場合

たとえば、熱が37度以上あることなど一定の症状があることのみをもって、一律に労働者を休ませる措置を採るなど、使用者の自主的な判断で休業させる場合や、医師、保健所等による指導、協力要請の範囲を超えて（たとえば、外出自粛期間経過後に）休業させる場合は、一般的には"使用者の責めに帰すべき事由による休業"に該当し、休業手当を支払う必要があります。

② 大地震による被害・計画停電等の影響により事業所を一斉休業した場合

次に、大地震の発生により事業所の設備が倒壊して操業ができなくなり、やむなく労働者を休業させた場合、"使用者の責めに帰すべき事由による休業"にあたるか否かについてみてみましょう。

②-ⅰ）地震の被害による休業

地震の被害によって事業の正常な運営ができなくなるケースには、建物の倒壊など、直接的な被害を受けたことによる場合と、取引先や交通機関等が被害を受けて原材料の仕入れ等が困難になったことによる場合があります。

②-ⅰ-⑴ 直接的な被害を受けて実施した休業の場合

地震により事業場の施設や設備が倒壊するなど直接的な被害を受け、そのために操業をすることができずに労働者を休業させる場合は、休業の原因が事業主の関与の範囲外のものであり、事業主が通常の経営者として最大の注意を尽くしてもなお避けることのできない事故に該当しますので、"使用者の責めに帰すべき事由による休業"には該当せず、休業手当の支払いは必要ないものと

考えられます（「東日本大震災に伴う労働基準法等に関するＱ＆Ａ（第3版）」参照）。

②-ⅰ-(2) 間接的な要因により実施した休業の場合

一方、取引先等が被害を受け、原材料の仕入、製品の納入等が不可能となったために労働者を休業させた場合は、原則として"使用者の責めに帰すべき事由による休業"に該当し、休業手当の支払いが必要と考えられます。

しかし、取引先への依存の程度や輸送経路の状況、他の代替手段の可能性、災害発生からの期間、使用者としての休業回避のための具体的努力等を総合的に勘案し、休業が真にやむを得ないものであるような場合には、"使用者の責めに帰すべき事由による休業"に該当するものとして、休業手当の支払いが不要となる場合があります（同Ｑ＆Ａ参照）。たとえば、震災のために鉄道、道路等の輸送手段が遮断されたため原材料や部品の仕入れが滞り、かつ、他に代替品の仕入れが不可能になったような場合は、不可抗力によるものとして使用者責任が回避される場合もあると考えられます。

②-ⅱ) 計画停電による休業

計画停電が実施されたことにより事業場に電力が供給されない場合、事業の運営が困難になってしまうことが考えられます。

この場合、計画停電があっても必ずしも作業を休止する必要のない部門についてまで休業をさせることは"使用者の責めに帰すべき事由による休業"にあたり、休業手当の支払いが必要となりますが、一部の部門の労働者のみを就業させることが企業の経営上著しく不適当と認められるときは、その部門を含めて休業させても休業手当の支払いは必要ありません。また、政府から電力需給逼迫警報が発出されたため事業所を休業としたにもかかわらず、実際には計画停電が実施されなかった場合は、当該警報の内容、当該警報が解除された時刻、計画停電の実施または不実施が電力会社から発表された時期を踏まえながら判断することとなります（平23.3.15基監発0315第1号、平23.7.14基監発0714第1号）。

では、計画停電の時間帯のみを休業とした場合と計画停電の予定される日すべてを休業とした場合に分けてみてみましょう。

②-ⅱ-(1) 計画停電の時間帯のみを休業とした場合

計画停電の時間帯、すなわち電力が供給されない時間帯のみ休業とする場合

には、原則として"使用者の責めに帰すべき事由による休業"には該当せず、休業手当の支払いは必要ないものと考えられます。

②-ⅱ-⑵　計画停電の時間帯を含め1日すべてを休業とした場合

　計画停電の時間帯以外の時間帯を休業とした場合、原則として"使用者の責めに帰すべき事由による休業"に該当し、休業手当の支払いが必要と考えられます。

　ただし、他の手段の可能性、使用者としての休業回避のための具体的努力等を総合的に勘案し、計画停電の時間帯のみを休業とすることが経営上著しく不適当と認められる場合には、計画停電の時間帯以外の時間帯を含めて1日すべてを休業としても、"使用者の責めに帰すべき事由による休業"には該当せず、休業手当の支払いは必要ないものと考えられます（平23.3.15基監発0315第1号）。

2．休業手当の額

　休業手当の額は、法第26条において"平均賃金の100分の60以上"と定められていますが、ここでは、休職扱いとした場合や、所定労働時間の短い日に一部休業した場合など、特殊な場合の休業手当の額についてみていくことにします。

（1）会社都合の休職とした場合

　就業規則において、『会社は業務上の必要があるときは、従業員の一部または全部を休職扱いとすることがある』などの定めをし、この定めに基づいて、会社の都合によって休職を命ぜられた者の休職日の賃金について、日額の100分の50とする場合に、これが法第26条の休業手当の最低保障額に違反するかどうかは問題となるところですが、『会社の業務の都合』が使用者の責めに帰すべき事由による休業に該当する場合には、賃金規程に法定の休業手当に満たない額の賃金を支給することを規定しても無効となります。つまり、会社都合によって休職させた場合には、平均賃金の100分の60以上の休業手当の支払いが必要となります。

なお、本人都合（私傷病等）によって休職した日については、本条に定める休業手当の支払いを要しないことはいうまでもありません。

（2）1日の一部を労働した場合

所定労働日に遅刻または欠勤したときに賃金が控除される日給月給制のもとで、所定労働日の一部を使用者の都合で休業（一部労働）させたときの休業手当の額は、平均賃金の60％から一部労働した時間に対して支払われた賃金を差し引いた差額となります（**図表Ⅱ-⑫参照**）。したがって、所定労働日の一部を使用者の責めによる事由によって休業させた場合にも、その日の賃金が平均賃金の60％以上支払われている場合には、休業手当の支払い義務はありません。

図表Ⅱ-⑫　1日の一部を労働したときの休業手当の例

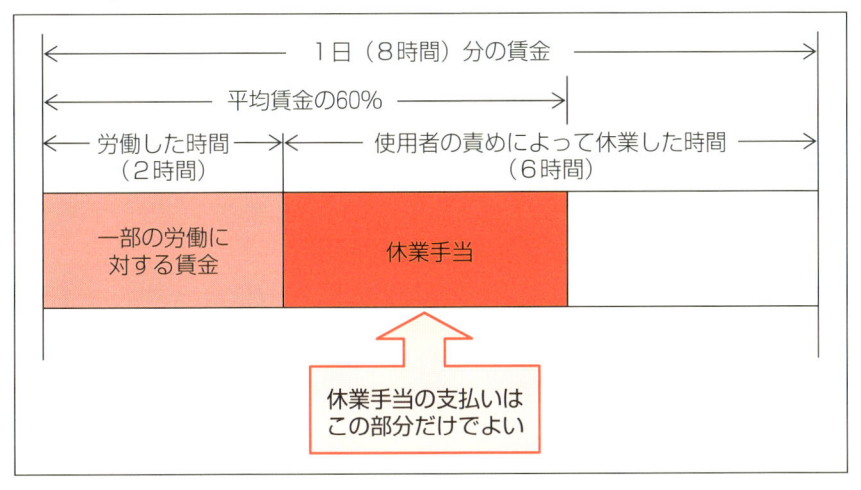

```
|←――――――― 1日（8時間）分の賃金 ―――――――→|
|←――――― 平均賃金の60％ ―――――→|
|←― 労働した時間 ―→|←― 使用者の責めによって休業した時間 ―→|
      （2時間）                  （6時間）

[一部の労働に  [ 休業手当 ]
 対する賃金]
                   ↑
              休業手当の支払いは
              この部分だけでよい
```

（3）1日の所定労働時間が短い場合

土曜日の半日出勤のように、1週のうちある日の所定労働時間が他の所定労働時間より短い場合であっても、その日の休業手当は平均賃金の100分の60に相当する額を支払わなければなりません。したがって、半日出勤の日に使用者の責めによる事由によって休業をした場合にも、平均賃金の1日分の60％以上を休業手当として支払う必要があります。

（4）休日の場合

"使用者の責めに帰すべき事由"による休業期間中に休日が含まれている場合には、当該休日については、休業手当の支払い義務はありません。したがって、法第35条に定める法定休日はもちろん、就業規則や労働協約に定める所定の休日には休業手当を支払う必要はありません。

3．休業手当の支払い時期

休業手当の支払期日に関しては、法第26条には明文の定めがありませんが、休業手当は法第11条の賃金の一種であることから、所定賃金支払日に支払うべきものと解されます。つまり、当該休業手当の支給事由の発生した賃金計算期間にかかる賃金支払日に、通常の賃金と合わせて支払うべきものと解されます。

第3章

賃金決定の実務

Ⅰ．書面交付、就業規則への記載

　労働基準法では、賃金の決定、計算および支払いの方法、賃金の締切りおよび支払いの時期について、労働契約締結時に書面で明示するとともに、就業規則に必ず記載しなければならない事項とされています。

　ここでは、労働契約締結時に書面にて明示すべき事項と就業規則の必要記載事項についてみることにします。

1．労働契約締結時に書面で明示すべき事項

　法第15条第1項では、労働契約の締結に際し、労働者に対して賃金、労働時間その他の労働条件の明示が義務づけられています。

　この場合の具体的な明示事項については、施行規則において図表Ⅲ―①のように定められています。さらに、図表Ⅲ―①のⅰ）のイ）からホ）の事項（昇給に関する事項を除く）については、書面の交付によって明示しなければならないこととされています。

　なお、このほかに、パートタイム労働法では、①昇給の有無、②退職手当の有無、③賞与の有無について、パートタイマーやアルバイト等のパートタイム労働者に文書の交付等により明示することが義務づけられており、また、それ以外の労働条件に関する事項についても努力義務とされています（同第6条）。

2．就業規則の必要記載事項

　また、法第89条では、常時10人以上の労働者を使用する使用者に対して、図表Ⅲ―①のⅱ）のイ）からハ）の事項について、就業規則の作成・届出が義務づけられています。

図表Ⅲ−① 労働契約締結時の明示事項と就業規則の必要記載事項

ⅰ）労働契約締結時に明示すべき事項 （法第15条第1項、施行規則第5条【労働条件】）	ⅱ）就業規則の必要記載事項 （法第89条【作成・届出の義務】）
絶対的明示事項（注1）	**絶対的必要記載事項**
イ）労働契約の期間に関する事項 ロ）期間の定めのある労働契約を更新する場合の基準に関する事項（注2） ハ）就業の場所および従事すべき業務に関する事項 ニ）始業および終業の時刻、所定労働時間を超える労働の有無、休憩時間、休日、休暇ならびに労働者を2組以上に分けて就業させる場合における就業時転換に関する事項 ホ）賃金（退職手当および賞与等を除く）の決定、計算および支払いの方法、賃金の締切りおよび支払いの時期ならびに昇給に関する事項 ヘ）退職に関する事項（解雇の事由を含む）	イ）始業および終業の時刻、休憩時間、休日、休暇ならびに労働者を2組以上に分けて交替に就業させる場合においては就業時転換に関する事項 ロ）賃金（臨時の賃金等を除く。以下この号において同じ）の決定、計算および支払いの方法、賃金の締切りおよび支払いの時期ならびに昇給に関する事項 ハ）退職に関する事項（解雇の事由を含む）
相対的明示事項（注3）	**相対的必要記載事項**（注3）
ト）退職手当の定めが適用される労働者の範囲、退職手当の決定、計算および支払いの方法ならびに退職手当の支払いの時期に関する事項 チ）臨時に支払われる賃金（退職手当を除く）、賞与および第8条各号に掲げる賃金ならびに最低賃金に関する事項 リ）労働者に負担させるべき食費、作業用品その他に関する事項 ヌ）安全および衛生に関する事項 ル）職業訓練に関する事項 ヲ）災害補償および業務外の傷病扶助に関する事項 ワ）表彰および制裁の種類および程度に関する事項 カ）休職に関する事項	ニ）退職手当の定めをする場合においては、適用される労働者の範囲、退職手当の決定、計算および支払いの方法ならびに退職手当の支払いの時期に関する事項 ホ）臨時の賃金等（退職手当を除く）および最低賃金額の定めをする場合においては、これに関する事項 ヘ）労働者に食費、作業用品その他の負担をさせる定めをする場合においては、これに関する事項 ト）安全および衛生に関する定めをする場合においては、これに関する事項 チ）職業訓練に関する定めをする場合においては、これに関する事項 リ）災害補償および業務外の傷病扶助に関する定めをする場合においては、これに関する事項 ヌ）表彰および制裁の定めをする場合においては、その種類および程度に関する事項 ル）前各号に掲げるもののほか、当該事業場の労働者のすべてに適用される定めをする場合においては、これに関する事項

（注1） イ）からヘ）の事項（ただし、昇給に関する事項を除く）は、書面の交付による明示が必要な事項。
（注3） 施行規則が改正され、平成25年4月1日より、ロ）が追加されることとなった。
（注2） "相対的明示事項"および"相対的必要記載事項"とは、定めをする場合には必ず明示または記載する必要がある事項をいう。

Ⅰ．書面交付、就業規則への記載—47

Ⅱ. 賃金の決定

　賃金は、労働者が使用者に労務を提供した場合にその対償として支払われるものですが、労働市場の中でみると、"労働力の価格"という側面をもっています。このため、賃金額の決定は、本来、市場原理に基づいて各企業における労使間の交渉によって行われるべきものですが、現実には、労使対等の立場で交渉が行われないことも少なくありません。

　このため、労働基準法をはじめとする関係諸法令では、労働者保護の観点から、賃金決定に関してさまざまな規制を設けています。ここでは、これらの法令に定める規制等についてみていくことにします。

1. 賃金決定の原則

　賃金の決定に関して、労働基準法では、①**労使対等の原則**、②**均等待遇の原則**、③**男女同一賃金の原則**の3つの原則が定められています。このため、賃金の決定に際しては、これらの原則をしっかりと理解し、順守しなければなりません。

(1) 労使対等の原則

　法第2条第1項では、労働条件について、「労働者と使用者が、労使対等の立場において決定すべきもの」とされています。

　この"労働条件"の定義について明確なものはありませんが、具体的な内容としては、賃金のほか労働時間、休日、休暇等があります。

　また、"対等の立場"とは、形式的のみならず実質的に対等の立場を含むもので、社会的、経済的な力関係を離れて相互の人格を尊重する立場を意味します。しかし、実際には、労使間の力関係は対等ではないため、しばしば使用者による一方的な改定が行われ、ときには労働条件の不利益変更が実施されるこ

ともあります。

（2）均等待遇の原則

　法第3条では、憲法第14条の法の下の平等の精神に基づいて、「労働者の国籍、信条又は社会的身分を理由として、賃金、労働時間その他の労働条件について、差別的取扱いをしてはならない」こととされています。

　ここでいう"国籍"による差別とは、労働者が日本人でないことを理由として労働条件に格差を設けたり、国籍別に労働条件に優劣をつけることなどをいいます。また、入管法では、就労資格のない外国人の雇用を禁止し、これに違反した場合には使用者（雇入事業主）と不法就労者の両方を罰することとされていますが、仮にこれに違反して就労資格のない外国人を雇用した場合にも、不法就労であることを理由に、賃金をはじめとする労働条件について、日本人と差別することはできません。

　"信条"とは、特定の宗教的もしくは政治的信念をいい、宗教上の信仰はもちろん、思想上の信念、政治的信条を含むものと解されます。

　"社会的身分"とは、生来の身分をいい、準社員とかパートタイマーなどのように労働契約の内容から生じる地位または身分は、これに含みません。

　"労働者の国籍、信条または社会的身分を理由として"とは、労働者の国籍、信条または社会的身分が差別的取扱いの決定的原因になっていると判断される場合をいいます。

（3）男女同一賃金の原則

　法第4条では、男女同一賃金の原則について、「使用者は、労働者が女性であることを理由として、賃金について、男性と差別的取扱いをしてはならない」と定められています。

　ここでいう"女性であることを理由として"には、労働者が女性であることのみを理由とすることのほか、女性労働者が、一般的または平均的に勤続年数が短いことや、主たる生計の維持者ではないことを理由とすることなどが含まれます。

　"差別的取扱い"とは、たとえば、男女異なる賃金表に基づいて賃金が決められる場合や、同一の賃金表を用いる場合であっても、職務、能率、技能、年

齢、勤続年数等による個人的な差異によらず、女性のみ昇給を遅らせるような場合がこれに該当します。

さらに、同一職種に就業する新卒者の初任給を性別によって差別したり、職務、能率、技能、年齢、勤続年数等が同一であるにもかかわらず、男性はすべて月給制、女性はすべて日給制とし、月給者（男性）はその労働日数の如何にかかわらず月に対する賃金が一定額であるのに対し、日給者（女性）は労働日数の多寡によってその月に対する賃金が変動するような場合は、法第4条違反と解されます。また、他の条件が同じであっても、住宅手当や家族手当を男性のみに支給するというような賃金体系上の差別も同様です。

この場合の差別的取扱いには、不利に取り扱う場合のみならず、有利に取り扱う場合も含まれます。

なお、賃金以外の差別的取扱いについては、男女雇用機会均等法で、住宅資金の貸付けその他これに準ずる福利厚生の措置について、労働者の性別を理由として、差別的取扱いをしてはならないこととされています。

2．非正規労働者の均衡待遇

パートタイム労働者や有期契約労働者、派遣労働者等のいわゆる非正規労働者は増加傾向にあり、近年は、全労働者のうち3割を超えています。

しかし、非正規労働者については、一般的に通常の労働者と比較して賃金等の労働条件が低い傾向にありますが、必ずしも職務の内容等が通常の労働者と異なるとはいえない場合があります。

このため、そのような非正規労働者の減少と処遇の改善を目的として、パートタイム労働法や労働契約法、労働者派遣法によって、通常の労働者との均衡待遇の確保等が規定されています。

(1) パートタイム労働者の差別的取扱いの禁止と均衡待遇の原則

パートタイム労働法では、パートタイム労働者の待遇について、差別的取扱いの禁止および均衡待遇の確保が求められています。

なお、平成24年8月10日に、有期労働契約の期間の定めのない労働契約へ

の転換、期間の定めがあることを理由とする不合理な労働条件の禁止等を内容とする改正労働契約法が成立しました（注4）。

この有期労働契約法制の動向を念頭に、パートタイム労働法の均衡待遇の確保についても、今後見直すことが検討されています。

(注4) 施行日は、平成25年4月1日とされている。

① 通常の労働者と同視すべきパートタイム労働者の待遇

パートタイム労働法では、通常の労働者と同視すべき（就業の実態が通常の労働者と同じ）パートタイム労働者について、賃金の決定、教育訓練の実施、福利厚生施設の利用その他の待遇について、パートタイム労働者であることを理由として差別的取扱いをしてはならないこととされています（同法第8条第1項）。

①－ⅰ）通常の労働者と同視すべきパートタイム労働者の要件

差別的取扱いが禁止されている通常の労働者と同視すべきパートタイム労働者とは、①職務内容が同じ、②全雇用期間を通じて、職務内容および配置の変更範囲が同じ、③期間の定めのない労働契約を締結しているといった3つの要件を満たしている者をいいます。

①の"職務内容が同じ"とは、業務の内容およびその業務に伴う責任の程度（以下「職務の内容」という）が通常の労働者と同一である場合をいいます。

②の"全雇用期間を通じて、職務内容および配置の変更範囲が同じ"とは、雇用期間が終了するまでの全期間において、職務の内容と配置の変更の範囲（変更の有無を含む）が通常の労働者と同一の範囲で変更されると見込まれる（人材活用の仕組みや運用等が同じ）場合をいいます。

③の"期間の定めのない労働契約"には、反復して更新されることによって期間の定めのない労働契約と同視することが社会通念上相当と認められる、期間の定めのある労働契約を含むものと解されますので注意が必要です。

①－ⅱ）差別的取扱いの禁止

「通常の労働者と同視すべきパートタイム労働者の該当性の判断基準」（**図表Ⅲ－②参照**）では、その待遇について、パートタイム労働者であることを理由として、差別的取扱いをしてはならないこととされています。

ここでいう"待遇"とは、賃金の決定、教育訓練の実施、福利厚生施設の利用その他すべての待遇をいいます。

図表Ⅲ-② 通常の労働者と同視すべきパートタイム労働者の該当性の判断基準

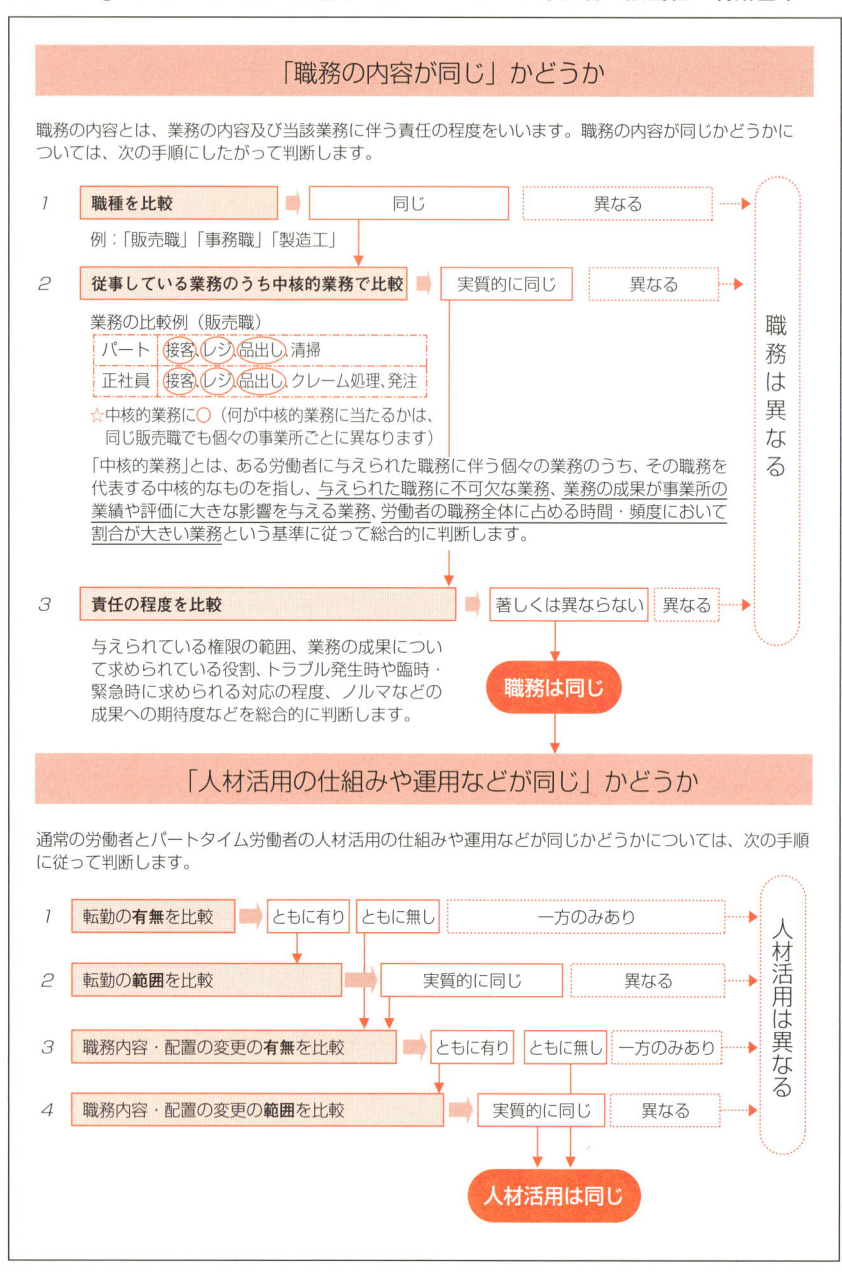

「職務の内容が同じ」かどうか

職務の内容とは、業務の内容及び当該業務に伴う責任の程度をいいます。職務の内容が同じかどうかについては、次の手順にしたがって判断します。

1. **職種を比較** → 同じ / 異なる → 職務は異なる
   例:「販売職」「事務職」「製造工」

2. **従事している業務のうち中核的業務で比較** → 実質的に同じ / 異なる
   業務の比較例(販売職)
   | パート | 接客、レジ、品出し、清掃 |
   | 正社員 | 接客、レジ、品出し、クレーム処理、発注 |
   ☆中核的業務に〇 (何が中核的業務に当たるかは、同じ販売職でも個々の事業所ごとに異なります)
   「中核的業務」とは、ある労働者に与えられた職務に伴う個々の業務のうち、その職務を代表する中核的なものを指し、与えられた職務に不可欠な業務、業務の成果が事業所の業績や評価に大きな影響を与える業務、労働者の職務全体に占める時間・頻度において割合が大きい業務という基準に従って総合的に判断します。

3. **責任の程度を比較** → 著しくは異ならない / 異なる
   与えられている権限の範囲、業務の成果について求められている役割、トラブル発生時や臨時・緊急時に求められる対応の程度、ノルマなどの成果への期待度などを総合的に判断します。

→ **職務は同じ**

「人材活用の仕組みや運用などが同じ」かどうか

通常の労働者とパートタイム労働者の人材活用の仕組みや運用などが同じかどうかについては、次の手順に従って判断します。

1. **転勤の有無を比較** → ともに有り / ともに無し / 一方のみあり → 人材活用は異なる
2. **転勤の範囲を比較** → 実質的に同じ / 異なる
3. **職務内容・配置の変更の有無を比較** → ともに有り / ともに無し / 一方のみあり
4. **職務内容・配置の変更の範囲を比較** → 実質的に同じ / 異なる

→ **人材活用は同じ**

出典:「パートタイム労働法の概要」(厚生労働省。平成24年8月作成)

たとえば、基本給を設定するにあたっては、パートタイム労働者であることのみを理由に、通常の労働者より水準を低くすることはできません。すなわち、パートタイム労働者と通常の労働者の1時間あたりの金額が同額になるように設定する必要があります。ただし、勤務成績や評価に応じて、実際に支給する基本給の水準が異なることや、評価が同じであっても、労働時間が短いことに比例して、時間比例分の賃金が少ないといった合理的な差異については差し支えありません。

　また、基本給以外の諸手当や賞与の決定、教育訓練の実施、福利厚生施設の利用のほか、休憩、休日、休暇、安全衛生、災害補償、解雇等、労働時間以外のすべての待遇について、通常の労働者と同様に取り扱わなければなりません。

② **通常の労働者と就業の実態が異なるパートタイム労働者の均衡待遇**

　前述のように、通常の労働者と同視すべきパートタイム労働者については、差別的取扱いが禁止されていますが、実際には、パートタイム労働者のほとんどが通常の労働者とは就業の実態が異なるものと考えられます。

　パートタイム労働法は、このような、通常の労働者とは就業の実態が異なるパートタイム労働者については、前述の3つの要件を満たす程度に応じて、賃金の決定方法、教育訓練、福利厚生施設について、通常の労働者との"均衡のとれた待遇"を求めています（同法第9条、第10条、第11条）（**図表Ⅲ－③**参照）。

②-ⅰ) **賃金の決定方法**

　賃金の決定にあたっては、通常の労働者と"職務の内容"が同じで、かつ、"人材活用の仕組みや運用等"が一定の期間同じパートタイム労働者について、その期間は、通常の労働者と同一の方法で決定するよう努めること、また、"職務内容"または"人材活用の仕組みや運用等"が異なるパートタイム労働者についても、通常の労働者との均衡を考慮し、パートタイム労働者の職務の内容、成果、意欲、能力、経験等を勘案して決定するように努めることとされています。

　なお、ここでいう賃金とは、基本給、賞与、役付手当、精皆勤手当など職務の内容に密接に関連して支払われる賃金とされ、通勤手当、退職手当、家族手当、住宅手当、別居手当、子女教育手当等、名称の如何を問わず職務の内容と密接な関連のない賃金は除かれます。

図表Ⅲ-③　パートタイム労働者の不利益取扱い禁止と均衡待遇

[パートタイム労働者の態様] 通常の労働者と比較して、			賃金		教育訓練		福利厚生	
職務の内容（業務の内容及び責任）	人材活用の仕組みや運用など（人事異動等の有無及び範囲）	契約期間	職務関連賃金 ・基本給 ・賞与 ・役付手当等	左以外の賃金 ・退職手当 ・家族手当 ・通勤手当等	職務遂行に必要な能力を付与するもの	左以外のもの（キャリアアップのための訓練など）	・給食施設 ・休憩室 ・更衣室	左以外のもの（慶弔休暇、社宅の貸与等）
①通常の労働者と同視すべきパートタイム労働者			◎	◎	◎	◎	◎	◎
同じ	全雇用期間を通じて同じ	無期又は反復更新により無期と同じ						
②通常の労働者と職務の内容と人材活用の仕組みや運用などが同じパートタイム労働者			□	―	○	△	○	―
同じ	一定期間は同じ	―						
③通常の労働者と職務の内容が同じパートタイム労働者			△	―	○	△	○	―
同じ	異なる	―						
④通常の労働者と職務の内容も異なるパートタイム労働者			△	―	△	△	○	―
異なる	―	―						

（講じる措置）
◎…パートタイム労働者であることによる差別的取扱いの禁止
○…実施義務・配慮義務
□…同一の方法で決定する努力義務
△…職務の内容、成果、意欲、能力、経験等を勘案する努力義務

出典：「パートタイム労働法の概要」（厚生労働省。平成24年8月作成）

②-ⅱ）教育訓練

　通常の労働者と"職務内容"が同じパートタイム労働者に対しては、その職務を遂行するにあたって必要な知識や技術を身につけるために通常の労働者に対して実施している教育訓練について、すでに必要な能力を身につけている場

合を除き、通常の労働者と同様に実施しなければなりません。

　また、通常の労働者と"職務内容"が異なる者も含め、すべてのパートタイム労働者について、事業主は通常の労働者との均衡を考慮しつつ、職務の内容、職務の成果、意欲、能力および経験等に応じて教育訓練を実施するように努めなければなりません。

②-ⅲ) 福利厚生施設

　事業主は、通常の労働者と"職務内容"が異なる者も含め、すべてのパートタイム労働者に対して、福利厚生施設のうち、通常の労働者が利用する給食施設、休憩室、更衣室について、利用の機会を与えるよう配慮しなければなりません。なお、所定労働時間が通常の労働者と同一の有期契約労働者については、パートタイム労働法に規定する短時間労働者には該当しませんが、パートタイム労働指針では、パートタイム労働法の趣旨が考慮されるべきであることに留意することとされています。

（2）有期契約労働者の不合理な労働条件の禁止

　平成24年の労働契約法の改正（注5）により、期間の定めがあることによる不合理な労働条件を禁止する規定が設けられました（改正労働契約法第20条）。ここでいう"労働条件"には、賃金や労働時間等だけではなく、労働契約の内容となっている災害補償、服務規律、教育訓練、付随義務、福利厚生等労働者に対する一切の待遇が含まれます。

　しかし、有期契約労働者と無期契約労働者との間で労働条件の相違があれば、直ちに不合理とされるわけではありません。すなわち、有期契約労働者の労働条件と無期契約労働者の労働条件が相違する場合において、当該労働条件の相違が①**労働者の業務の内容および当該業務に伴う責任の程度**、②**当該職務の内容および配置の変更の範囲**、③**その他の事情**を考慮して、個々の労働条件ごとに不合理と認められるか否かが判断されます。

　したがって、たとえば定年後に再雇用された有期契約労働者の労働条件が、定年前の他の無期契約労働者の労働条件と相違することについては、定年の前後で職務の内容、当該職務の内容および配置の変更の範囲等が変更されるような場合には、不合理とは認められないものと解されます。

（注5）施行日は、平成25年4月1日とされている。

(3) 派遣労働者の均衡を考慮した待遇の確保

　平成24年の労働者派遣法の改正により、派遣元において、派遣労働者と同種の業務に従事する派遣先の労働者の賃金水準等との均衡を考慮した賃金決定や、教育訓練・福利厚生の実施等に配慮しなければならないとする規定が設けられました（労働者派遣法第30条の２）。

　また、派遣先においても、派遣元による均衡待遇の確保に向けた措置が適切に講じられるようにするために、必要な情報を派遣元に提供する等の協力をするよう努めなければならないこととされています。

3. 賃金体系

　賃金制度とは、労働者一人ひとりに支払われる賃金の決め方、構成要素、支払形態の総体のことをいいます。このうち、賃金の基本的な部分を構成する基本給は学歴をベースに、年齢や勤続、経験、能力などを総合的に勘案して決める総合給型といわれるタイプが、わが国では、大勢を占めています。

　近年、多くの企業が従来の年功型の賃金制度から職務・成果主義の賃金制度へと見直しを進めており、職務遂行能力や職務価値、難易度、役割などを基本給の決定要素とする企業が増加しています。しかしその一方で、依然として、年齢・勤続を賃金の決定要素とする企業も少なくなく、また、能力給や職務給などを導入している企業でも、年齢給や勤続給の比率を大きくしているケースは少なくありません。

　また、わが国の賃金の特徴として、家族手当や住宅手当、物価手当などさまざまな名称の生活保障給的手当が、基本給に付加されています。さらに、月々の給与とは別に、基本給の数カ月にも上る賞与が年２回から３回も支給されるなど、欧米、特にアメリカにはほとんどみられない賃金制度となっています。

　では、わが国における一般的な賃金体系と基本給の構成要素について概観してみることにします（**図表Ⅲ－④参照**）。

図表Ⅲ－④　一般的な賃金体系

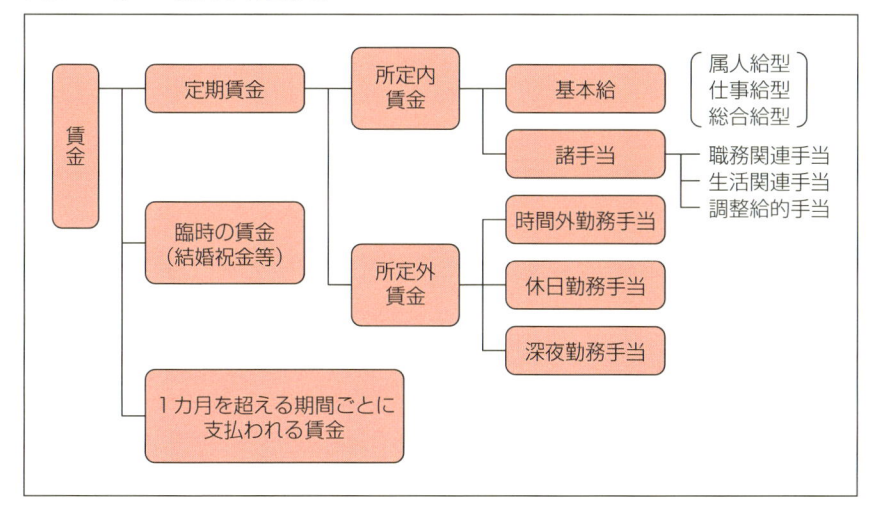

```
賃金 ─┬─ 定期賃金 ─┬─ 所定内賃金 ─┬─ 基本給 ─── 属人給型／仕事給型／総合給型
      │            │              └─ 諸手当 ─── 職務関連手当／生活関連手当／調整給的手当
      │            └─ 所定外賃金 ─┬─ 時間外勤務手当
      │                           ├─ 休日勤務手当
      │                           └─ 深夜勤務手当
      ├─ 臨時の賃金（結婚祝金等）
      └─ 1カ月を超える期間ごとに支払われる賃金
```

（1）所定内賃金と所定外賃金

賃金には、定期賃金のほか、臨時の賃金、賞与等の1カ月を超える期間ごとに支払われる賃金があり、定期賃金はさらに所定内賃金と所定外賃金に分類されます。

所定内賃金とは、所定労働時間労働した場合に支払われる賃金をいい、基本給のほか、家族手当や住宅手当、通勤手当などの諸手当があります。一方、所定外賃金とは、所定時間外や休日、深夜に労働した場合に支払われる賃金をいい、時間外勤務手当や休日勤務手当、深夜勤務手当などがあります。

（2）基本給

基本給は、本給とか本俸などと呼ばれることもありますが、その名のとおり、賃金の構成要素のうち、最も基本的な部分を構成します。

基本給の額は、企業における従業員の序列を示したものといえます。つまり、基本給には従業員に対する企業の評価が示されており、従業員にとっては、単なる賃金額の多寡を示すのみにとどまらず、企業内での評価に基づく序列を表したものということができます。したがって、基本給の決定にあたっては、合理的かつ客観的な方法が確立されていなければなりません。

さらに、基本給は、その性質から属人給型、仕事給型、総合給型に大別され

ます。
① 属人給型
　属人給型体系は、前述のように、年齢、勤続年数、学歴、能力などの属人的要素によって賃金を決定するもので、属人給の構成要素には、年齢給、勤続給、経験給、学歴給、能力給などがあります。
② 仕事給型
　仕事給型の賃金決定タイプには、職種給や職務給、成果給などがありますが、これは、職種や職務、役職、役割、職責などの職務の価値や難易度などの仕事的要素をもとに賃金を決定する体系です。
③ 総合給型
　単一型体系の代表的なタイプである総合給型とは、本給とか本人給などといわれる１つの基本給項目の中に属人給と仕事給を含んだもので、属人給的要素と仕事給的要素を総合的に勘案して賃金を決定するものをいいます。
　ところで、一般に職能給は仕事給的要素に分類されますが、職能給の決定要素となる能力は、年齢や勤続年数、学歴等の属人的要素によって測られることが多いため、実質的には属人給的といえます。これに対して、本来の仕事給型とは、職務の価値や難易度、業績、成果など実質的に仕事的要素をもとに決める基本給のことで、これには、職務給、職種給、業績（成果）給などがあります。

（３）諸手当

　諸手当にはいろいろな種類がありますが、その支給目的や性格から、職務関連手当、生活関連手当、調整給的手当の３つに分けることができます。
① 職務関連手当
　職務関連手当は、役付手当、職務手当、営業（外勤）手当、技術手当、出向手当、特殊勤務（作業）手当、精皆勤手当など、従業員の役割や職務遂行に関して支給されるものをいいます。
② 生活関連手当
　生活関連手当は、家族手当、住宅手当、別居（単身赴任）手当、地域手当、食事手当、通勤手当など、従業員の生活費を補助することを目的として支給されるものをいいます。

③ 調整給的手当

調整給的手当は中途採用者や部門間の異動者、賃金調整、賃金体系の変更などの際に設けられる手当をいいます。

Ⅲ．最低賃金

　最低賃金制度は、国が法的強制力をもって賃金の最低額を定め、使用者に対して、その最低額以上の賃金を労働者に支払うことを義務づけた制度で、わが国では、労働基準法第28条の特別法として昭和34年に最賃法が制定されました。

　最賃法は、憲法第25条の「すべて国民は、健康で文化的な最低限度の生活を営む権利を有する」との趣旨を受けて、労働基準法第1条に掲げる「人たるに値する生活」を確保するため、「賃金の低廉な労働者について、賃金の最低額を保障することにより、労働条件の改善」を図ること（最賃法第1条）を目的として定められたものです。

　ここでは、最低賃金の種類と最賃法におけるさまざまな定めについてみることにします。

1．最低賃金の種類

　最賃法第4条第1項では、「使用者は、最低賃金の適用を受ける労働者に対し、その最低賃金額以上の賃金を支払わなければならない」と規定されていますが、法律では、賃金の最低額そのものは定められていません。

　最低賃金は、都道府県ごとに定められた地域別最低賃金と、特定の産業を対象に定められた特定（産業別）最低賃金の2種類があり、その両方が同時に適用される場合には、使用者は高い方の最低賃金以上の賃金を支払わなければなりません。

（1）地域別最低賃金

　地域別最低賃金は、すべての労働者について最低限度の賃金水準を保障するセーフティネットとして、その決定が都道府県労働局長に義務づけられています。これは産業や職種にかかわりなく、都道府県内のすべての労働者とその使

用者に対して適用されるものとして、各都道府県に1つずつ、全部で47の地域別最低賃金が定められています。

たとえば、本社が東京で大阪が支社というような場合は、東京本社は東京の、大阪支社は大阪の地域別最低賃金が適用されます（**図表Ⅲ－⑤**参照）。

図表Ⅲ－⑤　本社、支社が都道府県をまたがる場合の最低賃金の適用

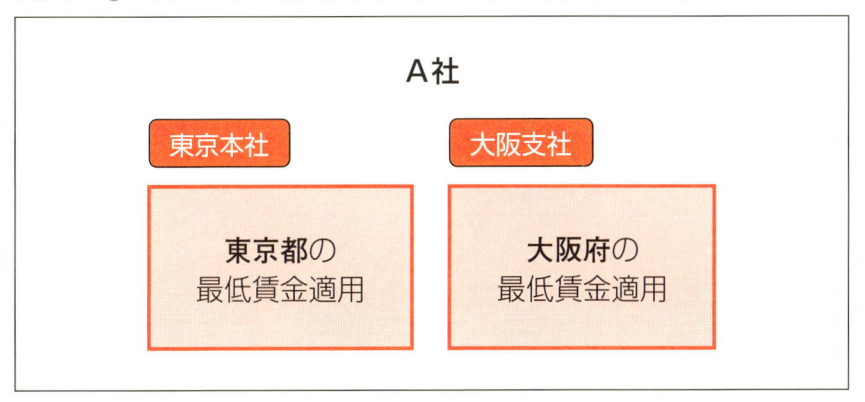

```
                      A社
    ┌─────────┐    ┌─────────┐
    │ 東京本社 │    │ 大阪支社 │
    ├─────────┤    ├─────────┤
    │  東京都の │    │  大阪府の │
    │ 最低賃金適用 │  │ 最低賃金適用 │
    └─────────┘    └─────────┘
```

また、地域別最低賃金を決定する際には、①労働者の生計費、②労働者の賃金、③通常の事業の賃金支払い能力といった3つの事項を考慮して定めることとされています。

このうち、①の"労働者の生計費"については、最低生計費の保障や、就労に対するインセンティブの低下、モラルハザードの観点から、最低賃金が生活保護を下回らない水準となるようにするため、労働者が健康で文化的な最低限度の生活を営むことができるよう、生活保護にかかる施策との整合性に配慮することを目的として規定されたものです。

地域別最低賃金の決定は、全国的な整合性を図るため、毎年、中央最低賃金審議会から地方最低賃金審議会に対して、金額改定のための引上げ額の目安が提示され、地方最低賃金審議会はその目安を参考にしながら、地域の実情に応じた地域別最低賃金額の改正のための審議を行います。この中央最低賃金審議会および地方最低賃金審議会の調査審議の意見を尊重して、厚生労働大臣または都道府県労働局長により地域別最低賃金が決定されます。

(2) 特定（産業別）最低賃金

　特定（産業別）最低賃金は、特定の産業について、関係労使が基幹的労働者を対象として、地域別最低賃金より金額水準の高い最低賃金を定めることが必要と認められるものについて設定されており、セーフティネットとしての地域別最低賃金を補完する役割を果たすものと位置づけられています。特定（産業別）最低賃金は、関係労使の申出を受けた厚生労働大臣または都道府県労働局長が最低賃金審議会の調査審議を求め、その意見を尊重して決定されます。

　特定（産業別）最低賃金の額は、地域別最低賃金の額を上回らなければならないとされており、地域別最低賃金と特定（産業別）最低賃金が同時に適用される労働者に対して、使用者は、高い方の最低賃金を支払わなければなりません。

2．最低賃金の対象となる賃金とその計算方法

　最低賃金を下回っていないか否かを確認するにあたっては、対象となる賃金の範囲とその計算方法についてみておかなければなりません。

(1) 対象となる賃金

　最賃法でいう賃金は、労働基準法第11条の賃金の定義と基本的に同一ですが、最低賃金に達しているかどうかを判断する際には、実際に支払われる賃金から、以下の4つに該当する賃金を除いた額を用います（最賃法第4条第3項および同施行規則第1条）。

【最低賃金の対象から除外すべき賃金】
① 臨時に支払われる賃金（結婚祝金等）
② 1カ月を超える期間ごとに支払われる賃金（賞与等）
③ 所定時間外労働、所定休日労働および深夜労働に対して支払われる賃金（割増賃金等）
④ 当該最低賃金において算入しないことを定める賃金（精皆勤手当、家族手当および通勤手当）

これを図示すると、**図表Ⅲ-⑥**のとおりとなります。

図表Ⅲ-⑥　最低賃金の対象となる賃金

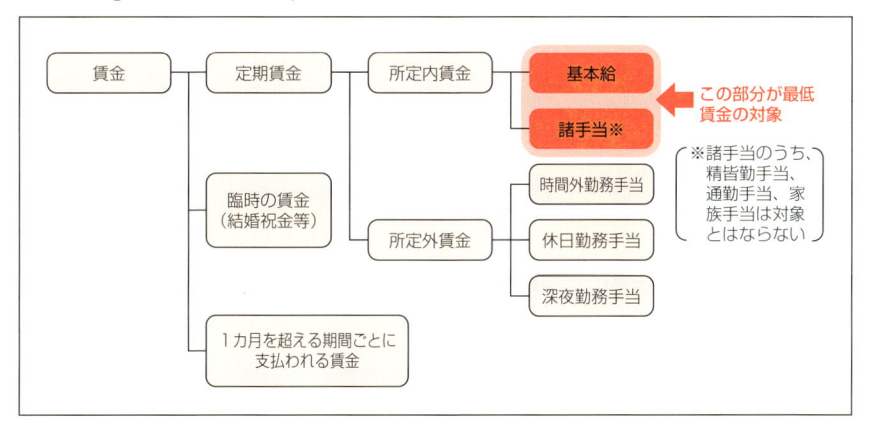

```
賃金 ─┬─ 定期賃金 ─┬─ 所定内賃金 ─┬─ 基本給       ← この部分が最低
      │            │              ├─ 諸手当※         賃金の対象
      │            │              
      │            └─ 所定外賃金 ─┬─ 時間外勤務手当    ※諸手当のうち、
      │                           ├─ 休日勤務手当      精皆勤手当、
      │                           └─ 深夜勤務手当      通勤手当、家
      ├─ 臨時の賃金                                    族手当は対象
      │  （結婚祝金等）                                とはならない
      └─ 1カ月を超える期間ごとに
         支払われる賃金
```

（2）最低賃金と実際に支払われる賃金との比較方法

　最低賃金額は、法律上は時間によって定めることとされています。したがって、実際に支払われる賃金額が最低賃金額以上になっているかどうかを調べるには、家族手当や通勤手当などの"算入しない賃金"を差し引いた後の実際の賃金額と、最低賃金の時間額とを、賃金支払形態に応じて、**図表Ⅲ-⑦**に定める方法で比較します。

図表Ⅲ-⑦　賃金支払形態ごとの時間額との比較方法

賃金支払形態	時間額との比較方法
時間給の場合	時間給　≧　最低賃金額
日給の場合	$\dfrac{日給}{1日の所定労働時間数} \geq$ 最低賃金額
週給、月給等の場合	時間あたりの賃金に換算した額の合計≧最低賃金額〔月給の場合〕$\left(\dfrac{月給額×12カ月}{年間所定労働時間} \geq 最低賃金額 \right)$
歩合給の場合	歩合給とその他の賃金をそれぞれ時間あたりの賃金に換算した額の合計　≧　最低賃金額
上記の組み合わせの場合	上記の組み合わせによる場合は、それぞれ上記の式により時間額に換算し、それを合計したものと最低賃金額（時間額）を比較

（3）最低賃金の計算の具体例

では、最低賃金を下回っていないかどうかを個別のケースごとに具体的にみていきます。

① 月給制のケース

まず、月給制で、基本給が月13万円、職務手当が月5,000円、通勤手当が月8,000円、ある月に時間外手当が3万5,000円支給され、合計17万8,000円支給されたケースについてみてみましょう。なお、年間所定労働日数は245日、1日の所定労働時間は8時間、地域別最低賃金が時間額800円とします。

この場合に、賃金が最低賃金を下回っていないかどうかは、**図表Ⅲ－⑧ⅰ）**のように調べます。

② 日給制と月給制の組み合わせで支給されるケース

次に、基本給が日給制で、1日あたり5,000円、各種手当が月給制で、資格手当が月10,000円、家族手当が月8,000円、通勤手当が月5,000円、月の労働日数が20日、合計12万3,000円支給されたケースについてみてみましょう。なお、1日の所定労働時間は8時間、地域別最低賃金は時間額760円とします。

この場合に、賃金が最低賃金を下回っていないかどうかは、**図表Ⅲ－⑧ⅱ）**のように調べます。

③ すべて歩合給（出来高払制）で支給されるケース

ある月の総支給額が15万5,125円、そのうち、歩合給が14万6,000円、時間外割増賃金が5,475円、深夜割増賃金が3,650円のケースについてみてみましょう。なお、1年間における月平均所定労働時間は月170時間、月の時間外労働は30時間、深夜労働が20時間、地域別最低賃金は時間額720円とします。

この場合に、賃金が最低賃金を下回っていないかどうかは、**図表Ⅲ－⑧ⅲ）**のように調べます。

図表Ⅲ−⑧　最低賃金の計算の具体例

ⅰ）月給制における最低賃金の計算方法

賃金	総支給額	178,000円
	基本給	130,000円
	職務手当	5,000円
	通勤手当	8,000円
	時間外手当	35,000円
労働時間等	年間労働日数	245日
	労働時間／日	8時間
地域別最低賃金		800円

まず、総支給額から最低賃金の対象外となる通勤手当、時間外手当を除外します。
　178,000円−（8,000円＋35,000円）＝135,000円
次に、上記金額を時間額に換算します。
　（135,000円×12カ月）÷（245日×8時間）＝826.53…円
この額と地域別最低賃金を比較します。
　826.53…円＞800円
上記結果により、**最低賃金額を上回る**ことになります。

ⅱ）日給制と月給制の組み合わせにおける最低賃金の計算方法

賃金	総支給額	123,000円
	基本給（日給制）	5,000円
	資格手当（月給制）	10,000円
	家族手当（月給制）	8,000円
	通勤手当（月給制）	5,000円
労働時間等	月間労働日数	20日
	年間労働日数	245日
	労働時間／日	8時間
地域別最低賃金		760円

まず、月給制で支給された手当の合計金額から、最低賃金の対象外となる家族手当と通勤手当を除外します。
　23,000円−（8,000円＋5,000円）＝10,000円
次に、基本給（日給制）と手当（月給制）のそれぞれを時間額に換算し、合計します。
　基本給の時間換算額　5,000円÷8時間／日＝625円／時間
　手当の時間換算額
　（10,000円×12カ月）÷（245日×8時間）＝61.22…円／時間
　合計の時間換算額　625円＋61.22…円＝686.22…円
この額と地域別最低賃金を比較します。
　686.22…円＜760円
上記結果により、**最低賃金額を下回る**ことになります。

ⅲ）歩合給における最低賃金の計算方法

賃金	総支給額	155,125円
	歩合給	146,000円
	時間外割増賃金	5,475円（146,000円÷200時間×0.25×30時間）
	深夜割増賃金	3,650円（146,000円÷200時間×0.25×20時間）
労働時間等	月平均所定労働時間	170時間
	月の時間外労働時間	30時間
	深夜労働時間	20時間
地域別最低賃金		720円

まず、歩合給を得るために働いた月間総労働時間（170時間＋30時間）をもとに時間あたりの賃金額を算出します。
なお、歩合給とは別に時間外（30時間分）および深夜（20時間分）の割増賃金が支払われていますが、時間あたりの賃金額の算出にあたっては、これら割増賃金は算入しません。
　146,000円÷200時間＝730円
この金額（730円）が換算された時間額にあたります。
この額と地域別最低賃金額を比較します。
　730円＞720円
上記結果により、**最低賃金額を上回る**ことになります。

3. 最低賃金の適用対象者

　最賃法は、事業場で働くすべての労働者と労働者を1人でも使用するすべての使用者に適用されことが原則となっています。この場合の労働者とは、常用、臨時、パートタイム労働者、高校生アルバイトや高齢者など、雇用形態を問わず、賃金の支払いを受けるすべての者をいいます。したがって、日本国内の企業に雇用される外国人労働者（不法就労者を含む）にも適用されることに注意が必要です。

(1) 最低賃金の減額の特例

　障害者等の一定の労働者については、最低賃金を一律にするとかえって雇用機会を奪うことになる場合もあるため、以下に該当する労働者については、都道府県労働局長の許可を受けることを条件に、個別に最低賃金の減額の特例が認められています（最賃法第7条および同施行規則第3条）。

【最低賃金の減額特例対象者】
① 精神または身体の障害により著しく労働能力の低い者
② 試の使用期間中の者
③ 基礎的な技能および知識を習得させるための職業訓練を受ける者
④ 軽易な業務に従事する者
⑤ 断続的労働に従事する者

　なお、減額の特例許可申請を行う場合、所定の様式により労働基準監督署を経由して都道府県労働局長に提出することとなります。

　許可の判断にあたっては、①業務内容、②対象となる者の労働能率等、③労働時間、④支払おうとする賃金額といった4つの点が考慮されます。

(2) 特定（産業別）最低賃金の適用除外者

　特定（産業別）最低賃金は、特定の産業の基幹的労働者とその使用者に適用されることとされており、以下の労働者には適用されません。

　なお、詳細は特定（産業別）最低賃金ごとに異なりますので、注意が必要です。

【特定（産業別）最低賃金の適用除外者】
① 18歳未満または65歳以上の者
② 雇入れ後一定期間未満の技能習得中の者
③ その他当該産業に特有な軽易な業務に従事する者

（3）派遣労働者の最低賃金

派遣労働者の最低賃金は、派遣元の所在地や産業にかかわらず、派遣先の最低賃金が適用されます（最賃法第13条、第18条）（**図表Ⅲ－⑨**参照）。

図表Ⅲ－⑨　派遣先における最低賃金の適用

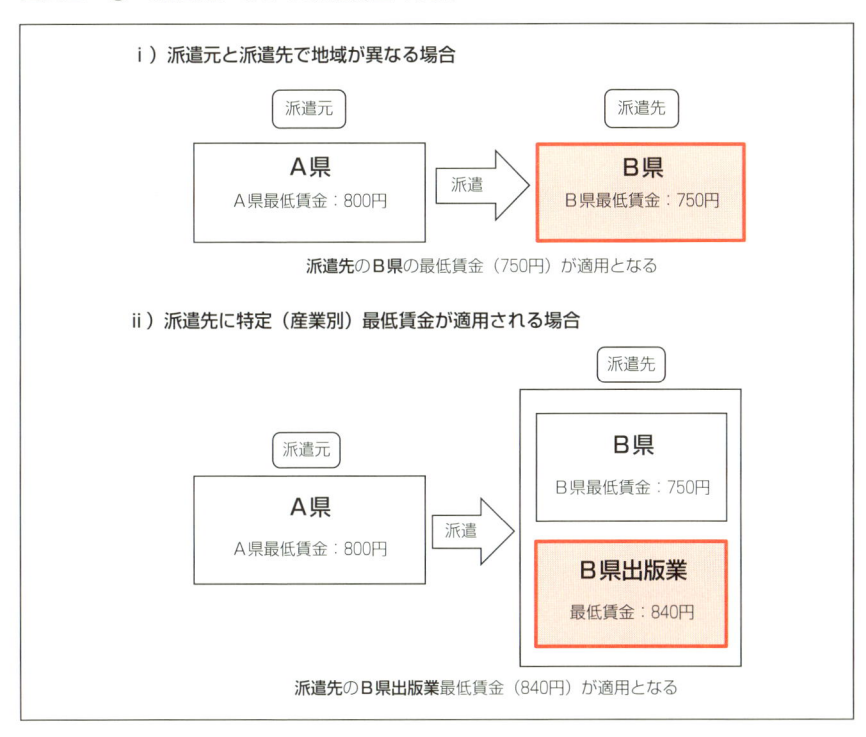

ⅰ）派遣元と派遣先で地域が異なる場合

- 派遣元：A県　A県最低賃金：800円
- →派遣→
- 派遣先：B県　B県最低賃金：750円

派遣先のB県の最低賃金（750円）が適用となる

ⅱ）派遣先に特定（産業別）最低賃金が適用される場合

- 派遣元：A県　A県最低賃金：800円
- →派遣→
- 派遣先：
  - B県　B県最低賃金：750円
  - B県出版業　最低賃金：840円

派遣先のB県出版業最低賃金（840円）が適用となる

4. 最低賃金の効力と罰則

　最賃法第4条第2項では、最低賃金額より低い賃金の契約をした場合、その部分については無効とされ、最低賃金が適用されることとされています。

　この場合、使用者が最低賃金額以上の賃金を支払わなかったときは、最賃法第4条第1項違反として、50万円以下の罰金に処せられます。一方、特定（産業別）最低賃金は、その不払いについて最賃法の罰則はありませんが、労働基準法における賃金の全額払いの原則違反として30万円以下の罰金が課されます（図表Ⅲ－⑩参照）。

図表Ⅲ－⑩　最低賃金を下回る場合の罰則

種　　類	罰　　則
地域別最低賃金	50万円以下の罰金（最賃法第40条）
特定（産業別）最低賃金	30万円以下の罰金 （賃金全額払いの原則違反／労働基準法第120条）

　なお、最賃法第34条では、事業場に最賃法またはこれに基づく命令の規定に違反する事実があるときは、労働者が、その事実を都道府県労働局長、労働基準監督署長または労働基準監督官に申告して、是正のための適正な措置をとるように求めることができることとされています。使用者は、その申告をしたことを理由として、労働者に対し、解雇その他不利益な取扱いをしてはならないことが規定されており、この定めに反した場合には、罰則として6カ月以下の懲役または30万円以下の罰金が適用されます。また、使用者には、最低賃金の適用対象者の範囲やその額、算入しない賃金等を常時作業場の見やすい場所に掲示するなどの方法により周知させるための措置をとることについても義務づけられており、この定めに反した場合には、30万円以下の罰金が課されます（図表Ⅲ－⑪参照）。

図表Ⅲ-⑪　最低賃金にかかる罰則

使用者の義務	罰　則
申告を理由とする解雇その他不利益な取扱いの禁止（最賃法第34条）	6カ月以下の懲役または30万円以下の罰金（最賃法第39条）
最低賃金の周知義務（最賃法第8条）	30万円以下の罰金（最賃法第41条）

Coffee break 同一労働同一賃金の原則

　欧米での賃金決定の基本原則とされている"同一労働同一賃金の原則"が、日本の賃金決定にどのような影響を与えるのか考えてみましょう。

① **同一労働同一賃金の原則とは**

　同一労働同一賃金の原則とは、職種・職務やその価値が同一かまたは類似している場合に、同一の賃金が支払われなければならないとする原則で、違法な賃金差別を排除するものとして生み出された考え方です。

② **欧米型賃金制度における賃金決定の原則**

　欧米では、労働の同一性や同一価値性を判断するうえで、職種・職務が重要な尺度と考えられており、職種や職務に基づいて賃金を決定する職種給や職務給等が発展しました。

③ **日本型賃金制度における賃金決定の原則**

　これに対して、わが国では、賃金を決定するうえで、年齢や勤続、学歴、経験、能力等の属人的要素が最も重要な要素と考えられてきました。また、製造部門から営業部門への配置転換など人材育成のための人事異動が盛んに行われてきたこともあり、職種や職務が同一の価値を有しているかどうかはあまり重要ではありませんでした。このため、現在でも日本では同一（価値）労働という概念はあまり普及しておらず、同一労働同一賃金を明文化した法令もありません。

④ **わが国における同一労働同一賃金の適用**

　このように、わが国では賃金の決定にあたって、同一労働同一賃金の原則の適用を直接受けることはありません。しかし、同一年齢の男女や、同一職務に従事するパート労働者と正規社員の賃金格差の合理性を判断するうえで、労働の質や量が同等であるかどうかが重要な要素となることもあります。

　なお、パートタイム労働者の賃金格差について争われた**丸子警報器事件**では、「同一（価値）労働同一賃金の原則の基礎にある均等待遇の理念は、賃金格差の違法性判断において、ひとつの重要な判断要素として考慮されるべきものであって、その理念に反する賃金格差は、使用者に許された裁量の範囲を逸脱したものとして、公序良俗違反の違法を招来する場合がある」としたうえで、女性臨時社員らの賃金が、同じ勤続年数の女性正社員の8割以下となるときは、その限度において使用者の裁量が公序良俗違反として違法となると判示されました（長野地裁上田支部平8.3.15判決）。

第4章

賃金計算の実務

Ⅰ．賃金の計算

　使用者は、労働の対価として労働者に賃金を支払いますが、賃金の計算を行うにあたっては、実務上、さまざまな留意点があります。
　ここでは、賃金形態ごとの賃金の計算方法や割増賃金、年次有給休暇等の賃金の計算方法、さらには賃金控除の計算などの実務についてみることにします。

1．賃金の計算方法

　賃金の計算方法には、賃金形態ごとの基本賃金または諸手当の額の計算方法のほか、時間外、休日または深夜労働に対して支払われる割増賃金の計算方法、端数計算の方法、年次有給休暇の賃金の計算方法などがあります。

（1）賃金形態ごとの計算方法

　賃金の計算方法は、月給制、日給制、時給制あるいは年俸制等の賃金形態ごとに異なります。賃金形態ごとの計算方法についてみると、次のとおりとなります。

① 月給制

　月給制には、遅刻、早退または欠勤等の時間について賃金を控除しない完全月給制と、遅刻や欠勤等の不就労時間の賃金を控除する日給月給制があります。
　日給月給制は、月額をあらかじめ固定額として決めたうえで、ノーワーク・ノーペイの原則に基づいて、不就労時間の賃金を控除して支払う形態です。したがって、日給月給制を採用する場合には、不就労時間の控除の計算方法について定めておかなければなりません（賃金控除の計算の詳細については、本章78ページを参照のこと）。

② 日給制

　日給制には、毎日賃金を精算して支払う日払いの日給制と、賃金締切日にそ

の計算期間中の日給額をまとめて支払う月払いの日給制があります。

　日払いの日給制は、文字どおり、日ごとに賃金を支払う方法です。一方、月払いの日給制は、前述の日給月給制と似ていますが、日給月給制が月決めの賃金から不就労日（時間）を控除するのに対して、日給制はあくまで、労働した日ごとに賃金を計算し、その総額を月にまとめて支払うという点で、まったく異なる賃金の支払方法です。

　なお、日給制においても、1日の法定労働時間を超えて労働した時間については、1日ごとに割増賃金を支払わなければなりません。

③　**時給制**

　時給制は、パートタイム労働者の賃金支払方法などに広く用いられている賃金形態ですが、通常、賃金計算期間中に労働した時間に時間給額を乗じて算出した賃金を支払います。

④　**年俸制**

　年俸制は、年を単位に賃金を決める賃金決定形態です。すなわち、年俸制は賃金の決定形態であって、賃金の支払形態ではありません。法第24条第1項では、賃金は毎月1回以上、一定の期日を定めて支払わなければならないとされており、年俸制の場合にも、毎月1回以上、一定の期日を定めて支払わなければならず、年を単位に支払うことはできないからです。したがって、年俸制の下でも、その年俸額を12分割して、月々の給与として支払わなければなりません（ただし、年俸額を賞与にも按分して、1/16とか1/18を月例給として支払い、残りを賞与として支払うことは差し支えありません）。

　なお、近年、年俸制は成果主義における賃金決定方式として採用されることが多く、会社への貢献度に応じた賃金を支払うという考え方になじむ賃金の決定形態といえます。したがって、能力や業績にバラツキの大きいホワイトカラーや、中高年齢層の活性化策として有効な賃金形態の一つといえるでしょう。

(2) 割増賃金の計算方法

　時間外、休日労働および深夜労働に対して支払われる割増賃金は、割増率と割増賃金の単価を乗じることによって算出しますが、就業規則（給与規程）において、この割増率と割増賃金の単価となる1時間あたりの所定内賃金を算出する計算式（注1）について定めておかなければなりません。

なお、法定を上回る割増率を定めている場合には、その割増率についても定めておく必要があります。

(注1) 詳細は**第6章 Ⅱ.-「1. 割増賃金の計算方法」**182ページを参照のこと。

(3) 端数計算

賃金計算に際して端数処理（注2）を行う場合には、その処理の方法について就業規則に定めておかなければなりません。

(注2) 詳細は、**第5章 Ⅰ.-3.-「(2) 端数処理」**114ページを参照のこと。

(4) 年次有給休暇取得日の賃金

年次有給休暇（以下、本章において「年休」という）を取得した日に支払う賃金については、①**平均賃金**、②**所定労働時間労働した場合に支払われる通常の賃金**、③**健康保険法**に基づく**標準報酬日額に相当する額**のいずれかによることとされています（法第39条第7項）。

この3つの方法のうちどれを選択するかは、就業規則等（③については、さらに労使協定の締結が必要）であらかじめ定めておき、必ずその方法によらなければなりません。

① 賃金支払方法

では、これらの賃金支払方法について、それぞれ具体的な計算方法をみることにします。

①-ⅰ) 平均賃金による場合

年休取得日の賃金を平均賃金で支払う場合、その平均賃金の計算は法第12条の定めに基づいて行います（注3）。具体的には、年休を取得した日（賃金締切日がある場合においては、その直前の賃金締切日）以前3カ月間にその労働者に対して支払われた賃金の総額を、その期間の総日数で除した金額を支払います。

(注3) 平均賃金の計算の詳細は、**第7章 Ⅰ.-「2. 算定方法」**200ページを参照のこと。

①-ⅱ) 通常の賃金による場合

年休取得日の賃金を通常の賃金によって支払う場合の計算方法は、支払形態別に**図表Ⅳ-①**のようになります。

図表Ⅳ-①　施行規則第25条に定める通常の賃金の算定方法

賃金の支払形態		1日あたりの通常の賃金算定方法
ⅰ)	時間給	時間給額×所定労働時間数
ⅱ)	日給	日給額
ⅲ)	週給	週給額 / 週の所定労働日数
ⅳ)	月給	月給額 / その月の所定労働日数
ⅴ)	月、週以外の一定の期間	ⅰ)～ⅳ)に準じて算定した金額
ⅵ)	出来高払制その他の請負賃金	賃金算定期間(注4)の賃金総額 / 賃金算定期間の総労働時間数 × 賃金算定期間の1日の平均所定労働時間数
ⅶ)	労働者の受ける賃金がⅰ)～ⅵ)の2以上の賃金によりなる場合	その部分についてⅰ)～ⅵ)によってそれぞれ算定した金額の合計額

(注4) 賃金算定期間に出来高払制その他の請負制によって計算された賃金がない場合においては、当該期間前において出来高払制その他の請負制によって計算された賃金が支払われた最後の賃金算定期間（施行規則第25条）。

　月給制の労働者が年休を取得した場合、**図表Ⅳ-①のⅳ)** の算式によって算出することとなりますが、実際には、日給者や月給者について、所定労働時間労働した場合に支払われる通常の賃金を支払う場合には、通常の勤務をしたものとして取り扱えば足り、施行規則第25条に定める計算をその都度行う必要はありません。

　たとえば、**図表Ⅳ-②**のように、月給20万円の労働者が所定労働日数20日の月に1日の年休を取得した場合、労働しなかった1日分の賃金1万円（200,000円×1/20日）が支払われないことになります。しかし、その日については年休の賃金が1万円（200,000円×1/20日）支払われることになるため、結局、通常の勤務をしたものとして取り扱っても同じことになります。

図表Ⅳ－②　所定労働時間を労働した場合に支払われる通常の賃金の計算

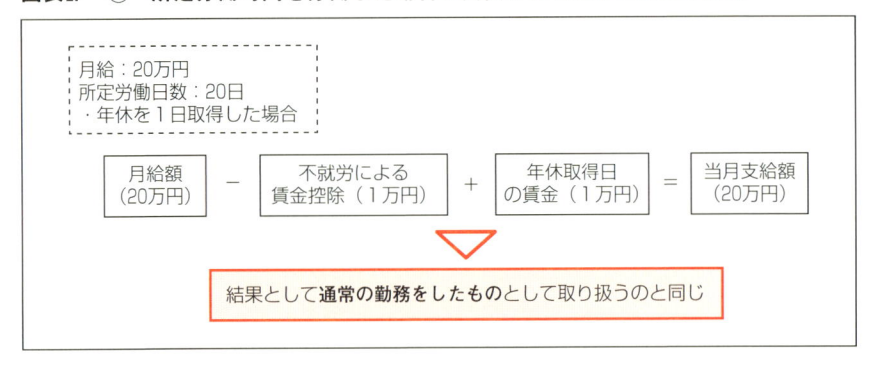

```
月給：20万円
所定労働日数：20日
・年休を1日取得した場合
```

[月給額（20万円）] － [不就労による賃金控除（1万円）] ＋ [年休取得日の賃金（1万円）] ＝ [当月支給額（20万円）]

結果として**通常の勤務をしたものとして取り扱うのと同じ**

　また、時間給で賃金が支払われる労働者の年休取得日の賃金についても、時間給に休暇を取得した日の所定労働時間を乗じて得た額を支払うこととなります。つまり、年休取得日の賃金は、休暇を取得した日の所定労働時間が4時間であれば時間給の4時間分、8時間であれば時間給の8時間分の賃金ということになります。

　このことは、変形労働時間制を採用している場合の時給制の労働者の変形期間中の賃金についても同様であり、各日の所定労働時間に応じて算定されることとされています。したがって、日によって所定労働時間が異なるような場合には、所定労働時間が10時間の日に年休を取得した労働者に対しては、所定労働時間分、つまり10時間分の賃金を支払わなければなりません。

①－ⅲ）健康保険の標準報酬日額による場合

　年休の賃金を健康保険の標準報酬日額で支払う場合は、年休を取得した日について標準報酬日額に相当する金額を支払えば足ります。この場合、あらかじめ労使協定の締結が必要となります。

②　賃金支払方法の比較

　ここまでみてきたように、月給制および時間給制の労働者に対する年休取得日の賃金を"通常の賃金"で支払う方法を採った場合には、所定労働時間分の賃金を支払うことになります。そのため、所定労働時間の長い日に年休を取得すると賃金が高くなるため、労働者にとっては少しでも有利な日に取得したいという意思が働き、所定労働時間の長い日に取得日が集中してしまう可能性があります。

このような事態を防ぐためには、前述の３つの方法のうち、年休取得日の所定労働時間に左右されない平均賃金か、標準報酬日額で支払う方法を採ることが考えられます。しかし、これらの方法にも、デメリットがあることに注意が必要です。すなわち、平均賃金による場合には、賃金締切日の都度、平均賃金の額を算定しなければならず、事務処理が煩雑になること、また、標準報酬日額によるためには健康保険の被保険者であることが条件となるので、所定労働時間や労働日数の少ない短時間労働者には適用できない、などの問題があります。

　さらに、平均賃金および標準報酬日額はともに日額で、年休取得日の所定労働時間数に関係なく一定の額を支払うことになるため、逆に所定労働時間の短い日の休暇取得を促進する可能性があります。

　このように年休の賃金の３つの方法には、それぞれ一長一短あります。また、年休の賃金の選択は、手続簡素化の見地より認められるものであるため、労働者各人についてその都度使用者の恣意的選択を認めるものではなく、あらかじめ就業規則に定めておかなければならず、選択がなされた場合には、必ずその選択された方法による賃金を支払うべきものと解されます。したがって、会社の実情や実態を踏まえて、いずれの方法が最も適当かについてあらかじめ検討しておく必要があります。

　なお、年休の賃金の支払方法を変更するにあたっては、就業規則の改定が必要となります。

●● 2．賃金控除の計算方法

　ここでは、月や年を単位として取り決めた賃金について、欠勤や遅刻、早退をした場合、ならびに月や年の途中で退職した場合の控除の計算についてみていきます。

(1) ノーワーク・ノーペイの原則

　前述のように、欠勤や遅刻、早退などによって、労務の提供がなかった時間に対しては賃金を支払わないとする考え方を"ノーワーク・ノーペイの原則"

といいます。この原則は、労働者が労働契約に基づく労務を提供しなかった場合、その労務提供の対価としての賃金請求権が発生しないという考え方です。

① **有償双務契約としての労働契約**

そもそも労働契約とは、労働者が使用者に対して労務を提供し、使用者がその労務の対価として賃金を支払うという"有償双務契約"です。したがって、労働者の都合で労務提供がなされなかった場合には、その部分について使用者に賃金支払義務は発生しません。

この点については民法でも、「雇用は、当事者の一方が相手方に対して労働に従事することを約し、相手方がこれに対してその報酬を与えることを約することによって、その効力を生ずる」（第623条）とされており、さらに、「労働者は、その約した労働を終わった後でなければ、報酬を請求することができない」（第624条）と定められています。

② **ノーワーク・ノーペイの原則と減給の制裁**

遅刻や早退、欠勤等の時間について賃金を控除するのは、まさにこのノーワーク・ノーペイの原則に基づくものです。しかし、10分の遅刻時間に対して1時間分の賃金を控除することはできません。もし、実際に就労した時間（この場合、1時間から10分を差し引いた50分）についてまで賃金を控除しようとする場合には、法第91条の定めに基づき、その範囲内で就業規則において減給の制裁の定めをしなければなりません（詳細は、本章87ページを参照のこと）。

（2）賃金形態ごとの賃金控除

では、賃金控除について月給制、年俸制、時給制、日給制等の賃金形態ごとにみていきます。

① **日給月給制**

欠勤等の際の賃金控除の計算にあたっては、算定基礎日数について、①**年間平均の月所定労働日数**、②**当該月（賃金計算期間）の所定労働日数**、③**当該月（賃金計算期間）の暦日数**のいずれの方法によるかを就業規則等に定めておかなければなりません。なお、このほか、"30日"などと固定する方法もあります。

①-ⅰ）**年間平均の月所定労働日数を算定基礎に用いる方法**

この方法を採用する場合、月の所定労働日数によっては、出勤した日数があ

るにもかかわらず1カ月分を丸々欠勤控除することになったり、年間平均の所定労働日数を満たしているにもかかわらず欠勤控除を行うことになったりするという矛盾が生じます。

年間平均月所定労働日数による方法は、施行規則第19条第1項第4号に定められた時間外労働等の割増賃金の計算方法に準拠したものですが、この方法を採る場合には、たとえば、年間平均月所定労働日数が20日の場合に、所定労働日数が23日の月に20日欠勤すると、3日間勤務したにもかかわらず1カ月分の賃金の全額が控除されることになります。また、3日欠勤した場合には、年間平均月所定労働日数である20日間勤務していても、3日分の欠勤控除が行われることになります（図表Ⅳ－③参照）。

図表Ⅳ－③　年間平均の月所定労働日数を用いた場合の矛盾

年間平均月所定労働日数：20日	控除額	備考
所定労働日数23日の月に20日欠勤した場合	$\dfrac{賃金月額 \times 20日（欠勤日数）}{20日（年間平均月所定労働日数）}$	3日出勤したにもかかわらず全額控除
所定労働日数23日の月に3日欠勤した場合	$\dfrac{賃金月額 \times 3日（欠勤日数）}{20日（年間平均月所定労働日数）}$	20日出勤したにもかかわらず3日分が欠勤控除

しかし、年間平均月所定労働日数による方法は、年間所定労働日数に対して欠勤（不足）した日数を控除するという考えに立ったものですので、年間を通してみれば過不足が生じません。また、この方法を採った場合、欠勤1日あたりの控除単価は一定になります。したがって、この方法はそれなりに長所があり、多くの企業で採用されています。ただし、前述の例のように、勤務日が3日ある場合には、賃金を全額控除する扱いは妥当とはいえませんので、出勤日数が少ない場合には、次の①－ⅱ）に示すように、当該月の所定労働日数を算定基礎に用いるなどの対応が求められます。

①－ⅱ）当該月（賃金計算期間）の所定労働日数を算定基礎に用いる方法

この方法を採用する場合、①のような矛盾は生じませんが、その代わりに、月によって、欠勤1日あたりの賃金単価が変動するという問題があり、所定労

働日数や暦日数が月によって変動しても一定の固定給を支払うという月給制の特徴と矛盾することとなり、根本的な欠陥をもつことも否定できません。

①-ⅲ) 当該月（賃金計算期間）の暦日数を算定基礎に用いる方法

この方法を採用する場合、①-ⅱ）と同様の問題が生じます。また、当該月の暦日数が分母となるため、控除額が①-ⅰ）や①-ⅱ）よりも小さくなります。

② 完全月給制

月を単位に報酬を定めた、いわゆる完全月給制の下では、欠勤や遅刻、早退等の時間について賃金を控除しないのが一般的であり、その意味ではノーワーク・ノーペイの原則が適用されません。完全月給制は、主に労働時間や休日の規制の適用を受けない管理監督者などの賃金支払形態として普及していますが、賃金計算期間の全部を欠勤した場合には賃金を支給しないとか、月の途中で入退社や休職（復職）をした場合に日割計算をするなどの処置は、特約（労働契約または就業規則等の定め）があれば、完全月給制の場合でも可能です。

たとえば、末日締め翌月25日払いの会社で3月15日に退職した労働者の賃金について、31分の15を支払う場合などがこれにあたります。（**図表Ⅳ－④**参照）。

図表Ⅳ－④　完全月給制の者が月の途中に退職する場合

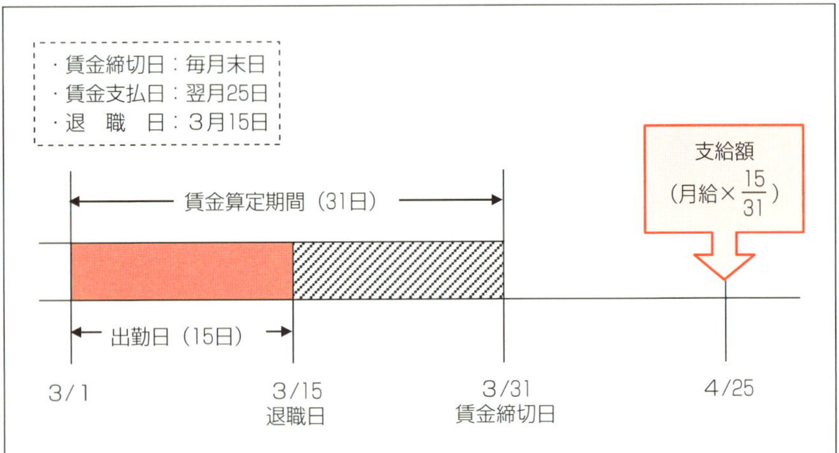

- 賃金締切日：毎月末日
- 賃金支払日：翌月25日
- 退　職　日：3月15日

賃金算定期間（31日）

出勤日（15日）

3/1　　3/15　　3/31　　　4/25
　　　退職日　賃金締切日

支給額（月給×$\frac{15}{31}$）

なお、完全月給制の下でも、労働組合によるストライキ等の争議行為や組合活動の時間について賃金を支払うことは、使用者と協議または交渉する場合を

除き、労働組合に対する経費援助として不当労働行為にあたることに注意が必要です。

③ **年俸制**

年を単位に報酬を決定する年俸制では、原則として特約がない限り、欠勤や遅刻、早退等に対して、賃金を控除することはできません。また、年の途中で入退社をした場合や、休職等によって一定の期間を欠務した場合の取扱いについても、労働契約で明らかにしておく必要があります。

なお、年俸制の下でも、労務提供がなかった部分について賃金を控除することは可能ですが、成果や業績に対して賃金を支払うことを趣旨として年俸制を導入している場合には、不就労時間について賃金を控除することはその趣旨になじまないと考えられます。

ただし、単に年俸制と称してはいますが、実態としては労働時間に対して賃金を支払う場合には、この限りではありません。

④ **時給制**

時間を単位に報酬を定めた時給制の下では、通常、賃金を控除するという概念はなじまず、実際に労働した時間に応じて時間給を支給するという考え方によります。

したがって、1日の所定労働時間が8時間の事業場において、30分遅刻した場合には、実際に労働した7.5時間に時給を乗じた額となります。

⑤ **日給制**

日給制の支払い方には、日ごとに支払う"日払い"方式のほか、週ごとに支払う"週払い日給制"や月ごとに支払う"月払い日給制"などがありますが、いずれも支払い方法の違いであり、報酬はあくまでも日ごとに定めることとなります。

このように、日給制における報酬は日額で決められているため、勤務日数が多ければ総支給額も多くなり、勤務日数が少なければその分総支給額も少なくなります。すなわち、欠勤した場合に賃金を控除するという概念はなく、出勤した日の賃金を加算するという考え方によります。ただし、遅刻や早退をした場合に、その1日のうち、その時間分の賃金を控除する取決めも可能です。

(3) フレックスタイム制における実労働時間の清算方法

フレックスタイム制において、実労働時間が清算期間の総労働時間に不足した場合の不足時間の扱いには、以下の3つの方法が考えられます。

> 【フレックスタイム制における実労働時間の清算方法】
> ① 不足時間分について当月の賃金から控除する
> ② 不足時間分を翌月に繰り越す
> ③ ①と②を併用して、不足時間の繰越しに上限を設け、その上限を超える不足時間については、賃金控除を行う（上限の範囲内の不足時間については翌月に繰り越す）

この3つの方法の特徴についてみると（**図表Ⅳ−⑤参照**）、まず、①の方法による場合には、清算期間の締切り近くになって、相当程度の不足時間が見込まれるようなときに、所定の賃金を確保するために、仕事もないのに長時間労働するといったことになりかねません（図表Ⅳ−⑤のⅰ）参照）。また、②の方法による場合には、不足時間を翌月に繰り越した結果、翌月の実労働時間が総労働時間を超えてしまい、繰り越した時間について割増賃金の支払いが必要になるといった不都合が生じてしまいます（図表Ⅳ−⑤のⅱ）参照）。

そこで、③の方法によれば、ある程度の不足分は翌月に繰り越し、不足時間が長時間に及んだ場合には当月の賃金から控除することとなり、清算期間の実労働時間と賃金のバラツキを一定の限度内で調整することが可能となります。したがって、③の方法が最も合理的な方法といえますが、繰越時間を個別に切り分けて管理する必要があり、事務処理が煩雑になるというデメリットもあります（図表Ⅳ−⑤のⅲ）参照）。なお、この方法を採用する場合、実務的には、繰越しの上限は標準となる1日の労働時間の2〜3日分程度とし、不足時間を翌月に繰り越した場合でも、翌月の法定労働時間を大幅にオーバーすることがない程度の時間を設定しておくことがポイントです。

(4) 賃金の日割計算

賃金計算期間の途中で入社もしくは退職したとき、または休業、休職したときなど、計算期間の全部または一部を労働しないときの計算方法についても定めておく必要があります。

図表Ⅳ－⑤　フレックスタイム制の下で総労働時間に不足が生じた場合の取扱い

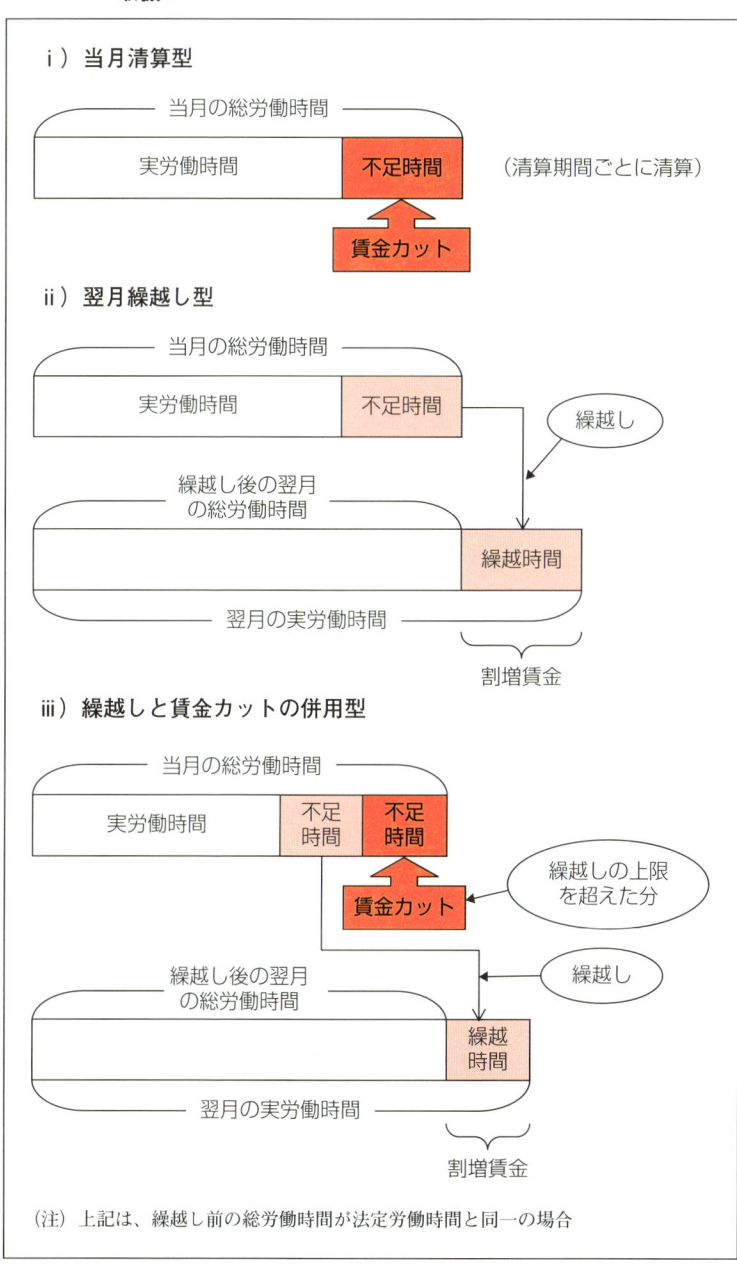

ⅰ）当月清算型

　　当月の総労働時間
　　｜実労働時間｜不足時間｜　　（清算期間ごとに清算）
　　　　　　　　　↑
　　　　　　　賃金カット

ⅱ）翌月繰越し型

　　当月の総労働時間
　　｜実労働時間｜不足時間｜→繰越し

　　繰越し後の翌月の総労働時間
　　｜　　　　　　　　｜繰越時間｜
　　｜―翌月の実労働時間―｜
　　　　　　　　　　　　　　}割増賃金

ⅲ）繰越しと賃金カットの併用型

　　当月の総労働時間
　　｜実労働時間｜不足時間｜不足時間｜
　　　　　　　　　　↑　　　←繰越しの上限を超えた分
　　　　　　　　賃金カット

　　　　　　　　　　　　　　←繰越し

　　繰越し後の翌月の総労働時間
　　｜　　　　　　　　｜繰越時間｜
　　｜―翌月の実労働時間―｜
　　　　　　　　　　　　　　}割増賃金

（注）上記は、繰越し前の総労働時間が法定労働時間と同一の場合

① 基本給の日割計算方法

　日割計算を行う場合の計算のしかたには、暦日数による方法と所定労働日数による方法があります（**図表Ⅳ－⑥**参照）。いずれの計算式によるのかについては、就業規則等に定めておく必要があります。

図表Ⅳ－⑥　賃金の日割計算の方法

イ）分母に実日数を用いる方法
　ⅰ）賃金 × (入社後（退職・休職前）の暦日数（休日を含む）) / (賃金計算期間の暦日数)
　ⅱ）賃金 × (入社後（退職・休職前）の所定労働日数（休日を除く）) / (賃金計算期間の所定労働日数)

ロ）分母を固定する方法
　ⅰ）賃金 × (入社後（退職・休職前）の暦日数（休日を含む）) / ((例) 30.4日（365日÷12カ月）)
　ⅱ）賃金 × (入社後（退職・休職前）の所定労働日数（休日を除く）) / (月平均所定労働日数)

　暦日数による方法を採用するときは、分母には、賃金計算期間の暦日数を用い、分子は、入社後または退職、休職前の暦日数（休日を含む）を用います（**図表Ⅳ－⑥イ）－ⅰ**参照）。また、所定労働日数による方法は、分母には、賃金計算期間の所定労働日数を用い、分子には、入社後または退職、休職前の所定労働日数（休日を除く）を用います（**図表Ⅳ－⑥イ）－ⅱ**参照）。

　これらの方法は、当該月の実日数によることから公平かつ正確であるという利点がありますが、分母の暦日数や所定労働日数が月によって異なるため、1日あたりの単価が月によって変動し、計算が煩雑になるという難点があります。

　そこで、分母を一定数に固定する方法があります。暦日数による場合は、分母を30.4日などと固定し、分子は、入社後または退職、休職前の暦日数（休日を含む）を用います（**図表Ⅳ－⑥ロ）－ⅰ**参照）。また、所定労働日数による場合は、分母を月平均の所定労働日数（年間の所定労働日数÷12）とし、分子は、入社後または退職、休職前の所定労働日数（休日を除く）とします（**図表Ⅳ－⑥ロ）－ⅱ**参照）。

　このように、分母を固定すると1日あたりの単価が一定になるという利点が

ありますが、実際に勤務した日数である分子が分母と同じか、または分母より大きくなってしまうという矛盾が生じる可能性があります。このような場合には、満額を支払うこととしている会社が多いようです。

いずれにせよ、実務上の問題等も考慮してどの方法によるかを定めることが重要です。

なお、時間外割増賃金の計算にあたっては、"月平均所定労働時間数"を分母に用いることとされています（注5）。

(注5) 時間外割増賃金の計算の詳細は、**第6章 Ⅱ．－「1．割増賃金の計算方法」**182ページを参照のこと。

② 諸手当の日割計算方法

諸手当の構成は、会社の経営方針や業種の特性などによって異なりますが、手当の種類ごとに支給基準を定めておく必要があります。この場合、諸手当についても、賃金計算期間の途中での入退社や休職の場合の計算方法を手当項目ごとに定めておく必要があります。

②-ⅰ) 職務関連手当

職務関連手当は、職務の遂行に付随して支払われるものですので、一般的には、途中入社、途中休職を問わず、職務を遂行した（勤務した）日数に応じて支給される手当です。

なお、中途入社者の役付手当や営業手当などについて、入社後一定期間（たとえば、試用期間）は、教育・研修期間として職務を遂行しないこともありますので、このような場合は、支払いの対象としない旨の定めをすることも可能です。ただし、この場合でも、手当の一部を支払ったり、研修などの名目で別途支給するケースもありますので、研修の内容と期間等に応じてどのように取り扱うのかを定めておかなければなりません。

②-ⅱ) 生活関連手当

生活関連手当については、賃金総額に占める諸手当の比率（額）が小さい場合は、当該給与計算期間の全部（または半分以上）勤務した場合に全額支給とし、その基準に満たないときは全額を支給しないなどのように、その支給要件を明示しておけばその基準によることも可能です。しかし、一般には諸手当も含めた賃金総額によって給与水準が保たれていること、また、諸手当には実費補填的な意味合いのものもあることなどを考慮すると、生活関連手当について

も日割計算としたほうがよいでしょう。

② - ⅲ) 調整給的手当

　調整給的手当は、一般に基本給に準じたものとして取り扱います。

　なお、休職の場合は、当該賃金計算期間の一部を休業した場合は日割計算によることとし、当該賃金計算期間の全部を休業したときは、諸手当を含め、賃金の全額を支払わないこととするのが一般的です。超過勤務手当や宿日直手当のように当該勤務を行った場合にのみ支払いの対象となる手当は、日割の問題は生じませんので、それぞれの基準によります。

Ⅱ．減給の制裁と賃金控除

　減給の制裁とは、労働の結果、一度発生した賃金債権を減額するものですが、これを無制限に認めると、労働者の生活をおびやかすおそれがあるため、一定の制限が設けられています。
　ここでは、減給の制裁等について詳しくみていきます。

1．減給の制裁の制限と意義

　法第91条第１項では、減給の制裁を行うにあたって、１回の額および複数事案の制裁事由があった場合の一賃金支払期における賃金総額に上限が設けられています。

【減額の制裁の上限額】
①　１回の額：平均賃金の１日分の半額
②　総　　額：一賃金支払期における賃金の総額の10分の１

　たとえば、平均賃金の１日分が7,000円、１回の賃金支払期における賃金の総額が21万円の労働者について減給の制裁を行う場合、１回の事案に対する減給の総額は7,000円の半額、つまり3,500円以内でなければなりません。
　さらに、１回の賃金支払期に発生した数事案に対する減給の総額は21万円の10分の１、つまり２万1,000円以内でなければなりません。このように、減給の制裁を行う場合は、１回の額と総額の両方について上限額を超えないようにする必要があります（**図表Ⅳ－⑦参照**）。
　そして、減給の制裁を行うためには、法第89条第１項第９号の定めにより、就業規則において、制裁の根拠となる規定を設ける必要があります。
　また、"減給の制裁"とは、労務遂行上の義務の懈怠や職場規律違反に対する制裁として、労働者が本来受けるべき賃金の中から一定額を差し引くこと、すなわち、既往の労働に対する賃金を控除することをいいます。したがって、

図表Ⅳ-⑦　減給の制裁による上限額の例

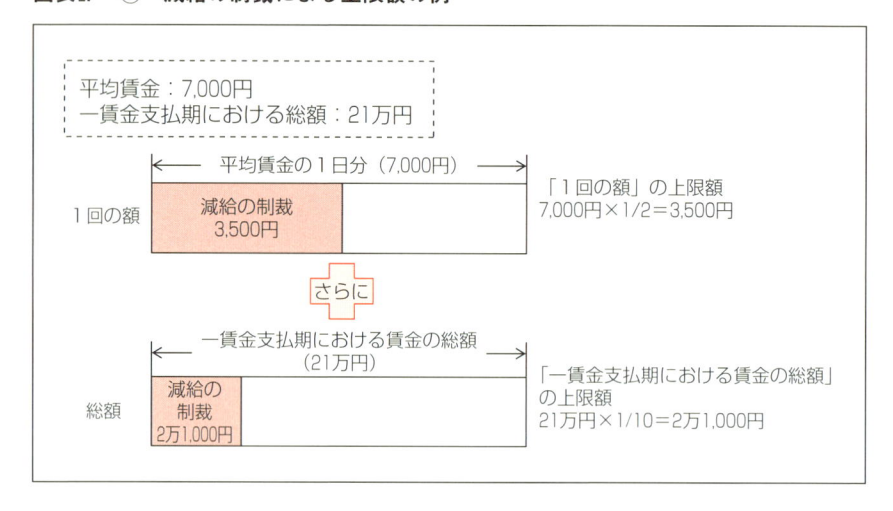

```
平均賃金：7,000円
一賃金支払期における総額：21万円
```

1回の額：平均賃金の1日分（7,000円）のうち、減給の制裁 3,500円
「1回の額」の上限額　7,000円×1/2＝3,500円

さらに

総額：一賃金支払期における賃金の総額（21万円）のうち、減給の制裁 2万1,000円
「一賃金支払期における賃金の総額」の上限額　21万円×1/10＝2万1,000円

　遅刻、早退または欠勤等の不就労時間に対する賃金を差し引くことは、前述のとおり、ノーワーク・ノーペイの原則に基づく賃金計算の1つの方法であり、減給の制裁にはあたりません。

　この場合、過怠金や罰金など、減給の制裁と称していなくても、実質的に減給の制裁と同様のものについては、制限の範囲内で行わなければなりません。

　次に、遅刻、早退の場合の賃金控除等の取扱いや賞与による減給の制裁など、実務的な問題について考えてみることにします。

（1）遅刻・早退の場合の賃金控除

　前述したように、遅刻や早退などによって不就労時間が生じた場合、その時間については賃金債権が生じないため、その分の賃金を控除しても、減給の制裁にはあたりませんが、実際の遅刻等の時間に相当する賃金額を超えて賃金控除を行った場合には、その超えた部分については制裁とみなされ、法第91条に定める減給の制裁に関する規定の適用を受けることとなります。

　たとえば、5分の遅刻を30分の遅刻として賃金カットするような処理は、本来、法第24条に定める"賃金の全額払いの原則"に反して違法となりますが、減給の制裁として法第91条の制限内で行うことは可能です。これは、法令に別段の定めがある場合において、賃金の一部を控除して支払うことができ

るとの定めによるものです（注6）。

(注6) 詳細は、**第5章 Ⅰ.－3.－「(1) 全額払いの原則の例外」**112ページを参照。

　また、就業規則に『賃金計算期間中に遅刻または早退を3回以上行ったときは1日分の賃金を控除する』との定めがある場合に、その定めに基づいて、実際の遅刻または早退の時間が1日の労働時間に満たないにもかかわらず、1日分の賃金を控除することは、減給の制裁にあたります。このため、既往の労働に対して賃金控除を行う場合、その額は1日分の平均賃金の2分の1を超えることができません。

　たとえば、**図表Ⅳ－⑧**のとおり、1日の所定労働時間に相当する賃金が1万2,000円、遅刻、早退等による不就労時間に相当する控除額が4,000円、平均賃金が1万円の場合、減給の制裁によって賃金控除することができるのは、平均賃金の2分の1の5,000円までとなります。したがって、このケースの場合、1日の所定労働時間に相当する賃金（1万2,000円）から、不就労時間に相当する賃金（4,000円）と平均賃金の2分の1（5,000円）を差し引いた額（3,000円）を支払う必要があります（**図表Ⅳ－⑧**参照）。

図表Ⅳ－⑧　1回の減給の制裁の限度とノーワーク・ノーペイ

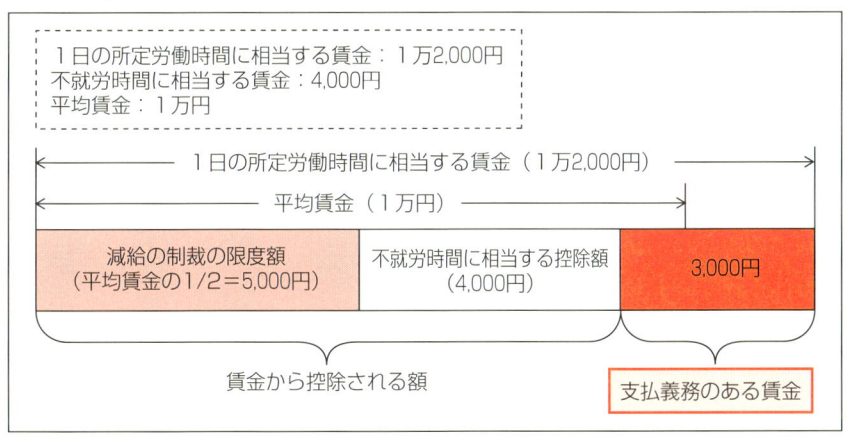

- 1日の所定労働時間に相当する賃金：1万2,000円
- 不就労時間に相当する賃金：4,000円
- 平均賃金：1万円

減給の制裁の限度額（平均賃金の1/2＝5,000円）	不就労時間に相当する控除額（4,000円）	3,000円
賃金から控除される額		支払義務のある賃金

1日の所定労働時間に相当する賃金（1万2,000円）
平均賃金（1万円）

　なお、1日に2つ以上の制裁事由に該当する行為があった場合、それぞれの行為について平均賃金の1日分の半額相当を減給することは差し支えないとさ

れています。

（2）変動的賃金の減給

一賃金支払期における賃金の総額とは、"現実に支払われる賃金の総額"のことをいい、これには、変動的賃金も含まれます。したがって、月々の給与に割増賃金等の変動的な賃金がある場合には、割増賃金を含めた賃金総額の10分の1まで減給することが認められます（図表Ⅳ－⑨）。

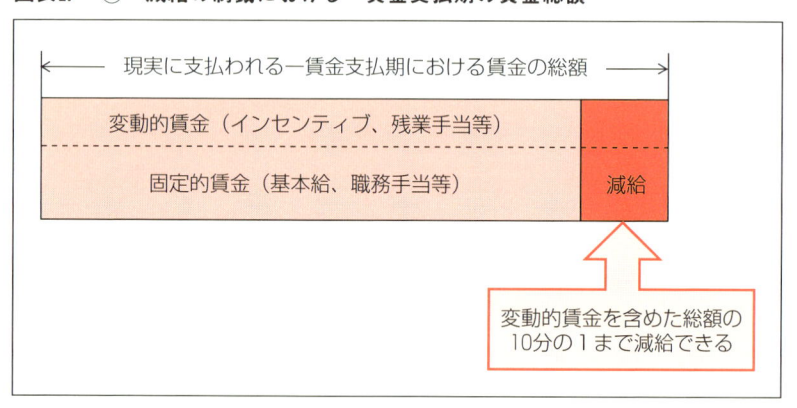

図表Ⅳ－⑨　減給の制裁における一賃金支払期の賃金総額

```
←――― 現実に支払われる一賃金支払期における賃金の総額 ―――→
┌─────────────────────────────────┬─────┐
│    変動的賃金（インセンティブ、残業手当等）       │     │
├─────────────────────────────────┤ 減給 │
│    固定的賃金（基本給、職務手当等）             │     │
└─────────────────────────────────┴─────┘
                                              ↑
                                    変動的賃金を含めた総額の
                                    10分の1まで減給できる
```

また、実際に支払われる賃金が欠勤や遅刻、早退等によって少額となったときは、その少額となった賃金の総額をベースに10分の1までが上限となります。

（3）数事案の制裁による減給

前述のように、法第91条では、減給の制裁を行う場合の減給額に上限規制が設けられていますが、これは、1回の事案に対しては減給の総額が平均賃金の1日分の半額以内、また一賃金支払期に発生した数事案に対する減給の総額が当該賃金支払期における賃金の総額の10分の1以内でなければならないとする趣旨です。

したがって、制裁事案が一賃金支払期に複数あり、その減給額の合計が賃金支払期の賃金総額の10分の1を超えるときは、超えた金額について2カ月以上に分割して控除する必要があります（図表Ⅳ－⑩参照）。

図表Ⅳ-⑩　数事案の制裁を行う場合の減給の制裁の限度

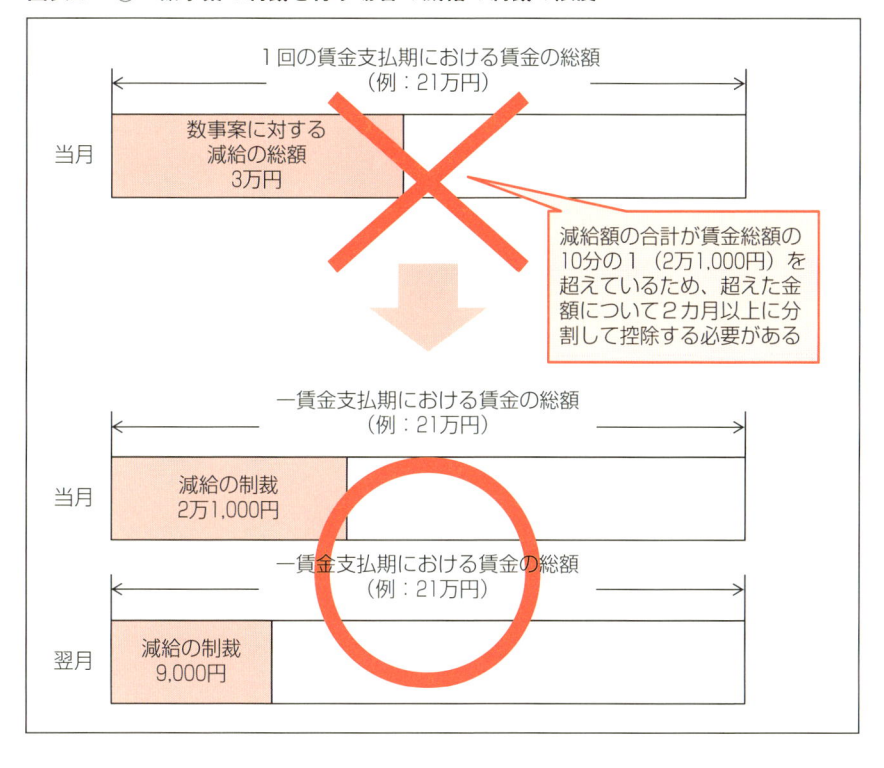

```
当月：1回の賃金支払期における賃金の総額（例：21万円）
　　　数事案に対する減給の総額　3万円  ✕

減給額の合計が賃金総額の10分の1（2万1,000円）を超えているため、超えた金額について2カ月以上に分割して控除する必要がある

↓

当月：一賃金支払期における賃金の総額（例：21万円）
　　　減給の制裁　2万1,000円
翌月：一賃金支払期における賃金の総額（例：21万円）
　　　減給の制裁　9,000円
```

（4）賞与の減給

　賞与も法第11条に定める賃金であり、制裁として賞与から減額する場合にも、法第91条の減給の制裁の制限を受けることとなります。そこで、賞与にかかる減給等の取扱いについてみていきます。

① 賞与の減給制裁の上限

　制裁として賞与から減額する場合にも、1回の事由については平均賃金の2分の1、総額については一賃金支払期における賃金、すなわち賞与額の10分の1を超えてはならないこととされています。つまり、賞与算定期間中に発生した数事案の服務規律違反について、月々の給与からではなく、賞与でまとめて減給の制裁を行う場合には、1回の事案について平均賃金の1日分の半額、複数事案について減給の制裁を行う場合には、減給総額が賞与支給額の10分の1を超えることはできません。

② **賞与にかかる勤怠評価**

次に、遅刻、早退や欠勤等の勤怠評価によって賞与を減額する場合に、減給の制裁の制限を受けるかどうかが問題となります。この場合、賞与の勤怠評価が勤務成績の査定の範囲内であって、賞与の本来の性格を消し去ってしまうほどのものでない限り賞与の計算自体の問題であり、減給の制裁の問題は生じないものと解されます。(**福岡県教組事件・福岡地裁昭48.12.14判決**)

③ **懲戒処分を理由とする賞与評価引下げの可否**

一度懲戒処分をした者に対して、同一の懲戒事由をもって二重に懲戒処分をすることは認められません。これを一事不再理の原則といいます。ここで問題となるのは、懲戒処分を受けたことを理由として、賞与評価を引き下げ、その結果、賞与額が本来の額より低くなることが、一事不再理の原則に反し、無効となるのかという点ですが、賞与評価の引下げは、賞与額が確定する前の段階で行われるものであり、確定した額を減額する減給の制裁とは異なるため、二重処分にはあたりません。

④ **出勤停止を事由とする賞与の不支給**

出勤停止処分により、賞与算定期間の一部について勤務しなかった者の賞与の全額を不支給とすることは、減給の制裁の規定に抵触します。なぜなら、このような取扱いは企業への貢献度を一切考慮することなく、一律に無資格者と定めることとなり、実質的には懲戒事由に該当したことを理由としてこれに対する制裁を定めたものと解され、労働基準法第91条の制限を超えるものとなるからです(**新日鉄室蘭製鉄所事件・札幌地裁室蘭支部昭50.3.14判決**)。

ただし、制裁的な評価が一切許されないというわけではなく、勤怠評価や貢献度評価として合理的な範囲内であれば違法なものとはなりません。

もっとも、賃金としての賞与の特色の一つは、同じ労働に従事した労働者においてもその支給額に高低が存する点にあり、会社が人事考課に基づいて一定の幅で支給額を決定する裁量権があることはいうまでもありません。

なお、同一事由について、月例給与ですでに制裁として減給をしている場合には、賞与でさらに減給の制裁を行うことは認められません。

(5) 精皆勤手当のカットによる減給

精皆勤手当を支給する場合に、『一賃金計算期間に遅刻1回につき精皆勤手

当の3分の1を、3回以上の場合はその全額を支給しない』などとした就業規則の定めに基づいて、精皆勤手当をカットする場合は、減給の制裁にあたりません。なぜなら、精皆勤手当は、無遅刻・無欠勤のとき、または一定の遅刻回数以内のときに支給する手当であり、本来減給ではなく、出勤を奨励することを目的とした奨励加給だからです。

つまり、減給の制裁はいったん請求権として発生した賃金を、制裁として減給するものをいい、精皆勤手当のように一定の要件を満たしたときに請求権が発生するものは、減給の制裁の規制の対象とはならないわけです。

ただし、精皆勤手当の額をあまり高額にすると、実質的に制裁としての意味合いが強くなってしまうため、あくまでも本来の目的に適した水準の範囲内で金額を設定するべきものと考えられます。

2．減給以外の制裁

ところで、就業規則に定める制裁は、減給に限定されるものではなく、けん責や出勤停止、降格等も、制裁の原因となる事案が、公序良俗に反しない限り認められます。そこで、これらの減給以外の制裁に伴う賃金控除等の取扱いについてみていきます。

(1) 出勤停止と賃金控除

就業規則に出勤停止の制裁規定があり、その期間中の賃金を支払わないとの定めがある場合に、労働者が出勤停止の制裁を受けたことによって、出勤停止期間中の賃金を受けられないことは、制裁としての出勤停止の当然の結果であり、減給制裁に関する法第91条の規定とは関係ないものと解されます。ただし、出勤停止の制裁を受けた者は、その結果として、その期間中の賃金を受けられないことになるため、出勤停止の期間については、公序良俗の見地から無制限に認められるものではありません。

(2) 昇給停止

就業規則中に、『出勤停止以上の制裁処分を受けた場合は昇給を行わない』

などのように、昇給に関する欠格事由を定め、その規定に基づいて昇給を停止することは、法第91条の減給の制裁処分には該当しないものと解されます。

(3) 降給、減俸

降給や減俸は、従前の職務に従事させながら、賃金額のみを減ずる趣旨であれば、減給の制裁として法第91条の規制の適用を受けます。

(4) 制裁としての降格と賃金減額

制裁処分として降格を行う場合にも、賃金の減額を伴うことがありますが、この場合の賃金の引下げが減給の制裁にあたるのかどうかは問題となるところです。

この点について行政解釈では、使用者が、交通事故を起した自動車運転手を制裁として助手に格下げし、それに伴って賃金を将来にわたって助手の水準に低下させたとしても、交通事故を起したことが運転手として不適格であるから助手に格下げするものであるならば、賃金の低下は、その労働者の職務の変更に伴う当然の結果であり、法第91条の制裁規定の制限に抵触するものではないとされています（昭26.3.14基収518号）。

このように、職務ごとに異なった基準の賃金が支給されることになっている場合、職務替えにより賃金が減少しても法第91条の減給の制裁には該当せず、降格に伴う賃金の低下は容認されるものと解されます。ただし、職務変更によっても当然には異なった基準の賃金が支給されない制度の場合に、格下げないし降職した者だけ賃金を引き下げるときは、実質上賃金を継続的に減給するものであり、法第91条の減給の制裁にあたるものと解されます。

また、賃金の著しい低下を伴う降格については、労働者が被る不利益の程度と、降格の必要性の軽重が問われることとなります。降格について、裁判例では、一般的に職務上の権限や賃金の低下等につながることから、降格規定の存在を求めたり、人事権や懲戒権の濫用を認めるなど、降格に伴う賃下げに対して慎重な判断を下しています。したがって、制裁処分として降格を行う際には、細心の注意を払うことが必要となります（注7）。

(注7) 降格と賃金減額の問題については、**補章　Ⅰ.－「2. 降給」** 284ページを参照のこと。

(5) 制裁としての月給者から日給者への格下げと賃金減額

　就業規則に定める制裁として、月給者から日給者へ格下げされた労働者について、日給制に変更されたことによって、1カ月に現実に労働した日数が月給者の所定労働日数に満たないことによって、月給制であれば受け取るはずであった賃金よりも少額の賃金を受け取る結果となったとしても、この措置は、法第91条にいう減給には該当しないものと解されます（昭34.5.4基収2664号）。

Ⅲ. 賃金計算の記録と賃金台帳

　法第108条では、賃金台帳を作成することが義務づけられていますが、これは、使用者に賃金台帳を作成することを義務づけることによって、労働者への賃金支払いを適正化することを目的としたもので、必要に応じて行政官庁の監督を受けることによって、その目的を全うするための措置といえます。
　ここでは、賃金計算の記録と賃金台帳についてみることにします。

1．賃金台帳に記載すべき事項

　賃金台帳に"賃金支払の都度遅滞なく記入"すべき事項として、施行規則第54条では次の事項があげられています。

〔賃金台帳に記載すべき事項〕
① 氏名
② 性別
③ 賃金計算期間
④ 労働日数
⑤ 労働時間数
⑥ 時間外・休日労働、深夜労働に関わる延長時間数、休日労働時間数および深夜労働時間数
⑦ 基本給、手当その他賃金の種類ごとの額
⑧ 賃金の一部を控除した場合にはその額

　上記のうち、⑤の"労働時間数"に関しては、当該事業場の就業規則で「法の規定に異なる所定労働時間又は休日の定をした場合には、その就業規則に基いて算定する労働時間数を以てこれに代えることができる」（施行規則第54条第2項）こととされています。また、⑦については「賃金の種類中に通貨以外

のもので支払われる賃金がある場合には、その評価総額を記入」（同第3項）することとされています。

また、管理監督者等、法第41条に定める時間外、休日等に関する規定の適用が除外されている者については、⑤および⑥の記入を要しないこととされています（同第5項）が、深夜労働を行った場合には、深夜労働に対する割増賃金を支払わなければならないため、「深夜労働時間数」は賃金台帳に記入する必要があるものと解されます。

なお、日々雇い入れられる者（1カ月を超えて引き続き使用される者を除く）については、賃金計算期間を記入する必要はありません（施行規則第54条第4項）。

2．賃金台帳の記入方法

賃金台帳の記入方法のうち、①年休の期間および日数、②宿日直勤務の時間および回数、③休業手当および年休の賃金、④遡及払いの賃金などに関して、次のような行政通達がありますので留意しておく必要があります。

① 年休の日数および時間

年休を取得した場合には、通常の労働時間労働したものとみなして、その時間に相当する賃金を支払わなければなりませんが、賃金台帳には、年休の日数および時間を実際に労働に従事した日数および労働時間数とみなして、それぞれ労働日数欄、労働時間数欄に別掲し、括弧をもって囲んで記入することとされています。

② 宿日直勤務

宿日直勤務の時間は断続的業務であり、労働日数欄、労働時間数欄および休日労働時間数欄には記入せず、手当欄に宿直または日直手当として記入、各々その回数を括弧をもって囲んで金額欄に附記することとされています。

③ 休業手当および年休の賃金

法第26条に基づく休業手当および同第39条に基づく年休の賃金については、それぞれ手当欄に「休業手当」、「年次有給休暇手当」等として記入することとされています。

④ 遡及払いの賃金

労働組合との賃金交渉の遅れなどのため、たとえば、4～8月のベースアップ等の分を8月に遡及して一括で支払う場合の賃金台帳の記載は、過去4カ月分の賃金台帳であることを明記して、8月分の台帳の賃金の種類による該当欄に記入することとされています。

3. 賃金台帳の様式

賃金台帳は、常時使用される労働者（1カ月を超えて引き続き使用される日々雇い入れられる者を含む）については様式第20号、日々雇い入れられる者（1カ月を超えて引き続き使用される者を除く）については様式第21号によって、これを調製しなければならないとされていますが、賃金台帳の様式は、必要事項を記載する限り、横書、縦書その他異なる様式を用いることを妨げるものではありません。また、労働者名簿と賃金台帳をあわせて調製することもできます。

なお、分割した賃金台帳、マイクロフィルム化した賃金台帳、磁気ディスク等による賃金台帳などに関する取扱いについては、次の行政通達が出されています。

① 分割した賃金台帳

賃金台帳の必要記載事項を分割して別紙に記載した数冊の賃金台帳とする場合には、同一労働者に対する賃金台帳記載事項について、総合的に監督し得るものならば差し支えないこととされています。

② マイクロフィルム化した賃金台帳および磁気ディスク等による賃金台帳

マイクロフィルム化した賃金台帳および磁気ディスク、磁気テープ、光ディスク等により労働者名簿、賃金台帳を調製する場合には、次の要件を満たすことが必要とされています。

> 【データにより労働者名簿、賃金台帳を調製する場合の要件】
> ① 法定必要記載事項を具備し、かつ、各事業場ごとにそれぞれ労働者名簿、賃金台帳を画面に表示し、印字するための装置を備え付ける等の措置を講ずること。
> ② 労働基準監督官の臨検時等、労働者名簿、賃金台帳の閲覧、提出等が必要とされる場合に、ただちに必要事項が明らかにされ、かつ、写しを提出し得るシステムとなっていること。

4．賃金台帳の備付けおよび保存

　使用者は、各事業場ごとに賃金台帳を作成し、備え付けるとともに、最後に記入した日から3年間保存しなければなりません。
　また、組合専従者（在籍専従）および派遣労働者に関する賃金台帳の取扱いについては、次のように取り扱うべく行政指導が行われています。

① **組合専従者にかかる賃金台帳**
　労働組合のいわゆる在籍専従者が、組合から賃金の支払いを受けているときの賃金台帳は、組合にも備え付けなければならないこととされています。

② **派遣労働者にかかる賃金台帳**
　派遣元事業主が作成する、派遣労働者にかかる労働者名簿、賃金台帳および派遣元管理台帳については、法令上記載しなければならない事項が具備されていれば、必ずしも別個に作成しなければならないものではなく、労働者名簿等を合わせて一つの台帳を作成することとしてもよく、また、記載は、労働者派遣法第42条第3項に基づき派遣先から通知された事項により、賃金台帳に必要事項を記載すればよいとされています。

〔参考〕 書類の保存期間

文書	起算日	保存期間	根拠法令
労働者名簿	死亡・退職・解雇の日	3年	労働基準法第109条
賃金台帳	最後の記入をした日	3年	労働基準法第109条
雇入・解雇・退職に関する重要書類	退職・死亡の日	3年	労働基準法第109条
災害補償に関する重要書類	災害補償の終わった日	3年	労働基準法第109条
賃金その他労働関係に関する重要書類	完結の日	3年	労働基準法第109条
健康保険に関する書類	完結の日	2年	健康保険法施行規則第34条
厚生年金保険に関する書類	完結の日	2年	厚生年金法施行規則第28条
労災保険に関する書類	完結の日	3年	労災保険法施行規則第51条
雇用保険に関する書類	完結の日	2年	雇用保険法施行規則第143条
雇用保険被保険者に関する書類	完結の日	4年	雇用保険法施行規則第143条
労働保険料の徴収に関する書類	完結の日	3年	徴収法施行規則第70条
派遣先管理台帳	契約完了の日	3年	労働者派遣法第42条
安全衛生委員会議事録	作成日	3年	安全衛生規則第3条
救護訓練の記録	作成日	3年	安全衛生規則第24条の4
危険・有害業務に従事するときの安全衛生のための特別教育の記録	作成日	3年	安全衛生規則第38条
一般健康診断個人票	作成日	5年	安全衛生規則第51条
源泉徴収簿（賃金台帳）、給与所得者の扶養控除等（異動）申告書、配偶者特別控除申告書、保険料控除申告書	法定納期限	7年	国税通則法第72条、第73条
給与所得者の住宅取得等特別控除申告書	課税関係終了の日	7年	国税通則法第72条、第73条
法人税法関連帳簿	閉鎖日の属する事業年度終了日の翌日から2カ月（注8）を経過した日	7年	法人税法施行規則第59条
法人税法関連書類	作成・受領日の属する事業年度終了日の翌日から2カ月（注7）を経過した日	7年	法人税法施行規則第59条
株主総会議事録	作成日	10年	商法第244条
取締役会議事録	作成日	10年	商法第260条の4

（注8）法人税法施行規則第75条の2（確定申告書の提出期限の延長の特例）の規定が適用される場合は「3カ月」と読み替え。

Coffee break 月給制

　賃金形態のうちの月給制とは、そもそもどのようなものかについてみることにしましょう。

① 完全月給制労働者の労働契約の解約

　民法第627条第1項では、期間の定めのない労働契約について、「解約の申入れの日から2週間を経過することによって終了する」こととされていますが、同第2項では、「期間によって報酬を定めた場合」の労働契約解除の申入れについて定めています。前者（第1項）は、報酬の形態については触れていませんが、ここで想定しているのは、いつでも労働契約を解約することのできる日給制ないしは日給月給制を予定しているものと解されます。これに対して、後者（第2項）は、月を単位に報酬を決める完全月給制を想定しており、この場合の労働契約の「解約の申入れは、次期以後についてすることができる。ただし、その解約の申入れは、当期の前半にしなければならない」とされています。すなわち、月の前半に退職の申入れがあったときはその月の末日に、月の後半にその申入れがあったときは翌月の末日に雇用関係が終了するというわけです。

② 月給制の法的性格

　このように、月を単位に報酬が決められる月給制（完全月給制）においては、労働契約も月単位とされているわけです。したがって、月給制（完全月給制）の場合には、月の途中で退職しても、当月分の給与を控除しない（全額支払う）のが原則となります。このことは、法的には、賃金債権を"労務の履行"の対価ではなく、"労働関係の継続"の対価とする旨の特約をしたものと解することができます。

③ 戦前の日本における賃金形態

　以上のように、月給制とは、月を単位に報酬を決める形態をいいますが、歴史の比較的浅い企業では、月給制を採用せず、不就労時間に対して賃金を控除する日給月給制とすることが少なくありません。

　ちなみに、戦前の日本では、現業労働者のほとんどに日給制が適用され、月給制が適用されるのは、限られた一部のエリート層だけでした。当時は、"月給取り"という言葉は、官僚か民間の事務系エリートの代名詞のように使われ、一定の社会的地位を表わすステータス・シンボルだったのです。

第5章

賃金支払いの実務

Ⅰ．賃金支払いの５原則

　賃金の支払条件は、売買契約や請負契約等と同様に、本来であれば当事者の協議によって決められるべきものです。しかし、現実的には、労使の力関係によって、使用者が一方的に支払条件を決定したり変更したりすることがあります。そこで労働基準法では、労働者の保護のため、賃金の支払方法等について、一定の規制が設けられています。
　ここでは、法第24条で定められている賃金支払いの５原則、すなわち、①通貨払いの原則、②直接払いの原則、③全額払いの原則、④毎月１回以上払いの原則、⑤一定期日払いの原則についてみていくことにします。

●●●●●
１．通貨払いの原則

　賃金支払いの第１の原則は、"通貨払いの原則"です。通貨払いの原則とは、賃金を支払う場合、貨幣経済社会において最も有利かつ確実な交換手段である通貨で支払わなければならないという原則です。これは、価格が不明瞭で換価にも不便で弊害を招くおそれの多い実物給与を認めると労働者の生活が不安定になるという趣旨から、通貨以外のものによる支払いを禁止したものです。
　しかし、この原則は、労働者に不利益な実物給与を禁止するのが本旨であるため、公益上の必要がある場合や労働者に不利益になるおそれが少ない場合に、一定の例外が認められています（法第24条第１項前段）。
　具体的には、①法令もしくは労働協約に別段の定めがある場合、②厚生労働省令で定める賃金について確実な支払いの方法で、厚生労働省令で定めるものによる場合の２つとされています。
　それでは、これらの内容について詳しくみていきます。

(1) 法令もしくは労働協約に基づく場合

法第24条第1項ただし書前段では、法令（注1）または労働協約による場合には、通貨以外のもの、すなわち、実物で賃金を支払うことができることとされています。

(注1) この点に関する「法令」は平成25年2月現在まで公布されていない。

① 実物給与が規制されている趣旨

実物給与に関する法第24条の趣旨は、実物給与制度の沿革に鑑み、かつ、基本給を不当に低水準に据え置く原因となるおそれがあるため、原則として実物給与を禁止したものです。したがって、あらゆる種類の実物給与を禁止しようとするものではなく、労働協約に別段の定めをさせることによって、労働者に不利益となるような実物給与から労働者を保護する趣旨です。なお、賞与や退職金についても、賃金である以上、労働協約なしに実物で支払うことができない点に留意が必要です。

② 労働協約による場合の留意点

労働組合との間で締結された労働協約によらず、労働者の過半数を代表する者との労使協定を根拠に通貨以外のもので賃金を支払うことはできません。

また、この労働協約は、必ずしも事業場の過半数で組織する労働組合との間で締結されたものである必要はありませんが、労働協約の定めによって通貨以外のもので支払うことが許されるのは、その労働協約の適用を受ける労働者に限られます。したがって、非組合員および1つの事業場に2以上の労働組合がある場合には、当該労働協約の適用を受けない非組合員や、他の労働組合の組合員には、その効力が及ばないことに留意が必要です。

一部の企業では、労働協約によることなく、通勤定期券の実物支給が行われている実態がありますが、通勤手当も労働基準法上の賃金であるため、この原則に照らせば、労働協約が締結されていない場合には、通勤定期券を実物で支給することはできません。

なお、実物給与についても、平均賃金や時間外・休日労働等にかかる割増賃金の算定基礎に含まれるため、労働協約においてそのものの評価額を定めておかなければならないこととされています（施行規則第2条第2項）。

（2）厚生労働省令で定めるものによる場合

　近年、毎月の賃金や賞与等について、銀行口座への振込みが広く行われていますが、本来は、賃金の口座振込みも通貨払いの原則から逸脱するものです。しかし、法第24条第1項のただし書前段では、前掲の部分に続いて、「厚生労働省令で定める賃金について確実な支払の方法で、厚生労働省令で定めるものによる場合においては、通貨以外のもの」で支払うことができるとされています。

① 厚生労働省令で定めるもの

　"厚生労働省令"とは、施行規則第7条の2のことであり、「使用者は、労働者の同意を得た場合には、賃金の支払について、次の方法によることができる」として、以下の2つを定めています。

> **【労働者が同意した場合に認められる賃金支払方法】**
> ① 労働者が指定する銀行その他の金融機関に対する当該労働者の預金または貯金への振込みによる方法
> ② 労働者が指定する金融商品取引業者に対する当該労働者の預り金への払込みによる方法

　この場合の"同意"とは、労働者の意思に基づくものである限り、その形式は問わないとされており、書面に限らず、口頭による同意でもよいこととされています。次に、"指定"とは、労働者が賃金の振込み対象として銀行その他の金融機関に対する当該労働者本人名義の預貯金口座を指定することでも構いません。したがって、この"指定"が行われれば、特段の事情がない限り、同意が得られているものとして取り扱って差し支えありません。また、"振込み"とは、振り込まれた賃金の全額が所定の賃金支払日に払い出せるように行われることを要します。

　このように、口座振込み等の場合であっても労働者の同意が必要とされていますが、この点について、裁判例では「口座払の方法が通貨払と同一視できるほど便利なものであるかどうかはもっぱら個々の労働者の主観的事情による」ものであり、「その主観的事情は人によって異り得るのであるから、賃金保護の趣旨よりみて、先づ労働者各人の自由な意思が尊重されるべきことは多言を要しない」（**御国ハイヤー事件**・高松高裁昭56.9.22判決）とされています。

② 口座振込み等の要件

以上を前提に、銀行口座等への振込みまたは証券会社の一定の要件を満たす預り金に該当する証券総合口座への払込み（以下「口座振込み等」という）の要件についてみることにしましょう。

②-ⅰ) 書面による個々の労働者の申出または同意

口座振込み等に際しては、書面による個々の労働者の申出または同意により開始し、その書面には次に掲げる事項を記載することとされています。

〔個々の労働者の申出または同意にかかる書面に記載すべき事項〕
① 口座振込み等を希望する賃金の範囲およびその金額
② 指定する金融機関店舗名ならびに預金または貯金の種類および口座番号、または指定する金融商品取引業者店舗名ならびに証券総合口座の口座番号
③ 開始希望時期

②-ⅱ) 労使協定の締結

口座振込み等を行う過半数代表者等との間で、次に掲げる事項を記載した書面による協定を締結することとされています。

〔労使協定に記載すべき事項〕
① 口座振込み等の対象となる労働者の範囲
② 口座振込み等の対象となる賃金の範囲およびその金額
③ 取扱金融機関および取扱金融商品取引業者の範囲
④ 口座振込み等の実施開始の時期

②-ⅲ) 賃金計算書の交付

使用者は、口座振込み等の対象となっている個々の労働者に対して、所定の賃金支払日に、次に掲げる金額等を記載した賃金の支払いに関する計算書を交付することとされています。

> 〔賃金計算書に記載すべき事項〕
> ① 基本給、手当その他賃金の種類ごとにその金額
> ② 源泉徴収税額、労働者が負担すべき社会保険料額等賃金から控除した金額がある場合には、事項ごとにその金額
> ③ 口座振込み等を行った金額

　なお、この場合の計算書は、書面によらず、電子明細などによることも可能です。

②-ⅳ）払出しまたは払戻しができる時間

　口座振込み等がなされた賃金は、所定の賃金支払日の午前10時頃までに払出しまたは払戻しが可能となっていることが必要です。

②-ⅴ）払出し等の便宜配慮

　取扱金融機関および取扱金融商品取引業者は、金融機関または金融商品取引業者の所在状況等からして、１金融機関あるいは１取引業者に限定せず複数とするなど、労働者の便宜に十分配慮して定めることとされています。

②-ⅵ）証券総合口座への払込みの場合の扱い

　証券総合口座への賃金払込みを行おうとする場合には、使用者は、証券総合口座への賃金払込みを求める労働者、または証券総合口座を取り扱う金融商品取引業者から投資信託約款および投資約款の写しを得て、当該金融商品取引業者の口座が『MRF』(『マネー・リザーブ・ファンド』)により運用される証券総合口座であることを確認のうえ、払込みを行うこととされている点に注意が必要です。

　また、小切手による支払いについては、労働者の同意を得た場合であっても、退職手当の支払いを除いて認められません。わが国の現状では、必ずしも小切手が一般的に普及している支払手段とはいえず、小切手を受け取った労働者に不便を与えることがあり、さらに、会社振出小切手の場合は不渡りになるおそれもあるからです。

　なお、いったん労働者の同意を得たうえで、口座振込み等を実施している場合でも、労働者がその同意を撤回して現金での支給を求めてきた場合には、原則に戻って通貨払いを行う必要があります。

2. 直接払いの原則

　賃金支払いの第2の原則は、"直接払いの原則"です。すなわち、賃金は労働者本人に直接支払わなければならないという原則です。この原則は、親方や職業仲介人が代理受領をして中間搾取したり、親が子の賃金を奪取するなどの弊害を除去するために設けられたものです。

(1) 代理人への支払い

　法第59条で未成年者への保護規定が特別に定められており、未成年者については、たとえ、その親であっても、代わりに賃金を受け取ることはできません。

　また、法第24条第1項では、労働者本人以外の者に賃金を支払うことが禁止されています。具体的には、労働者の親権者その他の法定代理人、労働者の委任を受けた任意代理人に支払うことはいずれも違反となり、労働者が第三者に賃金受領権限を与えようとする委任や代理等の法律行為も、無効となります。ただし、使者に対して賃金を支払うことは差し支えないこととされています。

　では、"使者"と"代理"および"委任"の違いについてみてみましょう。まず、"使者"とは自分で意思決定することがなく、言われたままのことを実行する本人の手足のようなものです。たとえば、本人が病気等で賃金の受け取りに来られない事情があり、本人の意思に基づいてその妻が受け取りに来るような場合がこれにあたり、次にみるように、"代理"や"委任"のような法律行為をするものではありません。

　これに対して"代理"とは、「代理人がその権限内において本人のためにすることを示してした意思表示」(民法第99条)をいい、また、"委任"とは、「当事者の一方が法律行為をすることを相手方に委託し、相手方がこれを承諾することによって」(民法第643条)効力が生ずる法律行為をいいます。この民法の規定に従えば、"労働者の委任を受けた任意代理人"は代理人自らの権限で賃金を受け取ることができることになるため、その後、委任を受けた案件を代理人が委任者の意思どおりに履行しないおそれがあり、トラブルになることが

あります。そこで、このようなトラブルを回避するため、法第24条は代理人が賃金を受領することを禁じたのです。

なお、本条に反して本人以外の者に賃金を支払った場合、労働基準法違反として刑事罰（注2）の対象となるだけでなく、当該労働者の賃金債権は消滅しないため、本人から請求があったときは、二重払いが必要となることも考えられます。

(注2)「30万円以下の罰金」（法第120条）。

(2) 賃金債権の譲受人への支払い

民法では、「債権は、譲り渡すことができる。ただし、その性質がこれを許さないときは、この限りでない」（同法第466条第1項）とされており、賃金債権についても特別に譲渡を禁止する定めがありませんので、譲渡自体は可能と解されます。しかし、労働基準法では、"直接払い"が原則とされているため、労働者が賃金債権を第三者に譲渡した場合であっても、使用者がその譲受人に対して賃金を支払うことは法違反となります（**小倉電話局事件**・最高裁三小昭43.3.12判決）。

なお、裁判例では、同条の趣旨は、高利貸しや職業仲介者が賃金債権の譲渡や代理受領の形式をとって労働者から搾取した経験に鑑みて、これを防止し労働者の生活を安定させようとするものであるため、妻が夫に対して賃金債権を譲渡した場合に、使用者がこれに応じて夫に賃金を支払っても、このような危険は生じないので本条に抵触しない（**バー白菊事件**・東京地裁昭43.4.4判決）としたものがあります。

(3) 差押え債権者への支払い

賃金は、労働者本人に直接支払わなければならないのが原則ですが、裁判所における差押え命令が送達された場合、使用者は労働者に対して賃金を支払うことが禁じられます（民事執行法第145条1項）。このため、使用者は差押えにかかる金銭債権に相当する賃金について、賃金債権を差し押さえた債権者に支払うか、法務局に供託しなければなりません（同法第156条1項）。

すなわち、労働者に対して何らかの債権を持つ債権者が、法律上の手続きに基づいて賃金債権の差押えを行った場合には、その範囲内で賃金の全部または

一部を債権者に支払うこととしても、"直接払いの原則"に違反しません。

（4）行方不明者への支払い

労働者が何らかの事情で失踪して行方不明となった場合、口座振込制がとられていれば指定口座への振込み等によって行うことができますが、そうでない場合には、家族等の代理人への支払いが認められていないため、本人が受け取りに現れるまで賃金を保管（注3）しておく必要があります。この場合、後日、労働者本人が現れ、賃金の支払いを求められたときは、引き渡し期間に応じた遅延利息（注4）を支払わなければなりません。

このような問題を回避するためには、賃金を供託する方法が考えられます。すなわち、民法では、債権者（労働者）が弁済（賃金）を受領することができないときは、弁済者（使用者）は「債権者のために弁済の目的物を供託してその債務を免れることができる」（民法第494条前段）とされており、使用者がこの定めによって賃金を法務局に供託した場合には、その時点で労働者に賃金を支払ったものとして、それ以後、遅延利息等の問題は生じないこととなります。

（注3）賃金の保管期限は、賃金請求権の消滅時効である2年、退職金は5年。
（注4）遅延利息に関する詳細は、**第2章 Ⅰ.-2.-（3）「退職労働者の賃金にかかる遅延利息」**22ページを参照のこと。

（5）派遣労働者への支払い

派遣元事業者は、派遣労働者に対して賃金を直接支払うのが原則ですが、派遣先の使用者が、派遣中の労働者本人に対して、派遣元の使用者からの賃金を手渡すことだけであれば、直接払いの原則には違反しないこととされています。

3．全額払いの原則

賃金支払いの第3の原則は、"全額払いの原則"です。この原則は、履行期の到来した賃金の一部を控除して支払うことを原則として禁止し、労働者の生活を支える賃金の全額を確実に労働者に受領させることにより、生活に不安の

ないようにする必要があることに配慮したものです。

ただし、労働者が遅刻、早退、欠勤等をした場合には、その就労しなかった限度で賃金控除を行っても、全額払いの原則には反しません。なぜなら、全額払いの原則が適用されるのは、労働の対償として支払われる賃金についてであり、"ノーワーク・ノーペイ"の考え方に基づいて不就労相当分の賃金を控除することは、"全額払いの原則"とは関係がないからです。

(1) 全額払いの原則の例外

"全額払いの原則"の例外として、**①法令に別段の定めがある場合**、または、**②過半数代表者等との間で書面による協定がある場合**には、賃金の一部を控除して支払うことができることとされています（法第24条第1項ただし書後段）。

① 法令に基づく控除

"全額払いの原則"の例外として、"法令に別段の定めがある場合"には、賃金の一部を控除して支払うことができることとされています。

法令による別段の定めとは、具体的には以下のとおりです。

【法令に別段の定めがある場合】
① 所得税法による源泉徴収（所得税法）
② 社会保険料ならびに雇用保険料の控除（健康保険法、厚生年金保険法および徴収法）
③ 市町村民税（都道府県民税を含む）の控除（地方税法）
④ 減給の制裁による控除（労働基準法）　　　　　　　　　　　　　など

---

② 労使協定による賃金の一部控除

過半数代表者等との間で労使協定を締結した場合には、その協定に基づいて賃金の一部控除を行うことが認められています。ここでいう"控除"とは、履行期の到来している賃金債権についてその一部を差し引くことをいいますが、この控除は、労使協定を締結した場合であっても、無制限に認められるものではありません。

この点について行政解釈では、「購買代金、社宅、寮その他の福利、厚生施設の費用、社内預金、組合費等、事理明白なものについてのみ」賃金からの控除が認められることとされています（昭和27.9.20基発675号、平11.3.31基発

168号)。

　したがって、たとえば賃金を振り込む際に、振込手数料を控除することは、上記通達の趣旨に合わないため、労使協定を締結したとしても振込手数料を控除することはできないと解されます。一方、旅行費用の積立てを会社が行うような場合は、"その他の福利、厚生施設の費用"に該当するため、給与から天引きすることが可能と解されます。

　この場合、労使協定の様式は任意のもので構いませんが、少なくとも以下の事項を記載することが必要です。

> 〔労使協定に記載すべき事項〕
> ①　控除の対象となる具体的な項目
> ②　①の各項目別に定める控除を行う賃金支払日

　ところで、この労使協定の締結当事者が過半数労働組合の場合、その効力は、特段の合理的事情がない限り、同一事業場における非組合員や少数派の組合の組合員にも及びます。

　なお、労働組合との間で賃金の一部控除を定めた労使協定が失効した場合には、その失効中は、法令に定められた控除対象賃金を除いて、賃金から一部控除することができないことに注意が必要です。

③　**組合活動の時間の取扱いと賃金控除**

　労働組合法では、労働組合の運営のための経費の支払いについて経理上の援助を与えることは、不当労働行為の1つとして禁止されています。しかし、組合活動中の時間について賃金を支払うことは、一般に、ここでいう"経済的な援助"に該当し、不当労働行為にあたるものと解されます（注5）。したがって、組合活動に要した時間について賃金を控除しても、法第24条の全額払いの原則に違反しません。

　　(注5)　ただし、同条ただし書では「労働者が労働時間中に時間又は賃金を失うことなく使用者と協議し、又は交渉すること」については、不当労働行為にあたらないこととされており、団体交渉等の時間について賃金を支払うことは不当労働行為にはあたらない。

④　**ストライキ中の賃金控除**

　労働者がストライキを行った場合には、"ノーワーク・ノーペイ"の考え方に基づいて、ストライキによって労務提供をしなかった時間について、通常の賃金控除計算と同様の方法で賃金控除をしても差し支えありません。

なお、一部労働者の争議行為があったとしても、当該争議行為によりまったく影響を受けない作業に従事する労働者の賃金まで一律に差し引くことは、法第24条違反となるので注意を要します。

(2) 端数処理

割増賃金計算における端数処理および1カ月の賃金支払額における端数処理については、常に労働者の不利となるものではなく、事務簡便を目的としたものと認められること、および賃金支払いの便宜上の取扱いとして認められることから、**図表Ⅴ－①**および**図表Ⅴ－②**の端数処理を行う場合には、全額払いの原則に抵触しないものとされています。

図表Ⅴ－① 割増賃金計算の際の端数処理の例外

	端　　数	処理方法
ⅰ）	1カ月における時間外・休日、深夜労働の各々の時間数の合計に1時間未満の端数がある場合	30分未満切捨て 30分以上を1時間に切上げ
ⅱ）	1時間あたりの賃金額および割増賃金額に1円未満の端数が生じた場合	50銭未満切捨て 50銭以上を1円に切上げ
ⅲ）	1カ月における時間外・休日、深夜労働の各々の割増賃金の総額に1円未満の端数が生じた場合	50銭未満切捨て 50銭以上を1円に切上げ

図表Ⅴ－② 1カ月の賃金支払額における端数処理の例外

	端　　数	処理方法
ⅰ）	1カ月の賃金支払額（注6）に100円未満の端数が生じた場合	50円未満切捨て それ以上を100円に切上げ
ⅱ）	1カ月の賃金支払額（注6）に1,000円未満の端数が生じた場合	翌月の賃金支払日に繰越し

（注6）賃金の一部を控除して支払う場合には控除後の額。

(3) 過払い賃金の調整的相殺

　使用者が誤って賃金を過払いしてしまった場合、翌月以降の賃金でこれを相殺して支給することができるかどうかは問題になるところです。この点について、最高裁の判例では、許されるべき過払い賃金の相殺について以下の点をあげています（**福島県教組賃金支払請求上告事件・最高裁一小昭44.12.18判決**）。

> **【許されるべき過払い賃金の相殺】**
> ① 過払いのあった時期と賃金の清算調整の実を失わない程度に合理的に密着した時期においてされること
> ② 労働者の経済生活の安定をおびやかすおそれのない場合（あらかじめ労働者にそのことを予告するとか、その額が多額にわたらないなど）であること

　なお、やむを得ない理由によりその月の給与で欠勤等の不就労分の控除ができなかった場合、それを翌月の給与で清算することは、賃金それ自体の計算に関するものですので、法第24条違反とは認められないものと解されます。たとえば、賃金締切日が毎月末日、賃金支払日が当月25日の会社において、給与計算業務が完了した後の当月26日に急きょ労働者が体調を崩した場合に、欠勤分を翌月の賃金から控除するケースが考えられます（**図表Ⅴ-③**参照）。

図表Ⅴ-③　前月分の過払賃金を翌月分で清算する例

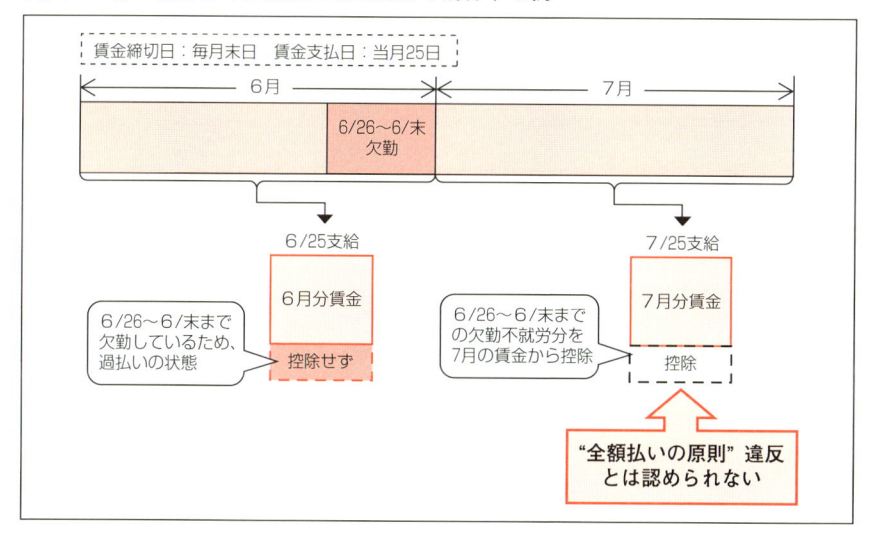

このほか、通勤定期代の6ヵ月相当分を前払いしている場合において、その期間途中に従業員が退職した場合に、最後に支払う賃金から通勤定期代の残期間相当額を清算することも可能と解されます。

（4）使用者が労働者に対して有する債権と賃金の相殺の可否

法第24条の"全額払いの原則"は、労働の対価である賃金の全額を支払わなければならず、賃金の一部を控除して支払うことを禁止するものです。ここでは、使用者の一方的な意思表示による相殺の場合と、労働者の同意に基づく相殺の場合について、それぞれみることにします。

① 使用者の一方的な意思表示による相殺

使用者が労働者に対して有する貸付金等の債権と賃金を一方的に相殺することは、たとえそれが労働者の不法行為を原因とするものであったとしても、原則として認められません（**日本勧業経済会事件**・最高裁大昭36.5.31判決）。

なお、地裁判決では、「労働者に使用者に対する明白かつ重大な不法行為があって、労働者の経済生活の保護の必要を最大限に考慮しても、なお使用者に生じた損害の填補の必要を優越させるのでなければ権衡を失し、使用者にその不法行為債権による相殺を許さないで賃金全額の支払を命じることが社会通念上著しく不当であると認められるような特段の事情がある場合には、この相殺が許容されなければならない」（**坂崎彫刻工業事件**・東京地裁昭60.4.17判決）と、一定の例外を許容したものもあります。

② 労働者の同意に基づく相殺

一方、労働者がその自由意思によって相殺に同意した場合には、この規定の趣旨は、賃金の支払いを留保することによる労働者の足留めを防止し、労働の対償全部を確実に労働者に支払わせることを目的とするものであるため、「右同意が労働者の自由な意思に基づいてされたものであると認めるに足りる合理的な理由が客観的に存在するときは、右同意を得てした相殺は右規定に違反するものとはいえない」と判示されています（**日新製鋼事件**・最高裁二小平2.11.26判決）。なお、同判例では、全額払の原則の趣旨に照らして考えると、同意が労働者の自由な意思に基づくものであるとの認定判断は、厳格かつ慎重に行われなければならないとされています。

なお、貸付金等と賃金を相殺する場合には、賃金の一部控除に関する労使協

定の締結が必要となります。

（5）控除額の限度

　法では、賃金の一部控除については、その控除が法令または労使協定に基づいて行われるものであり、控除される金額が賃金の一部である限り、控除額についての限度はありません。

　しかし、原則として、民事執行法第152条第1項で差押えが禁止されている一賃金支払期の賃金または退職金の額の4分の3に相当する部分については、使用者側から相殺することはできないこととされています（注7）。

　この場合の上限額について、支払期が毎月の場合の額は33万円とされており、一賃金支払期に受けるべき賃金が44万円を超えないときは、その賃金の4分の3、44万円を超えるときは33万円については差し押さえることが禁止されています。

　たとえば、一賃金支払期に受けるべき賃金が40万円の場合、4分の3に相当する30万円については、差し押さえることができません。ただし、賃金の4分の3に相当する額が33万円を超える場合、たとえば賃金が48万円の場合には、4分の3に相当する額は36万円となりますが、33万円を超える部分（15万円）については、すべて差押えが可能となります（図Ⅴ-④参照）。

　また、民事執行法第152条第2項では、退職手当およびその性質を有する給与にかかる債権についても、その給付の4分の3に相当する部分は、差し押さえてはならないとされています。なお、退職等の債権については、金額にかかわらず4分の3を超える部分のみ差押えが可能となります。

（注7）詳細は、**第2章Ⅰ.-3.-（2）「民事執行法による差押えの制限」**27ページを参照のこと。

4．毎月1回以上払いの原則

　賃金支払いの第4の原則は、"毎月1回以上払い"の原則です。すなわち、賃金は、毎月1回以上支払わなければならないという原則です。ただし、①臨時に支払われる賃金、②賞与、③その他これに準ずるもので、厚生労働省令で定める賃金についてはこの限りではありません。

図表Ⅴ－④　一賃金支払期における差押え可能額

【賃金支払期が毎月と定められている場合の差押え可能額】

	賃金支払期に受けるべき賃金	差押え禁止額
1)	44万円を超えないとき	賃金の1/4
2)	44万円を超えるとき	33万円を超える部分

① 賃金額40万円の場合

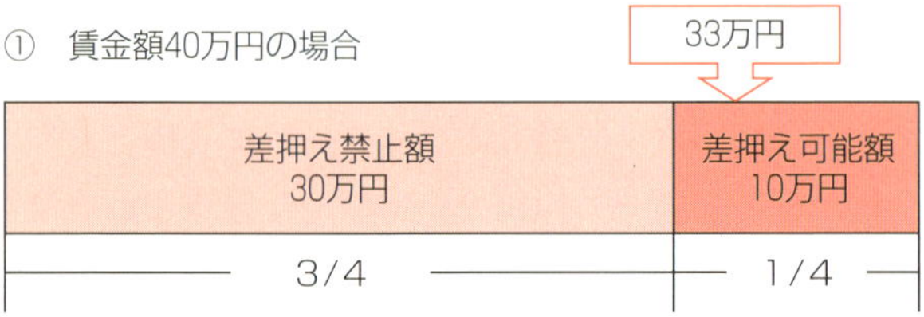

差押え禁止額 30万円	差押え可能額 10万円
3/4	1/4

33万円

⇒賃金の4分の3に相当する額を超える部分について、差押えが可能。

② 賃金額44万円の場合

差押え禁止額 33万円	差押え可能額 11万円
3/4	1/4

33万円

⇒賃金の4分の3に相当する額(33万円)を超える部分について、差押えが可能。

③ 賃金額48万円の場合

差押え禁止額 33万円	差押え可能額 15万円
3/4	1/4

33万円

⇒賃金の4分の3に相当する額が33万円を超える場合は、33万円を超える部分について、差押えが可能。

"臨時に支払われる賃金"とは、臨時的、突発的事由に基づいて支払われるものおよび結婚手当等、支給条件はあらかじめ確定されているものの、支給事由の発生が不確定で、かつ非常に稀に発生するものをいいます。

次に、"賞与"とは、定期または臨時に、原則として労働者の勤務成績に応じて支給されるものであって、その支給額があらかじめ確定していないものをいうこととされています。さらに、"その他これに準ずるもので厚生労働省令で定める賃金"とは、以下に掲げるものをいいます（施行規則第8条）。

> 【その他これに準ずるもので厚生労働省令で定める賃金】
> ① 1カ月を超える期間の出勤成績によって支給される精勤手当
> ② 1カ月を超える一定期間の継続勤務に対して支給される勤続手当
> ③ 1カ月を超える期間にわたる事由によって算定される奨励加給または能率手当

したがって、この3つを除く手当は、名称の如何にかかわらず、固定的な賃金とみなされ、"毎月1回以上"支払わなければなりません。ここで、"毎月1回以上"とは、文字どおり1回以上であればよく、週給制で週払いとすることはこれに違反しません。

なお、年俸制を採用する場合にも、この原則は除外されていないため、年俸額を毎月1回以上に分割して支払わなければならないことに留意が必要です。

●●●●●
5. 一定期日払いの原則

賃金支払いの第5の原則は、"一定期日払いの原則"です。すなわち、賃金は、あらかじめ定められた期日に支払わなければならないという原則です。これは、賃金の支払日を一定の期日に固定することによって、労働者の生活の安定を図ることを目的としたものです。

たとえば、ある月は10日、またある月は25日などのように、月によって支払日を変動させることは、労働者の生活を不安定にさせることになり、原則として認められません。

"一定の期日"とは、"15日"とか"20日"などのように暦日を指定（注8）することをいいます。ただし、"月の末日"を支払日とする場合には、月の暦日数によって支給日が変動することにはなりますが、この点は差し支えないものと解されます。

ところで、週給制の場合には、毎週特定の曜日を支払日と定めて定期的に賃金を支払うことは認められますが、月給制の場合には、たとえば、『毎月第4金曜日に支払う』などのように、曜日で支払日を定めることは、一定期日払いの原則に抵触します。なぜなら、月給制で、支給日を曜日によって決める場合には、支給日が最大1週間変動するため、支払期日を特定したことにならないからです。

　なお、臨時に支払われる賃金、賞与その他これに準ずるもので厚生労働省令で定める賃金については、"毎月1回以上払いの原則"と同様、"一定期日払いの原則"の適用が除外されています。

　（注8）支払日が休日（金融機関の休日を含む。）にあたる場合には、繰り上げて支払うか繰り下げて支払うかは任意であるが、就業規則（賃金規程）にどちらにするか定めておく必要がある。

Ⅱ. 賃金の締切ならびに支払時期

法第89条では、"賃金の決定、計算、支払の方法"とならんで、"賃金の締切および支払いの時期"についても就業規則に定めることが義務づけられています。

ここでは、この点について詳しくみることにします。

1. 賃金の締切日と支払日

賃金の支払い時期については、法第24条第2項によって、毎月1回以上、一定の期日を定めることが義務づけられています。

賃金の締切とは賃金計算における締切日をいいますが、この締切日を定めておくことは、法に定める"一定期日払いの原則"を順守するうえで不可欠です（注9）。なぜなら、賃金はその締切日の翌日から次の締切日までの賃金計算期間中に行われた労働に対して支払うべきものであり、賃金の締切日が明確になっていなければ、"一定の期日"に賃金を支払うことを保障できないからです。

賃金の締切日を定めることは、賃金の計算期間を定めることと同義ですが、基本給などの固定的賃金と歩合給や割増賃金などの変動的賃金の締切日を別個に設けることもできます。

実際に、基本給等の固定的賃金については完全月給制として賃金の締切日より前に支払い、割増賃金等の変動的賃金については、支払日より前に締切日を設けるなどの方法が採られる場合もあります（**図表Ⅴ－⑤参照**）。この場合、月に2回の賃金締切日が設けられることになりますが、これは賃金計算の必要から採られる措置であり、労働者に不利になるものではないため、違法とはなりません。

（注9）ただし、日々支払う賃金については、「賃金の締切日の定め」は不要とされている。

図表Ⅴ－⑤　賃金締切日が月に２回ある場合の例

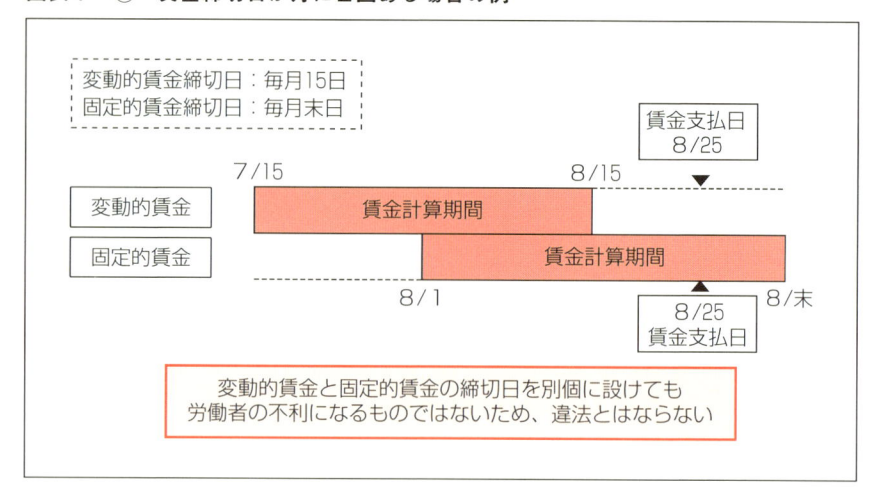

```
変動的賃金締切日：毎月15日
固定的賃金締切日：毎月末日
```

              7/15   8/15   賃金支払日
                                        8/25
変動的賃金   賃金計算期間   ▼
固定的賃金   賃金計算期間
                    8/1   ▲   8/末
                               8/25
                              賃金支払日

変動的賃金と固定的賃金の締切日を別個に設けても
労働者の不利になるものではないため、違法とはならない

2．締切日または支払日の変更

　賃金の締切日および支払日について、末締当月25日払いとしている会社は少なくありませんが、日給月給制（注10）の従業員が月の下旬に急に退職するような場合、すでに賃金計算や銀行への振込み手配が終わってしまっていて、日割り計算ができず過払いとなってしまうという問題があります。このような問題を解消するためには、賃金の締切日あるいは支払日の変更を行うことが考えられます。

　（注10）日給月給制とは、月給額をあらかじめ固定したうえで、不就労時間の賃金を控除して支払う賃金形態をいう。

（１）変更時の留意点

　賃金の締切日または支払日を変更することは、原則として労使間の任意事項ですが、実際の変更にあたっては、次にみるようにいくつかの留意すべき点があります。

① 労働者の経済生活安定への配慮

　賃金締切日や支払日を変更する場合、変更した月には労働者の受け取る賃金

が少なくなることがあります。したがって、その変更に際しては、労働者の経済生活安定のための措置を講じることが重要です。

② 毎月1回以上払いの原則の順守

賃金は、原則として毎月1回支払わなければなりません（詳細は本章117ページ参照）が、賃金の支払日を変更する場合であっても、この原則の適用は除外されません。したがって、賃金の支払日を変更する際は、変更する月にも1回以上の賃金の支払日が確保されなければなりません。

（2）具体的な変更と留意点

では、賃金締切日の変更および賃金支払日の変更について、それぞれ具体的な方法と留意点についてみることにします。

① 賃金締切日の変更

まず、賃金締切日の変更についてですが、たとえば、図Ⅴ－⑥のように、賃金の締切日が15日、支払日が当月25日の事業場において、8月25日支払い分から賃金締切日を月末に変更する場合は、すでに7月25日に6月16日から7月15日までの賃金が支払われているので、8月25日には7月16日から7月末日までの半月分の賃金しか支払われないことになります。

この場合、労働者が退職までに実際に受け取る賃金総額は変わりませんが、賃金締切日の変更によって、8月25日に支払われる賃金が突然半月分になってしまうのでは、労働者も釈然としません。これに加えて、次の支払日である9月25日までの間、半月分の賃金で生活するとなると、従業員の生活費や住宅ローンなどに支障が出るおそれもあり、現実には労働者の理解や同意が得にくいものと思われます。

この場合、以下のような緩和措置が考えられます。

【賃金締切日の変更を行う際の緩和措置】
① 変更月を賞与支給月にあわせて、生活費を確保できるようにする
② 変更月の減額相当分を低利子で貸し付ける
③ 相当の告知期間をおき、変更月への備えを促す
④ 変更月にも通常どおりの給与額を支払う（つまり減った分の給与を二重に払う）

図表Ⅴ-⑥　賃金締切日の変更（当月15日→末日）の例

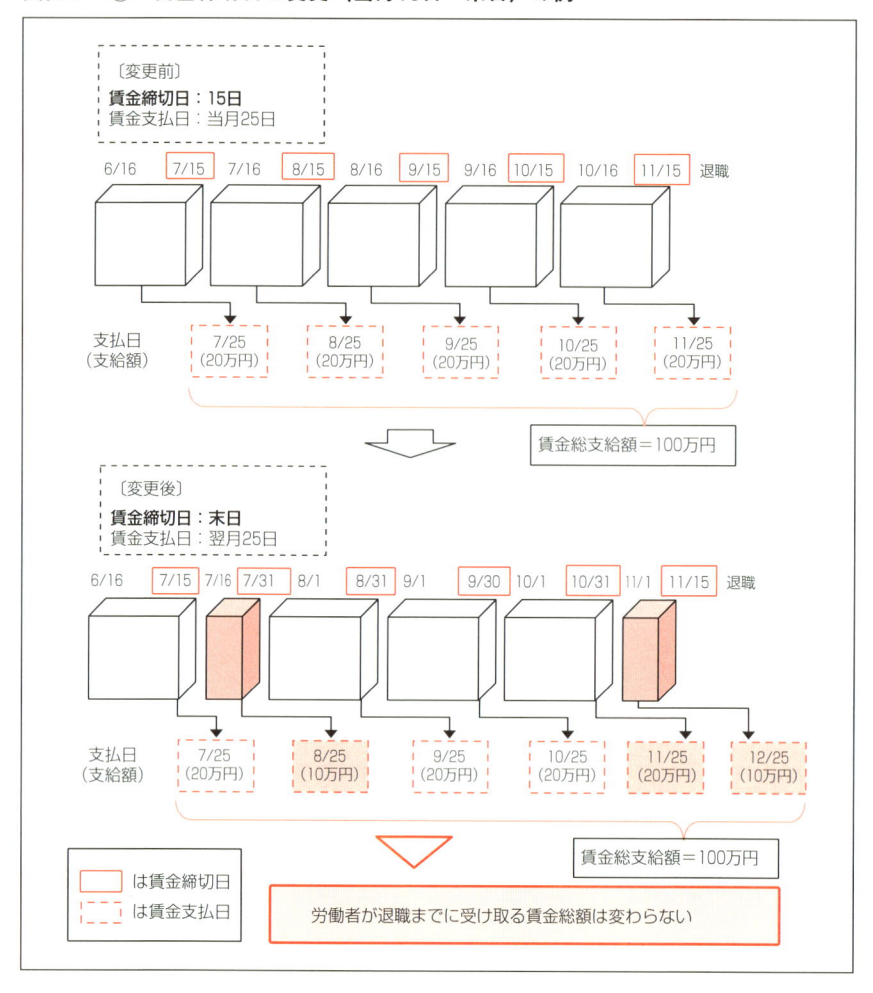

〔変更前〕
賃金締切日：15日
賃金支払日：当月25日

〔変更後〕
賃金締切日：末日
賃金支払日：翌月25日

□ は賃金締切日
┌┄┐
└┄┘ は賃金支払日

賃金総支給額＝100万円

労働者が退職までに受け取る賃金総額は変わらない

また、4月～6月は、社会保険の算定基礎の計算月となりますので、給与締切日を変更することによってどのような影響があるかについても、あらかじめ確認しておくことが大切です。

② **賃金支払日の変更**

次に、賃金支払日の変更についてですが、たとえば、**図表Ⅴ-⑦**のように締切日を末日のままとし、支払日を当月25日から翌月10日に変更する場合、変更月の賃金がなくなってしまうため、法第24条の賃金毎月1回払いの原則に

図表Ⅴ－⑦　賃金支払日の変更の例

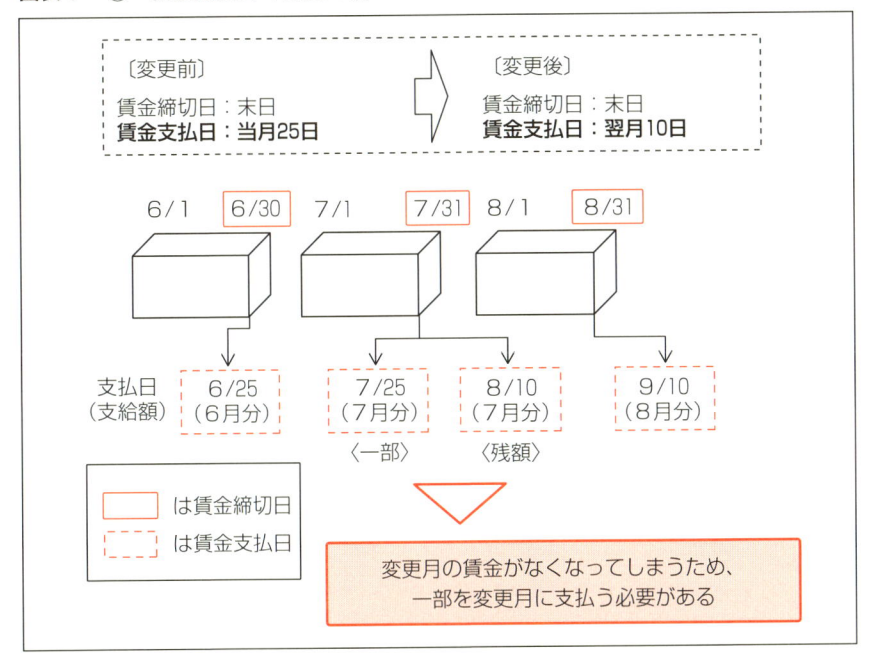

```
〔変更前〕                    〔変更後〕
賃金締切日：末日       ⇒    賃金締切日：末日
賃金支払日：当月25日         賃金支払日：翌月10日
```

```
  6/1    6/30      7/1    7/31     8/1    8/31
  [        ]       [        ]      [        ]
     ↓              ↓       ↓        ↓
支払日  6/25       7/25    8/10     9/10
(支給額)(6月分)   (7月分) (7月分)  (8月分)
                  〈一部〉 〈残額〉
```

□　は賃金締切日
┌┄┄┐　は賃金支払日
└┄┄┘

> 変更月の賃金がなくなってしまうため、
> 一部を変更月に支払う必要がある

抵触してしまいます。これを回避するためには、変更月の賃金のうち、一部を25日に支給し、残額を翌月10日に変更することが考えられます。この場合の"一部"の水準には、とくに法的な制約はないため、極端にいえば、1日分のみを変更月の25日に支払い、残額を翌月10日に支払うということでも法的にはクリアできます。しかし、従業員の生活面を考慮すれば、できるだけ前倒しで支給することが望まれます。

　従業員の生活に支障が出ないようにするための対応としては、①の賃金締切日の変更の緩和措置と基本的には同様ですが、賃金支払日の変更は、住宅ローンや公共料金等の支払時期にも影響しますので、従業員に対する告知期間を十分にとる必要があります。

　なお、従業員から非常時払い（注11）の請求があった場合には、既往の労働に対する賃金を支払う必要があります。

(注11) 非常時払いとは、「使用者は、労働者が出産、疾病、災害その他厚生労働省令で定める非常の場合の費用に充てるために請求する場合においては、支払期日前であっても、既往の労働に対する賃金を支払わなければならない」とする法第25条の定め。詳細は、**第2章　Ⅰ.－「1. 労働基準法による賃金支払いの確保」**14ページを参照のこと。

Ⅱ. 賃金の締切ならびに支払時期

3．遡及払い

　"遡及払い"とは、昇給やベースアップを過去に遡って実施し、賃金の支払日が経過した後に、遡及したことによって生じた賃金をまとめて支払うことをいいます。遡及払いに関する取扱い上の留意点は次のとおりです。

① 遡及払いの支払時期

　時間外労働等にかかる割増賃金の未払い分の存在が発覚した場合など、賃金の遡及払いの必要が生じたときは、原則として遡及することによって生じた各月の支給額の全額を直後の賃金支払日に支払わなければならず、その後の何ヵ月かに分割して支払うことはできません。

② ベースアップ分の遡及払いの取扱い

　労働組合との春季賃上げ交渉が長引き、6月に賃金交渉が妥結したような場合、4月に遡及してベースアップするかどうかは労使間の取決めによればよく、ベースアップの遡及に伴う割増賃金についても遡及払いすべきかどうかについては、当事者の決定によることとなります。したがって、賃金計算の繁雑さもあることから、割増賃金については遡及しない旨、協定することも有効と解されます。

　なお、妥結時に割増賃金の計算について明確にされず、単に4月に遡及してベースアップを実施することのみが取り決められた場合には、一般的には遡及期間中の労働に対して新ベースによる賃金を支払うことが決められたものとみられ、その期間中の時間外労働等についても新ベースによる割増賃金を支払うことを含めて妥結したものと解されます。したがって、この場合には、割増賃金についても遡って支払わなければなりません。

③ 定期昇給分の遡及払いの取扱い

　毎年4月に定期昇給を行っている場合に、賃金制度改定等のため、新しい賃金制度による昇給額が6月に決定され、その差額を4月に遡って支払うような場合には、ベースアップとは異なり、定期昇給分については4月以降の在籍者に対して、遡及して支払う必要があります。

④ 退職者への遡及払いの取扱い

　4月に遡及してベースアップした場合、ベースアップ決定前に退職した者に

対しても差額を追加して支払うべきかどうかは当事者の任意であり、支給日以前にすでに退職した者については、遡及払いの対象から除く旨、労働協約や就業規則等で定めることは差し支えありません。ただし、定期昇給分のうち一律昇給部分について就業規則等の規定がある場合には、4月に在籍しており、6月の遡及分支払日の前に退職した者に対しては、定期昇給分について遡及支払いが必要となります。なぜなら、就業規則等においてあらかじめ定められた時期に当該労働者の新年度の定期昇給分の請求権が発生しているからです。

なお、以上の点は、4月以降退職日までの割増賃金の算定に際しても適用されることに留意が必要です。

Ⅲ．前借金等との相殺の禁止

　法第17条は、前借金その他労働することを条件とする前貸の債権と賃金を相殺することを禁止しています。

　ここでいう、"前借金"とは、労働契約の締結の際または雇入れ後に、労働することを条件に使用者から借り入れ、将来の賃金から弁済することを約する金銭のことです。また、"労働することを条件とする前貸の債権"とは、前借金に追加して渡される金銭で、労働契約の締結後にあらかじめ使用者が賃金と相殺することによってその債権を返済させることを目的として貸与する債権をいいます。

　ここでは、前借金等との相殺の禁止について、みることにします。

1．賃金と前借金等との相殺が禁じられている趣旨

　労働基準法で、賃金（注12）と前借金等との相殺が禁じられている趣旨は、金銭貸借関係と労働関係とを完全に分離し、金銭貸借関係に基づく身分的拘束関係の発生を防止することにあり、前借金により身分的拘束を伴い、労働が強制されるおそれがあること等を防止することを目的としたものです。

　ここで、身分的拘束を伴わないことが明らかな社内融資制度等による融資の返済と賃金との相殺や、労働者の完全な自由意思に基づく貸付金と賃金との相殺契約が有効となるのかが問題となります。

(注12) この場合、賞与のほか、労働協約、就業規則、労働契約等によってあらかじめ支給要件が明確にされている場合の退職金も賃金の一種であり、前借金との相殺が禁じられる。

2. 身分的拘束を伴わないことが明らかな社内融資制度と法第17条の関係

　労働者の住宅取得等を援助するために設けられた社内融資（貸付）制度による融資の返済を毎月の賃金から控除することが、法第17条で禁じられている"労働することを条件とする前貸の債権"との相殺にあたるかどうかは問題となるところですが、労働者が使用者から人的信用に基づいて受ける金融や、弁済期の繰上げ等で明らかに身分的拘束を伴わないものは、労働することを条件とする債権には含まれないものと解されます。したがって、社内融資制度等を利用して、その返済金を毎月の賃金から控除することは、法第17条に抵触しないものと解されます。

　ただし、実際の判定にあたっては、前貸しの条件その他の事情を総合的に勘案して決定しなければならないこととされています。この点について、"身分的拘束を伴わない"と認められるためには、以下のような条件が満たされていることが必要とされています（「厚生労働省労働基準局編「平成22年版　労働基準法（上）（下）」247～248ページ）。

【身分的拘束を伴わないものとして賃金との相殺が認められるための要件】
① 貸付けの原因が真に労働者の便宜のためのものであり、労働者の申出に基づくものであること
② 貸付期間が必要とみなし得る範囲であり、貸付金額も毎月の賃金等の充当によって生活を脅威し得ない程度に返済し得るものであること
③ 返済前であっても退職の自由が制約されていないこと　等

3. 労働者の完全な自由意思に基づく相殺契約と法第17条との関係

　生活資金のために労働者に前貸しした金銭を賃金から控除することについては、それが労働者の完全な自由意思による契約（相殺予約または相殺契約）に基づくものであれば、法第17条に違反しないものと解されます。また、生活資金を貸し付けた場合に賃金から分割控除することについても、使用者が労働

組合との労働協約の締結あるいは労働者からの申出に基づき、生活必需品の購入等のための生活資金を貸付け、その後この貸付金を賃金より分割控除する場合で、その貸付の原因、期間、金額、金利の有無等を総合的に判断して労働することが条件となっていないことが極めて明白な場合には、本条の規定は適用されないこととされています。

4．法定を上回る育児休業期間中の社会保険料の事業主立替分控除

　労働者が法定を上回る育児休業を取得している期間中に、事業主が社会保険料の被保険者負担分を立て替え、復職後に賃金から控除する制度については、著しい高金利が付されるなどによって、当該貸付が労働することを条件としていると認められる場合を除いて、一般的には法第17条に抵触しないものと解されます。

　なお、この場合にも賃金の一部控除に関する労使協定（詳細は、本章112ページ参照）が必要となります。また、復職後、一定期間労働した場合には当該債務を免除する旨の取扱いも、労働基準関係法上の身分的拘束関係の問題を生じさせないこととされています。

Ⅳ. 違約金または損害賠償額の予定の禁止

労働契約期間の途中において労働者が退職するなど、労働契約の不履行があった場合に、一定額の違約金を定めたり、労働契約の不履行や不法行為に対して一定額の損害賠償を支払うことを労働者やその身元保証人と約することは、労働の強制、あるいは労働者の自由意思を不当に拘束し、労働者を使用者に隷属させることにつながりかねません。このため、法第16条では、契約不履行に関する違約金の定めをしたり、損害賠償額を予定する契約が禁止されています。

ここでは、違約金または損害賠償額の定めを禁止する趣旨について具体的にみていきます。

1. 違約金の禁止

"違約金"とは、債務不履行の場合に債務者が債権者に支払うことをあらかじめ約束した金銭のことで、契約当事者間で契約に付随して定めるものです。したがって、その金額、性質等は一定せず、一般には"賠償額の予定"と推定されます（注13）が、当事者間の契約で、賠償額の予定としてではなく、純然たる制裁として定めたり、損害賠償額の最高限度または最低限度等として定めたことが明確で、これを証明することができる場合には、賠償額の予定とはみなされません。

労働契約における"違約金"の性質も、上記の定義と同様であり、労働契約に基づく労働義務を労働者が履行しない場合に、それによる損害発生の有無にかかわらず、労働者本人または親権者、身元保証人に賠償の義務が課せられるものであり、使用者が労働者等に対して約定の違約金を取り立てることができる旨を定める契約をいいます。

(注13) 民法第420条第1項では、「当事者は、債務の不履行について損害賠償の額を予定することができる」とされ、さらに同第3項では、「違約金は、賠償額の予定と推定する」とされている。

以上のように、民法では契約自由の原則に基づいて違約金の定めをすることが認められていますが、その特別法である労働基準法では、労働者の不当な足留め、身分的拘束を防止する趣旨から禁止されています。

●● 2．損害賠償額の予定の禁止

　"損害賠償額の予定"とは、契約上の債務不履行があった場合に、損害の如何にかかわらず、あらかじめ損害額を定めておくことをいいます。労働契約の締結にあたって損害賠償額を約定することは、労働者の債務不履行による実際の損害額にかかわらず、約定の損害賠償額の支払いを労働者に強制することになるため、立場の弱い労働者に異常に高い損害賠償額が定められたり、労働者の退職の自由を侵害するなど足留め策ともなり得ることから禁止されたものです。

　ただし、本条の定めは、金額を予定することを禁止するものであって、労働者の債務不履行によって実際に生じた損害額の範囲内での損害賠償までも排除する趣旨ではありません。

Coffee break 留学費用の返還

　会社が費用を負担して海外留学をさせる海外留学制度は、留学を終えた労働者が帰国後まもなく退職してしまうリスクを伴います。このリスクを回避するには、どのような方法があるのかみてみましょう。

① お礼奉公の強制や留学費用返還の予約は無効

　社費での留学に際して、あらかじめ留学終了後一定期間勤務することを条件とすることは、いわゆるお礼奉公を強制することになり認められません。また、一定期間勤務しない場合に留学費用を返還することを条件とする定めは、法第16条の違約金禁止の定めに抵触し、無効となります。

② 会社が留学費用を立て替える制度

　リスク回避のための方策としては、会社が留学費用を立て替える方法があります。留学費用を会社が立て替え、留学後一定期間の継続勤務を条件にその費用の返還を免除するという方法です。

③ 裁判例にみる法第16条の取扱い

　関連する裁判例として、「使用者が社内技能訓練を実施し、その費用につき、合否決定後1年以内に退職した場合、全額返済する旨の約定を結んだことが労基法第16条の禁止する賠償額の予定にあたるか否か」が争われた事件で、①労働者の願出により実施する訓練で、②その費用の計算が合理的な実費で、③使用者の立替金と解され、④返済免除に要する就労期間が短期間であって、⑤全体としてみて労働者に対し雇用関係の継続を不当に強要するおそれがないと認められること、などを理由として、「法第16条の定める違約金又は損害賠償額の予定とはいえないと解する」（**藤野金属工業事件**・大阪高裁昭43.2.28判決）としたものがあります。

④ 立替制度の留意点

　立替制度をとる場合の留意点は、まず、留学者を選定するにあたって、労働者の自由な意思によるものであることを要します。なぜなら、業務命令で留学させた場合には、その費用は当然に会社が負担しなければならず、立替えという事実が存在しなくなるからです。

　また、留学終了後一定期間継続勤務することなく退職する労働者について、立替金を返還させる場合には、分割返済を認めたり、本人の返済能力などからみて無理のない範囲での返済方法を設定するなど、労働者の自由な退職意思を阻害するものとならないよう配慮する必要があります。

　さらに、返還免除に要する勤務期間については、あまり長いと身分拘束性が強くなるので、可能な限り短い期間とすべきでしょう。

　以上のように、留学費用を会社が立て替え、留学終了後一定期間継続勤務をした場合に留学費用の返還を免除する制度とする場合にも、全体としてみて、労働者に対し雇用関係の継続を不当に強要するおそれがないと認められることが大切です。また、留学にあたっては対象者に制度の趣旨を理解させ、心得を徹底するなど、信頼関係に基づいた制度運用が望まれます。

第6章

割増賃金の実務

Ⅰ. 時間外・休日労働および深夜労働と割増賃金

　労働基準法では、法定労働時間を超え、または法定休日、深夜時間帯に労働をさせた場合、割増賃金を支払うことが使用者に義務づけられています。近年、これらの割増賃金の不払いの問題をめぐって、労働基準監督署による是正勧告や裁判所による付加金支払い命令、紛争調整委員会によるあっ旋等の労使紛争が多発しています。これらの問題は、使用者の知識不足から生じることも少なくありません。
　ここでは、時間外・休日労働および深夜労働にかかる割増賃金に関する法律上の知識と実務上のポイントについてみることにします。

1．時間外・休日労働にかかる規制

　まず、割増賃金についてみる前に、時間外労働および休日労働に関する法律上の規制についてみていくことにします。

(1) 法定労働時間と時間外労働にかかる規制
　労働基準法では、1週間と1日について、労働時間の上限規制が設けられています。
① 原則的な労働時間の定め
　法第32条第1項では、「使用者は、労働者に、休憩時間を除き1週間について40時間を超えて、労働させてはならない」とされ、第2項では、「使用者は、1週間の各日については、労働者に、休憩時間を除き1日について8時間を超えて、労働させてはならない」とされており、これらを法定労働時間といいます。
② 特例対象事業における労働時間の特例
　法第40条では、一定の事業で「公衆の不便を避けるために必要なものその

他特殊の必要あるもの」については、その必要避くべからざる限度で、労働時間の１週の上限（40時間）規制の特例措置が設けられており、一定の業種（図表Ⅵ－①参照）で常時10人未満の労働者を使用する事業場（特例対象事業上）では、週の法定労働時間が44時間とされています。

図表Ⅵ－①　特例対象事業に該当する一定の業種

業　種	該当するもの
ⅰ）商業	卸売業、小売業、理美容業、倉庫業、その他の商業
ⅱ）映画・演劇業	映画の映写、演劇、その他興業の事業（映画製作の事業を除く）
ⅲ）保健衛生業	病院、診療所、社会福祉施設、浴場業、その他の保健衛生業
ⅳ）接客娯楽業	旅館、飲食店、ゴルフ場、公園・遊園地、その他の接客娯楽業

（２）法定休日と休日労働にかかる規制

法第35条第１項では、「使用者は、労働者に対して、毎週少くとも一回の休日を与えなければならない」とされ、第２項では、「前項の規定は、４週間を通じ４日以上の休日を与える使用者については適用しない」とされており、これらの休日を法定休日といいます。

（３）時間外・休日労働にかかる規制の例外

実際の労働現場においては、法定労働時間および法定休日の規制を順守することが困難な場合が少なくありません。そこで、２つの例外が認められています。

まず、法33条第１項では、「災害その他避けることのできない事由によって、臨時の必要がある場合においては、使用者は、行政官庁の許可を受けて、その必要の限度において」労働時間を延長し、または休日に労働させることができることとされています。

次に、法第36条では、時間外・休日労働に関する労使協定（以下「三六協定」という）を締結した場合には、労働時間（法第32条）および休日（法第35条）の規定にかかわらず、労働時間を延長し、または休日に労働させること（以下「時間外・休日労働」という）ができることとされています。

●●●●●●●
２．割増賃金の意義

　法第37条では、時間外・休日労働をさせたときは、政令で定める率以上の率で計算した割増賃金を支払うことが義務づけられていますが、その目的は、通常の勤務時間とは違うこれらの特別の労働に対する労働者への補償を行うとともに、使用者に経済的負担を課すことによって、これらの労働を抑制することにあります。また、深夜労働割増賃金は、労働時間の位置が深夜時間帯（原則として、午後10時から午前５時）にあることによる労働者の特別の負担への補償を目的としたものです。

　割増賃金率は、法制定以来、時間外労働および休日労働ともに２割５分以上の率とされていましたが、労働時間短縮の流れを受けて、総労働時間を実質的に短縮するため、平成５年の法改正で、「２割５分以上５割以下の範囲内でそれぞれ政令で定める率」と改正され、政令で、時間外労働の割増賃金は２割５分以上、休日労働の割増賃金は３割５分以上の率と定められました。深夜時間帯の労働にかかる割増賃金率については、法第37条第４項の定めにより２割５分以上の率とされています（**図表Ⅵ－②参照**）。

　そして、平成22年４月施行の改正法（以下「平成22年改正法」という）では、時間外労働時間の限度時間（詳細は本章144ページ参照）を超えて労働させた場合には、２割５分を超える率とするよう努めなければならないこととされ、さらには、月60時間超の時間外労働に対する割増賃金が５割へと引き上げられました。この改正は、使用者の経済的負担を大きくすることによって、とくに長い時間外労働を抑制することを目的としています。

　なお、時間外・休日労働にかかる割増賃金率が、法律ではなく政令で定められている趣旨は、今後、実態をみきわめつつ時間外・休日労働に対する労働者の意識変化等に適切に対応して、その段階的な引上げを図っていく必要があることに対応したものです。

図表Ⅵ-②　割増賃金の種類と割増賃金率

種　類	割増賃金を支払う必要がある場合	割増賃金率
時間外労働	週または日の法定労働時間を超えて労働させたとき	2割5分以上
	時間外労働時間の限度時間を超えて労働させたとき	2割5分超 （努力義務）
	1カ月60時間を超えて労働させたとき	5割以上 （注1）
休日労働	法定休日に労働させたとき	3割5分以上
深夜労働	午後10時から翌5時までの間に労働させたとき	2割5分以上

（注1）中小企業については、当分の間、適用が猶予されている（法附則第138条）。

●●●●○○○○
3．時間外労働と割増賃金

　前述したように、原則として、休憩時間を除き1週間について40時間、1日について8時間を超えて時間外労働をさせることは禁止されていますが、やむを得ず時間外労働をさせた場合には、使用者は、法第37条の定めに基づいて、時間外労働にかかる割増賃金を支払わなければなりません。

（1）割増賃金の対象となる時間外労働
　まず、割増賃金の支払いが必要となる時間外労働の概要についてみてみましょう。
① 　週40時間・1日8時間を超える時間外労働にかかる割増賃金
　原則として、週40時間、1日8時間を超えて時間外労働をさせてはならないこととされていますが、法第37条第1項前段により、これを超えて労働させたときは、2割5分以上の率で計算した割増賃金を支払わなければなりません。
　たとえば、**図表Ⅵ-③**にみるように、1日の所定労働時間が8時間で、所定労働日が月曜日から金曜日までの5日、日曜日を法定休日とする事業場において、月曜日に10時間労働させ、土曜日に8時間労働させた場合について考えてみます。

図表Ⅵ-③　週40時間・1日8時間を超える時間外労働にかかる割増賃金

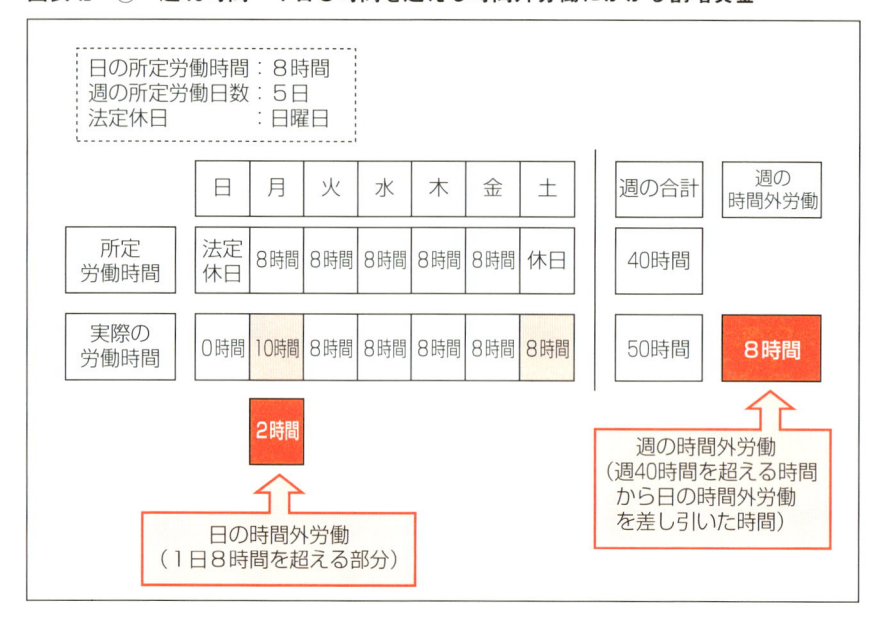

```
日の所定労働時間：8時間
週の所定労働日数：5日
法定休日　　　　：日曜日
```

	日	月	火	水	木	金	土	週の合計	週の時間外労働
所定労働時間	法定休日	8時間	8時間	8時間	8時間	8時間	休日	40時間	
実際の労働時間	0時間	10時間	8時間	8時間	8時間	8時間	8時間	50時間	8時間

月曜日：**2時間** ← 日の時間外労働（1日8時間を超える部分）

週の時間外労働（週40時間を超える時間から日の時間外労働を差し引いた時間）

　まず、月曜日については、日の法定労働時間を超える2時間が"日の時間外労働"となります。次に、土曜日は法定休日ではないため、休日労働割増賃金の支払いは不要となり、また、日の法定労働時間（8時間）も超えていません。しかし、実際の週の労働時間の合計が50時間となっており、週の法定労働時間（40時間）を超えることとなります。このため、月曜日分の日の時間外労働2時間を差し引いた8時間が"週の時間外労働"となります。

② **月60時間を超える時間外労働にかかる割増賃金**

　さらに、平成22年改正法では、時間外労働にかかる割増賃金について、延長して労働させた時間が1カ月について60時間を超えた場合においては、その超えた時間の労働については、通常の労働時間の賃金の計算額の5割以上の率で計算した割増賃金を支払わなければならない（法第37条第1項ただし書）と、ただし書が追加されました（**図表Ⅵ-④参照**）。

図表Ⅵ－④　月60時間を超える時間外労働に対する割増賃金

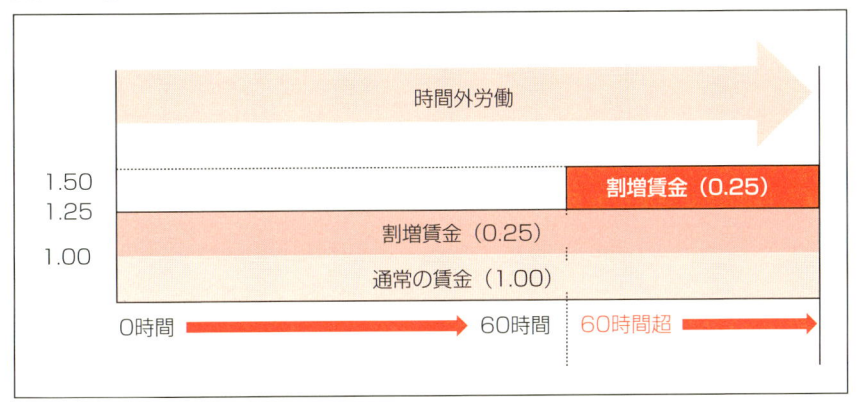

```
                    時間外労働 →
1.50 ─────────────────────────
1.25                          │ 割増賃金（0.25）│
1.00         割増賃金（0.25）
             通常の賃金（1.00）
    0時間              60時間  60時間超
```

（2）月60時間を超える時間外労働

次に、月60時間を超える時間外労働割増賃金を計算する際の留意点についてみていきます。

① 60時間の起算日

1カ月について60時間を超える時間外労働の時間を計算するにあたっては、1カ月の起算日をどう考えるかが問題となります。

起算日の決め方については、『毎月1日』『賃金計算期間の初日』『三六協定における一定期間の起算日』などが考えられますが、60時間を超えた時間外労働の時間に対して割増賃金の計算が必要となりますので、賃金計算の勤怠集計期間に合わせて、『賃金計算期間の初日』とするのが現実的な対応と考えられます。

なお、行政解釈では、就業規則等に起算日の定めがない場合には、原則として、「賃金計算期間の初日」として扱うこととされています。

② 法定休日労働との関係

割増賃金率の適用にあたっては、法定休日労働と時間外労働は別々に取り扱われます。したがって、休日労働を含めた1カ月の時間外労働が60時間を超える場合であっても、その休日労働が"法定休日"であるときは、"1カ月60時間"の算定に含めなくても差し支えありません。

たとえば、土日を休日とする週休2日制の事業場において、法定休日が日曜日と定められている場合、日曜日の労働は法定休日労働となりますので、3割

5分増の割増賃金の支払いが必要となりますが、5割増の割増賃金が必要な月60時間の算定からは除外することができます。

では、法定休日が特定されていない場合には、時間外労働との関係をどのように考えればよいのでしょうか。この点について、厚生労働省から出された「改正労働基準法に係る質疑応答」（平21.10.5）では、日曜日および土曜日の週休2日制の事業場において、その両方に労働させた場合には、当該暦週において"後順"に位置する土曜日における労働が法定休日労働になるとされています。この場合の暦週の起算日は、就業規則その他に別段の定めがない限り、"日曜日"となります。

また、法定休日が特定されていない場合で、2日の休日のうち1日のみ労働させたときは、どちらを法定休日として取り扱うかによって割増賃金率が異なり、使用者は割増賃金率の低い方を選択することもできないわけではありません。しかし、この点について行政解釈では、事業場の休日について法定休日と所定休日の別を明確にしておくことが望ましいとされています。

③　深夜時間帯との関係

1カ月60時間に達した時点より後に行われた時間外労働のうち深夜時間帯の労働については、1カ月60時間を超える時間外労働の法定割増賃金率（5割以上）と深夜労働の法定割増賃金率（2割5分以上）とを合算して7割5分以上の率で計算した割増賃金を支払わなければならない点に注意が必要です（施行規則第20条第1項）。

④　月60時間を超える時間外労働割増賃金にかかる中小企業の猶予措置

中小企業の場合、必ずしも経営体力が十分ではなく、また、時間外労働抑制のための業務処理体制の見直しや新規雇入れ等についての速やかな対応が難しいため、やむを得ず時間外労働を行わせた場合の経済的負担も小さくありません。このため、月60時間を超える時間外労働割増賃金にかかる規定は、当分の間（少なくとも改正法施行後3年間）、中小企業には適用されないこととされています（法第138条）。この場合の中小企業の定義は、**図表Ⅵ－⑤**のとおりです。

図表Ⅵ－⑤　時間外労働割増賃金の適用が猶予される中小企業の定義

業種 (注2)	資本金の額あるいは出資の総額		常時使用する労働者数
小売業	5,000万円以下	または	50人以下
サービス業	5,000万円以下	または	100人以下
卸売業	1億円以下	または	100人以下
その他	3億円以下	または	300人以下

(注2) 業種は日本標準産業分類（平成21年総務省告示第175号）に基づく。

④－ⅰ）"常時使用する労働者"の数について

"常時使用する労働者"の数は、事業主の通常の状況により判断します。したがって、臨時的に雇い入れた場合や、臨時的に欠員が生じた場合には、労働者の数に変動が生じたものとして取り扱う必要はありません。なお、パート・アルバイトであっても、臨時的に雇い入れられた場合でなければ、常時使用する労働者から除外することはできません。

④－ⅱ）出向労働者や派遣労働者の扱い

"常時使用する労働者数"を算定する際、出向労働者や派遣労働者については、労働契約関係のある労使間に算入することとされています。

したがって、在籍出向者の場合は出向元・出向先双方の労働者数に算入し、移籍出向者すなわち転籍者の場合は移籍先の労働者数のみに算入します。派遣労働者の場合は、労働契約関係は派遣元との間にありますので、派遣元の労働者数に算入します（図表Ⅵ－⑥参照）。

図表Ⅵ－⑥　労働者数の算定方法

労働者の区分	労働者数に算入すべき事業主
在籍出向者	出向元・出向先双方
移籍出向者	移籍先
派遣労働者	派遣元

一方、在籍出向者について、出向元が大企業（注3）で、出向先が中小企業であるような場合、1カ月60時間を超える時間外労働の割増賃金率を5割以

上とすべきかどうかの判断は、割増賃金の支払義務のある事業主においてなされます。したがって、出向元が賃金の支払義務を負っていて、出向元が大企業である場合には、出向先が中小企業であっても1カ月60時間を超える時間外労働の割増賃金率は5割以上としなければなりません。逆に、出向先が賃金支払義務を負っている場合には、出向元が大企業であっても、1カ月60時間を超える時間外労働に対する割増賃金を5割とする必要はありません。

　また、派遣の場合は、派遣元に賃金支払義務がありますので、派遣元が大企業であれば1カ月60時間を超える時間外労働の割増賃金率を5割以上としなければなりません。

(注3)「大企業」とは、**図表Ⅵ－⑤**の「中小企業」の基準を超える企業のことをいう（以下同じ）。

④-ⅲ) 資本金や出資金がない場合

　中小企業に該当するか否かを判断する際に、個人事業主や社会福祉法人、医療法人などのような資本金や出資金の概念がない場合は、労働者数のみで判断することとなります。

④-ⅳ) グループ企業の場合

　中小企業に該当するか否かの判断にあたって、グループを形成している企業については、グループ単位ではなく、法人単位で判断することとされています。

④-ⅴ) 外国法人の日本国内にある事業場の場合

　外資系企業など、外国法人の日本国内にある事業場については、当該法人の日本における状況に基づいて判断することとなります。すなわち、日本における登記の資本金額または日本国内の労働者数によって判断します。なお、資本金が外貨建てによる場合は、円換算をして判断します。

(3) 限度時間を超える時間外労働にかかる割増賃金率の引上げ（努力義務）

　長時間にわたる時間外労働を抑制するため、厚生労働省告示（厚労省告355号）によって、時間外労働の限度時間（**図表Ⅵ－⑦参照**）が定められており、従来から、あらかじめ三六協定において特別条項を付さなければ、限度時間を超えて労働時間を延長することができないこととされています。

　平成22年改正法では、この特別条項付き三六協定の限度基準に関して、労使当事者は、限度時間を超える時間外労働にかかる割増賃金率を定めるにあたっては、2割5分を超える率とするよう努めなければならないこととされて

います（法第36条第2項、平10労告第154号）。なお、この時間外労働の限度時間を超える時間外労働割増賃金率の引上げの努力義務は、中小企業にも適用されますので注意が必要です。

図表Ⅵ－⑦　時間外労働の限度時間

期　間	限度時間
1週間	15時間
2週間	27時間
4週間	43時間
1カ月	45時間
2カ月	81時間
3カ月	120時間
1年間	360時間

　ただし、以下の一定の事業または業務にかかる時間外労働の限度時間は、適用しないこととされています。

【時間外労働の限度時間の適用除外事業または業務】
① 　工作物の建設等の事業
② 　自動車の運転の業務
③ 　新技術、新商品等の研究開発の業務
④ 　季節的要因等により事業活動もしくは業務量の変動が著しい事業もしくは業務または公益上の必要により集中的な作業が必要とされる業務として厚生労働省労働基準局が指定するもの

　ところで、特別条項付き三六協定では、"1日を超え3カ月以内の期間"と"1年間"の両方の期間について割増賃金率を定める必要があります。時間外労働の延長時間がその両方を超えた場合で、それぞれに適用される割増賃金率が異なるときは、労使協定等において定めがある場合はそれによりますが、定めがない場合は、高い率を設定している方の割増賃金率が適用されます。

　なお、限度時間を超える時間外労働割増賃金率について、努力の結果、"1日を超え3カ月以内の期間"または"1年間"のいずれか一方のみ、2割5分

を超える率に引き上げることも可能です。

（4）法定時間内労働

時間外労働にかかる割増賃金は、法定労働時間を超えた労働に対して支払わなければならないものであり、1日の所定労働時間が8時間未満の労働（以下「法定時間内労働」という）については、時間外労働割増賃金を支払う必要はありません。

たとえば、**図表Ⅵ－⑧**でみるように、午前9時始業、午後5時終業、休憩時間が1時間（所定労働時間が7時間）であるような場合に、午後7時まで時間外労働を2時間させたときは、最初の1時間は法定時間内労働となるため、必ずしも割増賃金を支払う必要はありません。ただし、この場合にも、所定労働時間を超えた1時間分については通常の賃金を支払う必要があります。

この場合、所定労働時間（7時間）を超え、法定労働時間（8時間）に至るまでの法定時間内労働（1時間）については、別段の定めがない場合には、原則として通常の労働時間の賃金を支払わなければならないこととされています。ただし、労働協約、就業規則等によって、その1時間に対して別に定められた賃金額がある場合には、その別に定められた賃金額で差し支えないこととされています（昭23.11.4基発1592号）。

なお、上記の法定時間内労働について支払った手当は、法第37条にいう通常の労働時間の賃金とは認められませんから、同条の規定による割増賃金の基礎に算入しなくても差し支えありません。

（5）違法な時間外労働

時間外労働をさせる場合には、原則として労使協定の締結が必要であり、三六協定を締結せず、またはその有効期限が切れた後に時間外労働をさせることは違法となります。しかし、実際にそのような労働が発生した場合には、使用者は、割増賃金を支払わなければなりません。

（6）"実働主義"と割増賃金の要否

労働基準法上の割増賃金の支払いが義務づけられているのは、法定労働時間を超えて実際に労働させた時間です。この点について、行政解釈では、「法第

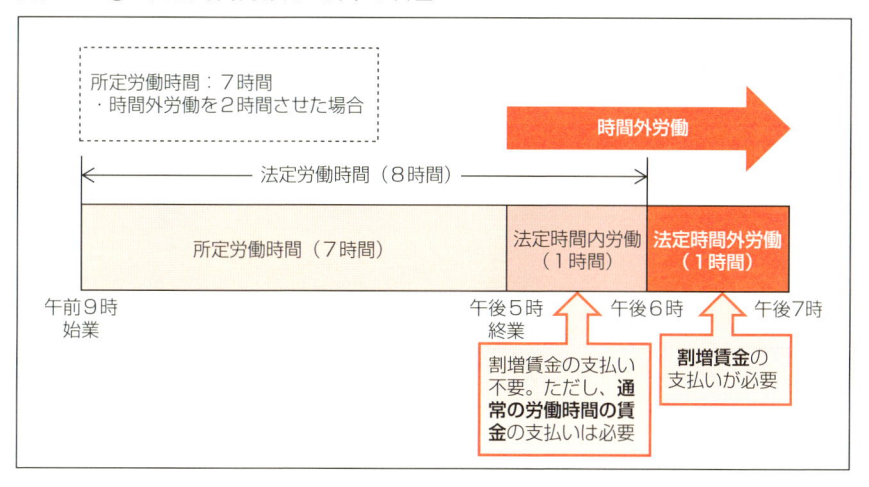

図表Ⅵ－⑧　法定時間内労働に対する賃金

```
所定労働時間：7時間
・時間外労働を2時間させた場合
```

                    時間外労働 →

|← 法定労働時間（8時間） →|

| 所定労働時間（7時間） | 法定時間内労働
（1時間） | 法定時間外労働
（1時間） |

午前9時　　　　　　　　　　　　　　午後5時　午後6時　　午後7時
始業　　　　　　　　　　　　　　　　終業

割増賃金の支払い不要。ただし、**通常の労働時間の賃金**の支払いは必要

割増賃金の支払いが必要

32条又は法第40条に定める労働時間は実労働時間をいうものであり、時間外労働について法第36条第1項に基く協定及び法第37条に基く割増賃金の支払いを要するのは、右の実労働時間を超えて労働させる場合に限る」（昭29.12.1基収6143号、昭63.3.14基発150号、平11.3.31基発168号）とされており、実労働時間が法定労働時間を超えない限り、割増賃金の支払義務も生じません。

では、具体的に労働時間の繰上げ・繰下げを行ったときや、遅刻した日に残業をしたとき、また、半日年休を取得した日に残業をしたときなどの割増賃金の支払いの要否についてみることにします。

① 労働時間の繰上げ・繰下げと相殺

就業規則の定めに基づいて、始業・終業時刻の繰上げもしくは繰下げを行った結果、日または週の労働時間が法定労働時間を超えない場合には、時間外労働割増賃金の支払いは必要ありません。

たとえば、始業時刻が午前9時、終業時刻が午後6時、休憩時間1時間の事業場において、始業時刻および終業時刻をともに1時間繰り上げた場合、1日の労働時間は法定労働時間を超えないため、時間外労働割増賃金の支払いは必要ありません（**図表Ⅵ－⑨**参照）。

また、就業中の停電や屋外労働で天候の一時的悪化のため、作業を一時中止して自由に休憩させたことにより、結果として終業時刻の繰下げを行った場

図表Ⅴ-⑨　始業・終業時刻を繰り上げた場合の例

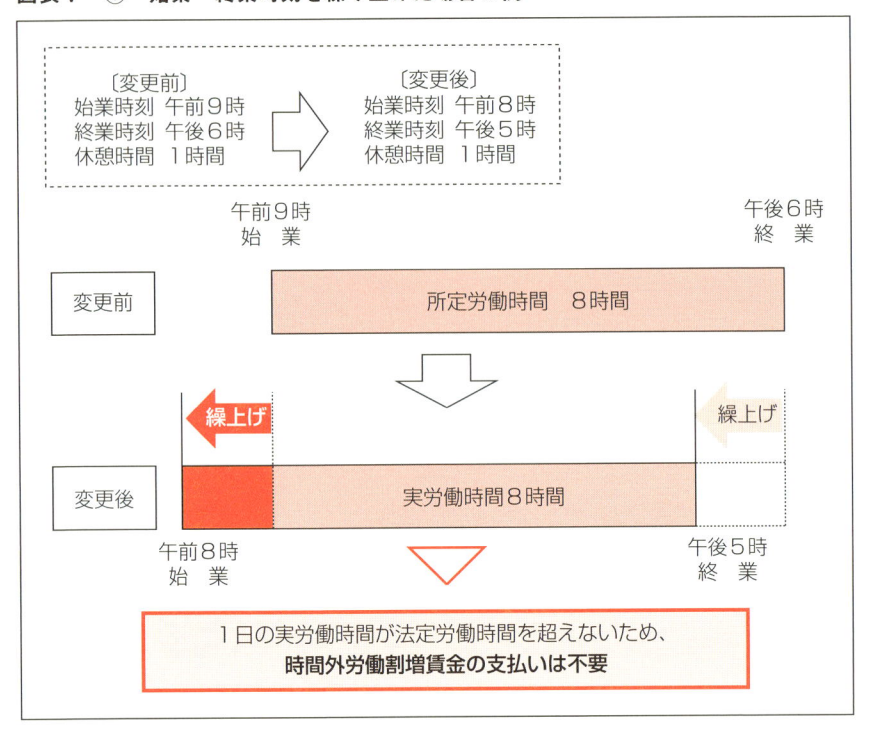

〔変更前〕
始業時刻　午前9時
終業時刻　午後6時
休憩時間　1時間

〔変更後〕
始業時刻　午前8時
終業時刻　午後5時
休憩時間　1時間

変更前：午前9時始業　所定労働時間　8時間　午後6時終業

変更後：午前8時始業　実労働時間8時間　午後5時終業（繰上げ）

1日の実労働時間が法定労働時間を超えないため、
時間外労働割増賃金の支払いは不要

合、労働時間が通算して1日8時間または週の法定労働時間以内である限り、割増賃金を支給する必要はありません。

② **遅刻と残業の相殺**

　遅刻した日に残業をした場合、もしくは早出をした日に早退した場合には、遅刻時間と残業時間、あるいは早出時間と早退時間を相殺することができます。

　たとえば、1時間遅刻した日に1時間残業した場合には、残業した1時間について割増賃金を支払わず、それぞれの1時間を相殺して、通常の1日分の賃金を支払えばよいわけです（**図表Ⅵ-⑩参照**）。なぜなら、前述のように労働基準法は"実働主義"をとっており、実労働時間が法定労働時間を超えない限り、割増賃金の支払義務も生じないからです。

　ただし、就業規則等で終業時刻を超えて労働した時間に対して割増賃金を支払う旨を定めている場合にはこの限りではありません。

図表Ⅵ－⑩　遅刻と残業の相殺の例

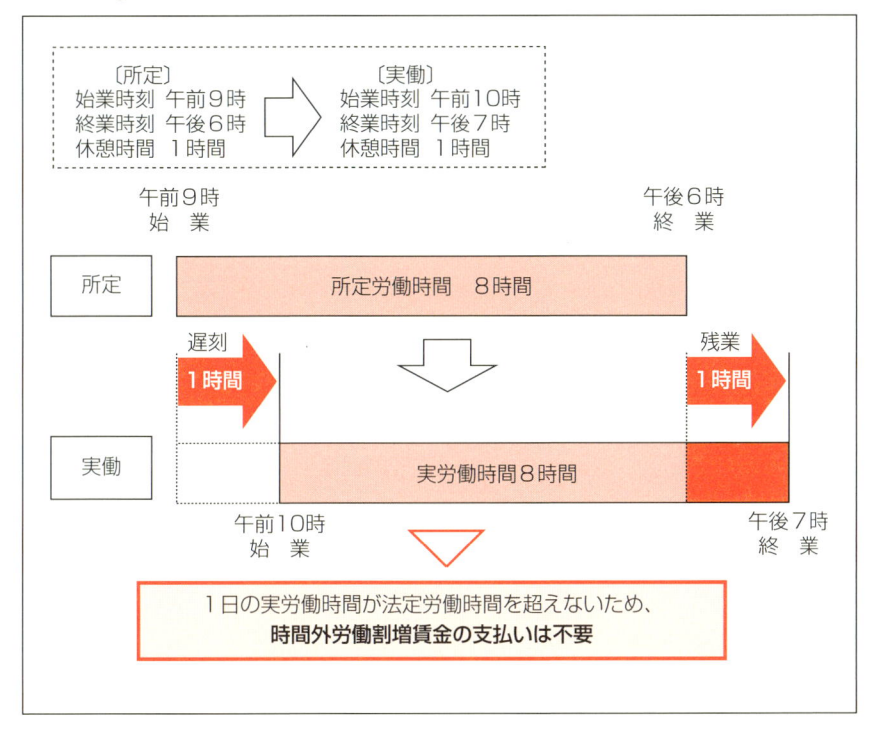

〔所定〕
始業時刻　午前9時
終業時刻　午後6時
休憩時間　1時間

⇒

〔実働〕
始業時刻　午前10時
終業時刻　午後7時
休憩時間　1時間

午前9時　始業　　　　　　　　　　　　　午後6時　終業

所定　　所定労働時間　8時間

遅刻　1時間　　　　　　　　　　　　　　残業　1時間

実働　　実労働時間8時間

午前10時　始業　　　　　　　　　　　　午後7時　終業

1日の実労働時間が法定労働時間を超えないため、
時間外労働割増賃金の支払いは不要

③ 半日年休と割増賃金

　年次有給休暇（以下「年休」という）の半日付与制度がある場合に、半日年休を取得した日に残業したときは、実労働時間が法定労働時間を超えた場合のみ時間外労働となり、実労働時間が法定労働時間を超えない限り割増賃金の支払いは必要ないものと解されます。

　なお、この場合も、法定時間内労働に対して、別途通常の賃金を支払わなければなりません。

④ あらかじめ時間外労働または深夜労働が命じられている場合の年休取得日の賃金

　あらかじめ時間外労働や深夜労働を命じられている日に年休を取得した場合の通常の賃金はどのように支払えばよいか考えてみることにしましょう。

　月や週ごとにシフト表等によって始業・終業時刻を定めている事業場では、勤務の割振りの都合によって所定労働時間が法定労働時間の枠内に収まらない

ため、やむを得ず特定の日にあらかじめ所定時間外労働（以下「予定残業」という）を命じることがあります。また、場合によっては当該予定残業が午後10時から午前5時までの深夜時間帯に及ぶこともあります。

　このような日について、労働者が年休を取得した場合、所定労働時間分の賃金を支払う必要があることはいうまでもありませんが、予定残業の時間に対する賃金の支払いの要否については問題となるところです。

　年休の賃金について定めた法第39条第7項では、「有給休暇の期間〔中略〕については、就業規則その他これに準ずるもので定めるところにより、それぞれ、平均賃金若しくは所定労働時間労働した場合に支払われる通常の賃金〔中略〕を支払わなければならない」こととされています。つまり、同条では、年休に対して支払うべき"通常の賃金"について、"所定労働時間分の賃金"としているわけです。この点について、行政解釈でも、「所定労働時間労働した場合に支払われる通常の賃金には、臨時に支払われた賃金、割増賃金の如く所定時間外の労働に対して支払われる賃金等は算入されない」（昭27.9.20基発675号）と、所定時間外労働にかかる賃金を支払う必要がないことを明確にしています。

　これらのことから、"通常の賃金"とは、所定労働時間分の賃金であり、所定時間外である予定残業時間分の賃金は含まれないものと解されます。したがって、就業規則に特段の定めなどがない限り、年休取得日に"通常の賃金"を支払う場合、予定残業時間にかかる賃金を支払う必要はなく、また当該時間にかかる時間外労働割増賃金や深夜労働割増賃金についても、支払いは不要と解されます。

　たとえば、所定労働時間が午後1時から午後10時まで（休憩1時間）の8時間で、午後10時から午前0時まで2時間の時間外労働があらかじめシフトで組まれているケースにおいて、年休を取得した場合に、その日の賃金を"通常の賃金"で支払う場合には、所定労働時間にかかる賃金を支払えばよく、午後10時から午前0時までの時間外労働および深夜労働にかかる割増賃金については支払う必要はないものと解されます（**図表Ⅵ－⑪参照**）。

　なお、労働者が年休取得日に予定残業時間分の賃金が支払われないことを知らないで年休を取得し、事後にトラブルになることがないよう、労働者に対しては、この点について、あらかじめ周知しておくことが望まれます。また、年

図表Ⅵ－⑪　あらかじめ時間外労働・深夜労働が命じられている場合の年休取得日の賃金

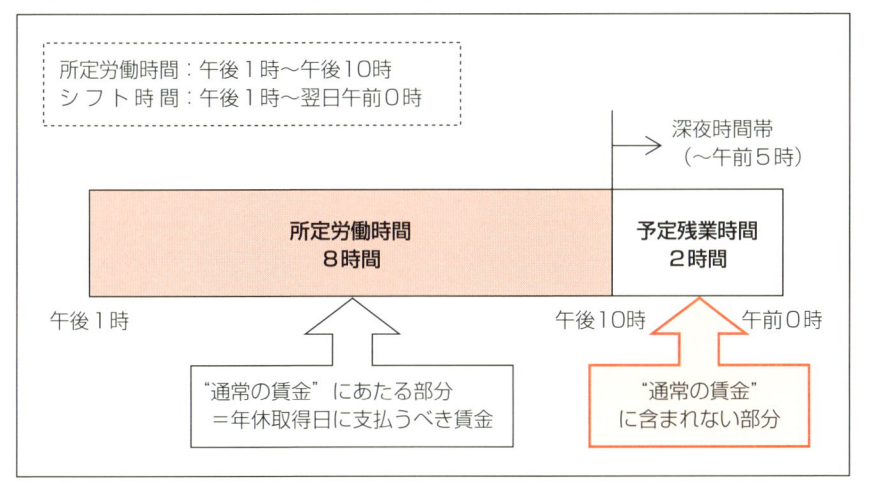

```
┌─────────────────────────────────────────────────────────┐
│ 所定労働時間：午後1時～午後10時                            │
│ シフト時間　：午後1時～翌日午前0時                         │
└─────────────────────────────────────────────────────────┘
                                         深夜時間帯
                                         (～午前5時)

        所定労働時間              予定残業時間
         8時間                     2時間

    午後1時              午後10時          午前0時

      "通常の賃金"にあたる部分    "通常の賃金"
      ＝年休取得日に支払うべき賃金  に含まれない部分
```

休取得日の予定残業時間にも賃金を支払うとすることについては、法の定める最低基準を上回る取扱いであり、差し支えありません。

（7）労働時間の範囲と割増賃金の要否

労働者が自主的に行った時間外労働や休憩時間中の来客当番、持ち帰り残業の時間など、割増賃金の支払いが必要となる労働時間の範囲がどこまでかについてみていきます。

① 黙示の指示による時間外労働

労働者の自主的な判断によって時間外労働が行われた場合、その時間外労働が上司から直接命じられたものでないときであっても、黙示の指示によって行われた場合には、割増賃金の支払義務が生じます。

ここで"黙示の指示"とは、「使用者の具体的に指示した仕事が、客観的にみて正規の勤務時間内ではなされ得ないと認められる場合」（昭25.9.14基収2983号）をいい、労働者が"黙示の指示"によって法定労働時間を超えて労働した場合には、時間外労働となります。

② 休憩時間中の来客当番

休憩時間とは、「単に作業に従事しない手待ち時間を含まず労働者が権利として労働から離れることを保障されている時間の意」（昭22.9.13発基17号）で

あり、それ以外の拘束時間は労働時間として取り扱うこととされています。

したがって、休憩時間中に来客当番として待機させた場合には、その時間は労働時間にあたるため、来客当番によって休憩が与えられなかった場合には、別途休憩を与えなければなりませんが、来客当番として労働に従事する時間が他の労働時間と通算して、1日8時間または週の法定労働時間を超える場合には、法律上、割増賃金支払いの義務が生ずることとされています。

③ 持ち帰り残業

いわゆる"持ち帰り残業"については、通常、使用者の指揮命令が及ばず、労働時間とはみなされませんが、在宅勤務の場合に労働時間としてカウントされることからみると、労働時間となることがあり得るものと解されます。ただし、持ち帰り残業が労働時間となるのは、明示または黙示の指示によって、客観的に一定の時間自宅で労働することが必要と認められるような場合に限られます。この場合、時間外労働が行われたときは当然に割増賃金の支払いが必要となります。

(8) その他のケースにおける時間外割増賃金の要否

以上のほか、時間外労働が翌日に及んだ場合や、いったん帰宅した後に再度勤務した場合など、さまざまなケースにおける割増賃金の取扱いについてみていきます。

① 時間外労働が翌日に及んだ場合

時間外労働が引き続き翌日の所定労働時間に及んだ場合には、翌日の始業時刻までの労働が当日の時間外労働の延長となります。

たとえば、所定労働時間が午前8時から午後5時まで（休憩1時間）の事業場で、時間外労働が翌日の始業時刻にまで及んだような場合には、翌日の始業時刻までが当日の時間外労働の延長であり、時間外労働割増賃金は、午後5時から翌日午前8時までの分を支払えばよいわけです。

ただし、午後10時から翌日午前5時までの時間については、2割5分の深夜労働割増賃金を加算しなければなりません。つまり、時間外労働割増賃金と合わせて、通常の賃金の1.5倍を支払わなければならないわけです（**図表Ⅵ－⑫参照**）。

図表Ⅵ－⑫　時間外労働が翌日に及んだ場合の割増賃金

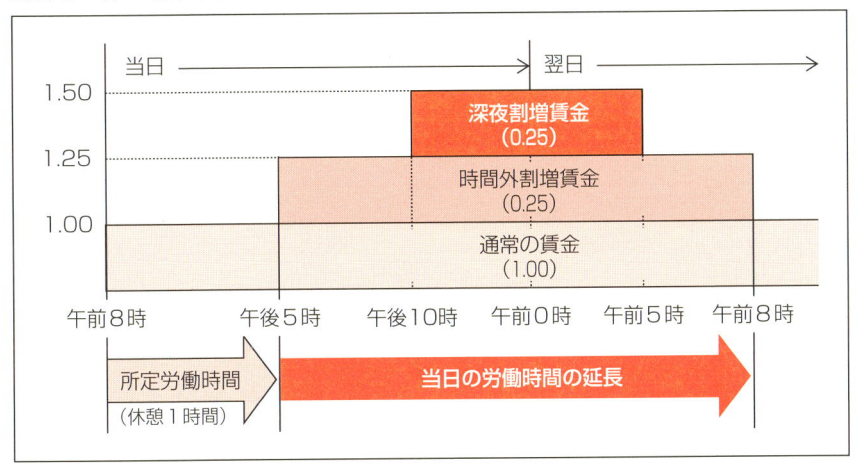

```
         当日 ─────────────→ 翌日 ─────────→
1.50 ┈┈┈┈┈┈┈┈┈┈┈┈┈┈┈┈┈┈┈┈┈┈┈┈┈┈┈┈┈
                      ┌─────────────┐
                      │  深夜割増賃金  │
                      │   (0.25)    │
1.25 ┈┈┈┈┈┈┈┈┈┈┈┈┌───┴─────────────┴───┐
                 │    時間外割増賃金        │
                 │      (0.25)          │
1.00 ┈┈┈┈┈┌──────┴──────────────────────┴──────┐
          │         通常の賃金                     │
          │          (1.00)                      │
          └───────────────────────────────────────┘
   午前8時   午後5時   午後10時  午前0時  午前5時  午前8時

   ├─所定労働時間─┤├──────当日の労働時間の延長──────→
     (休憩1時間)
```

② 終業時刻にいったん帰宅した後に再度勤務した場合

　終業時刻にいったん帰宅した後、業務上の不測の事態が発生したため、同日に再び出社を命じて勤務させたような場合において、その労働が翌日に及んだときであっても、前日の労働時間の延長、すなわち時間外労働として取り扱い、1日の労働時間を通算して8時間を超えた分については割増賃金の支払いが必要です。

　たとえば、就業規則で、労働時間を午前8時より午後5時まで（うち休憩1時間）と定め、かつ、業務の都合で時間外に特別勤務をさせることがある旨の定めがある場合に、午前8時から午後5時までの勤務を終了した後、呼び出して再び午後9時より午前1時まで勤務させたような場合には、その労働時間が翌日に及んだ分についても、午後9時から午前1時までの労働については時間外労働割増賃金、また、午後10時より午前1時までの労働については深夜労働割増賃金の支払いが必要となります（**図表Ⅵ－⑬参照**）。

③ 事業主の異なる二事業所で雇用される労働者の場合

　法第38条では、「事業場を異にする場合においても、労働時間に関する規定の適用については通算する」こととされています。したがって、同一企業内において、日中や平日は正規社員として勤務し、早朝や夜、土日などにアルバイトとして勤務するような場合には、それぞれの時間を別々にカウントすること

図表Ⅵ－⑬　終業時刻にいったん帰宅した後に再度勤務した場合の割増賃金

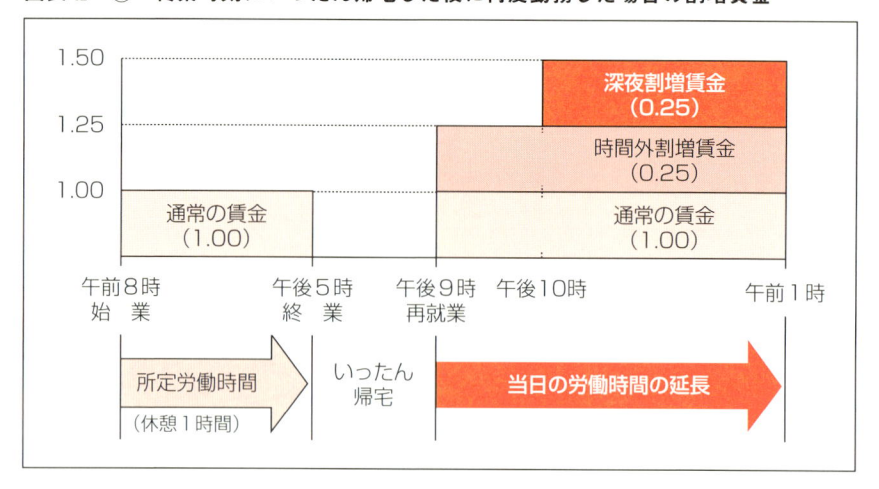

午前8時 始業～午後5時 終業	通常の賃金（1.00）（休憩1時間）所定労働時間
午後5時～午後9時	いったん帰宅
午後9時 再就業～午後10時	通常の賃金（1.00）＋時間外割増賃金（0.25）
午後10時～午前1時	通常の賃金（1.00）＋時間外割増賃金（0.25）＋深夜割増賃金（0.25）

当日の労働時間の延長

はできず、通算した時間に対して時間外労働割増賃金を支払わなければなりません。

　また、異なる事業主の下で労働する場合であっても同様にそれぞれの労働時間を通算して割増賃金を支払う必要があります。しかし、労働者が二以上の使用者の下で労働する場合に、どの事業主が割増賃金を支払うべきかは問題になるところです。この点について、行政解釈では、「法定時間外に使用した事業主は法第37条に基き、割増賃金を支払わなければならない」（昭23.10.14基収2117号）とされていますが、"法定時間外の労働"とは、必ずしも1日のうちの後の労働とは限らず、先の労働もこれに含まれるものと解されます。この点について、『労働基準法』コンメンタールでは、さらに踏み込んで、「通常は当該労働者と時間的に後で労働契約を締結した事業主と解すべき」とされています（厚生労働省労働基準局編「平成22年　労働基準法（上）」530ページ）。なぜなら、「後で契約を締結した事業主は、契約の締結に当たって、その労働者が他の事業場で労働していることを確認したうえで契約を締結すべき」だからです。ただし、使用者は先に労働契約を締結した場合であっても、他で勤務することについて事前に承認あるいは許可をしている場合には、割増賃金の支払義務を免れない可能性もあります。

(9) 変形労働時間制における時間外労働

ここでは、変形労働時間制における時間外労働の取扱いについてみることにします。

① 1カ月単位の変形労働時間制の場合

1カ月以内の一定の期間の週平均所定労働時間が40時間を超えない範囲内で、あらかじめ各日、各週の所定労働時間を特定すれば、特定した日に8時間を超え、または特定した週に40時間を超えて所定労働時間を定めることができます（法第32条の2参照）。これを1カ月単位の変形労働時間制といいますが、この制度の下では、特定された日における労働が8時間、または特定された週における労働が40時間を超えても、その超えた時間が所定労働時間の範囲内であれば、時間外労働として取り扱う必要はなく、割増賃金を支払う必要がありません。

①-ⅰ) 法定労働時間

1カ月単位の変形労働時間制には、1日や1週の所定労働時間の上限についての規制はありません。したがって、変形期間（最長1カ月）の法定労働時間の総枠の範囲内であれば、1日や1週の所定労働時間を任意に定めることができます。変形期間の法定労働時間の総枠は、**図表Ⅵ-⑭**の算式で求めることができます。

図表Ⅵ-⑭　1カ月単位の変形労働時間制における法定労働時間の総枠

$$\text{変形期間における労働時間の総枠} = 40\text{時間} \times \frac{\text{変形期間の暦日数}}{7\text{日}}$$

1カ月単位の変形労働時間制を採用する場合には、この総枠時間が変形期間における法定労働時間となります。したがって、変形期間を1カ月としていて、月によって休日日数が異なるような場合は、休日日数が最も少ない月（月の所定労働時間数が最も多い月）にも、この総枠の時間を超えないようにしなければなりません。

上記の算式で計算した暦日数ごとの法定労働時間の総枠は、**図表Ⅵ-⑮**のとおりです。

図表Ⅵ-⑮　変形期間の暦日数ごとの法定労働時間の総枠

変形期間の暦日数	算式	法定労働時間の総枠
31日の月	40時間 × $\frac{31日}{7日}$	177時間8分
30日の月	40時間 × $\frac{30日}{7日}$	171時間25分
29日の月	40時間 × $\frac{29日}{7日}$	165時間42分
28日の月	40時間 × $\frac{28日}{7日}$	160時間

①-ⅱ）割増賃金が必要となる時間

　1カ月単位の変形労働時間制の下で時間外労働割増賃金の支払いが必要となるのは、次の時間です。

【1カ月単位の変形労働制の下で時間外割増賃金の支払いが必要となる時間】
① 　1日の法定時間外労働
・労使協定または就業規則等で1日8時間を超える時間を定めた日はその時間、それ以外の日は8時間を超えて労働させた時間
② 　1週間の法定時間外労働
・労使協定または就業規則等で1週40時間を超える時間を定めた週はその時間、それ以外の週は40時間を超えて労働させた時間（①で時間外労働となる時間を除く）
③ 　変形期間（1カ月以内）の法定時間外労働
・変形期間の法定労働時間の総枠（40時間×対象期間の歴日数÷7日）を超えて労働させた時間（①および②によって時間外労働となる時間を除く）

　たとえば、**図表Ⅵ-⑯**のケースでみるように、月曜日と火曜日は、それぞれ所定労働時間を超える1時間が時間外労働となります。また、水曜日は所定労働時間が6時間のところ7時間、土曜日は所定休日のところ5時間労働させた場合、ともに8時間を超えないため、日の時間外労働は発生しませんが、週の

実労働時間が40時間を超えるため、週の時間外労働が発生します。この場合、40時間を超える8時間のうち、月曜日と火曜日に時間外労働となった2時間を差し引いた6時間が週の時間外労働となります。

図表Ⅵ-⑯　1カ月単位の変形労働時間制を採用した場合の日と週の時間外労働の考え方

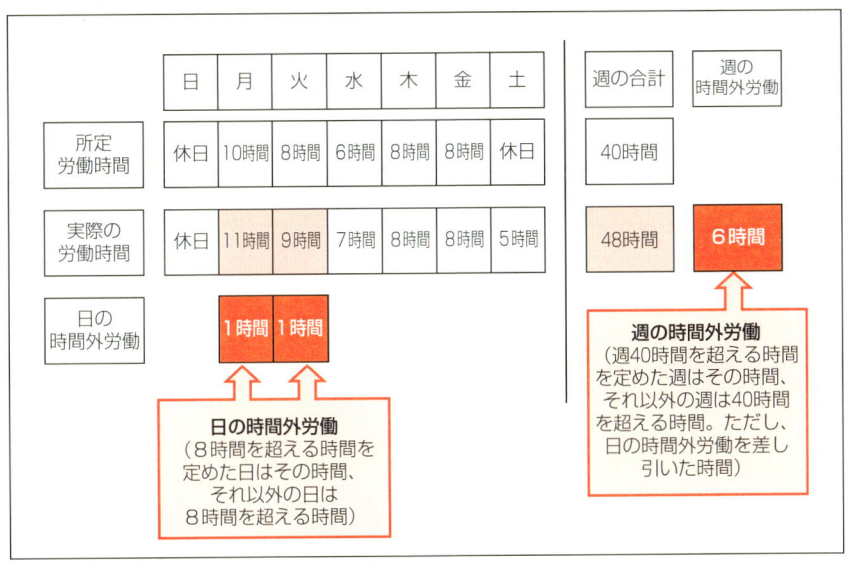

	日	月	火	水	木	金	土	週の合計	週の時間外労働
所定労働時間	休日	10時間	8時間	6時間	8時間	8時間	休日	40時間	
実際の労働時間	休日	11時間	9時間	7時間	8時間	8時間	5時間	48時間	6時間
日の時間外労働		1時間	1時間						

日の時間外労働
（8時間を超える時間を定めた日はその時間、それ以外の日は8時間を超える時間）

週の時間外労働
（週40時間を超える時間を定めた週はその時間、それ以外の週は40時間を超える時間。ただし、日の時間外労働を差し引いた時間）

②　フレックスタイム制の場合

　フレックスタイム制は、始業および終業の時刻を労働者の決定に委ねる制度です。フレックスタイム制の下で、清算期間に対応する法定労働時間を超えて労働させた場合には、その超えた時間について割増賃金を支払わなければなりません。したがって、特定の週に40時間を超え、または特定の日に8時間を超えても、清算期間の実労働時間がその期間の法定労働時間を超えない限り、時間外労働とはなりません。たとえば、週の法定労働時間が40時間で清算期間が1カ月31日である場合、実労働時間が171時間25分を超えた場合にその超えた分が時間外労働として、割増賃金の支払義務が生じる時間となります。

②-ⅰ）法定労働時間

　フレックスタイム制を採用した場合、割増賃金の支払いが必要となる時間は、清算期間の法定労働時間の総枠を超えた時間ですが、清算期間の法定労働

時間の総枠は、**図表Ⅵ－⑰**の計算式によって求められます（**図表Ⅵ－⑮**と同様の時間）。

図表Ⅵ－⑰　フレックスタイム制における清算期間の法定労働時間の総枠

$$\left(\begin{array}{c}変形期間における\\法定労働時間の総枠\end{array}\right) = 40時間 \times \frac{清算期間における暦日数}{7日}$$

ただし、清算期間の総労働時間が法定労働時間より短い場合に、総労働時間を超えた時間について、割増賃金を支払うこととしても差し支えありません。

②－ⅱ）時間外労働となる時間の特例的な計算方法

清算期間を1ヵ月とした場合、清算期間を通じて完全週休2日制を実施しており、かつ、労働者の実際の労働時間がおおむね一定で、各月ごとの労働の実態が変わらないときでも、**図表Ⅵ－⑱**でみるように、暦日数が31日で休日数が8日の場合など、清算期間の暦日数のめぐり合わせによっては、清算期間の総労働時間が前記の法定労働時間の総枠を超えることがあります。

この場合、フレックスタイム制の下で、所定労働時間のすべての日に8時間労働させた場合、すべての週において40時間、すべての日において8時間以内であるにもかかわらず、月の総労働時間が清算期間における法定労働時間の総枠を超えることになり、その超えた部分について割増賃金を支払わなければならないこととなってしまいます。

このような不合理に対応するため、行政解釈では、次の要件を満たす場合に限って、特別な取扱いを認めています（平9.3.31基発228号）。

図表Ⅵ-⑱　1日8時間、完全週休2日制でもフレックスタイム制の法定労働時間の総枠を超えるケース

所定労働日：週5日
法定労働時間：177.14時間

日	月	火	水	木	金	土	週の合計
	1日	2日	3日	4日	5日	6日	40時間
	8時間	8時間	8時間	8時間	8時間	休日	
7日	8日	9日	10日	11日	12日	13日	40時間
休日	8時間	8時間	8時間	8時間	8時間	休日	
14日	15日	16日	17日	18日	19日	20日	40時間
休日	8時間	8時間	8時間	8時間	8時間	休日	
21日	22日	23日	24日	25日	26日	27日	40時間
休日	8時間	8時間	8時間	8時間	8時間	休日	
28日	29日	30日	31日				24時間
休日	8時間	8時間	8時間				

総労働時間　184時間

（清算期間における総労働時間（184時間））−（清算期間における法定労働時間（177.14時間））＝（フレックスタイム制における法定労働時間の総枠を6.86時間超える）

【フレックスタイム制における時間外労働となる時間の特例】
① 清算期間を1カ月とするフレックスタイム制の労使協定が締結されていること
② 清算期間を通じて毎週必ず2日以上休日が付与されていること
③ 当該清算期間の29日目を起算日とする1週間（以下「特定期間」という）における当該労働者の実際の労働日ごとの労働時間の和が40時間を超えるものでないこと
④ 清算期間における労働日ごとの労働時間がおおむね一定であること。したがって、完全週休2日制の採用事業場における清算期間中の労働日ごとの労働時間についてはおおむね8時間以下であること

これらの要件を満たす場合、法32条の３に規定する「清算期間として定められた期間を平均」した１週間あたりの労働時間は、**図表Ⅵ－⑲**の計算の方法によることも差し支えないこととされています。
　つまり、**図表Ⅵ－⑳**にみるように、清算期間（１カ月）のうち最初の４週間の労働時間（Ｂ）とその翌日から翌月にまたがる特定期間（（Ｃ）＝１週間）を合わせた５週間を平均した１週間の労働時間が法定労働時間の範囲内である場合には、清算期間の労働時間が法定労働時間の総枠を超えても、法定労働時間以内とみなすということです。

②－ⅲ）年休を取得した時間が時間外労働となる場合の割増賃金の取扱い
　フレックスタイム制の下で年休を取得した日については、"標準となる１日の労働時間"労働したものとみなして労働時間を清算しますが、年休を取得した場合に、その取得時間分を含む実労働時間が清算期間の総労働時間を超えた場合にも割増賃金を支払う必要があるかどうかは、問題となるところです。
　たとえば、**図Ⅵ－㉑**のように、清算期間の暦日数が31日のとき、清算期間の法定労働時間は177.14時間となります。この場合に、実労働時間が清算期間の法定労働時間である177.14時間を超えて180時間となったときは、年休を取得した16時間を加えた時間は196時間となりますが、177.14時間をもとに労働時間を清算すると、年休を取得した16時間についても時間外労働となり、その分の割増賃金を支払わなければならないかのようにみえます。しかし、この場合、年休の賃金に割増賃金を支払うことになってしまいます。
　年休取得日の賃金について、法第39条第６項では、①平均賃金、②通常の賃金、③健康保険の標準報酬日額のいずれかによって支払えばよいこととされています。
　そこで、実務的には、年休取得日の賃金については、上記の３つの方法のうちから、あらかじめ就業規則で定めた方法によって支払うこととし、実労働時間（この例の場合180時間）が清算期間の法定労働時間（177.14時間）を超えた2.86時間についてのみ割増賃金を支払えばよいことになります。
　つまり、年休の取得時間と実労働時間を合わせた時間と清算期間の総労働時間の間で清算せず、年休の時間を除いた実労働時間のみによって清算し、年休の賃金については就業規則で定めた方法で支払うことになります。労働基準法は、"実働主義"（本章146ページ参照）をとっているため、このような措置は

図表Ⅵ−⑲　フレックスタイム制における時間外労働の時間の計算方法の特例

```
(A)：清算期間
(B)：最初の4週間
(C)：特定期間（29日目を起算とする1週間）
```

$$\begin{pmatrix} 清算期間(A)として \\ 定められた期間を \\ 平均した1週間の \\ 労働時間 \end{pmatrix} = \left\{ \begin{pmatrix} 清算期間(A) \\ における最初の \\ 4週間(B)の \\ 労働時間 \end{pmatrix} + \begin{pmatrix} 特定期間(C) \\ における \\ 労働時間 \end{pmatrix} \right\} \div 5$$

図表Ⅵ−⑳　フレックスタイム制における時間外労働の特例

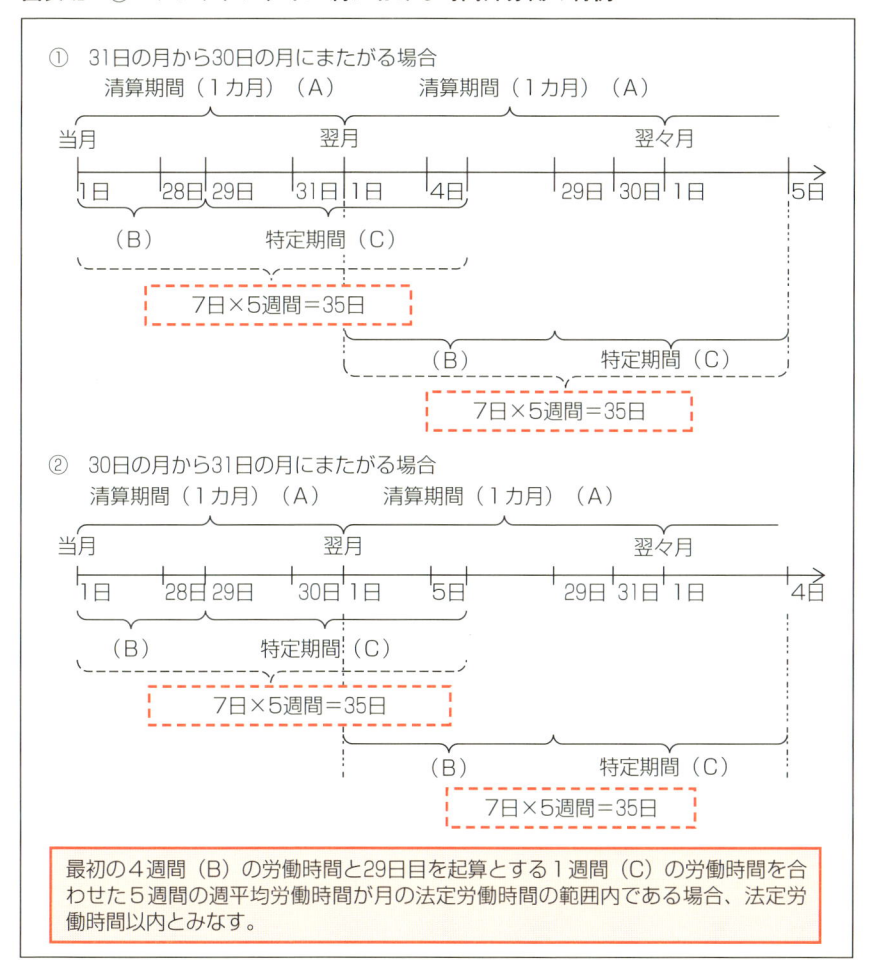

① 31日の月から30日の月にまたがる場合

　　　清算期間（1カ月）（A）　　　　清算期間（1カ月）（A）
　　当月　　　　　　　　翌月　　　　　　　　　翌々月
　1日　28日 29日　31日 1日　4日　　　29日 30日 1日　　5日

　　　(B)　　特定期間（C）
　　　　　7日×5週間＝35日

　　　　　　　　　　　　　(B)　　　特定期間（C）
　　　　　　　　　　　　　　　7日×5週間＝35日

② 30日の月から31日の月にまたがる場合

　　　清算期間（1カ月）（A）　　　　清算期間（1カ月）（A）
　　当月　　　　　　　　翌月　　　　　　　　　翌々月
　1日　28日 29日　30日 1日　5日　　　29日 31日 1日　　4日

　　　(B)　　特定期間（C）
　　　　　7日×5週間＝35日

　　　　　　　　　　　　　(B)　　　特定期間（C）
　　　　　　　　　　　　　　　7日×5週間＝35日

> 最初の4週間（B）の労働時間と29日目を起算とする1週間（C）の労働時間を合わせた5週間の週平均労働時間が月の法定労働時間の範囲内である場合、法定労働時間以内とみなす。

Ⅰ．時間外・休日労働および深夜労働と割増賃金

図表Ⅵ−㉑　年休を取得した場合の割増賃金について

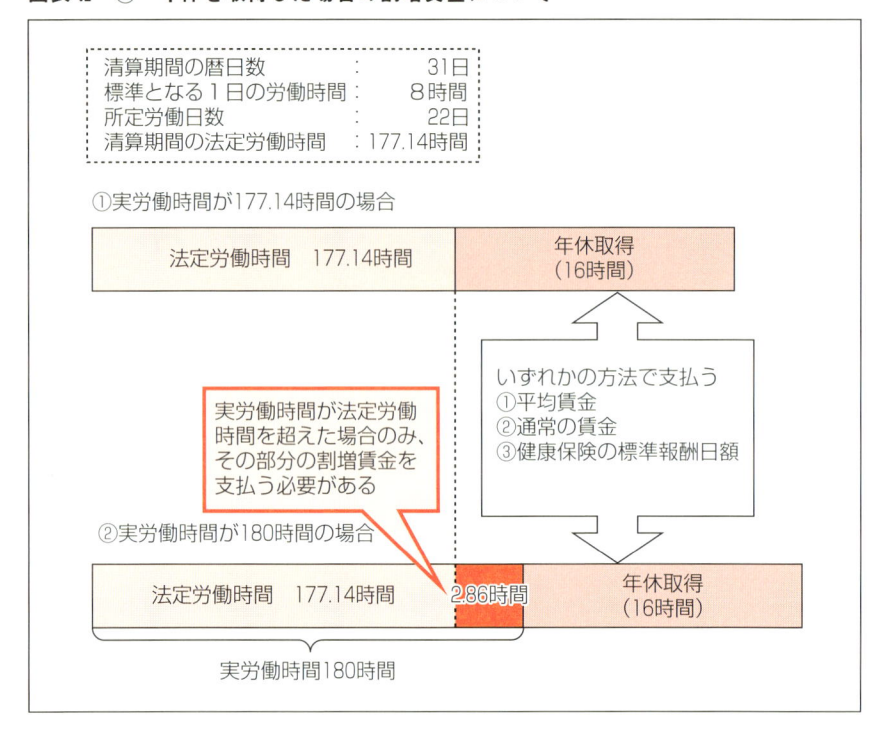

```
清算期間の暦日数        ：  31日
標準となる1日の労働時間：   8時間
所定労働日数            ：  22日
清算期間の法定労働時間  ：177.14時間
```

①実労働時間が177.14時間の場合

| 法定労働時間　177.14時間 | 年休取得（16時間） |

いずれかの方法で支払う
①平均賃金
②通常の賃金
③健康保険の標準報酬日額

実労働時間が法定労働時間を超えた場合のみ、その部分の割増賃金を支払う必要がある

②実労働時間が180時間の場合

| 法定労働時間　177.14時間 | 2.86時間 | 年休取得（16時間） |

実労働時間180時間

合理的なものと解されています。

③　1年単位の変形労働時間制の場合

　1年単位の変形労働時間制とは、季節等によって業務に繁閑の差がある場合や、完全週休2日制にはできないものの祝日等を組み込むことによって1年以内の一定期間でみると法定労働時間に収まるような場合に有効な労働時間制度です。具体的には、1カ月を超え1年以内の一定の期間の週平均所定労働時間が40時間の範囲内で、あらかじめ特定した日に8時間を超え、または特定した週に40時間を超えて所定労働時間を定めることができることとされています（法第32条の4）。

　この場合、1年単位の変形労働時間制の下で時間外割増賃金の支払い義務が生ずるのは、次の時間です。

【1年単位の変形労働時間制の下で時間外割増賃金の支払いが必要な時間】
① 1日の法定時間外労働
- 労使協定で1日8時間を超える時間を定めた日はその時間、それ以外の日は8時間を超えて労働させた時間
② 1週間の法定時間外労働
- 労使協定で1週40時間を超える時間を定めた週はその時間、それ以外の週は40時間を超えて労働させた時間(①によって時間外労働となる時間を除く)
③ 変形期間(1カ月を超え1年以内)の法定時間外労働
- 変形期間の法定労働時間の総枠(40時間×対象期間の暦日数÷7日)を超えて労働させた時間(①および②によって時間外労働となる時間を除く)

また、変形期間の途中で入社、退職等をした者については、実労働時間を平均して1週間あたり40時間を超えて労働した場合、**図表Ⅵ-㉒**により計算した割増賃金の支払いが必要になります。

図表Ⅵ-㉒ 対象期間の全期間雇用されなかった者の割増賃金の計算方法

$$\left(\begin{array}{c}\text{実労働期間}\\\text{における}\\\text{実労働時間}\end{array}\right) - \left(\begin{array}{c}\text{法第37条に基づく}\\\text{割増賃金の支払い}\\\text{を要する時間}\end{array}\right) - \left(40 \times \frac{\text{実労働期間の暦日数}}{7\text{日}}\right)$$

④ **1週間単位の非定型的変形労働時間制の場合**

1週間単位の非定型的変形労働時間制とは、「日ごとの業務に著しい繁閑の差が生ずることが多く、かつ、これを予測した上で就業規則その他これに準ずるものにより各日の労働時間を特定することが困難であると認められる厚生労働省令で定める事業(注4)」(法第32条の5第1項)で、1日について10時間、1週間について40時間を超えない範囲で、1週間ごとに各日の労働時間を前週の末日までに指定して労働させることができるという労働時間制度です。この場合に、時間外割増賃金の支払いが必要となるのは次の時間です。

(注4) 厚生労働省令で定める事業とは、「小売業、旅館、料理店及び飲食店の事業」（施行規則第12条の5）であり、常時使用する労働者が30人未満の事業場にのみ適用される。

【1週間単位の変形労働時間制の下で時間外割増賃金の支払いが必要な時間】
① 1日の法定時間外労働
・10時間である日は10時間を超えて労働させた時間、それ以外の日はその日の所定労働時間を超え、かつ、8時間を超えて労働させた時間
② 1週間の法定時間外労働
・40時間を超えて労働させた時間（①によって時間外労働となる時間を除く）

---

(10) 代替休暇制度

平成22年改正法における法定割増賃金率の引上げは、とくに長い時間外労働を抑制することを目的としたものですが、臨時的で特別の事情によってやむを得ず長時間の時間外労働を行わざるを得ない場合も考えられます。そこで、このような労働者の健康を確保する観点から、1カ月に60時間を超えて時間外労働をさせた労働者に休息の機会を与えることを目的として、法定割増賃金率の引上げ分の割増賃金（以下「引上げ分の割増賃金」という）の支払いに代えて、有給の代替休暇を与えることができることとされています（法第37条第3項）。

① 代替休暇とは

法第37条ただし書は、1カ月について60時間を超える時間外労働にかかる割増賃金率を5割増以上としていますが、このうち、通常の2割5分増の割増賃金（**図表Ⅵ-㉓**の「**割増賃金Ａ**」の部分）を差し引いた残りの2割5分増の部分（同「**割増賃金Ｂ**」の部分）については、その割増率と時間外労働の時間に応じた有給の休暇を与えることによって代替することができることとされています。これを"代替休暇"といいます。

たとえば、月60時間を超える時間外労働が16時間であるような場合に、割増賃金として加算すべき0.25（2割5分）に時間外労働16時間を乗じて得た4時間分（「**割増賃金Ｂ**」の部分）の代替休暇を与えたときは、60時間を超えた

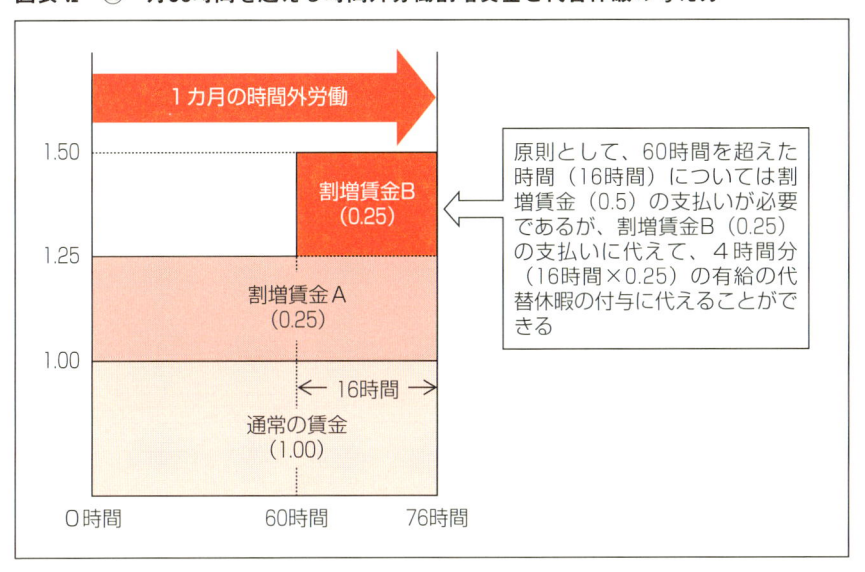

図表Ⅵ－㉓　月60時間を超える時間外労働割増賃金と代替休暇の考え方

```
                1カ月の時間外労働
    1.50  ┌─────────────────────┐
          │                     │割増賃金B      原則として、60時間を超えた
          │                     │(0.25)         時間（16時間）については割
    1.25  │          割増賃金A  ├──────       増賃金（0.5）の支払いが必要
          │          (0.25)     │              であるが、割増賃金B（0.25）
          │                     │              の支払いに代えて、4時間分
    1.00  │                     │              （16時間×0.25）の有給の代
          │          ←16時間→   │              替休暇の付与に代えることがで
          │          通常の賃金  │              きる
          │          (1.00)     │
          └─────────────────────┘
         0時間     60時間    76時間
```

16時間についても、通常の2割5分の割増賃金（「**割増賃金A**」の部分）を支払うことで足りるということです（**図表Ⅵ－㉓**参照）。

② 労使協定の締結

代替休暇制度を実施するためには、労使協定を締結しなければなりません。ただし、この労使協定を根拠に労働者に代替休暇の取得を義務づけることはできず、実際に代替休暇を取得するか否かは、労働者の選択によることとなります。代替休暇を与える場合に労使協定で定めるべき事項は次の4つです。

②-ⅰ) 代替休暇を与える際の時間数の算定方法

代替休暇として与えることができる時間数の算定方法については、**図表Ⅵ－㉔**のように1カ月に60時間を超えて時間外労働をさせた時間数に、「労働者が代替休暇を取得しなかった場合に支払うこととされている割増賃金率」と、「労働者が代替休暇を取得した場合に支払うこととされている割増賃金率」との差に相当する率（以下「換算率」という）を乗じて算出します（施行規則第19条の2第2項）。

この場合、前者の「労働者が代替休暇を取得しなかった場合に支払うこととされている割増賃金率」については、法第37条第1項ただし書の規定により

図表Ⅵ－㉔　代替休暇の時間数の計算式と換算率

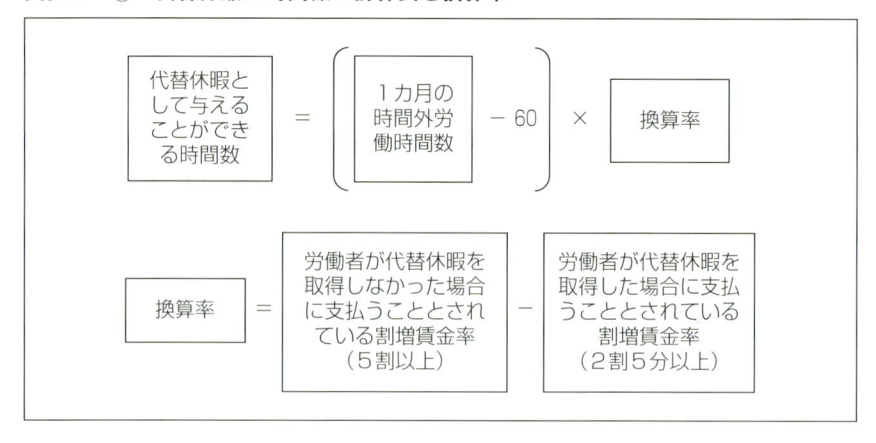

$$\text{代替休暇として与えることができる時間数} = \left(\text{1カ月の時間外労働時間数} - 60\right) \times \text{換算率}$$

$$\text{換算率} = \text{労働者が代替休暇を取得しなかった場合に支払うこととされている割増賃金率（5割以上）} - \text{労働者が代替休暇を取得した場合に支払うこととされている割増賃金率（2割5分以上）}$$

5割以上の率とする必要があり、また、後者の「労働者が代替休暇を取得した場合に支払うこととされている割増賃金率」については、同項本文の規定により2割5分以上の率とする必要があります。

なお、後者の割増賃金率については、文字どおりあくまでも2割5分以上の率であればよく、通常の割増賃金率を2割5分を超える率（たとえば3割）としている場合であっても、それに合わせる必要はありません。

以上でみてきた代替休暇の時間数の計算方法については、法第89条第2号の「賃金の決定、計算及び支払の方法」に該当しますので、労使協定のほか就業規則に記載する必要がありますが、就業規則において、労使協定に委任する旨の定めをすることも可能です。

なお、代替休暇にかかる"1カ月"の起算日は、法定割増賃金率の引上げにかかる"1カ月"の起算日と同じ日となります。

②-ⅱ) 代替休暇の単位

代替休暇の付与単位は1日または半日とされており、労使協定では、その一方または両方を代替休暇の単位として定める必要があります。

ここでいう"1日"とは、1日の所定労働時間をいい、"半日"とはその2分の1をいいます。この場合、"半日"については、必ずしも厳密に1日の所定労働時間の2分の1である必要はありませんが、明確にするため、労使協定で"半日"の定義を定めておく必要があります。

②-ⅲ）代替休暇の付与期間

　代替休暇を与えることができる期間は、時間外労働が1カ月について60時間を超えた当該1カ月の末日の翌日から2カ月以内とされています。したがって、労使協定では、この範囲内で付与期間を定める必要があります。

　なお、代替休暇を与えることができる期間について、労使協定で1カ月を超える期間と定めている場合には、前々月の時間外労働に対応する代替休暇と前月の時間外労働に対応する代替休暇を合わせて1日または半日の代替休暇として取得することも可能です。

②-ⅳ）代替休暇取得日と割増賃金支払日

　賃金の支払額を早期に確定させる観点から、次の事項についても、労使協定で定めなければなりません。

②-ⅳ-イ）労働者の意向を踏まえた代替休暇の取得日の決定方法

　労働者の代替休暇の取得の意向については、1カ月について60時間を超えて時間外労働をさせた当該1カ月の末日からできる限り短い期間内に確認するようにしなければなりません。

　その際、代替休暇を取得するかどうかは、労働者の判断によるため、代替休暇が実際に与えられる日は、当然、労働者の意向を踏まえたものとすることが必要となります。

②-ⅳ-ロ）月60時間を超える時間外労働にかかる割増賃金の支払日

　1カ月について60時間を超える時間外労働にかかる割増賃金の支払日については、労働者の代替休暇取得の意向に応じて、次のいずれかとする必要があります。

　a）労働者に代替休暇の取得の意向がある場合であっても、2割5分以上の率で計算した割増賃金を、当該割増賃金が発生した賃金計算期間にかかる賃金支払日に支払わなければなりません。

　　この場合、代替休暇の取得の意向があった労働者が実際には代替休暇を取得できなかったときには、取得できなかった代替休暇に対応する時間の労働について、引上げ分の割増賃金を、労働者が代替休暇を取得できないことが確定した賃金計算期間にかかる賃金支払日に支払う必要があります。

　b）代替休暇の意向がない場合あるいは代替休暇の意向が確認できない場合には、引上げ分の割増賃金も含めた割増賃金（5割以上の率で計算した割

増賃金）を、当該割増賃金が発生した賃金計算期間にかかる賃金支払日に支払わなければなりません（**図表Ⅵ-㉕**参照）。

図表Ⅵ-㉕　代替休暇の取得日および割増賃金の支払日

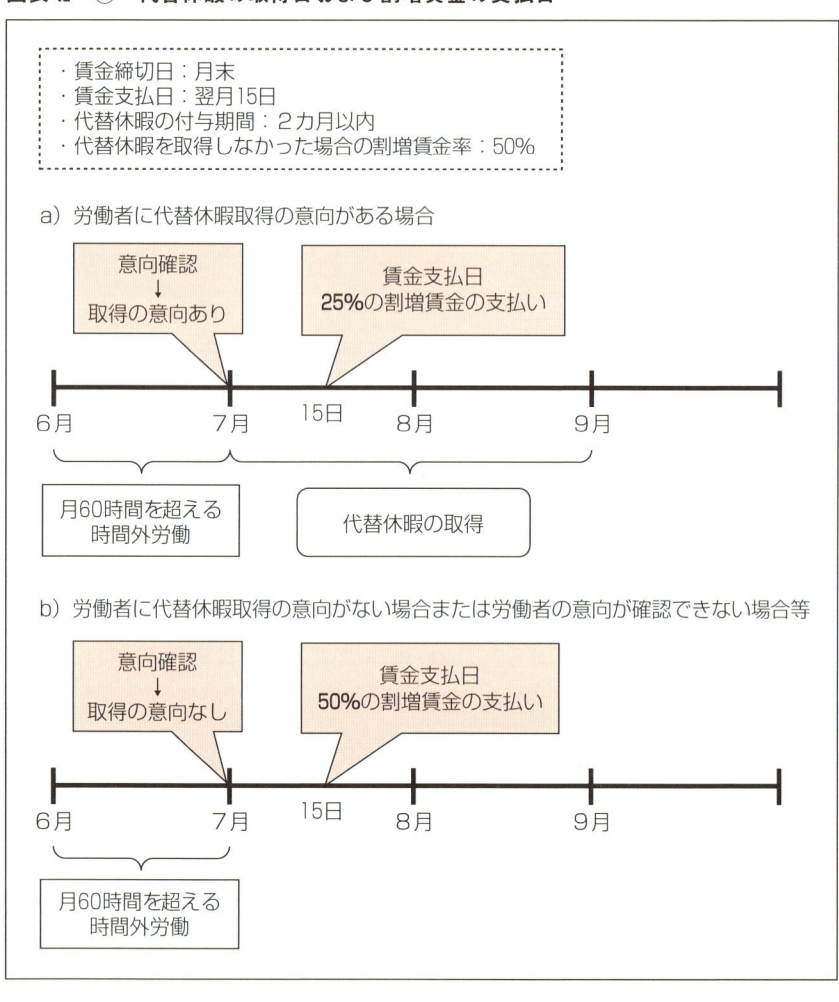

```
・賃金締切日：月末
・賃金支払日：翌月15日
・代替休暇の付与期間：2カ月以内
・代替休暇を取得しなかった場合の割増賃金率：50%
```

a）労働者に代替休暇取得の意向がある場合

意向確認
↓
取得の意向あり

賃金支払日
25%の割増賃金の支払い

6月　　7月　15日　8月　　9月

月60時間を超える時間外労働　　代替休暇の取得

b）労働者に代替休暇取得の意向がない場合または労働者の意向が確認できない場合等

意向確認
↓
取得の意向なし

賃金支払日
50%の割増賃金の支払い

6月　　7月　15日　8月　　9月

月60時間を超える時間外労働

また、引上げ分の割増賃金も含めた割増賃金を支払った後に、労働者から代替休暇取得の意向があった場合には、代替休暇を与えることができる期間として労使協定で定めた期間内であっても代替休暇を取得できない旨を、労使協定で定めても差し支えありません。

なお、代替休暇にかかる労使協定は、労働基準監督署長に届け出る必要はありません。

③　中小企業への不適用
　中小企業については、「当分の間」、法定割増賃金率の引上げが適用されない（本章142ページ参照）ため、その間は、この代替休暇も適用されません。

4．休日労働と割増賃金

　法第35条第1項は、毎週少なくとも1日の休日を与えるか、4週間を通じて4日以上の休日を与えなければならないものとして、法定休日に労働させることを制限しており、当該法定休日に労働させた場合には、法第37条の定めるところによって、休日労働割増賃金を支払うことを義務づけています。

(1) 休日労働にかかる割増賃金
　使用者は、法定休日に労働させた場合、その時間またはその日については、通常の労働時間または労働日の賃金の計算額の3割5分以上の率で計算した割増賃金を支払わなければならないとされています（法第37条第1項）。

(2) 法定休日以外の休日労働にかかる割増賃金
　休日労働に対して割増賃金を支払わなければならないのは、法第35条に定める法定休日のみとされています。したがって、週休2日制としている場合や国民の祝日、年末年始を休日としている場合など、毎週1回の法定休日のほかに設けられた休日（以下「法定外休日」という）に労働させても、休日労働割増賃金を支払う必要はありません。

　ただし、当該休日に労働させたことによって、週の法定労働時間を超える場合には、時間外労働にかかる割増賃金の支払いを要します。

　たとえば、1日の所定労働時間を8時間、週休2日制としている事業場において、就業規則等によって法定休日を特定していない場合には、週休のうちいずれかの日に労働をさせても、他に週1回の休日が確保されているため法定休日労働にはならず、休日労働割増賃金の支払いは必要ありません。しかし、週

休のうちいずれから日に労働をさせたことによってその週の労働時間が48時間となるため、40時間を超えた8時間に対しては時間外労働割増賃金を支払わなければなりません（**図表Ⅵ－㉖**参照）。

図表Ⅵ－㉖　法定外休日にかかる割増賃金

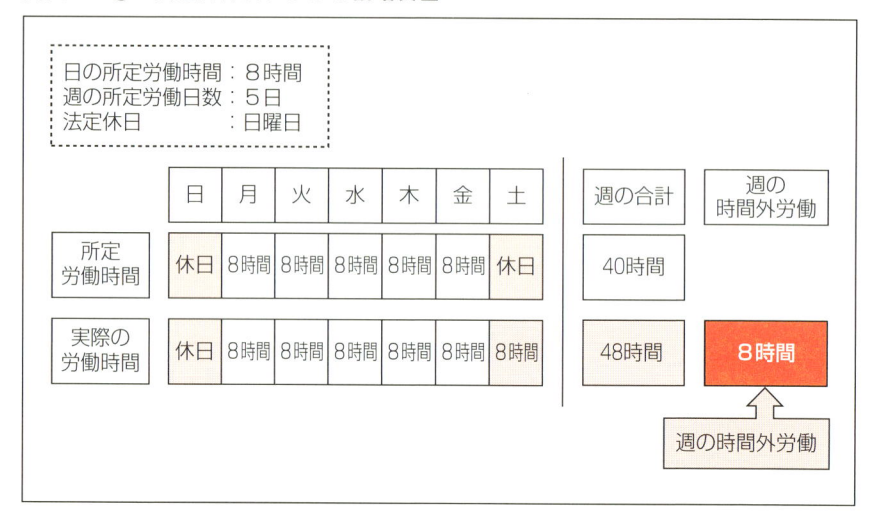

```
日の所定労働時間：8時間
週の所定労働日数：5日
法定休日　　　　：日曜日
```

	日	月	火	水	木	金	土	週の合計	週の時間外労働
所定労働時間	休日	8時間	8時間	8時間	8時間	8時間	休日	40時間	
実際の労働時間	休日	8時間	8時間	8時間	8時間	8時間	8時間	48時間	**8時間** ← 週の時間外労働

（3）休日振替

就業規則等の定めに基づいて、事前に所定の休日を他の所定労働日と振り替えた場合には、当初の休日に労働させても休日労働をさせたことにならないため、割増賃金を支払う必要はありません。ただし、休日振替を行うためには、以下の要件を満たす必要があります。

【休日振替の要件】
① 就業規則等において、休日を振り替えることがある旨の定めがあること
② あらかじめ振り替えるべき日を特定すること
③ 振り替えるべき休日はできるだけ近接した日とすること
④ 振替は前日までに通知すること

一方、休日に労働させ、後日、代わりの休日（以下「代休」という）を与え

ても、その休日が法定休日である場合には、現に行われた休日労働にかかる割増賃金支払いの義務を免れることはできません。

したがって、たとえば、毎週日曜日を法定休日とする事業場で日曜日に労働させる場合にも、事前に休日を他の日（水曜日）に振り替えたときと、休日を振り替えることなく日曜日に労働させた後に代わりの休日を与えたときでは、取扱いが異なります（**図表Ⅵ－㉗参照**）。

図表Ⅵ－㉗　休日振替と代休の考え方

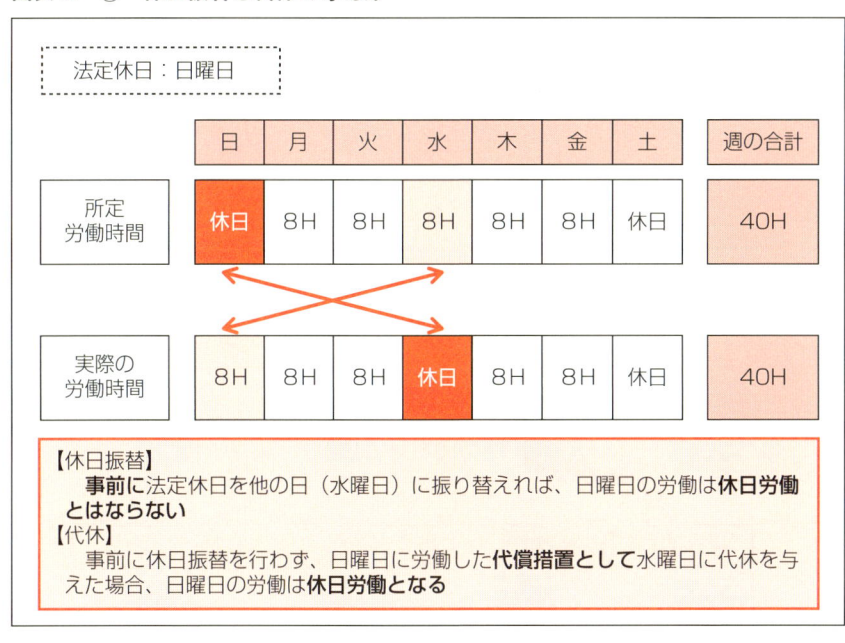

	日	月	火	水	木	金	土	週の合計
所定労働時間	休日	8H	8H	8H	8H	8H	休日	40H
実際の労働時間	8H	8H	8H	休日	8H	8H	休日	40H

法定休日：日曜日

【休日振替】
　事前に法定休日を他の日（水曜日）に振り替えれば、日曜日の労働は**休日労働とはならない**

【代休】
　事前に休日振替を行わず、日曜日に労働した**代償措置として**水曜日に代休を与えた場合、日曜日の労働は**休日労働となる**

この場合、休日振替のときは、日曜日は労働日となりますので、休日労働割増賃金を支払う必要はありません。しかし、代休の場合は、後日代休を与えても休日労働が帳消しになるわけではありませんので、日曜日の労働に対して休日労働割増賃金を支払わなければなりません。

ただし、休日の振替えを行ったことにより、当該週の労働時間が1週間の法定労働時間を超えるときは、その超えた時間については時間外労働となり、時間外労働割増賃金の支払いが必要になる点には留意が必要です。

(4) 1カ月単位の変形労働時間制における休日振替

1カ月単位の変形労働時間制の下で、就業規則において1日8時間または1週40時間以内の所定労働時間が設定されている日または週に、1日8時間または1週40時間を超えて労働させる場合には、その超える時間については時間外労働となります。

たとえば、所定労働時間が10時間の日（月曜日）と休日（日曜日）について振替えを行った場合、振替えの結果、1日8時間を超える所定労働時間が設定されていない日曜日に10時間の労働をさせることになるため、8時間を超える2時間については時間外労働となります（**図表Ⅵ－㉘参照**）。

図表Ⅵ－㉘　1カ月の変形労働時間制の下で休日振替を行った場合

	日	月	火	水	木	金	土	週の合計
所定労働時間	休日	10時間	6時間	6時間	6時間	6時間	6時間	40時間
実際の労働時間	10時間	休日	6時間	6時間	6時間	6時間	6時間	40時間

法定休日：日曜日

8時間を超える2時間が時間外労働となる

(5) 休日労働と時間外労働が重複した場合

休日労働と時間外労働とが重複した場合、たとえば、就業規則や労働協約等で休日の労働時間を始業午前7時から終業午後4時まで（休憩1時間）の8時間と定め、実際に午後5時まで労働させた場合、1日の労働時間は9時間となりますが、この場合、割増賃金は、8時間を超えても深夜労働に該当しない限り3割5分増で差し支えありません。

（6）休日労働にかかる割増賃金支払いの要否

法第35条の休日は、原則として午前０時から午後12時までの暦日を指しますが、休日を含む２暦日にまたがる労働を行わせた場合の割増賃金は、その休日が法定休日であるか、法定外休日であるかによって割増率が異なります。

では、時間外労働が休日に及んだ場合の割増賃金について、法定休日と法定外休日の２つに分けて考えてみることにします。

① 時間外労働が法定休日に及んだ場合

法定休日に労働させた場合の割増賃金は、３割５分以上の率で計算した額を支払うこととされていますので、平日の時間外労働が法定休日に及んだ場合には、前日から継続して労働する場合であっても、午前０時からは、前日の時間外労働としてではなく法定休日労働として取り扱います。したがって、この場合、午前０時以降の法定休日の労働時間については３割５分以上の率で計算した休日労働割増賃金を支払わなければなりません。さらに、午前０時から午前５時までの間は深夜の時間帯にあたりますので、この時間については、休日割増の３割５分に、深夜割増２割５分を加えた６割増以上の割増賃金を支払う必要があります（図表Ⅵ－㉙参照）。

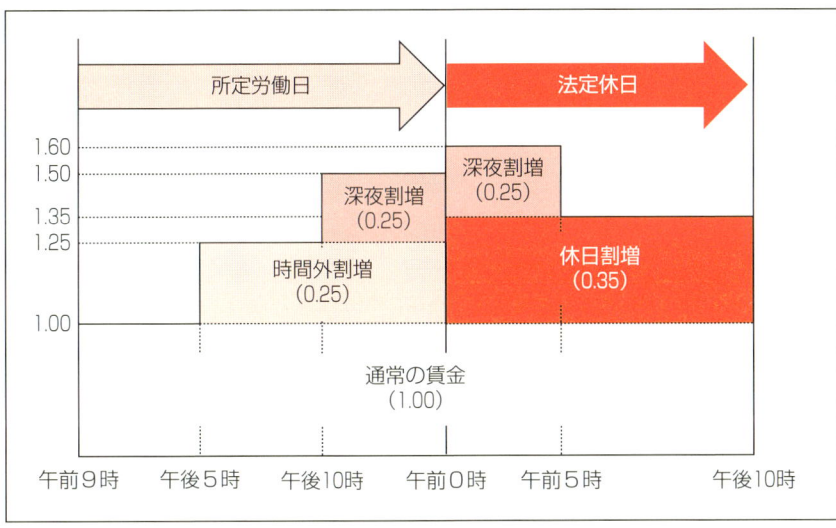

図表Ⅵ－㉙　時間外労働が法定休日に及んだ場合の割増賃金の計算

	所定労働日	法定休日
1.60		深夜割増 (0.25)
1.50	深夜割増 (0.25)	
1.35		休日割増 (0.35)
1.25	時間外割増 (0.25)	
1.00	通常の賃金 (1.00)	

午前９時　午後５時　午後10時　午前０時　午前５時　午後10時

② 時間外労働が法定外休日に及んだ場合

　休日労働にかかる割増賃金について、割増賃金を支払わなければならないのは法第35条の休日（法定休日）のみとされています。したがって、**図表Ⅵ－㉚**にみるように、時間外労働が法定外休日に及んだ場合には、休日労働ではなく時間外労働となり、2割5分以上の率で計算した時間外労働割増賃金を支払えば足ります。ただし、この場合、法定外休日の午前0時から午前5時までの間は深夜の時間外労働になるので、前日の午後10時以降と同じく、割増賃金は時間外割増に深夜割増を加えた5割以上の率で計算した額となります。

　なお、就業規則や賃金規程で、休日労働割増賃金を法定と法定外で区分せず、法定外休日労働にも3割5分増以上の割増賃金を支払うこととしている場合には、前記①と同様、深夜の休日労働にかかる割増賃金は6割以上となります。

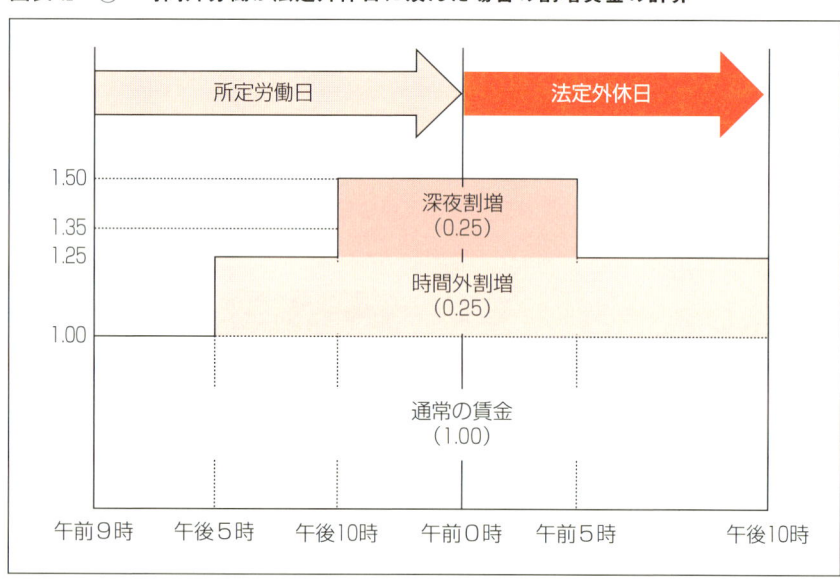

図表Ⅵ－㉚　時間外労働が法定外休日に及んだ場合の割増賃金の計算

③ 年休を取得した週に法定外休日労働をさせた場合

　日の所定労働時間が8時間、週の所定労働日数が5日で、1週間の所定労働時間が40時間の事業場において、法定外休日に8時間労働させた場合、通常、8時間分の時間外労働割増賃金が必要となりますが、同一週に年休を1日取得

していた場合、実際に労働させた時間は40時間であるため、年休取得日の8時間について時間外労働割増賃金の支払いは不要と解されます（実働主義の考え方の詳細は、本章146ページを参照）。ただし、この場合にも、法定外休日労働の時間については、通常の賃金を支払う必要があります（図表Ⅵ－㉛参照）。

図表Ⅵ－㉛　年休を取得した週に法定外休日労働をさせた場合の割増賃金の取扱い

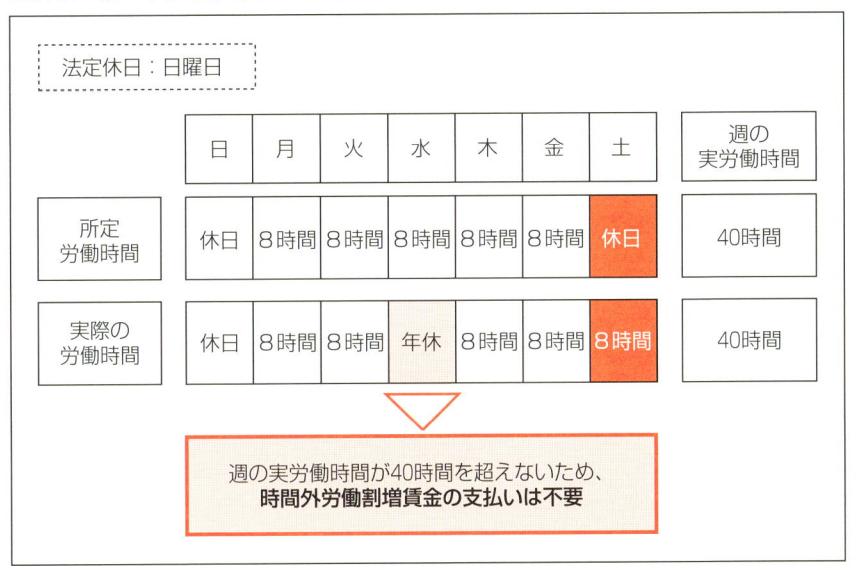

法定休日：日曜日

	日	月	火	水	木	金	土	週の実労働時間
所定労働時間	休日	8時間	8時間	8時間	8時間	8時間	休日	40時間
実際の労働時間	休日	8時間	8時間	年休	8時間	8時間	8時間	40時間

週の実労働時間が40時間を超えないため、**時間外労働割増賃金の支払いは不要**

なお、実際の給与計算実務においては、年休の時間を別管理とすることは繁雑となるため、時間外労働割増賃金の計算にあたっては、年休を含めて週40時間を超える時間をすべて時間外労働として取り扱うこととしても差し支えありません。

④　フレックスタイム制の場合

フレックスタイム制の下で法定休日に労働させた場合には、清算期間中の実労働時間が法定労働時間以内であっても、休日労働割増賃金の支払いが必要となります。

5．深夜労働と割増賃金

　使用者は、深夜時間帯に労働をさせた場合、労働者に対して、割増賃金を支払わなければなりません。

(1) 深夜労働の割増賃金
　法第37条第3項では、「使用者が、午後10時から午前5時まで（厚生労働大臣が必要であると認める場合においては、その定める地域又は期間については午後11時から午前6時まで）の間において労働させた場合においては、その時間の労働については、通常の労働時間の賃金の計算額の2割5分以上の率で計算した割増賃金を支払わなければならない」として、深夜労働をさせた場合に割増賃金を支払わなければならないこととしています。

(2) 法第41条に定める管理監督者の深夜労働にかかる割増賃金
　法第41条第2号に定めるいわゆる"管理監督者"については、労働時間、休憩、休日に関する法の規定が適用除外されています。したがって、管理監督者に対しては、時間外・休日労働にかかる割増賃金の支払いは不要ですが、深夜労働については適用が除外されていないため、深夜労働にかかる割増賃金の支払いが必要となります。この場合、管理監督者に対する深夜労働割増賃金の基礎となる賃金は、「当該職種の労働者について定められた所定労働時間を基礎とする」（昭22.12.15基発502号）ものとされています。

(3) 一昼夜交替勤務の場合の割増賃金
　一昼夜交替制勤務を変形労働時間制の下で行う場合、たとえば、**図表Ⅵ－㉜**のように、午前8時から翌午前8時までの一昼夜の勤務で、翌日は非番となる態様の勤務に就く者について、午後10時から午前5時までの深夜労働に対しては、睡眠時間を除き深夜労働割増賃金を支払わなければなりませんが、時間外労働割増賃金を支払う必要はありません（昭23.7.10基発996号）。

図表Ⅵ-㉜　一昼夜交替勤務の場合の割増賃金

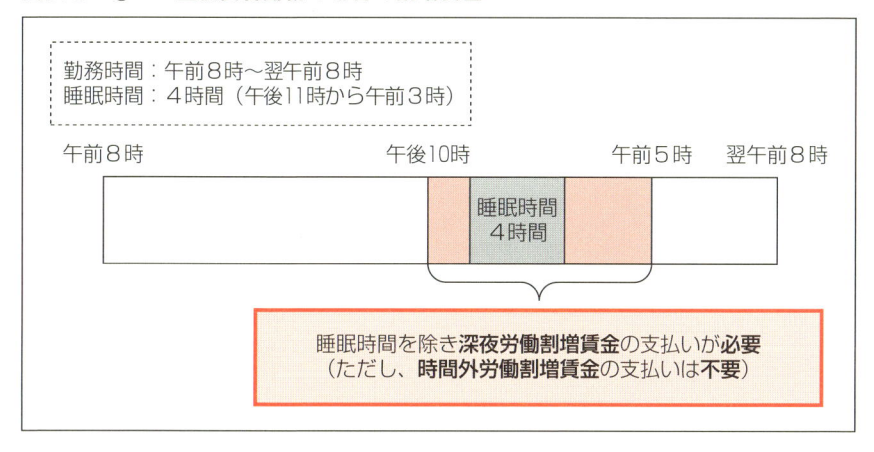

```
勤務時間：午前8時～翌午前8時
睡眠時間：4時間（午後11時から午前3時）
```

午前8時　　　　　　　午後10時　　　　　　午前5時　　翌午前8時

睡眠時間
4時間

睡眠時間を除き**深夜労働割増賃金**の支払いが**必要**
（ただし、**時間外労働割増賃金**の支払いは**不要**）

（4）監視断続労働者の深夜労働にかかる割増賃金

　監視または断続的労働は、通常の労働と比較して労働密度が低いため、行政官庁の許可を受ければ、労働時間や休憩、休日の規定の適用を除外することができます。ただし、深夜労働や年次有給休暇の規定については適用が除外されていないため、深夜労働をさせた場合には、原則どおり深夜労働にかかる割増賃金の支払いが必要となります。

　なお、「労働協約、就業規則その他によって深夜の割増賃金を含めて所定賃金が定められていることが明らかな場合には別に深夜業の割増賃金を支払う必要はない」（昭23.10.14基発1506号）とされています。

6．割増賃金にかかるその他の留意事項

　ここまで、時間外・休日労働および深夜労働にかかる割増賃金の取扱いについてみてきましたが、ここからは割増賃金に関するその他の留意事項についてみていきます。

（1）通常の賃金の支払い

　通常、時間外・休日労働にかかる割増賃金を支払う必要がある場合には、割

増賃金部分（0.25）だけでなく、当然、通常の賃金（1.0）を支払わなければなりません。つまり、法定労働時間を超え、または法定休日に労働させた場合には、その時間に対して通常の賃金に割増賃金を加えて支払わなければならないわけです。

この点について、行政解釈では、「法第37条が割増賃金の支払を定めているのは当然に通常の労働時間に対する賃金を支払うべきことを前提とするものであるから、月給又は日給の場合であっても、時間外労働についてその労働時間に対する通常の賃金を支払わねばならないことはいうまでもない」（昭23.3.17基発461号）とされています。

ただし、時間外労働の時間に対して2割5分以上の率で計算した割増賃金を支払ったうえで、同一の計算期間内に時間外労働の時間と同じ時間分の有給の代休を与えた場合には、通常の賃金を支払わなくても必ずしも違法とはなりません。なぜなら、休日労働に対して代休を与えた場合には、休日労働については割増賃金のみを支払い、代休日に通常の賃金を支払うことでも足りる（本章170ページ参照）ことから、時間外労働に対しても同じ取扱いをすることが認められると解されるからです。

(2) 労使の申し合わせによる割増賃金の返上

労働組合との申し合わせにより、労働組合が当該組合員の割増賃金を返上した場合にも、使用者は法第37条に定める割増賃金の支払義務を免れることはできません。法第37条は強行規定であり、たとえ労使合意のうえでも法第37条に抵触するため、その申し合わせは無効となります。

近年、M&A（合併・買収）や事業譲渡などの企業再編が盛んに行われていますが、これに伴って、使用者が労働者から過去分の未払い賃金債権放棄の同意書をとるケースが多くみられます。しかし、労使が法律を下回る特約を結んだとしても法律上は無効であり、事後、未払い賃金の支払い請求や是正勧告が出された場合には、消滅時効までの2年分の賃金を支払わなければならない点に留意が必要です（注5）。

(注5) 事業譲渡前後における未払い賃金等の取扱いについては、**補章 Ⅵ.－3.－「(4) 事業譲渡前後における労働条件の変更、調整」** 360ページを参照のこと。

（3）派遣労働者の割増賃金の支払い

　派遣中の労働者に対して、時間外労働等を行わせる権限をもつのは、派遣元の使用者です。したがって、仮に派遣先の使用者が、派遣契約に基づいて派遣中の労働者に時間外労働等を行わせた場合にも、割増賃金の支払義務を負うのは派遣元の使用者となります。

　また、派遣元で三六協定を締結していない場合や、派遣契約上、派遣先の使用者が派遣先の労働者に法定時間外労働をさせる権限を明らかにしていない場合に、派遣先の使用者が時間外労働等をさせることは、法違反または契約違反となりますが、時間外労働等の事実がある限り、実際に時間外労働等を行った労働者に対しては、割増賃金の支払義務が生じるのは派遣元の使用者となります。

（4）管理監督者への割増賃金の支払い

　「事業の種類にかかわらず監督若しくは管理の地位にある者」、いわゆる"管理監督者"については、労働時間、休憩および休日に関する規定が適用されません。したがって、時間外・休日労働に対する割増賃金の支払いも必要ありませんが、管理監督者の範囲については注意する必要があります。

① 原則的な取扱い

　法に定める労働時間、休憩、休日等の定めは最低基準を定めたものであり、この規制の枠を超えて労働させた場合に割増賃金を支払わなければならないことは、すべての労働者に共通する基本原則です。したがって、企業が人事管理上あるいは営業政策上の必要等から任命する職制上の役付者がすべて管理監督者として、例外的取扱いが認められるというものではありません。

② 4つの判断基準

　行政通達では、管理監督者の判断基準として、具体的に次の4つの要件を示しています（昭22.9.13基発17号、昭63.3.14基発150号）。

②-ⅰ）経営者と一体的な立場にある者

　管理監督者とは、一般的に、部長、工場長等労働条件の決定その他労務管理について「経営者と一体的な立場にある者」の意であり、名称にとらわれることなく、実態に即して判断されるべきものです。

　この点について、裁判例には、「役職手当を受けタイムカードを打刻しなく

てもよく、それぞれの事業や支店において、責任者としての地位にあったことは認められるが、他の従業員と同様の業務に従事し、出退勤の自由もなかったのであるから、経営者と一体的であるとまではいえず、管理監督者に該当しない」(**日本コンベンションサービス事件**・大阪高裁平12.6.30判決)と、厳格な判断基準を示したものがあります。

　一方、経営者と一体的な立場にあれば管理監督者と認められ、タイムカードの打刻や欠勤控除の有無が判断基準ではないとしたものもあります。すなわち、「被告にあってのマネージャー及びMD、MDSSの職位にある者は勤務時間についてタイムカードによる管理がなされて、欠勤や遅刻について賃金減額がなされていたとはいえ、労務管理上の指揮命令権を有し、経営者と一体的な立場にあったのであり、賃金についても基本給以外に経営給あるいは管理給なる特別の手当が支給されて」おり、「『監督若しくは管理の地位にある者』に該当するということができ、原告等に対する出退勤管理がなされていたことがこの判断を左右することにはならないというべき」(**パルシングオー事件**・東京地裁平9.1.28判決)とされています。

②-ⅱ) 職務内容、責任と権限などが職位に照応している者

　また、管理監督者の範囲を決めるにあたっては、資格および職位の名称にとらわれることなく、職務内容、責任と権限、勤務態様に着目して、他の従業員と異なるかどうかをよく吟味しなければなりません。

②-ⅲ) 労働時間等の規制になじまない立場にある者

　管理監督者は、労働時間、休憩、休日に関する規制の枠を超えて活動することが要請されざるを得ない重要な職務と権限を有するとともに、現実の勤務態様も労働時間、休憩、休日の規制になじまないような立場にある者に限定されます。

②-ⅳ) 賃金等の優遇措置が講じられている者

　定期給与である基本給、役付手当等において、その地位に相応しい待遇がなされているか否か、ボーナス等の一時金の支給率、その算定基礎賃金等についても役付者以外の一般労働者に比し優遇措置が講じられているか否か等について留意する必要があります。ただし、一般の労働者に比べ優遇措置が講じられているからといって、実体のない役付者が管理監督者に含まれるものではないことに注意が必要です。

③ 管理監督者の組織に占める割合

　企業によっては、従業員の3～4割にものぼる役付者を設け、これらを管理監督者として扱っていることがありますが、これらの役付者のすべてが管理監督者と認められるわけではありません。

　この点について、裁判例でも、「仮に支店長代理以上の者が全て労基法第41条第2号の管理監督者に当たるとすれば、被告銀行の一般男子行員の約40％の者が、労基法の労働時間・休憩・休日に関する規定の保護を受けなくなってしまうという、全く非常識な結論となる」(**静岡銀行割増賃金請求事件**・静岡地裁昭53.3.28判決)とされたものがあります。

　具体的に、何パーセントくらいまでなら管理監督者と認められるかは、事業の種類によって異なり、また個々の職務の内容や企業の組織編成のしかたによってもさまざまなため一概に論ずることはできませんが、極端に多い場合には、その割合から不適正と判断されることもあります。

Ⅱ. 割増賃金の計算と支払方法

　割増賃金を支払うにあたっては、賃金の支払形態に応じた計算方法によって算定基礎賃金を算出する必要があります。
　ここでは、まず割増賃金の計算方法についてみたあと、近年、増加傾向にある残業手当の定額払い制、みなし労働時間制や出来高払制における割増賃金の計算と支払方法についてもあわせてみていくことにします。

●●●●●●
1．割増賃金の計算方法

　まず、割増賃金の算定基礎となる賃金の計算と端数処理の方法についてみることにします。

(1) 割増賃金の基礎となる賃金の計算

　割増賃金の計算方法について、法第37条第1項では、労働時間を延長し、または休日に労働させた場合においては、その時間またはその日の労働については、通常の労働時間または労働日の賃金の計算額のそれぞれ2割5分、3割5分以上の率で計算した割増賃金を支払わなければならないこととされています。
　この場合の"通常の労働時間または労働日の賃金の計算額"は、**図表Ⅵ－㉝**のⅰ）～ⅳ）の計算式によって算出した1時間あたりの賃金単価に「法第33条若しくは法第36条第1項の規定によって延長した労働時間数若しくは休日の労働時間数又は午後10時から午前5時（厚生労働大臣が必要であると認める場合には、その定める地域又は期間については午後11時から午前6時）までの労働時間数を乗じた金額」（施行規則第19条）とされています。
　また、月、週以外の一定の期間によって定められた賃金については、ⅰ）～ⅳ）に準じて算出します。さらに、これらのうち2以上の賃金による場合は、

それぞれ算定した金額の合計額となります。

図表Ⅵ－㉝　所定労働時間1時間あたりの賃金単価の算出方法

賃金の支払形態	1時間あたりの賃金単価の算出方法	所定・総労働時間数の算出方法
ⅰ）時　間　給	時間給	―
ⅱ）日　　　給	日給額／1日の所定労働時間数	日によって所定労働時間が異なる場合には、1週における平均所定労働時間数
ⅲ）週　　　給	週給額／週の所定労働時間数	週によって所定労働時間数が異なる場合には、4週における平均所定労働時間数
ⅳ）月　　　給	月給額／月の所定労働時間数	月によって所定労働時間数が異なる場合には、1年間における1カ月平均所定労働時間数
ⅴ）出来高払制等の請負給	賃金計算期間の賃金総額／当該算定期間の総労働時間数	賃金締切日がある場合は、賃金計算期間における総労働時間数

（2）割増賃金計算時の端数処理

次に、割増賃金の計算にあたっては、労働時間および賃金に端数が生じることがあります。ここでは、それぞれの端数処理の取扱いについてみることにします。

①　労働時間の端数処理

時間外・休日労働および深夜労働にかかる労働時間の端数処理については、1カ月における時間外労働、休日労働および深夜労働の各々の時間数の合計に1時間未満の端数がある場合に、30分未満の端数を切り捨て、それ以上を1時間に切り上げる方法については、法違反としては取り扱わないこととされており、労働者の不利にならないことを条件に、端数処理を認めています。

②　割増賃金の端数処理

また、割増賃金の計算の過程で1円未満の端数処理を行うことについて、**図表Ⅵ－㉞**の方法は、常に労働者の不利となるものではなく、事務簡便を目的としたものと認められることから、法違反として取り扱わないこととされています。

図表Ⅵ－㉞　割増賃金計算の際の端数処理の例外

	端　　数	処理方法
ⅰ）	１時間あたりの賃金額および割増賃金額に１円未満の端数が生じた場合	50銭未満切捨て 50銭以上を１円に切上げ
ⅱ）	１カ月における時間外・休日労働、深夜労働の各々の割増賃金の総額に１円未満の端数が生じた場合	50銭未満切捨て 50銭以上を１円に切上げ

●●●●●●
２．残業手当の定額払い制

　時間外労働の時間（以下「残業時間」という）に対しては、通常の労働時間または労働日に支払う賃金（所定賃金）の２割５分以上の率で計算した割増賃金、いわゆる"残業手当"を支払わなければなりません。

　しかし、近年、残業手当の支払いにあたって、割増賃金に充当する額を定額で支払う制度（以下「定額払い制」という）を採用する企業が増えています。

　そこで、残業手当の定額払い制を導入した場合の留意点についてみていきます。

（１）定額残業手当

　法第37条の規定は、法定労働時間を超えまたは休日に労働させた場合には、使用者に、法定の率以上の率で計算した割増賃金を支払うことを義務づけていますが、同条に定める計算方法をそのまま用いることまでを強制しているわけではありません。したがって、定額で支払う残業手当（以下「定額残業手当」という）の額が、その月に実際に行われた残業時間に対して支払うべき金額を下回らない限り、とくに違法となるものではありません。

　この点については、裁判例でも「労働基準法37条は時間外労働等に対し一定額以上の割増賃金の支払を使用者に命じているところ、同条所定の額以上の割増賃金の支払がなされるかぎりその趣旨は満たされ同条所定の計算方法を用いることまでは要しない」（**関西ソニー販売事件**・大阪地裁昭63.10.26判決）としています。

　ここで問題となるのが、実際の労働時間に基づいて法定どおりに算出した割

増賃金の額が、定額残業手当の額を上回るケースです。この点について、上記の裁判例では「割増賃金として一定額を支払うことも許されるが、現実の労働時間によって計算した割増賃金額が右一定額を上回っている場合には、労働者は使用者に対しその差額の支払を請求することができる」と判示しています。つまり、使用者は、定額残業手当相当の残業時間を超えて残業をさせた場合には、その超えた部分に対する割増賃金を別途支払う必要があり、もしこれを怠った場合は、不払残業に該当し、法違反となります。したがって、仮に定額払い制を導入したとしても、毎月の労働時間を把握し、集計することが不要になるわけではありません。

以上のように、実際の残業時間が定額残業手当相当の時間を上回った場合には、別途、割増賃金の支払いが必要となるわけです。したがって、定額残業手当の額は、他の手当等と明確に区分しておく必要がある点に留意しなければなりません。

（2）残業手当の上限設定

残業手当の上限を設定することによって、実際に上限額に相当する時間を超えて時間外労働が行われたにもかかわらず、これを支払わないとすることは違法となります。なぜなら、前述のように、実際の労働時間に基づいて法定どおりに算出した割増賃金額が、定額残業手当の額を上回る場合には、その超えた部分に対する割増賃金を支払わなければならないからです。

一方、上限を超える時間外労働についても残業手当を支払うとしたうえで、残業時間の上限を設定するという趣旨であれば問題はありません。たとえば、事前に労働者から、当月の業務内容と業務遂行に必要な時間を申告させ、上限を超える残業時間が発生しそうな場合には、業務遂行の方法を見直させたり、または残業を許可しないなどのようにすれば、残業時間の削減に加え、業務の生産性の向上も期待することができます。ただし、自己申告制を採る場合に、上限を設けると、残業時間の過少申告など労働時間の適正な把握を阻害する要因となるおそれがあるため、運用にあたっては十分に留意する必要があります。

（3）定額残業手当の具体的な設定方法

定額払い制を採用する場合、一般的には三六協定に記載した「延長すること

のできる時間」を上限とし、あらかじめ部門ごとに過去の実績をもとに残業時間を設定し、その時間に対する割増賃金額を算出するなどの方法が考えられます。

しかし、この方法による場合、残業時間は個人ごとにばらつきがあるため、どの程度の水準に設定するかが問題となります。残業時間を多めに設定し、定額残業手当の額を高くすれば、実際の時間外労働に対する割増賃金額が定額残業手当の額を上回る労働者は少なくなり、別途差額を計算する手間を少なくすることができます。しかし、実際の時間外労働に対する割増賃金額が定額残業手当を大幅に下回る労働者に対しても、あらかじめ定めた定額の残業手当を支払わなければならないため、本来支払う必要のない費用が発生することとなります。一方、残業時間を少なく設定すれば、費用を抑えることはできますが、実際の時間外労働に対する割増賃金額が定額残業手当を上回る労働者が多くなり、定額制にする意味が薄れてしまいます。

定額残業手当のメリットとしては、このほかに、労働者の手取り額が比較的安定すること、すなわち残業時間が少ない月にも定額の賃金が支払われることや、人材募集等の際に固定的賃金の水準が高めに表示できるため、採用面で有利になることなどがあります。

3．みなし労働時間制

事業場外労働や裁量労働などのみなし労働時間制を採用する場合には、就業規則および労使協定（企画業務型裁量労働制では労使委員会の決議。以下「労使協定等」という）によって当該業務の遂行に必要な時間を定め、労使協定等であらかじめ定められた労働時間に応じて、一定額の割増賃金を毎月固定的に支払うことが認められます。

4．出来高払（歩合給）制

出来高払（歩合給）制とは、成約件数や売上高、製造量などの労働の結果や出来高に応じた一定比率によって、額が決定される賃金制度をいいます。

（1）割増賃金の要否

　出来高払（歩合給）制を採っている場合でも、当然、法第37条の適用があり、法定労働時間を超えて労働させたときは、割増賃金を支払わなければなりません。つまり、歩合給の中に割増賃金が含まれていることが明確になっていない限り、別途割増賃金を支払わなければならないわけです。

　最高裁の判例でも、「本件請求期間に上告人らに支給された前記の歩合給の額が、上告人らが時間外及び深夜の労働を行った場合においても増額されるものではなく、通常の労働時間の賃金に当たる部分と時間外及び深夜の割増賃金に当たる部分とを判別することもできないものであったことからして、この歩合給の支給によって、上告人らに対して法37条の規定する時間外及び深夜の割増賃金が支払われたとすることは困難なものというべき」（**高知県観光事件・最高裁二小平6.6.13判決**）であるとして、使用者に対して、時間外労働および深夜労働にかかる割増賃金の支払いを命じています。

（2）割増賃金に含まれる通常の賃金

　歩合給等の出来高払制によって働く労働者が時間外・休日労働をした場合には、時間外・休日労働に対する通常の賃金は、すでに歩合給の中に含まれているものと解されますので、あらためて時間外・休日労働に対して、125％または135％の割増賃金を支払う必要はありません。つまり、歩合給制を採る場合の時間外・休日労働にかかる割増賃金は、それぞれ25％、35％でよいわけです。この点については、深夜労働にかかる割増賃金についても同様です。

（3）割増賃金の計算

　出来高払制等の請負給の場合の割増賃金単価は、賃金計算期間の賃金総額を当該期間の総労働時間数で除した額となります。

　たとえば、**図表Ⅵ－㉟**にみるように、基本給170,000円で、ある月の歩合給（実績給）が76,000円であった者が、その月に法定時間外労働20時間を含めて190時間労働した場合、1時間あたりの割増賃金は1,350円となります。このため、20時間に1,350円を乗じた27,000円が歩合給の割増賃金額となります。

図表Ⅵ－㉟　出来高払制における割増賃金の計算

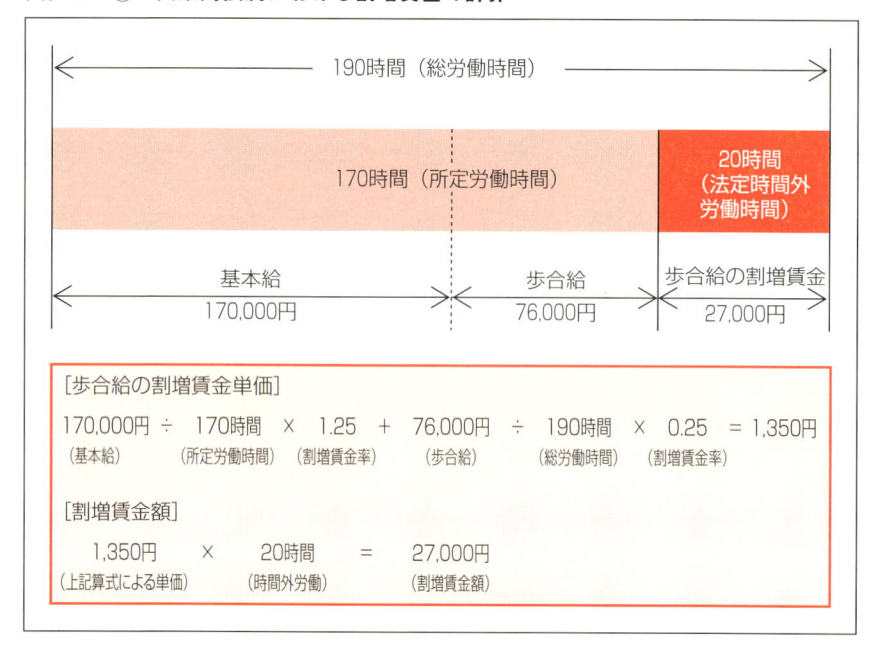

```
←―――――――――― 190時間（総労働時間）――――――――――→

┌─────────────────────────────┬──────────┐
│        170時間（所定労働時間）          │  20時間  │
│                                 │（法定時間外│
│                                 │ 労働時間） │
└─────────────────────────────┴──────────┘
←―― 基本給 ――→   ←― 歩合給 ―→  ←歩合給の割増賃金→
   170,000円         76,000円        27,000円
```

[歩合給の割増賃金単価]

170,000円 ÷ 170時間 × 1.25 ＋ 76,000円 ÷ 190時間 × 0.25 ＝ 1,350円
（基本給）（所定労働時間）（割増賃金率）（歩合給）（総労働時間）（割増賃金率）

[割増賃金額]

1,350円 × 20時間 ＝ 27,000円
（上記算式による単価）（時間外労働）（割増賃金額）

●●●●●
5．年俸制

　労働時間等の規制を適用除外されたいわゆる管理監督者については、割増賃金を支払う必要がない（注6）ため、一般的に年俸制を導入しやすいものと考えられます。しかし、管理監督者以外の一般従業員に年俸制を適用する場合には、割増賃金の問題が生じます。
　そこで、労働時間等の適用除外者以外の一般従業員に年俸制を適用する場合には、次の点に留意する必要があります。

(注6) ただし、深夜労働にかかる割増賃金については、この限りではない。

(1) 年俸額に割増賃金が含まれる場合

　一般従業員に年俸制を適用する場合にも、原則として割増賃金の支払いが必要ですが、年俸額に割増賃金を含める場合で以下の要件を満たすときは、法第

37条に違反しないこととされています（平12.3.8基収78号）。

> 【年俸額に割増賃金を含める場合のポイント】
> ① 年俸に時間外労働等の割増賃金が含まれていることが労働契約の内容であることが明らかであること
> ② 割増賃金相当部分と通常の労働時間に対応する賃金部分とに区別することができること
> ③ 割増賃金相当部分が法定の割増賃金額以上支払われていること

　また、同行政解釈では、割増賃金相当部分と通常の労働時間に対応する賃金部分を明確に区別していない場合にも、「当該労働者の前年度実績からみて一定の時間外労働等が存在することが想定され、その分の割増賃金を含めて年俸額が決められていること」を労使双方ともに認識している場合には、この限りではないとされています（前掲通達）。

　この点については、裁判例でも、「使用者と労働者との間に、基本給に時間外割増賃金等を含むとの合意があり、使用者が本来の基本給部分と時間外割増賃金等とを特に区別することなくこれらを一体として支払っていても、労働基準法第37条の趣旨は、割増賃金の支払を確実に使用者に支払わせることによって超過労働を制限することにあるから、基本給に含まれる割増賃金部分が結果において法定の額を下回らない場合においては、これを同法に違反するとまでいうことができない」（**創栄コンサルタント事件**・大阪地裁平14.5.17判決）とされています。ただし、この場合にも、「割増賃金部分が法定の額を下回っているか否かが具体的に後から計算によって確認できないような方法による賃金の支払方法は、同法同条に違反する」としている点に注意が必要です。

　なお、近年、話題となった裁判例に、基本給のうちいくらが割増賃金部分であるかが確認できないとしても、①原告の給与は労働時間数によってではなく、会社に与えた利益や果たした役割によって決まっていたこと、②被告は原告の労働時間を管理しておらず、原告は自分の判断で働き方を決めていたこと、③基本給だけでも月額183万円を超えており、超過勤務手当を基本給に含める合意をしても労働者の保護に欠ける点がないこと、を理由として、法の趣旨に反しないとしたものがあります（**モルガン・スタンレー証券会社事件**・東

京地裁平17.10.19判決)。

(2) 年俸額に賞与を含めている場合

あらかじめ賞与額を含めて年俸額を決定する賞与確定型の年俸制で、割増賃金相当部分と通常の労働時間に対応する賃金部分を明確に区別していない場合には、賞与部分を含めて当該確定した年俸額を算定の基礎として割増賃金を支払う必要があることに留意しなければなりません。つまり、賞与を含めて決められた賞与確定型年俸制の場合には、年俸総額を12等分し、これを1年間における1カ月平均の所定労働時間数で除して算出した額を割増賃金の算定基礎賃金としなければならないということです。もし、これに不足したときは、法第37条違反となります。

なぜなら、割増賃金の基礎となる賃金に算入しない"賞与"とは、定期または臨時に、原則として労働者の勤務成績に応じて支給されるものであって、その支給額があらかじめ確定されていないものをいい、支給額が確定しているものは、割増賃金の算定基礎から除外される "1カ月を超える期間ごとに支払われる賃金"とはみなされないからです（本章195ページ参照）。

なお、賞与確定型年俸制の下で支払われる賞与は、平均賃金の算定にあたっても、その算定基礎賃金に含めなければなりません。

(3) 管理監督者の年俸制と深夜労働割増賃金

いわゆる管理監督者については、労働時間、休憩、休日等の規制が除外されているため、時間外労働等に対する割増賃金の支払いは不要ですが、深夜労働にかかる割増賃金は支払わなければなりません。

したがって、管理監督者に対して年俸制を導入している場合にも、深夜労働割増賃金を別途支給するか、年俸制の中に深夜労働割増賃金が含まれている旨の合意をしておく必要があります。なお、後者の場合について、労働協約、就業規則その他によって深夜の割増賃金を含めて所定賃金が定められていることが明らかな場合には別に深夜労働にかかる割増賃金を支払う必要はありません。

ただし、この場合にも、所定賃金のうちいくらが深夜労働割増賃金として含まれているのかを明確にしておく必要があることに留意が必要です。

Ⅲ. 割増賃金の算定基礎賃金

　割増賃金額を計算するにあたっては、算定の基礎となる賃金と除外される賃金を理解しておく必要があります。
　ここでは、割増賃金の算定基礎賃金についてみていきます。

1. 割増賃金の算定基礎から除外される賃金

　使用者は、法第33条または第36条の規定によって、労働時間を延長し、もしくは休日に労働させた場合、または午後10時から午前5時までの深夜に労働させた場合には、その時間またはその日の労働について、"通常の労働時間または労働日の賃金"の計算額に一定の率を乗じて計算した割増賃金を支払う必要があります（法第37条第1項。詳細は、本章138ページ参照）。

　ここでいう"通常の労働時間または労働日の賃金"とは、所定労働時間に労働した場合に支払われることが労働契約上約束されている、いわゆる所定内賃金のことですが、ここでは、これらの所定内賃金から除外される手当について詳しくみることにしましょう。

　まず、法第37条第5項および施行規則第21条では、割増賃金の算定基礎から除外される賃金について、①**家族手当**、②**通勤手当**、③**別居手当**、④**子女教育手当**、⑤**住宅手当**、⑥**臨時に支払われた賃金**、⑦**1カ月を超える期間ごとに支払われる賃金**の7つの賃金をあげています。

　これらのうち、別居手当、子女教育手当、住宅手当は、家族手当および通勤手当と同様に、労働の内容や量とは直接的に関係のない、労働者の個人的事情に基づいて支払われる手当であることから除外されたものと解されます。また、臨時に支払われた賃金および1カ月を超える期間ごとに支払われる賃金は、主として、割増賃金へ算入することが計算技術上困難であるとの趣旨から除外することとされたものです。

　これらの手当は制限的に列挙されたものであるため、これらに該当しない

"通常の労働時間または労働日の賃金"は、すべて割増賃金の算定基礎となる賃金に算入しなければなりません。また、名称にかかわらず実質によって取り扱うこととされており、『家族手当』等の名称の手当でも、割増賃金の算定基礎となる賃金に算入しなければならない場合があります。それぞれの手当の取扱いについてみていきます。

（1）家族手当

　扶養家族数やこれを基礎とする家族手当額を基準として算出した手当は、物価手当、生活手当その他名称の如何を問わず家族手当として取り扱うこととなりますが、逆に、家族手当と称していても、家族がいない者に対してもいくらかが支払われていたり、扶養家族のある者に対して、その家族数に関係なく一律に支給されている手当は家族手当とはみなされません。したがって、このような手当は割増賃金の基礎に入れなければなりません。また、同様の趣旨から、臨時特別手当とか僻地手当等の名称で家族のいない者に対して支払われている部分や扶養家族のある者であっても、本人に対して支給されている部分は家族手当ではないため、このような手当は割増賃金の基礎に算入しなければなりません。

　なお、家族手当を支給するかどうかは使用者の任意であり、支給対象者を配偶者と子に限定することとしても差し支えありません。また、家族手当の額について、配偶者に対する額を子より大きくしたり、子の人数にかかわらず、たとえば第２子までを支給対象とする場合にも、割増賃金の算定基礎から除外できるものと解されます。

（2）通勤手当

　通勤手当とは、通勤距離または通勤に要する実際費用に応じて算定される手当をいいます。したがって、実際距離に応じて通勤手当が支給されている場合であっても、たとえば最低300円は距離にかかわらず支給されるような場合には、実際距離によらない300円は基礎に算入する必要があります。

（3）別居手当

　別居手当とは、単身赴任手当ともいわれるもので、勤務の都合により同一世

帯の扶養家族と別居を余儀なくされる者に対して、世帯が二分されることに伴う生活費の増加を補うために支給される手当をいいます。

(4) 子女教育手当

子女教育手当とは、労働者の子弟の教育費を補助するために支給される手当をいいます。

(5) 住宅手当

住宅手当とは、住宅に要する費用に応じて算定される手当をいうものであり、手当の名称の如何を問わず実質によって取り扱うこととされています。
具体的に、割増賃金の算定基礎賃金から除外すべきか否かの判断は次の基準によって行われます。

① 住宅に要する費用とは

割増賃金の算定基礎賃金から除かれる住宅に要する費用とは、賃貸住宅については、居住に必要な住宅（これに付随する設備等を含む。以下同じ）の賃借のために必要な費用、持ち家については、居住に必要な住宅の購入、管理等のために必要な費用をいいます。

② 費用に応じた算定とは

費用に応じて算定される手当とは、費用に定率を乗じた額とすることや、費用を段階的に区分し費用が増えるにしたがって額を多くすることをいいます。

③ 住宅手当にあたる場合とあたらない場合

住宅に要する費用以外の費用に応じて算定される手当や、住宅に要する費用にかかわらず一律に定額で支給される手当は、本条の住宅手当にあたりません。具体的には、**図表Ⅵ－㊱**のような区分によって取り扱います。

図表Ⅵ—㊱　住宅手当にあたる例とあたらない例

	支給基準の例	具体例
住宅手当にあたる例	① 住宅に要する費用に定率を乗じた額を支給することとされているもの	賃貸住宅居住者には家賃の一定割合、持家居住者にはローン月額の一定割合を支給することとされているもの
	② 住宅に要する費用を段階的に区分し、費用が増えるに従って額を多くして支給することとされているもの	家賃月額5～10万円の者には2万円、家賃月額10万円を超える者には3万を支給することとされているようなもの
住宅手当にあたらない例	① 住宅の形態ごとに一律に定額で支給することとされているもの	賃貸住宅居住者には2万円、持家住宅居住者には1万円を支給することとされているようなもの
	② 住宅以外の要素に応じて定率または定額で支給することとされているもの	扶養家族がある者には2万円、扶養家族がない者には1万円を支給することとされているようなもの
	③ 全員に一律に定額で支給することとされているもの	―

（6）臨時に支払われた賃金の取扱い

　臨時に支払われた賃金とは、臨時的、突発的事由に基づいて支払われたもの、および結婚手当等支給条件はあらかじめ確定されているものの支給事由の発生が不確定であり、かつ非常にまれに発生するものをいいます。具体的には、私傷病手当、加療見舞金、退職金等がこれにあたります。

（7）1カ月を超える期間ごとに支払われる賃金の取扱い

　1カ月を超える期間ごとに支払われる賃金とは、いわゆる賞与のほか、これに準ずるものとして施行規則第8条に掲げられた賃金をいいます。

> 【1カ月を超える期間ごとに支払われる賃金】
> ① 賞与
> ② 1カ月を超える期間の出勤成績によって支給される精勤手当
> ③ 1カ月を超える一定期間の継続勤務に対して支給される勤続手当
> ④ 1カ月を超える期間にわたる事由によって算定される奨励加給または能率手当

　なお、年俸制の適用を受ける労働者の割増賃金について、割増賃金の基礎となる賃金に算入しない賃金の一つである"賞与"とは"支給額があらかじめ確定されていないもの"をいい、支給額が確定しているものは"賞与"とみなされないため、年俸制で毎月払い部分と賞与部分を合計してあらかじめ年俸額が確定している場合の賞与部分は上記"賞与"に該当しないこととされています（本章190ページ参照）。したがって、賞与部分を含めて当該確定した年俸額を算定の基礎として割増賃金を支払う必要があります。

2．その他の特殊な手当の取扱い

　以上のほか、特殊な手当について、行政解釈でその取扱いが示されていますのでみていくことにします。

（1）特殊作業手当

　通常の労働時間または労働日に、いわゆる特殊作業に従事した場合に支払われる特殊作業手当について、原則として、法第37条の割増賃金の基礎となる賃金に算入して計算した割増賃金を支払わなければならないこととされています。しかし、特殊作業手当は、特別な事情のもとに支払われる場合もあり、個別具体的に判断しなければなりません。そこで、行政解釈で示された特殊作業手当の取扱いについてみることにしましょう。

① 臨時に支払われる危険作業手当

　ある作業中に、やむを得ない事情により特殊な危険作業（たとえば高圧電流

の通ずる線を取扱う作業）に従事する場合に、その日の労働に対してとくに危険作業手当を支給することになっているようなときは、これはその労働者の通常の労働日に対する賃金とは関係のない臨時的なものと考えられますが、この場合にも、危険作業が時間外、休日または深夜に行われた場合には、危険作業手当を法第37条の割増賃金の基礎となる賃金に算入して計算した割増賃金を支払わなければならないこととされています（昭23.11.22基発1681号）。

② 手術手当

手術に従事した医師に対して支払われる手術手当は、支給対象となる勤務時間が法定の割増賃金を支払うべき時間に該当する場合にのみ、割増賃金の基礎となる賃金に算入するとされています（昭26.8.6基収3305号、昭33.2.13基発90号）。

③ 坑内手当

坑内係員が、所定労働時間は坑内で勤務し、引き続き坑外で時間外勤務をした場合に、所定労働時間に対して支払われる坑内手当は割増賃金算定の基礎に算入しないこととされています（昭23.5.25基発811号）。

（2）夜間看護手当

正規の勤務時間による勤務の全部または一部が深夜に行われる看護等の業務に従事したときに支給される夜間看護手当は、法第37条第1項の通常の労働時間または労働日の賃金とは認められないから、同項の割増賃金の基礎となる賃金に算入しなくとも差し支えないこととされています（昭41.4.2基収1262号）。

（3）生産奨励手当

生産現場等で一定の目標を突破するためのインセンティブとして、生産奨励手当等の名目で手当を支払う場合において、所定労働時間のみでは足りず、時間外労働をして初めて目標を達したことが明白な場合であっても、時間外労働を行った結果としての生産量と所定時間内労働による生産量とを加えて全生産量が目標に到達したために支払われたものであるならば、割増賃金の基礎となる賃金となることとされています（昭23.7.31基収2114号）。

この場合、所定時間内と延長時間でそれぞれどれくらいの割合で生産をあげ

たかを計算することはできませんが、割増賃金の算定基礎賃金を計算するにあたっては、施行規則第19条第１項第６号（出来高払制等の扱い）によることとされ、所定時間の内外の生産量を計算する必要はなく、手当の全額が算定基礎賃金となります。また、生産奨励手当等が集団に対して支給される場合で、割増賃金の基礎となる場合においても、割増賃金の計算は各労働者について個別的に行うべきものとされています。この場合の各労働者への配分基準について、一般的な方法はなく、賃金規程等の定めによることとされています。

（４）所得税補充手当

給与所得に対する所得税相当額を、"臨時補給金"などの名称で毎月使用者側が負担する場合、この補給金中には、すでに課税対象となった割増賃金の部分および家族手当その他割増賃金の基礎に算入しない賃金の部分をも含んでいるわけですが、この補給金は、全額割増賃金の計算の基礎となる賃金に含めなければなりません。なぜなら、この補給金は家族手当や通勤手当分を含めて課税の対象となっているものですが、必ずしも扶養家族の数に応じて増額するものではないため、家族手当を基礎として算定される賃金とは認められず、また、通勤手当等、割増賃金の基礎に含めない賃金に対する部分の補給金を区別する方法がないからです（昭25.8.7基収1991号）。

Coffee break 不払い残業をめぐる課題

　近年の景気の低迷や成果主義の広がりなどによって、ここ数年、賃金不払い残業（サービス残業）が急増しています。そこでこの、不払い残業の是正勧告等への対応についてみることにしましょう。

① **賃金不払い残業とは**
　賃金不払い残業とは、法定の割増賃金を支払わずに時間外労働等をさせることをいい、ここ数年来、大きな社会問題の１つとなっています。

② **労基署による臨検とは**
　法第101条第１項では、労働基準監督官による事業場等への立ち入り調査（これを「臨検」という）の際、法令違反に該当する事項について是正勧告することができることとされています。
　臨検監督は、法令違反の発見とその違反事項の是正を目的として行われるもので、その主なものに「定期監督」と「申告監督」があります。まず、「定期監督」とは、労働基準監督署がその年度の行政方針を策定し、それに基づき重点業種や重点ポイントを定めて行われる監督です。これに対し、「申告監督」は、労働者から法令違反等の訴え（これを「申告」という）があったときに行われる監督で、申告は、労働者本人だけでなく、労働者の家族や退職した労働者からも多く寄せられます。

③ **是正勧告・指導とは**
　臨検の結果、法令違反が認められたときは、「是正勧告書」が交付されます。是正勧告書には違反事項と是正期日が指定されますが、必ずしも明確な法令違反ではないものを含めて改善を図らせる必要があると判断したときには、その事項を改善すべき旨記した指導票が交付されることもあります。
　なお、是正勧告はあくまで勧告であり、事業主の自主的な是正措置を期待するもので、強制的に勧告内容を実施させるものではありませんが、重大な法令違反、悪質なもの、または再三の勧告にも改善の意思がみられないものについては、強制捜査や送検処分が行われることがあります。これは、「労働基準監督官は、この法律違反の罪について、刑事訴訟法に規定する司法警察官の職務を行う」（労働基準法第102条）との定めによるものです。
　実際の「臨検」では、賃金不払い残業のほか、労働条件の明示、労働時間の把握、過半数代表者の選出方法、三六協定の締結・届出、年次有給休暇の付与、管理監督者の範囲、就業規則の作成・届出、労働者名簿の備付け、事業所ごとの賃金台帳調製、衛生管理者・産業医の選任、衛生委員会の設置など、広範囲にわたって是正勧告がなされています。

④ **是正勧告への対応**
　是正した内容については、是正報告書に「会社の違反条項」や「是正内容」「是正完了年月日」等を記載して、指定された期日までに提出しなければなりません。
　是正勧告書に指定された是正期日までに改善を行うことが困難な場合には、いつまでに改善するかについて、現在の進捗状況とともに中間報告をしておき、すべての事項について改善が完了した時点で、必要な書類を添付したうえで最終報告をすることとなります。

第7章

平均賃金の実務

Ⅰ. 平均賃金の算定

　平均賃金は、労働者の通常の生活賃金をありのままに算定することがその基本原理となっています。しかし、平均賃金を算定すべき期間中に休業したために賃金総額が極端に少なくなった場合や、その期間中に賞与等が支払われたために賃金総額が異常に高くなった場合、通常の生活賃金からかけ離れてしまう可能性があります。そこで、労働基準法では、平均賃金の原則的な算定方法のほか、最低保障や特例的な扱いについて定められています。
　ここでは、平均賃金の算定方法等についてみていきます。

1．算定事由

　労働基準法では、①**解雇予告手当**、②**休業手当**、③**年次有給休暇の賃金**（注1）、④**業務上の災害に対する補償**、⑤**減給の制裁**の5つの手当等を支払い、または算定する場合に、平均賃金を用いることとされています。これらの解雇予告手当や休業手当に関する規定の趣旨は、いずれも労働者の生活を保障しようとするものです。

(注1) 年次有給休暇の賃金については、平均賃金によるほか、通常の賃金、健康保険の標準報酬日額によることも可能とされている。詳細は、**第4章 Ⅰ.「1．賃金の計算方法」** 72ページを参照のこと。

2．算定方法

　平均賃金の算定方法について、法第12条第1項では、「これを算定すべき事由の発生した日以前3箇月間にその労働者に対し支払われた賃金の総額を、その期間の総日数で除した金額をいう」とされ、さらに、同第2項では、「前項の期間は、賃金締切日がある場合においては、直前の賃金締切日から起算す

る」と定められています。これを数式にすると**図表Ⅶ-①**のようになります。

図表Ⅶ-①　平均賃金の算定方法

$$平均賃金 = \frac{算定事由発生日以前（※）3カ月間に支払われた賃金総額}{算定事由発生日以前（※）3カ月間の総日数}$$

※ 賃金締切日がある場合は、直前の賃金締切日から起算

たとえば、賃金締切日が毎月末日の事業場において、12月15日に算定事由が発生した場合、平均賃金は直前の賃金締切日である11月末日以前3カ月の賃金総額をその総日数で除した金額となります（**図表Ⅶ-②**参照）。

図表Ⅶ-②　平均賃金の算定方法の例（算定事由発生日が12月15日の場合）

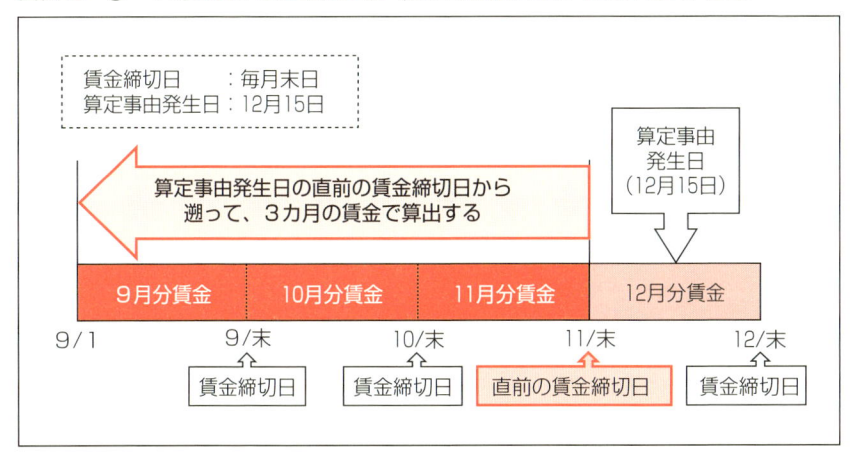

賃金締切日　　　：毎月末日
算定事由発生日：12月15日

算定事由発生日の直前の賃金締切日から遡って、3カ月の賃金で算出する

算定事由発生日（12月15日）

| 9月分賃金 | 10月分賃金 | 11月分賃金 | 12月分賃金 |

9/1　9/末　10/末　11/末　12/末

賃金締切日　賃金締切日　直前の賃金締切日　賃金締切日

I．平均賃金の算定

Ⅱ．平均賃金の算定期間

平均賃金を算定するにあたっては、"算定すべき事由の発生した日以前3カ月間に支払われた賃金総額"を"その期間の総日数"で除することとされています。

ここでは、常用労働者に関する平均賃金の算定期間についてみていきます。

1．起算日

まず、算定事由の発生した日と賃金締切日がある場合の起算日についてみることにします。

(1) 算定すべき事由の発生した日

平均賃金を"算定すべき事由が発生した日"は、平均賃金を算定すべき事由ごとに、次のとおりとされています。

① 解雇予告手当

30日前の予告をしないで即時解雇する場合に支払われる、いわゆる解雇予告手当を算定する場合の平均賃金の算定事由発生日は、"労働者に解雇の通告をした日"となります。

なお、解雇予告をした後に、労働者の同意を得て解雇日を変更した場合においても、"最初に労働者に解雇を通告した日"が平均賃金算定事由発生日となります。

② 休業手当

使用者の責めに帰すべき事由によって休業する場合に支払う休業手当を算定する場合の平均賃金の算定事由発生日は、その"休業日"となります。

なお、休業が2日以上に及ぶときは、その"最初の日"が算定事由発生の日となります。

③ 年次有給休暇の賃金

年次有給休暇（以下、本章において「年休」という）の賃金を平均賃金で支払うこととする場合の平均賃金の算定事由発生日は、その"年休を与えた日"であり、年休が2日以上にわたるときは、その"最初の日"が算定事由発生日となります。

なお、年休取得日の賃金は、平均賃金によるほか、通常の賃金または健康保険の標準報酬日額（ただし、健康保険の標準報酬日額による場合は労使協定が必要）によって算出することとしても差し支えありません（注2）。

（注2）詳細は、**第4章 I.－1－「（4）年次有給休暇取得日の賃金」** 74ページを参照のこと。

④ 業務上の災害に対する補償

業務上の災害に対して平均賃金を用いて補償する給付には、休業補償、障害補償、葬祭料、打切補償および分割補償がありますが、これらを算定する場合の平均賃金の算定事由発生日は、原則として、"死傷の原因となった事故発生の日"または"診断によって疾病の発生が確定した日"となります。

したがって、たとえば、事故で負傷して休業し、治ゆ後に障害が残った場合の休業補償と障害補償は、ともに"負傷の日"を算定事由発生日として算出した平均賃金を用います。これは、同一人の同一事故についての平均賃金を個々の補償事由によって左右すべきものではないからです。なお、事故発生後、長期休業中にたとえ賃金水準の変動があっても、原則として、その平均賃金は改訂すべきではありません。

⑤ 減給の制裁

法第91条の減給の制裁にかかる平均賃金については、"減給の制裁の意思表示が相手方に到達した日"をもって、算定事由発生日とすることとされています。

図表Ⅶ－③　平均賃金の算定事由発生日

	算定事由発生日
解雇予告手当	解雇を予告した日
休業手当	休業させた日（2日以上の期間にわたるときは初日）
年次有給休暇の賃金	年休を与えた日（2日以上の期間にわたるときは初日）
災害補償	事故発生の日または診断によって疾病の発生が確定した日
減給の制裁	制裁の意思表示が相手方に到達した日

※ただし、賃金の締切日がある場合の算定期間の起算日は、「直前の賃金締切日から起算する」こととされている。

(2) 賃金締切日がある場合の起算日

　賃金の締切日がある場合の算定期間の起算日は、前述のように、「直前の賃金締切日から起算する」(法第12条第2項) こととされていますが、賃金締切日が賃金の種類ごとに異なる場合や、締切日が変更された場合には、次のように取り扱います。

① 賃金ごとに賃金締切日が異なる場合

　賃金ごとに賃金締切日が異なる場合、直前の賃金締切日は、"それぞれ各賃金ごとの賃金締切日" とされています。

　たとえば、毎月の営業成績に応じて業績給が支給される場合において、業績給の賃金締切日が毎月末日で、業績給以外の基本給を始めとする他の賃金の賃金締切日が翌月15日である場合に、20日に平均賃金を算定すべき事由が発生したときは、図表Ⅶ-④でみるように、それぞれの賃金締切日ごとに算出したうえで、合算した額が平均賃金となります。

図表Ⅶ-④　賃金ごとに賃金締切日が異なる場合の例

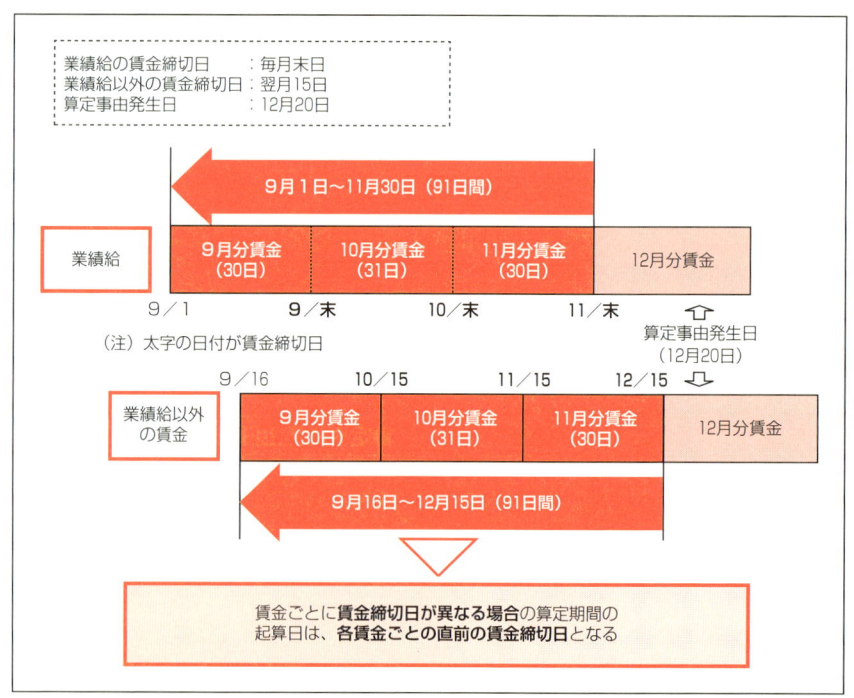

```
業績給の賃金締切日     ：毎月末日
業績給以外の賃金締切日 ：翌月15日
算定事由発生日         ：12月20日
```

業績給：9月1日～11月30日（91日間）
　9月分賃金（30日）｜10月分賃金（31日）｜11月分賃金（30日）｜12月分賃金
　9/1　　9/末　　10/末　　11/末　　算定事由発生日（12月20日）

（注）太字の日付が賃金締切日

業績給以外の賃金：9月16日～12月15日（91日間）
　9/16　10/15　11/15　12/15
　9月分賃金（30日）｜10月分賃金（31日）｜11月分賃金（30日）｜12月分賃金

賃金ごとに賃金締切日が異なる場合の算定期間の起算日は、各賃金ごとの直前の賃金締切日となる

② 賃金締切日が変更された場合

賃金締切日が算定期間の途中で変更された場合には、厳格に3カ月間の期間ではなく、3カ月間の暦日数に最も近い日数を算定期間とします。

たとえば、**図表Ⅶ-⑤**の例では、3カ月の暦日数（92日）に近い82日が算定期間となります。

図表Ⅶ-⑤　賃金締切日が変更された場合の例

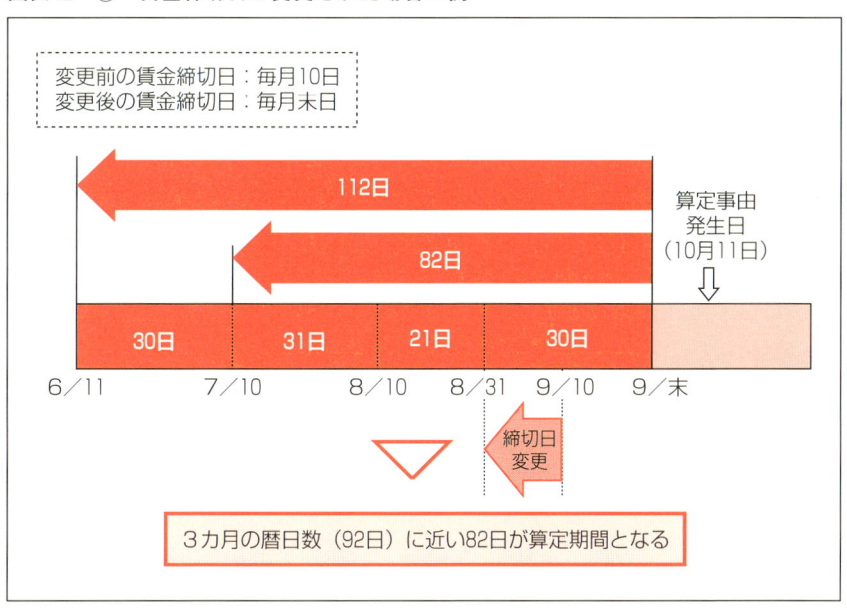

```
変更前の賃金締切日：毎月10日
変更後の賃金締切日：毎月末日
```

6/11～7/10	30日
7/10～8/10	31日
8/10～8/31	21日
9/10～9/末	30日

112日（6/11～9/末）
82日（7/10～9/末）

算定事由発生日（10月11日）

締切日変更

3カ月の暦日数（92日）に近い82日が算定期間となる

③ 賃金締切日当日に算定事由が発生した場合

平均賃金の算定期間は、これを算定すべき事由の発生した日以前3カ月間とされていますが、"以前3カ月間"とは、算定事由の発生した日の前日から遡る3カ月間であって、算定事由の発生した日は含まれません。なぜなら、通常は算定事由発生日には労務の提供が完全になされず、賃金も全額が支払われないことが多く、平均賃金が実態に即さないおそれがあるからです。したがって、賃金締切日の当日に平均賃金の算定事由が発生した場合には、直前の締切日より遡って3カ月間の期間となります。

たとえば、**図表Ⅶ-⑥**にみるように賃金締切日が毎月末日の事業場におい

て、賃金締切日当日である6月末日に労働者に対して解雇通告をした場合、平均賃金の算定事由発生日は6月末日となりますが、平均賃金の算定基礎となる賃金は5月分より遡った3カ月分となります。

図表Ⅶ－⑥　賃金締切日当日に算定事由が発生した場合の例

```
賃金締切日　　　：毎月末日
算定事由発生日：6月末日(賃金締切日当日)

          算定事由発生日の直前の賃金締切日から         算定事由発生日
    ←     遡った3カ月の賃金で算出する              （6月末日）

        3月分        4月分        5月分     6月分
   3/1         3／末         4／末        5／末    6／末

   ※1　5月末日は直前の賃金締切日
   ※2　太字は賃金締切日
```

2．総日数

　前述のように、法第12条第1項では、平均賃金の算定方法について、"これを算定すべき事由の発生した日以前3カ月間"にその労働者に支払われた賃金総額を"その期間の総日数"で除して算出することとされていますが、この場合の"総日数"は、労働日数のことではなく、暦日数によって算出します。

　また、算定期間である3カ月間に以下の期間が含まれている場合には、これらの期間の日数およびその期間中に支払われる賃金を除外して計算することとされています（法第12条第3項）。これらの期間を除外しなければ、平均賃金が不当に低くなることがあるからです。

【総日数から除外される期間】
①　業務上災害による休業期間
②　産前産後休業期間
③　使用者の責めに帰すべき事由による休業期間
④　育児休業または介護休業期間
⑤　試用期間

では、総日数を算出する際の特例について、いくつかみていきます。

（1）除外期間が3カ月以上にわたる場合

　平均賃金の算定における除外期間が平均賃金算定事由発生日以前3カ月以上にわたる場合には、"除外期間の最初の日"をもって、平均賃金を算定すべき事由の発生した日とみなして、その日から遡る3カ月間の賃金総額によって平均賃金を算定します。

　また、除外期間中に賃金水準の変動（おおむね10％以上）があった場合は、平均賃金を算定すべき事由の発生した日に当該事業場において同一業務に従事した労働者の1人平均の賃金額により、これを推算することとされています。

（2）法定の育児休業期間を上回る育児休業期間がある場合

　算定期間中に、育児・介護休業法第2条第1項に規定する育児休業以外の育児休業の期間、すなわち、法定を上回る育児休業期間がある場合には、法定の育児休業の取扱いと同様に、その日数およびその期間中の賃金は、基礎となる期間および賃金の総額から控除して平均賃金を算定することとされています。

（3）雇入れ後3カ月未満の場合

　法第12条第6項では、"雇入れ後3カ月に満たない者"の平均賃金の算定期間について、「雇入れ後の期間とする」と定められていますが、具体的には次のように取り扱います。

①　賃金締切日がある場合

　雇入れの日から算定事由発生の日までの間に賃金締切日があるときは、"直前の賃金締切日"から起算して、雇入れの日まで遡る日数となります（**図表Ⅶ**

—⑦参照）。

図表Ⅶ—⑦　雇入れ後3カ月未満で算定事由発生日以前に賃金締切日がある場合の例

```
雇入れ日      ：4月1日
賃金締切日    ：毎月末日
算定事由発生日：6月25日
```

　　　　　　　　　　　　　　　　　　　　　　　　算定事由発生日
　　　　　　　　　　　　　　　　　　　　　　　　（6月25日）

　　　　　総日数61日（3カ月未満）

| 4月分賃金
（暦日数30日） | 5月分賃金
（暦日数31日） | 6月分賃金 |

4/1　　　　　　　4/末　　　　　　　5/末　　　　　　　6/末
雇入れ日　　　賃金締切日　　直前の賃金締切日　　賃金締切日

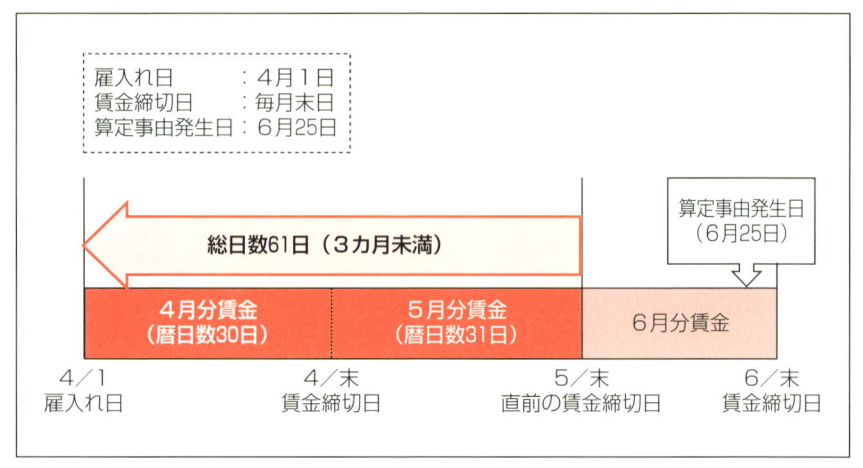

②　雇入れ後の期間が著しく短い場合

　雇入れ後3カ月未満の労働者について平均賃金を算定すべき事由が発生した場合、"雇入れ後の期間"と"その期間中の賃金総額"で算定することとされていますが、このことは、雇入れ後の期間が著しく短い場合、たとえば、雇入後2日目または3日目に事故発生の場合も同様とされています。

③　雇入れ当日の場合

　雇入れの日に平均賃金を算定すべき事由が発生した場合の平均賃金は、労働者に対し一定額の賃金があらかじめ定められている場合には、その額により推算し、賃金が未決定の場合には、都道府県労働局長が、その日に、当該事業場において、同一の業務に従事した労働者の1人平均の賃金額により推算し、個々に決定することとされています。

　なお、この取扱いは、雇入れ日に算定事由が発生した場合に限られ、雇入れ後2～3日目に算定事由が発生した場合には、上記②によることとされています。

④　新会社への転籍後3カ月に満たない場合

　子会社を新設し、形式的に（退職金を支給せずに）親会社を退職させて子会社に転籍させた後、3カ月に満たない間に平均賃金の算定事由が発生したような場合、平均賃金の算定は、旧会社における期間を通算した3カ月間につき平

均賃金を算定することとして取り扱って差し支えないこととされています（**図表Ⅶ－⑧**参照）。

図表Ⅶ－⑧　新会社への転籍後3カ月に満たない場合の例

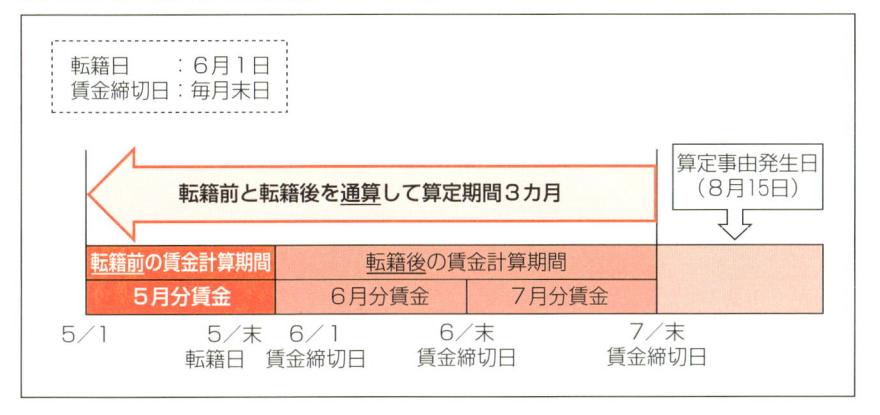

```
転籍日     ：6月1日
賃金締切日 ：毎月末日
```

　　　　　　　　　　　　　　　　　　　　　　　　算定事由発生日
　　　　　　　　　　　　　　　　　　　　　　　　（8月15日）
　　← 転籍前と転籍後を通算して算定期間3カ月

転籍前の賃金計算期間	転籍後の賃金計算期間	
5月分賃金	6月分賃金	7月分賃金

5/1　　　5/末　　6/1　　　6/末　　　　7/末
　　　　転籍日　賃金締切日　賃金締切日　賃金締切日

⑤　定年再雇用後3カ月に満たない場合

　定年によっていったん退職した後、再雇用され、3カ月を経過する前に平均賃金の算定事由が発生した場合、**図表Ⅶ－⑨**でみるように、定年退職以前の期間についても、実質的には一つの継続した労働関係であると考えられるので、この期間も"算定事由発生日以前3カ月間"の期間に含めて平均賃金を算定することとなります。

図表Ⅶ－⑨　定年再雇用後3カ月に満たない場合の例

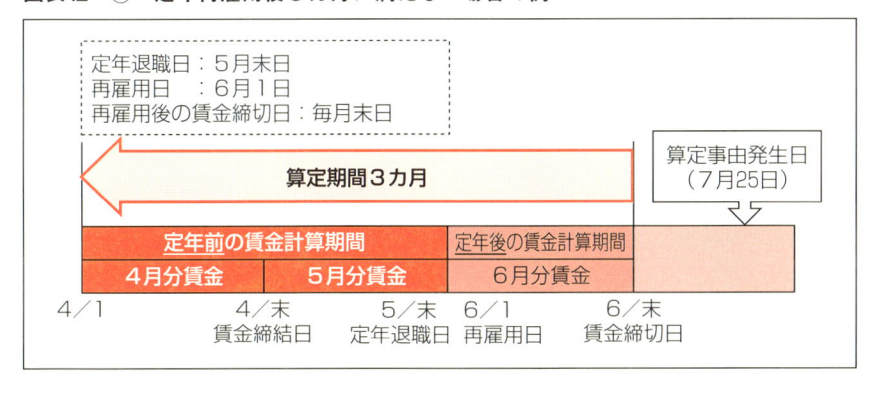

```
定年退職日：5月末日
再雇用日　：6月1日
再雇用後の賃金締切日：毎月末日
```

　　　　　　　　　　　　　　　　　　　算定事由発生日
　　　　　　　　　　　　　　　　　　　（7月25日）
　　← 算定期間3カ月

定年前の賃金計算期間		定年後の賃金計算期間
4月分賃金	5月分賃金	6月分賃金

4/1　　　4/末　　　　5/末　　6/1　　6/末
　　　賃金締結日　定年退職日　再雇用日　賃金締切日

Ⅱ．平均賃金の算定期間

(4) 試用期間中の場合

　平均賃金の算定期間中に試用期間が含まれている場合には、その期間の日数およびその期間中の賃金を控除して計算しますが、試用期間中に平均賃金を算定すべき事由が発生した場合には、"その期間中の日数"および"その期間中の賃金"で平均賃金を算定することとされています。

(5) 試用期間を経て本採用後に算定事由が発生した場合

　試用期間を経て本採用後に算定事由が発生した場合で、算定期間がすべて試用期間にあたるため平均賃金の算定ができないときは、"本採用日以降の賃金および日数"により算定することとされています。なお、一賃金締切期間に満たない期間の就労に対して賃金の全部が月によって定められている場合には、賃金を30で除した金額をもって平均賃金とすることとされ、賃金の一部が月によって定められている場合には、月によって定められている賃金を30で除した金額とその他の賃金について、原則的な方法により算定した金額を合算した金額をもって平均賃金とすることとされています。

Ⅲ. 平均賃金の算定基礎となる賃金

平均賃金を算定する場合、その算定の基礎となる賃金は、原則として"その労働者に対し支払われた賃金の総額"とされています。
ここでは、算定基礎賃金について詳しくみていきます。

1. 支払われた賃金の総額

賃金について、法第11条では、「賃金、給料、手当、賞与その他名称の如何を問わず、労働の対償として使用者が労働者に支払うすべてのものをいう」とされています。また、行政解釈では、「結婚祝金、死亡弔慰金、災害見舞金等の恩恵的給付は原則として賃金とみなさない」としつつ、「労働協約、就業規則、労働契約等によって予め支給条件の明確なもの」については賃金に含まれることとされています（注3）。

ここでは、支払われるべき賃金に遅払いがあった場合や算定期間中に賃金水準の変更があった場合、さらには二重雇用等の場合の取扱いについてみていきます。

(注3) 賃金の意義と範囲については、**第1章「1. 労働基準法上の賃金の定義」** 2ページを参照のこと。

(1) 支払われるべき賃金に遅払いがあった場合

"支払われた賃金"とは、現実にすでに支払われた賃金だけでなく、実際には支払われていない場合にも、算定事由発生日以前に賃金債権として確定したものを含むものと解されます。したがって、算定期間中に支払われるべき賃金が遅払いになっていても、算定の基礎となる賃金に含まれます。

一方、算定期間中に支払われた賃金であっても、4〜6月の算定期間中に7月分の賃金の一部が前払いされたような場合などの、いわゆる前払い賃金はこれに含みません。

(2) 賃金水準の変更があった場合

算定期間中に賃金ベースの変更があった場合には、次のように取り扱います。

① 一般的な賃金水準の変更があった場合

平均賃金を算定すべき事由の発生した日以前の3カ月間に賃金水準の変更が行われた場合には、その算定期間中に新旧ベースによって支払われた賃金の合計額が賃金の総額となります。

② 賃金ベースが遡及して変更された場合

賃金が遡及して変更された場合、平均賃金の計算においては、追加額は各月に支払われたものとして行うこととされています。

たとえば、4月から始まったベースアップ交渉が8月に妥結し、8月の賃金支払い時にベースアップ分を4月まで遡って一括して支払った場合には、遡及追加額は各月に支払われた賃金として、平均賃金の算定基礎額に含めることとなります（**図表Ⅶ−⑩参照**）。

図表Ⅶ−⑩　ベースアップ分を遡及して支払った場合の例

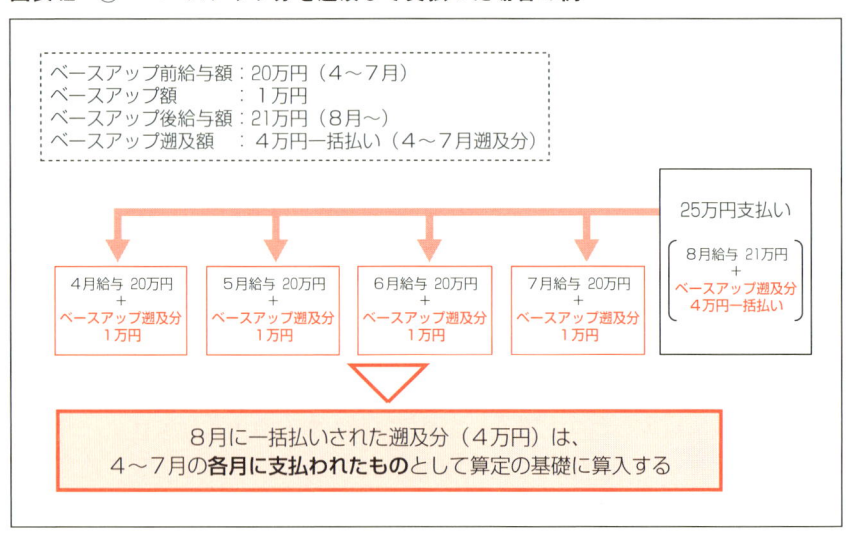

```
ベースアップ前給与額：20万円（4〜7月）
ベースアップ額　　　：1万円
ベースアップ後給与額：21万円（8月〜）
ベースアップ遡及額　：4万円一括払い（4〜7月遡及分）
```

25万円支払い
- 8月給与 21万円
- ＋
- ベースアップ遡及分 4万円一括払い

- 4月給与 20万円 ＋ ベースアップ遡及分 1万円
- 5月給与 20万円 ＋ ベースアップ遡及分 1万円
- 6月給与 20万円 ＋ ベースアップ遡及分 1万円
- 7月給与 20万円 ＋ ベースアップ遡及分 1万円

8月に一括払いされた遡及分（4万円）は、4〜7月の**各月に支払われたもの**として算定の基礎に算入する

また、賃金増額の要求が8月になってからなされ、4〜7月の賃金として8月に一括して支払う旨労使間で合意が成立したような場合でも、8月の追加額は、"臨時に支払われた賃金"ではなく、上記の例と同様に、各月の追加額の

賃金が8月において確定したものとみなすべきこととされています。

つまり、4〜7月に支払うべき賃金であることが明確なものは、仮に8月に要求されて確定し、その後に一括して支払われた場合であっても、平均賃金の算定にあたっては、各月に支払われたものとして、算定基礎となる賃金に含めなければならないわけです。

なお、賃金ベースが遡及して改定される以前に平均賃金の算定事由が発生した場合には、旧ベースで平均賃金を算定します。なぜなら、もともと平均賃金は、事由発生時において労働者が現実に受けまたは受けることが確定した賃金によって算定すべきものであり、すでに算定事由が発生した後に賃金ベースが遡及して改定されることが決定した場合には、旧ベースによって平均賃金を算定することが妥当だからです。

(3) 二重雇用等の場合

ここでは、労働者が二つ以上の事業場に雇用され、それぞれの使用者から賃金が支払われる場合や、転職後に疾病が再発した場合などの取扱いについてみてみましょう。

① 二重雇用関係にある者の算定基礎賃金

労働者が二つの事業場で使用され、両事業場の使用者から賃金が支払われている場合の賃金の総額は、両事業場の使用者から支払われた賃金の合計額ではなく、"算定事由の発生した事業場で支払われた賃金"のみとされています。

② 転職後に業務上の疾病が再発した場合

ある労働者がA事業場に勤務中、業務上の疾病にかかり、療養後に一応治ゆし同事業場を退職したものの、数カ月後にB事業場に勤務中に従前の疾病が再発し、労働に従事することが不可能となった場合の休業補償にかかる平均賃金の算定は、その疾病がA事業場における業務上の疾病の再発と認定される限り、A事業場において支払われた賃金によって、A事業場が補償すべきものと解されます（**図表Ⅶ-⑪参照**）。

図表Ⅶ−⑪　転職後に業務上の疾病が再発した場合の例

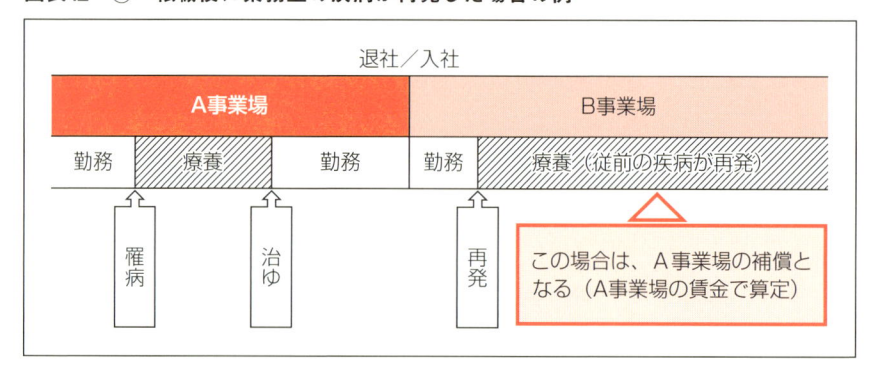

A事業場			B事業場	
勤務	療養	勤務	勤務	療養（従前の疾病が再発）
↑罹病	↑治ゆ		↑再発	

退社／入社

この場合は、A事業場の補償となる（A事業場の賃金で算定）

③　出向労働者の場合

　いわゆる出向労働者について平均賃金を算定する必要が生じた場合で、出向元事業主が出向先事業主との契約等により、出向労働者に対して出向手当その他の賃金を支払っている場合、当該賃金を出向先事業主が支払った賃金とみなし、出向先事業主が出向労働者に対して支払った賃金と合算したうえ、保険給付の基礎となる平均賃金を算定することとされています。

2．算定基礎となる賃金の範囲

　平均賃金の算定基礎となる賃金の総額には、原則として法第11条に定める賃金のすべてが含まれます。ここでは、とくに判断に迷うものについてみていきます。

（1）　通勤手当および通勤定期乗車券

　通勤手当は賃金に該当しますので、平均賃金の算定にあたっては"賃金の総額"に含めなければなりません。また、通勤定期券は法第11条の賃金にあたるため、6カ月定期乗車券であっても、これは各月分の賃金の前払いとして認められるので、平均賃金の計算に算入しなければなりません。

（2） 年休取得日の賃金

年休を取得したときに支払う賃金は、賃金そのものであるため、平均賃金の計算に算入しなければなりません。

（3） 休業手当

使用者の責めに帰すべき事由による休業の場合、法第26条の定めに基づいて休業手当を支払うこととされていますが、この場合、法定の休業手当だけでなく、使用者の責めによらない休業（たとえば、電力事情の逼迫による休電日や計画停電等）の場合に支払った休業手当についても、平均賃金の計算に算入しなければなりません。

（4） 昼食料、居残り弁当料等

出張の際に支給される昼食料補助や、始業時刻前に早出をした場合に支払われる早出弁当料（朝食料補助）、終業時刻後に残業をした場合に支払われる居残り弁当料（夕食料補助）は、法第11条の賃金に該当するため、平均賃金の計算に算入しなければなりません。

●●●
3．賃金総額から除外する賃金

平均賃金の計算の基礎となる"賃金の総額"から除外する賃金には、以下の3つがあります（法第12条第4項）。

> 【賃金総額から除外する賃金】
> ① 臨時に支払われた賃金
> ② 3カ月を超える期間ごとに支払われる賃金
> ③ 通貨以外のもので支払われた賃金のうち一定の範囲のもの

これらの賃金を"賃金の総額"から除外するのは、もしこれらを算入すれば、算定事由発生時期によって平均賃金に著しい高低を生じることになり、平均賃金としての趣旨に反するとの考えによるものです。以下、それぞれについて詳細をみていきます。

（1）臨時に支払われた賃金

臨時に支払われた賃金について、行政解釈では「臨時的、突発的事由にもとづいて支払われたもの及び結婚手当等支給条件は予め確定されているが、支給事由の発生が不確定であり、且つ非常に稀に発生するもの」（昭22.9.13発基17号）をいうこととされています。具体的には、次のようなケースがあります。

① 私傷病手当および加療見舞金

就業規則の定めにより、私傷病によって一定日数欠勤した場合に支給される私傷病手当や加療見舞金は、"臨時に支払われた賃金"にあたるため、平均賃金の算定には含まれません。

② 退職手当

労働協約、就業規則、労働契約等によってあらかじめ支給条件が明確である場合の退職手当は法第11条の賃金に該当しますが、"臨時に支払われた賃金"にあたるため、平均賃金の算定には含まれません。

（2）3カ月を超える期間ごとに支払われる賃金

"3カ月を超える期間ごとに支払われる賃金"とは、一般に年に数回支払われる賞与等をいいますが、賞与の名称を用いていても、たとえば、各四半期ごとに年4回支払われる場合には、"賃金の総額"に算入しなければなりません。

① 冬営手当

"3カ月を超える期間ごとに支払われる賃金"に該当するかどうかは、その計算期間が3カ月を超えるかどうかによって判断されるものであって、単に支払い事務の都合上3カ月を超える期間ごとに一括して支払われるものは、これに含まれません。

たとえば、10月から翌年3月までの冬期にのみ支払う、いわゆる冬営手当は、支給期間の当初に一括支給される場合であっても、月割で計算される限り、その期間の各月分の前渡しと認められるため、各月分として平均賃金算定の基礎に算入されます（**図表Ⅶ－⑫参照**）。

図表Ⅶ-⑫　冬営手当の取扱い

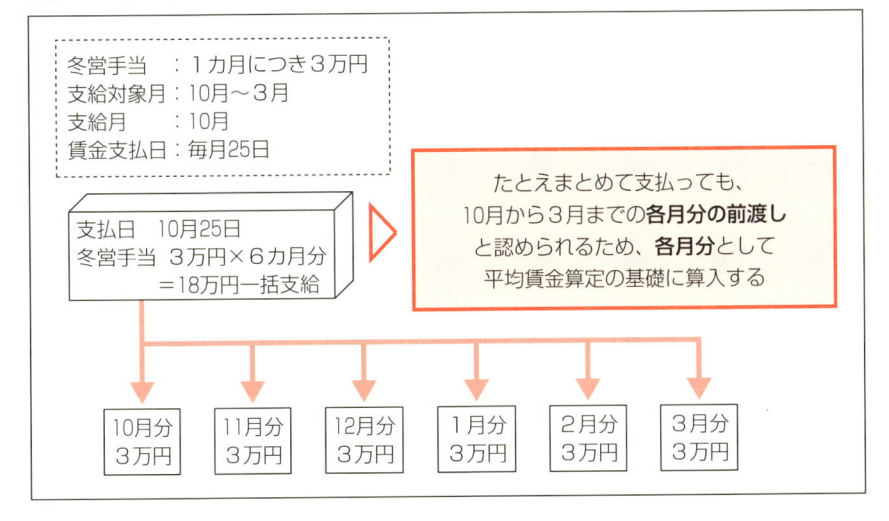

```
冬営手当　　：1カ月につき3万円
支給対象月　：10月～3月
支給月　　　：10月
賃金支払日　：毎月25日
```

支払日　10月25日
冬営手当　3万円×6カ月分
　　　　＝18万円一括支給

たとえまとめて支払っても、10月から3月までの**各月分の前渡し**と認められるため、**各月分**として平均賃金算定の基礎に算入する

| 10月分 | 11月分 | 12月分 | 1月分 | 2月分 | 3月分 |
| 3万円 | 3万円 | 3万円 | 3万円 | 3万円 | 3万円 |

② 褒賞金

一人の労働者についてみると、各種の褒賞金がほとんど毎月支払われているような場合でも、一つひとつの褒賞金の計算期間が3カ月を超える期間にわたっている場合には、当該褒賞金は3カ月を超える期間ごとに支払われる賃金に該当するため、平均賃金の算定にあたっては、この基礎に含めなくても差し支えありません。

(3) 通貨以外のもので支払われた賃金

法第24条第1項では、賃金の通貨払いの原則について定められており、法令または労働協約の定めがある場合に限って通貨以外のもの、すなわち実物給与で支払うことが認められています。したがって、平均賃金の算定にあたっては、原則として、法令または労働協約の定めに基づいて支払われる実物給与を"賃金の総額"に算入することとなります。

Ⅳ. 平均賃金にかかるその他の留意事項

　平均賃金の算定にあたっては、円や銭未満の端数が生じることがあります。また、平均賃金の算定期間における労働日数が著しく少ない場合、平均賃金の額が低くなってしまうため、最低保障が必要になります。
　ここでは、これらの端数処理や最低保障のほか、平均賃金の特例的な取扱いについてみていきます。

1．端数処理

　平均賃金を算定する際には、以下のような端数処理がそれぞれ必要となります。

（1）平均賃金の日額

　平均賃金の日額を算定する際に、銭未満の端数が生じたときはこれを切り捨て、各種の補償等を行う場合には、この端数処理後の額に所定日数を乗じてその総額を算出することとされています。

（2）解雇予告手当および休業手当

　解雇予告手当および休業手当のために平均賃金を算定する際の端数の取扱いは、特約がある場合はその特約に基づいてその端数を整理し、特約がない場合には、1円未満の端数について四捨五入して計算することとされています（小額通貨の整理及び支払金の端数計算に関する法律第11条）。

（3）労災保険の給付基礎日額

　労災保険の各給付の算定にかかる平均賃金の算定に際しては、給付基礎日額に1円未満の端数があるときは、これを1円に切り上げることとされています。

図表Ⅶ-⑬　平均賃金の端数処理方法

算定対象	端　　数	処理方法
平均賃金の日額	銭未満の端数	切捨て
解雇予告手当・休業手当	（特約がない場合） 1円未満の端数	50銭未満切捨て 50銭以上切上げ
労災保険の給付基礎日額	1円未満の端数	1円に切上げ

2. 最低保障

　平均賃金は、原則としてこれを"算定すべき事由の発生した日以前3カ月間"にその労働者に対して支払われた"賃金の総額"を、"その期間の総日数"で除して算定されますが、日給制、時間給制および出来高払制その他の請負制による場合には、平均賃金の算定期間の時期によっては、賃金総額が大きく変動することがあります。たとえば、平均賃金算定の期間となる3カ月間の労働日数が少ないときは、その労働者の平均賃金も異常に低いものとなって、生活日あたりの賃金を算定しようとする平均賃金の意味が失われてしまいます。
　そこで、賃金の支払形態等に応じて、最低保障の定めが設けられています。

（1）日給制、時間給制等による場合

　賃金が日給制、時間給制、請負制等によって定められている場合で、平均賃金の額が図表Ⅶ-⑭で計算した額を下回るときは、当該額を平均賃金の最低保障額とすることとされています（法第12条第1項ただし書）。

図表Ⅶ-⑭　賃金が日給制、時間給制等の場合の最低保障額

$$\frac{\text{算定事由発生日前3カ月間に支払われた日給、時間給等による賃金の総額}}{\text{その期間の労働日数}} \times \frac{60}{100}$$

（2）月給制等と日給制等が混在している場合

月給制や週給制等による賃金と、日給制や時間給制または請負制等が混在している場合には、図表Ⅶ－⑮の算式によって算定した額が最低保障額となります。

図表Ⅶ－⑮　賃金が月給制等と日給制等が混在している場合の最低保障

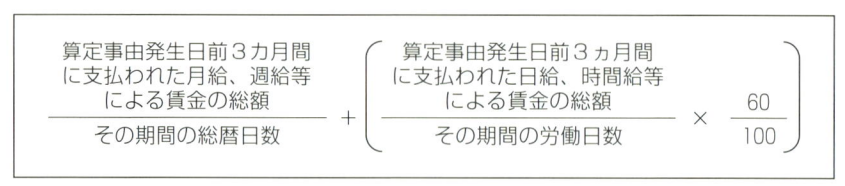

$$\frac{\text{算定事由発生日前3カ月間に支払われた月給、週給等による賃金の総額}}{\text{その期間の総暦日数}} + \frac{\text{算定事由発生日前3カ月間に支払われた日給、時間給等による賃金の総額}}{\text{その期間の労働日数}} \times \frac{60}{100}$$

（3）賃金形態が算定期間中に変更された場合

日給制から月給制に変更されるなど、賃金支払形態が算定期間中に変更された場合には、図表Ⅶ－⑯の算式によって算定した金額が最低保障額とされます。

たとえば、平均賃金を算定すべき事由の発生した日以前3カ月間において日給制から月給制に変更された月が含まれる場合、図表Ⅶ－⑰によって計算した額を下回らない限り、法第12条第1項本文が規定する方法にしたがって差し支えないこととされています。

図表Ⅶ－⑯　賃金形態が変更された場合の最低保障額

$$\frac{\left(\dfrac{W1}{t'1} \times \dfrac{60}{100} \times t'1\right) + \left(\dfrac{W2}{t2} \times t2\right)}{t1 + t2}$$

図表Ⅶ－⑰　賃金形態が算定期間中に日給制から月給制に変更された場合の最低保障額

$$\frac{\left(\dfrac{\text{日給総額}}{\text{日給期間中の実労働日数}} \times \dfrac{60}{100} \times \text{日給期間}\right) + \left(\dfrac{\text{月給総額}}{\text{月給期間}} \times \text{月給期間}\right)}{\text{日給期間} + \text{月給期間}}$$

（4）日給月給制等による場合

　賃金の一部が、月、週その他一定の期間によって定められ、かつ、その一定の期間中の欠勤日数もしくは欠勤時間数に応じて減額される、いわゆる日給月給制や週給制の場合、算定期間に労働者の欠勤日数が多いと算出額が著しく低額となり、平均賃金として不適当なものとなる可能性があります。このため、日給月給制や週給制で欠勤控除された場合（算定期間が4週間に満たない場合を除く）の平均賃金の最低保障額は、図表Ⅶ－⑱の算式によってそれぞれ計算した金額の合計額となります。

図表Ⅶ－⑱　日給月給制、日給制等で欠勤控除された場合の最低保障額

$$\frac{\text{欠勤しなかった場合に受けるべき賃金の総額}}{\text{その期間の所定労働日数}} \times \frac{60}{100}$$

（5）日給月給制等で欠勤控除された場合で時間給等と併用している場合

　賃金の一部がいわゆる日給月給制や週給制と、時間給制や日給制、請負給制あるいは完全月給制等とを併用している場合で、日給月給制や週給制の部分の賃金が欠勤控除された場合（算定期間が4週間に満たない場合を除く）の平均賃金の最低保障額は、図表Ⅶ－⑲の算式によってそれぞれ計算した金額の合計額となります。

図表Ⅶ－⑲　日給月給制等で欠勤控除された場合で時間給等と併用の場合の最低保障額

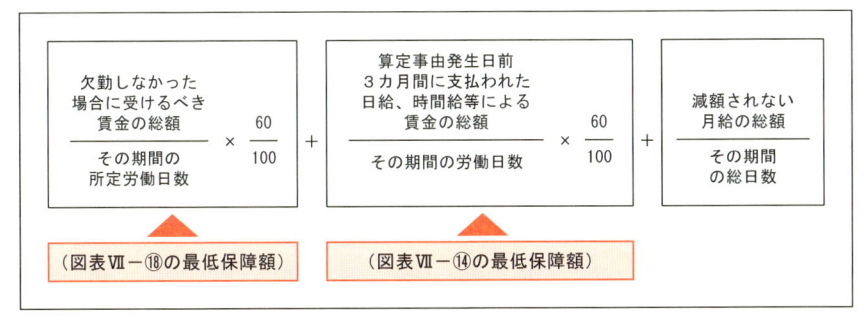

$$\frac{\text{欠勤しなかった場合に受けるべき賃金の総額}}{\text{その期間の所定労働日数}} \times \frac{60}{100} + \frac{\text{算定事由発生日前3カ月間に支払われた日給、時間給等による賃金の総額}}{\text{その期間の労働日数}} \times \frac{60}{100} + \frac{\text{減額されない月給の総額}}{\text{その期間の総日数}}$$

（図表Ⅶ－⑱の最低保障額）　（図表Ⅶ－⑭の最低保障額）

3．常用労働者に関する特例

　いわゆる常用労働者の平均賃金は、原則として法第12条第1項から第6項までの規定によって算定しますが、これらの方法によって算定し得ない場合には、同条第8項により、厚生労働大臣がこれを定めることとされています。具体的には、告示（昭和24年労働省告示第5号）において特例が定められており、都道府県労働局長または厚生労働省労働基準局長に平均賃金決定の権限が委任されています。では、その詳細についてみていくことにします。

（1）使用者の責めによらない休業期間が算定事由発生日以前3カ月以上にわたる場合

　使用者の責めによらない休業期間が算定事由発生日以前3カ月以上にわたる場合は、前述の"除外期間が3カ月以上にわたる場合の特例"（本章208ページ参照）に準じて平均賃金を算定します。

（2）賃金総額が不明の場合

　賃金総額が不明の場合には、下記のケースごとに都道府県労働局長が推算した金額を平均賃金とすることとされています。

① 賃金額が未確定の場合

　賃金額について明確な定めがなされていないか、なされていても雇入れ後の期間が短いため実際に受けるべき賃金額が明らかでない場合には、都道府県労働局長が次の方法によって推算した金額をその平均賃金とすることとされています。

【賃金額が未確定の場合】
① 当該事業所の同種労働者の平均額より推算する
② 同種同規模事業場の同種労働者の平均額より推算する
③ 同種同規模の事業場で同一の業務に従事した事実がある場合には、当該事業場で受けた賃金額より推算する
④ 一組の労働者に一括して賃金が支払われている場合には、個々の労働者の能率等を勘案して推算する
⑤ 使用者が推算した金額より推算する

② **賃金台帳滅失等によって賃金の記録がない場合**

賃金台帳等、支払賃金額についての記録がないか、あっても記載が不完全であるため、過去3カ月間に受けた賃金の総額が明らかでない場合には、都道府県労働局長が次の方法によって推算した金額をその平均賃金とすることとされています。

【賃金台帳滅失等によって賃金の記録がない場合】
① 本人または家族が記録している金額より推算する
② 使用者が記録している金額より推算する
③ 一組の労働者に一括して賃金が支払われている場合には、個々の労働者の能率等を勘案して推算する
④ 税務署・源泉徴収所得税調査簿または雇用保険関係帳簿等により調査官が調査算定する
⑤ 出来高払制の賃金については、取引先・親会社等の帳簿より一人分の出来高を推定し、それにより一人分の賃金額を推算する

(3) いわゆる完全月給制で、一賃金締切期間に満たない期間中に算定事由が発生した場合

雇入れ後3カ月に満たない者について平均賃金を算定する場合は、法第12条第1項から第6項の定めによりますが、いわゆる完全月給制の場合で、平均賃金算定期間中に、一賃金締切期間に満たない期間の就労に対して、月によって定められた賃金が減額されることなく支払われている期間があるときは、次

の①または②により平均賃金を算定することとされています（昭和24年労働省告示第5号第2条）。

① 月によって定められた賃金の場合

　月によって定められた賃金で減額されることなく支払われている期間がある場合には、"平均賃金算定期間中に支払われた賃金の総額"を、"その期間の暦日数"で除すことなく、一賃金締切期間に満たない期間の日数を"30日"とみなし、当該30日と平均賃金算定期間における残りの日数との合計の日数で除すこととされています。

② 月によって定められた賃金以外の賃金がある場合

　上記①のほかに、月によって定められた賃金以外の賃金がある場合には、当該賃金について、法第12条第1項から第6項により算定した額と上記①により算定した金額との合算額をもって平均賃金とすることとされています。

（4）算定期間が2週間未満で、かつ、満稼働の場合

　算定期間が2週間未満で、かつ、平均賃金の算定期間中のすべての日に稼働している者については、**図表Ⅶ－⑳**の算式によって算定した金額を平均賃金とします。

図表Ⅶ－⑳　算定期間が2週間未満で、かつ、算定期間中のすべての日に稼働している者の算出方法

$$\frac{賃金総額}{総暦日数} \times \frac{6}{7}$$

（5）通常の算定方法によると著しく不適当なものとなる場合

　平均賃金の基礎となるべき賃金が短時間就労、長時間残業その他通常の労働と著しく異なる労働に対する賃金であるため、これを基礎に算定した額を平均賃金とすると著しく不適当なものとなる者については、過去に当該事業場において当該労働者と同種の業務に従事した労働者（以下「同種労働者」という）の労働時間数（同種労働者がいない場合には、当該労働者にあらかじめ予定され、または推定される労働時間数）等を勘案して、通常の労働に対する賃金額

に修正して算定した金額を平均賃金とします。

（6）算定期間中に争議行為のための休業期間がある場合

労働争議により正当に罷業（ストライキ）もしくは怠業（サボタージュ）し、または正当な作業所閉鎖（ロックアウト）のため休業した期間ならびにその期間の賃金は、"平均賃金の算定期間"ならびに"賃金の総額"から控除することとされています。

（7）業務上の疾病にかかった場合

業務上の疾病にかかった労働者にかかる平均賃金算定事由発生日は、"診断によって疾病発生が確定した日"であり、これは、疾病のおそれのある作業場を離れていても、その事業場に引き続き在職している限り、同様です。

しかし、算定事由発生日にすでに当該疾病のおそれのある作業に従事した事業場を離職している場合には、その診断確定日を算定事由発生日とし、離職時の賃金額に基づいて算定した金額に、当該労働者の離職時点から算定事由発生時点までの賃金水準の上昇を考慮して平均賃金を算定し、また、当該労働者の離職時の賃金額が不明であるときには、算定事由発生日に当該事業場で業務に従事した同種労働者の一人平均の賃金額より推算します。

4．日雇労働者の平均賃金

日雇労働者は、一般の常用労働者と比較して稼働状態にムラがあるため、算定時期によって平均賃金の額に著しい変動をきたすおそれがあります。また、日によって勤務先が異なるのが通例であり、過去の長期間の賃金額や労働日数を調査することが困難なことが少なくありません。そこで、日雇労働者の平均賃金については、一般の常用労働者と異なる方法により算定することとされています。

（1）原則的な算定方法

平均賃金を算定すべき事由の発生した日以前1カ月間にその日雇労働者が事

業場において使用された期間がある場合には、**図表Ⅶ−㉑**の算式によって算定した額を平均賃金とします。

なお、この場合の"100分の73"とは、30日分の22日という一般的な月の稼働率を考慮して定められたものです。

図表Ⅶ−㉑　日雇労働者の原則的な算定方法

$$\frac{算定事由発生日以前1カ月間に支払われた賃金総額}{同1カ月間の労働日数} \times \frac{73}{100}$$

（2）原則的な算定方法で算定し得ない場合

（1）の方法で算定し得ない場合には、**図表Ⅶ−㉒**の算式によって算定した額を平均賃金とします。

図表Ⅶ−㉒　日雇労働者の原則的な算定方法で算定し得ない場合の算定方法

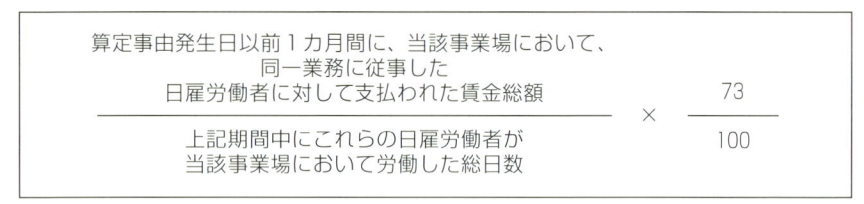

$$\frac{算定事由発生日以前1カ月間に、当該事業場において、同一業務に従事した日雇労働者に対して支払われた賃金総額}{上記期間中にこれらの日雇労働者が当該事業場において労働した総日数} \times \frac{73}{100}$$

（3）不適当と認め申請した場合

（1）または（2）により算定し得ない場合または当該日雇労働者もしくは当該使用者が（1）または（2）により算定することを不適当と認め申請した場合には、都道府県労働局長が定める金額が平均賃金とされます。

（4）一定の事業または職業の場合

一定の事業または職業について、都道府県労働局長がそれらに従事する日雇労働者の平均賃金を定めた場合には、（1）、（2）および（3）にかかわらず、その額とされています。この方法による平均賃金としては、現在いわゆる6大港の港湾労働者について、関係都道府県において定められています。

第8章

賞与支払いの実務

Ⅰ. 賞与の法的性格と意義

　賞与は、そのときどきの経済情勢や企業の経営状況、個人の成果などを柔軟に反映させることができるだけでなく、時間外・休日労働または深夜労働にかかる割増賃金の算定基礎から除外することができ、さらには、社会保険料の標準賞与額の上限を超える部分については保険料がかからないなど、企業にとってメリットの多い賃金形態の1つです。

　しかし、賞与という名目であればすべてがこれらの恩恵を受けられるわけではなく、その性質や支払方法等により判断すべきものとされています。

　ここでは、賞与支払いの実務についてみていきます。

1. 賞与の法的性格

　賞与は、①賃金の後払い的性格、②生活給的性格、③功労報償的性格、④成果配分的性格などの性格を有するものと考えられています。このうち、①と②は労働者側、③と④は使用者側の論理として取り上げられます（**図表Ⅷ－①参照**）。

図表Ⅷ－①　賞与の法的性質

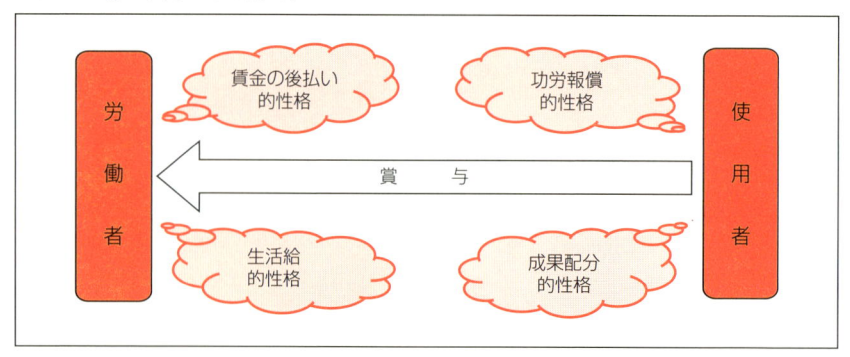

労働者	← 賞　与	使用者
	賃金の後払い的性格	功労報償的性格
	生活給的性格	成果配分的性格

2. 労働基準法上の賞与とは

　労働基準法では、労働協約や就業規則等で支給要件があらかじめ定められている場合には、賞与も「賃金、給料、手当、賞与その他名称の如何を問わず、労働の対償として使用者が労働者に支払う」賃金に該当することとされています（法第11条）。

　さらに、行政解釈では、賞与の法的性格について、「定期又は臨時に、原則として労働者の勤務成績に応じて支給されるものであって、その支給額が予め確定されていないものをいうこと。定期的に支給されかつその支給額が確定しているものは、名称の如何にかかわらず、これを賞与とみなさないこと」（昭22.9.13発基17号）とされています。

　たとえば、年俸制の下で、年俸総額の16分の2ずつを6月と12月に支給するような場合、その額はあらかじめ確定しているため、法が定義する賞与にはあたりません。したがって、割増賃金の算定基礎から除外することは認められません（注1）。

　また、賞与は、法第89条第4号の"臨時の賃金等"にあたり、就業規則の相対的必要記載事項（注2）に該当するため、賞与を制度化する場合には、①算定期間、②支給基準、③支給額、④支給方法、⑤支給期日、⑥支給対象者などを定めておく必要があります。

（注1）　詳細は、**第6章 Ⅱ．－「5．年俸制」**188ページを参照のこと。
（注2）　就業規則の相対的必要記載事項とは、定めをする場合には就業規則に記載しなければならない事項をいう。詳細は、**第3章 Ⅰ．－「2．就業規則の必要記載事項」**46ページを参照のこと。

Ⅱ. 賞与額の決定および計算方法

　賞与は、算定期間における会社業績や勤務成績等をもとに決定されるのが一般的です。
　ここでは、算定期間の途中で入社または休業した者の賞与額の算定方法や、休暇がある場合の賞与減額の可否、懲戒処分による減額等の取扱いなど、賞与額の決定と計算の方法についてみていきます。

１．賞与の算定期間と算定方法

　一般に賞与は、あらかじめ一定の賞与計算（支給対象）期間を定めておき、その間の勤務状況に応じて支給されます。また、年２回支給されることが多く、賞与額を算定するうえで対象となる期間（以下「算定期間」という）も１回の賞与について６カ月とするのが通例です。
　この算定期間は、必ずしも賞与支給期日の直前の期間とする必要はなく、決算（中間決算）期にあわせた期間とすることも可能です。たとえば、支払いを12月と６月の２回と定め、12月賞与の算定期間を４～９月、６月賞与は10～３月とするケースです。賞与の支給額は会社の業績が反映されることが多いため、決算期にあわせたほうが原資の確定がしやすいからです。
　ここでは、賞与の算定期間を定める場合の具体的な運用についてみていきます。

（１）　中途採用者の場合

　算定期間の途中で入社した者に対する賞与は、賞与額を在籍期間に応じて按分して支給する方式が採られることが少なくありません。この場合、一般的な按分の方法には、以下の３つの方法があります。

> 【中途採用者の一般的な賞与算定方法】
> ① 総暦日数をもとに按分する方法
> ② 総所定労働日数をもとに按分する方法
> ③ 月数を単位に按分する方法

　一般的には、③の「月数単位按分」の方法が多く用いられています。この方法を採る場合、月のうち在籍期間に端数がある月については、その月を除外することも可能です（図表Ⅷ－②参照）。また、所定労働日数（または暦日数）の過半数以上の日数について在職したときは、四捨五入をして１カ月に切り上げ、過半数に達しない月は算定基礎月から切り捨てるなどのようにすることも可能です。いずれの方法を採るにせよ、算定期間と算定方法について定めておくことが重要です。

　なお、新入社員等の場合、試用期間を算定期間から除外したり、最初の賞与については通常の賞与基準を適用せず、"金一封"などの形で賞与を別基準で支給することも広く行われています。

(2) 算定期間中に休業期間等がある場合

　次に、賞与算定期間中に休業や休職等の期間がある場合に、賞与の算定方法をどのようにするかが問題となります。そこで、業務上災害による休業や育児・介護休業等の場合の扱いについてそれぞれみることにします。

① 業務上災害による休業の場合

　使用者は、労働者が業務上災害によって休業した場合、療養補償、休業補償、障害補償等の補償を行うこと、および年次有給休暇（以下、本章において「年休」という）の付与要件の１つである出勤率の算定に際して出勤扱いとすることという２つの義務を、法の定めによって負うこととなります。

　この場合、前者については、労災保険の適用を受けているときは、原則として労災保険によって代位されることとなり（注3）、必ずしも使用者がその間の補償を行う必要はありません。

> （注3）ただし、労災保険による休業補償は、４日目以降から対象となるため、最初の３日間は使用者が補償義務を負う。

図表Ⅷ-②　中途採用者の賞与の算定期間と算定方法

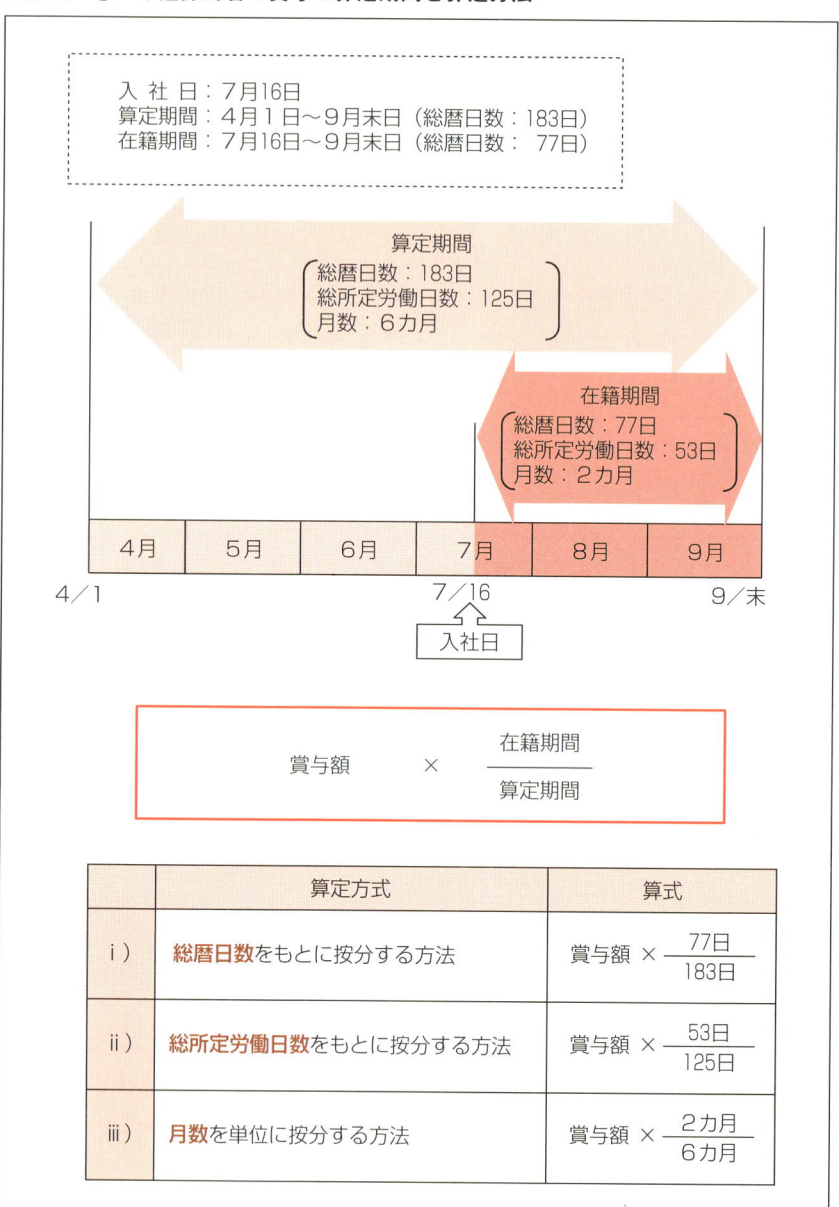

入 社 日：7月16日
算定期間：4月1日～9月末日（総暦日数：183日）
在籍期間：7月16日～9月末日（総暦日数：77日）

算定期間
（総暦日数：183日
　総所定労働日数：125日
　月数：6カ月）

在籍期間
（総暦日数：77日
　総所定労働日数：53日
　月数：2カ月）

4月　5月　6月　7月　8月　9月
4/1　　　　　　　7/16　　　　9/末
入社日

$$賞与額 \times \frac{在籍期間}{算定期間}$$

	算定方式	算式
ⅰ)	**総暦日数**をもとに按分する方法	賞与額 × $\frac{77日}{183日}$
ⅱ)	**総所定労働日数**をもとに按分する方法	賞与額 × $\frac{53日}{125日}$
ⅲ)	**月数**を単位に按分する方法	賞与額 × $\frac{2カ月}{6カ月}$

また、業務上の傷病によって休業した期間がある場合に、賞与を減額または不支給とすることとしても、法的には問題ありません。この点について裁判例では、タクシー会社の乗務員が労災で休業したケースで、当該休業日数に応じて賞与を按分支給した事案について、「賞与の増額及び減額を行うことも、労働者に保障された（中略）労働災害による休業の権利を著しく制限し、その保障の意味を無にしてしまう程度には至っていない」として、賞与の減額を有効としたものがあります（**錦タクシー事件**・大阪地裁平8.9.27判決）。

　ただし、私傷病による欠勤と区別する意味で、賞与の算出にあたって一定の期間内の休業については出勤したものとみなすこととしたり、一定割合を保障することとすることも考えられます。

② 育児・介護休業期間がある場合

　賞与の算定期間中に、育児休業や介護休業による休業期間がある場合、中途採用者等の場合の算定方法と同様に、これらの休業期間を算定基礎日（月）数から除外して算定しても差し支えありません。

　この点について、厚生労働省告示（平16第460号）では、育児休業や介護休業の期間について"賃金を支払わないこと"や、退職金や賞与の算定にあたって"働かなかったものとして取り扱うこと"は、不利益な取扱いには該当しないとされています。ただし、休業期間を超えて働かなかったものとして取り扱うことは、不利益な算定にあたり、育児・介護休業法で禁止されている"解雇その他不利益な取扱い"に該当することとなりますので、留意が必要です。

　なお、育児休業や介護休業の期間は、年休の出勤率の算定に際しては出勤しなかったものとして扱うことはできません。

③ 産前産後休業期間がある場合

　6週間（多胎妊娠の場合にあっては14週間）以内に出産する予定の女性労働者から休業の請求があったときはその者を就業させてはならず、または産後8週間を経過しない女性労働者を就業させることはできません（注4）。これは、女性労働者の母性保護を目的に定められた規定ですが、賞与額の算定にあたっては、産前産後休業を取得した期間について働かなかったものとして取り扱うことは、法律上差し支えありません。

　なお、裁判例では、賞与の支給条件として出勤率90％以上との要件を設け、産前産後休業等の休業期間を欠勤日数に含めて算定した結果、出勤率が90％

未満になったことを理由に賞与を全額不支給としたことを無効と判示したものがあります（**東朋学園事件・最高裁一小平15.12.4判決**）。

(注4) ただし、産後6週間を経過した女性労働者が請求した場合で、医師が支障がないと認めた業務に就かせることは差し支えない（法第65条第2項ただし書）。

2．賞与の算定基準と減額控除

　前述のように、労働基準法上の賞与は、原則として"労働者の勤務成績に応じて支給されるもの"とされており、賞与の算定基準が定められている場合には、その算定基準に基づいて、遅刻・早退や欠勤等の不就業時間分を控除したり、人事考課に基づいて賞与額を増減することとしても差し支えありません。

　また、勤怠評価によって不就業時間について賞与を減額する場合、実際の不就業時間を超える減額や、月例賃金と賞与の両方からの二重減額の可否が問題となります。そこで、これらの問題についてケースごとにみていきます。

（1）不就業時間を超える減額控除

　賞与から遅刻・早退や欠勤等の不就業時間を控除することは、"ノーワーク・ノーペイの原則"に基づくものであり問題ありません。しかし、実際の不就業時間に相当する賃金額を超えて減額する場合には、労働基準法上の減給の制裁（法第91条）の規定（注5）の適用を受けます。

(注5) 減給の制裁の詳細については、**第4章 「Ⅱ．減給の制裁と賃金控除」**87ページを参照のこと。

（2）遅刻・早退・欠勤等に対する月例給与と賞与からの二重の減額控除

　労働者が労務を提供した日の対償は、月例給与と賞与の両方で支払われます。これは逆にいえば、遅刻・早退や欠勤等の不就業時間については、月例給与、賞与ともに賃金債権が生じないということです。したがって、不就業時間について月例給与と賞与の両方から減額控除しても、"ノーワーク・ノーペイの原則"に則って行われるかぎり、二重の不利益には該当しないわけです。

(3) ストライキに対する賞与の減額控除

　ストライキを行った日を欠勤扱いとして賞与を減額控除することが認められるかどうかは問題となるところですが、特段、不当労働行為の意思をもって行われたものでない限り、"ノーワーク・ノーペイの原則"により違法とはなりません。

　この点について、裁判例では、「一般にストライキによる賃金カットが法理上当然のこととして是認されていることから考えると、賞与について本件欠勤控除条項に定める程度のスト控除がなされたとしても、原告らが主張するように憲法上保障された争議権を不当に抑圧するものといえないことはもとより、労使間における賃金協定をして、とくに不合理な内容のものとも思われない」(**東洋オーチス・エレベーター事件**・東京地裁昭41.3.31判決) として、ストライキに対する賞与減額を是認したものがあります。この事案は最高裁まで争われましたが、最高裁でも原判決が支持されています。

(4) ストライキに対する月例給与と賞与からの二重の減額控除

　次に、ストライキによって労務が提供されなかった時間に相当する対価について、月例給与と賞与の両方から控除することが不当労働行為にあたるかどうかについても、問題になるところです。この場合も、遅刻・早退や欠勤等に対する控除と同様に適法であり、不当労働行為にはあたらないものと解されます。

　この点について行政解釈では、ストライキ等の争議行為の結果、契約の本旨に従った労働の提供をしなかった場合においては、使用者は労働の提供のなかった限度において賃金を支払わなくても法第24条の違反とはならないとされています。また、地労委命令の中には、ストライキによる不就労のため減額となった賃金を基礎として賞与を査定することは、「直ちに不当労働行為が成立するということはいえない」(**大分タクシー事件**・大分地労委昭47.4.27命令) と、一歩踏み込んだ解釈をしたものがあります。

●●●●
3. 年休や生理日の休暇の取得と賞与の減額控除

　次に、年休や生理日の休暇などを取得したことを理由に賞与を減額すること

ができるかどうかについてみていきます。

（1）年休の取得日

　労働基準法は、「使用者は、第39条第1項から第4項までの規定による有給休暇を取得した労働者に対して、賃金の減額その他不利益な取扱いをしないようにしなければならない」（法附則第136条）として、年休を取得した労働者に対する不利益取扱いを禁じています。ここでいう"賃金の減額"には賞与の減額も含まれます。この点については、行政解釈でも、年休を取得した日を欠勤として取り扱って賞与を減額することは、"不利益な取扱い"の1つにあたるとされています。

　しかし、法第136条の定めは、違反しても罰則が適用されない、いわゆる訓示的な規定です。したがって、同条に違反しても労働基準法上の罰則を科されることはありません。

　また、民事的に民法第90条の公序良俗に反するかどうかが問題となりますが、裁判例の中には、「労働基準法39条及び136条の趣旨から見て望ましいものではないとしても、原告らの同法上の年休権行使を抑制し、ひいては同法が労働者に上記権利を保障した趣旨を実質的に失わせるものとまでは認められないから、公序に反し無効であるということはできない」（**練馬交通事件**・東京地裁平16.12.27判決）としたものがあります。この判決によれば、法第136条それ自体は使用者の努力義務を定めたものであり、労働者の年休取得を理由とする不利益な取扱いの私法上の法律効果を否定するまでの効力を有しないものと解されます。

（2）　生理日の休暇の取得と賞与の減額

　法第68条では、「生理日の就業が著しく困難な女性が休暇を請求したときは、その者を生理日に就業させてはならない」と定められていますが、年休のように有給とすることまでは求められておらず、その間の賃金は労働契約、労働協約または就業規則で定めるところにより、支給してもしなくても差し支えないこととされています。したがって、賃金計算にあたって生理日の休暇を欠勤として扱い、不就業時間について賃金控除することは必ずしも法に違反せず、賞与についても、通常の遅刻・早退や欠勤等と同様に扱って不就業時間に相当す

る額を減額しても差し支えないものと解されます。

しかし、生理日の休暇を取得したことにより多大な経済的不利益を被るため、事実上その取得を抑制する作用を及ぼす場合には、問題が生じます。この点について、賃金引上げの事案ですが、賃上げの対象者を稼働率80％の者として、稼働率算定上、年次有給休暇、生理休暇等の労働基準法上の休暇も不就労とする労働協約の取扱いが争われた裁判例では、「労基法又は労組法上の権利を行使したことにより経済的利益を得られないこととすることによって権利の行使を抑制し、ひいては右各法が労働者に各権利を保証した趣旨を実質的に失わせるものと認められるとき」は公序良俗違反であり無効とされたものがあります（**日本シェーリング事件**・最高裁一小平1.12.14判決）。

したがって、生理日の休暇を取得したことを理由とする賞与の減額は可能ですが、その減額が多額となるような場合は無効となる場合があることに注意が必要です。

なお、賞与の算定にあたっては、できる限り出勤扱いとするか、算定基礎日数から除外するなどの措置を講じることが望ましいことはいうまでもありません。

●●●●
4．懲戒処分による賞与不支給と減給の制裁

賞与額の決定にあたっては、個々の労働者の算定期間における成績や貢献度を評価し、その結果に応じて一定の範囲で支給額を増減させるだけでなく、懲戒処分によるマイナス評価によって賞与を減額することも可能です。ここでは、懲戒処分による賞与不支給と減給の制裁の関係についてみていきます。

（1）懲戒処分による賞与不支給

『出勤停止以上の懲戒処分を受けた者については賞与を支給しない』などとする定めをした場合、この定めは法律上どのような扱いになるのでしょうか。

一般的に、賞与額の算定にあたっては懲戒処分の原因となった事実も含めて評価が行われ、また、出勤係数によって欠勤部分（出勤停止による欠務部分を含む）についても考慮されている場合には、懲戒処分を受けたことを理由に、

これらの部分を超えて賞与を大幅に減額し、または不支給とすることは、裁量権の範囲を逸脱することとなり、無効と解されます。
　また、賞与算定期間中、労務を提供したにもかかわらず賞与を全額支払わないこととする措置は、裁量権の範囲を逸脱するばかりか、賞与の"賃金性"をも否定することになり認められません。したがって、裁量として認められる減額の範囲を超えて賞与を減額したり、その全額を支給しないとすることはできないと解されます。

　（注６）詳細は、第４章 Ⅱ.－「１．減給の制裁の制限と意義」87ページを参照のこと。

（２）賞与減額と減給の制裁

　遅刻・早退や欠勤等の不就業時間に対して賞与から控除する措置は、"勤怠評価"とか"勤怠査定"、"勤怠考課"（以下「勤怠評価」という）などと呼ばれ、一般に広く行われていますが、遅刻・早退や欠勤等の勤怠評価によって賞与を減額する場合は、勤務成績の査定の範囲内で、賞与の基本的な性格を変えてしまうほどの額でなければ、減給の制裁の問題は生じないものと解されます。
　次に、賞与の勤怠評価において、無断欠勤を『通常の欠勤の２倍』として扱うことが制裁にあたるかどうかは、問題となるところです。一般的には、無断欠勤１日分を２日分として控除することは制裁的なものと考えられます。しかし、賞与評価で制裁的な評価が一切許されないものではなく、勤怠評価として行うときは、減給の制裁として扱う必要はないものと解されます。
　また、上記の趣旨から、欠勤等について月例給与で減給の制裁を行ったのち、賞与において勤怠評価を行うこととしても、二重の減給の制裁処分の問題は生じません。なぜなら、減給の制裁とは実際に発生した賃金債権を減額するものであり、賞与支給額を評価によって減額することとしても、その評価の結果によって賃金債権としての賞与支給額が確定するのであり、そもそも減給にはあたらないからです。

Ⅲ．賞与支払いの実務

法第24条では賃金支払いの5原則について定められています。賞与も賃金であり、基本的にはこれらの規定の適用を受けます。しかし、毎月支払われるわけではなく、また支給額もあらかじめ確定していないため、月例賃金とはその取扱いが異なります。

ここでは、賞与支払いの実務についてみていきます。

1．支払期日

賞与、すなわち"臨時の賃金等"を支払うかどうかは、使用者の任意的裁量に委ねられています。この"臨時の賃金等"は、前述のように就業規則の相対的必要記載事項とされており、賞与に関して就業規則で定める場合にも、法令上は"支払いの時期に関する事項"を定めることを求めてはいません（注7）。したがって、賞与を必ず支払うこととするか、また支払期日を定めるかどうかは使用者の任意です。

しかし、労働者の生活設計上の便宜からすると支払期日を定めておくことが望ましいことはいうまでもありません。この場合、必ずしも支給日まで特定する必要はなく、単に『6月と12月の年2回支払う』という程度の定めでも差し支えありません。

(注7) 法第89条第2号および第3号の2では、賃金（臨時に支払う賃金を除く）と退職手当について、就業規則等で"支払いの時期"を定めなければならないこととされているが、「臨時に支払う賃金」は、その対象から除外されている。

2．口座振込等

法第24条第1項では"通貨払いの原則"について定められていますが、賞

与も賃金の一種であることから、原則としてこの"通貨払いの原則"が適用されます。しかし、同第1項ただし書では、「厚生労働省令で定める賃金について確実な支払の方法で厚生労働省令で定めるものによる場合においては、通貨以外のもの」で支払うことが認められています。ここで、"厚生労働省令で定める賃金"とは「法第24条第2項但書の規定による臨時に支払われる賃金、賞与に準ずるもの」（施行規則第8条）とされており、賞与についても"通貨払いの原則"の例外として、労働者の同意を得た場合は、「当該労働者が指定する銀行その他の金融機関に対する当該労働者の預金又は貯金への振込み」（同第7条の2第1項第1号）および「当該労働者が指定する金融商品取引業者に対する当該労働者の預り金への振込み（注8）」（同第2号）が認められています。このように、賞与についても口座振込み等の方法によって支払うことが認められています。

（注8）詳細は、**第5章 Ⅰ.－「1. 通貨払いの原則」**104ページを参照のこと。

3. 非常時払い

法第25条では、出産、疾病、災害その他厚生労働省令で定める非常の場合の費用に充てるために、労働者が"既往の労働に対する賃金"を請求したとき、使用者はこれを支払わなければならないこととされていますが、賞与がここでいう"既往の労働に対する賃金"に該当するかどうかは問題となるところです。

賞与は、賃金として労働者の請求権が確定している場合はともかく、一般的には、使用者の評価を経て労働者に支給する旨の意思表示があって初めて、請求権が発生するものです。すなわち、意思表示がない限り、いまだ"期待権"の域を出ておらず、非常時払いの請求権は発生していないと解するのが相当と考えられます。この場合、賃金規程等で賞与の支払い基準が定められている場合にも、特段、賞与を非常時払いの対象とする旨の定めがない限り、同様と解されます。

Ⅳ. 賞与請求権と賞与の不支給

賞与は、日々の労働に対して支払われる月例給与とは異なり、必ずしもすべての労働者に支給しなければならないものではなく、労働協約や就業規則等により当事者間で支給対象者の範囲を自由に取り決めることができます。しかし、賞与支給対象者が賞与支給日前に退職したり解雇された場合に、賞与を不支給とすることができるかどうかは問題になるところです。

ここでは、賞与請求権の発生時期のほか、評価による減額の可否、支給日在籍要件等について、判例を中心に考えていきます。

1．賞与請求権の発生時期

退職等によって賞与支給日に在籍していない者への賞与を不支給とすることができるかどうかは、問題になるところです。この問題を考えるにあたっては、賞与の請求権がいつ発生するかが、ポイントとなります。賞与請求権は、労使間において賞与の算定基準や支払時期等にかかる取決めがなされ、評価等によって各人の賞与の支給率や支給額が確定して初めて、具体的に発生します。したがって、就業規則等で単に『賞与は、原則として毎年6月と12月に支給する』といったような抽象的な定めがあるだけでは、具体的な請求権は発生しているとはいえません（**図表Ⅷ－③参照**）。

この点については裁判例でも、就業規則において賞与支給の都度、細部を決定するとの定めしかない場合に、労働者に具体的な請求権が発生するためには、一定の時期に賞与を支給する旨の定めがあるだけでは足りず、支給の都度、労使間で具体的な取決めがなされる必要があり、そのような具体的な取決めがなされない限り、「それは原則として抽象的な一時金請求権ともいうべきものにとどまる」（**ヤマト科学事件・東京地裁昭58.4.20判決**）とされています。

図表Ⅷ−③　賞与請求権の発生時期

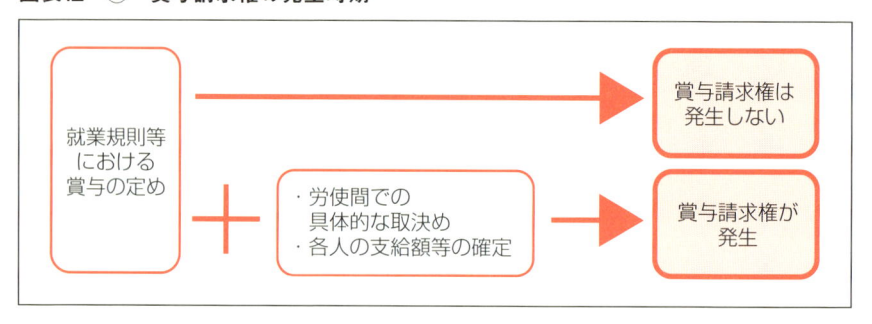

```
就業規則等         →  賞与請求権は
における     ＋              発生しない
賞与の定め
            ・労使間での
              具体的な取決め   →  賞与請求権が
            ・各人の支給額等の確定      発生
```

●●●●●●
2．評価に関する使用者の裁量の範囲

　ここでは、賞与額の決定にあたって使用者が評価を実施する場合、その裁量の範囲がどこまであるのかについて考えてみます。

（1）評価内容についての使用者の裁量
　賞与支給額の決定にあたって、査定や人事考課等の評価を行う場合、その内容について完全に使用者の裁量に委ねられているのか否かは問題となるところですが、裁判例では、使用者による査定によって低額の賞与額が支給された事案について、査定額を超えてこれを請求し得る根拠はないとしたものがあります（**中部日本広告社事件**・名古屋地裁平元.6.26判決）。すなわち、評価の結果、賞与額が低額になった場合でも、法第3条（注9）の均等待遇の原則に反したり、恣意的な評価、裁量の範囲を逸脱するような場合を除けば、原則として使用者に一定の裁量が委ねられているものと解されるわけです。

　　（注9）法第3条では、「使用者は、労働者の国籍、信条又は社会的身分を理由として、賃金、労働
　　　　　時間その他の労働条件について、差別的取扱をしてはならない」とされている。詳細は、**第3
　　　　　章Ⅱ.−「1．賃金決定の原則」**48ページを参照のこと。

（2）評価額の確定が遅れた場合の賞与請求権
　賞与額は、勤務成績等の評価によって決定されることが少なくありませんが、このような場合、評価が行われなければ労働者の賞与請求権は発生しない

のでしょうか。

　この点について裁判例の中には、賞与支給の前提となる評価の結果が確定しないために、協定で定められた支給日までに支給額が決定せず、期日までに賞与が支給されなかった事案について、労働者が一時金の支給を受けるべき期待権を侵害されたとして、使用者に対して損害賠償の支払いを認めたものがあります（**直源会相模原南病院事件**・東京高裁平10.12.10判決）。本事案は最高裁まで争われましたが、最高裁もこれを支持しています。結局、使用者に委ねられているのは、あくまでも賞与の具体的な支給額等に関するものであり、評価が確定しないからといって、賞与の支払いを一方的に約定の日より遅らせることはできないわけです。

　一方、これに対して賞与支給率や支給額の算出に際して評価を用いる場合、使用者は適正な評価を行う労働契約上の義務を負っているものとする考え方もあります。この考え方に立った裁判例には、賃金規程において、賞与額が会社の営業成績と従業員の勤務成績を考慮して決定されるものとされており、賞与を支給することが労働契約の内容になっていたのであるから、「賞与の額は、会社の営業成績及び当該従業員の勤務成績に応じた適正な査定に基く金額であることを要すると解すべきである」（**日本圧着端子製造事件**・大阪地裁平9.1.24判決）として、他の従業員と同等の基準で算出した額との差額の支払いを命じたものがあります。

3．毎年支給する賞与の額の慣行化

　ここでは、毎年一定額以上の賞与を支給してきたような場合に、突然、賞与額を減額することが認められるかどうかについて考えてみます。

　この点については、過去において業績がいかに悪くても一定の賞与を必ず支給してきたというように、最低支給金額を保障してきたことが事実たる慣行（注10）として客観的に認められるかどうかがポイントとなります。

　すなわち、それまで賞与を支給できるだけの営業利益や業績があったため、長い間一定の基準で賞与が支給されてきたという事実だけで、賞与の額が慣行化するものではなく、必ずしも過去の支給実績によって賞与の支給額を決定し

なければならないということではないわけです。

　この点について裁判例では、「従前前年度実績を下らない額の賞与が支給されてきたからといって、原告らの主張する具体的な賞与請求権を基礎づける労働慣行の存在を認めることはできない」(**松原交通事件**・大阪地裁平9.5.19判決) とされたものがあります。

> (注10) 民法第92条では、「法令中の公の秩序に関しない規定と異なる慣習がある場合において、法律行為の当事者がその慣習による意思を有しているものと認められるときは、その慣習に従う」とされている。

4．支給日在籍要件

　ここでは、賞与を支給するにあたって支給対象者を支給日現在において在籍する者に限定する定めの有効性について、詳しくみていきます。

(1) 支給日在籍要件にかかる特段の定めや慣行がある場合

　就業規則等において、賞与支給の対象者を『支給日現在、在籍している者に限る』との定めをした場合の効力については、結論からいえば、たとえ賞与支給対象期間の全期間を勤務した場合であっても、就業規則等に支給日在籍要件の定めがあるか、または労働慣行が成立している場合には、支給日に在籍していない者を賞与支給対象者から除外する定めは有効です。

　この点について裁判例では、賞与について、労務提供があれば使用者からその対価として必ず支払われる月例給与とは異なり、契約によって賞与を支払わないものもあれば、一定条件のもとで支払う旨定めるものもあって、賞与を支給するか否か、支給するとして如何なる条件のもとで支払うかはすべて当事者間の特別の約定や就業規則等によって定まるというべきであり、支給日在籍要件自体は違法とはいえないとされています (**梶鋳造所事件**・名古屋地裁昭55.10.8判決)。この裁判例では、このような条件をあらかじめ承認して雇用契約を締結し、当該条件を承知しながら支給日前に退職した結果であってやむを得ないというべきであるとされており、労働者が退職の時期を任意に選択することができる限り、このような支給日在籍要件が公序良俗に反するということ

はできないとされています。

今日では、支給日在籍要件の有効性については確立した考え方とされていますが、本裁判例はそのリーディングケースというべきものです。

また、これらの定めがない場合でも、慣行が事実として確立されている場合には、必ずしも就業規則等の定めがなくても、支給日前の退職者には賞与を支給しないことができるものと解されます。この点について最高裁判例でも、賞与支給対象者を支給日現在の在籍者に限定する定めについて、従来からの「慣行を明文化したにとどまるものであって、その内容においても合理性を有する」ものであり、退職後に支給日が到来する賞与について受給権を有しないとした原審の判断を支持しています（**大和銀行事件**・最高裁一小昭57.10.7判決）。最高裁判所が支給日在籍要件を有効とした本判例の意義は、大きいといえます。

なお、国家公務員の場合には、一般職職員の期末手当について、基準日（6月1日および12月1日）にそれぞれ在職する職員だけでなく、基準日前1カ月以内に退職し、失職しまたは死亡した職員についても支給することとされています（一般職の職員の給与に関する法律第19条の4）。

（2）支給日在籍要件にかかる特段の定めや慣行がない場合

賞与の支給対象期間の途中で退職した者については、支給日在籍要件の存在が認められない限り、対象期間中の勤務の割合に応じて賞与を支給すべきものと考えられます。この点については裁判所も、賞与の性格が単に恩恵的または任意に支給されるものではなく、労務に対する賃金の一種として支払われてきたものである場合には、「従業員はその支給対象期間の全部を勤務しなくとも、またその支給日に従業員たる身分を失っていたとしても、原則として支給対象期間中勤務した期間の割合に応じて賞与の支給を受けるものと解するのが相当である」としたうえで、支給日在籍要件の取扱いについて、「特別の社内規定または社内慣行の存しないかぎり許されない」（**ビクター計算機事件**・東京地裁昭53.3.22判決）として、勤務期間の割合に応じた賞与額の支給を使用者に命じています。

（3）年俸制その他賞与額があらかじめ確定している場合

　年俸制の下で、年俸総額の16分の2ずつを賞与として6月と12月に支給するといったように、あらかじめ支給時期と額が確定した賞与を支給する場合に、支給日に在籍していない者に対して賞与を不支給とすることができるか否かは問題となるところです。

　年俸制の下であらかじめ賞与支給額が確定しているということは、すなわち賞与の具体的請求権が発生しているということです。したがって、使用者が一方的に支給日在籍要件を設けて、その請求権を奪うことは認められません。

　この点に関する裁判例には、雇用契約を締結する際に、年間の賞与が6月と12月の2回の合計で約7カ月分と定められていた事案について、「右計算期間全部を勤務した従業員に対しては、右従業員がその後も在職しているか否かを問わず、当然、その期の賞与を支給すべき義務あるものというべく、従って既に具体的請求権として発生した賞与につき、控訴会社が一方的に右賞与の計算期間経過後の在籍者にのみこれを支給すると定めて、その権利を剥奪することは許されず、かかる定めは法律上無効であるといわなければならない」（**日本ルセル事件**・東京高裁昭49.8.27判決）としたものがあります。

　なお労働基準法では、賞与について"支給額があらかじめ確定されていないもの"と定義されており、年俸制その他賞与額があらかじめ確定している場合には、労働基準法における"臨時の賃金等"、すなわち賞与にはあたりません。

（4）支給日前に解雇した場合

　次に、支給日に在籍しない理由が本人の意思による退職ではなく解雇による場合に、支給日在籍要件が認められるかどうかの問題があります。この場合、一般的には、労働者の退職事由を問わず、支給日に雇用関係がない以上、賞与を不支給としても差し支えないものと解されます。

　ただし、労働者側に何ら解雇される理由がない場合や、もっぱら賞与の不支給を目的として支給日直前に解雇したような場合には、賞与不支給が違法となる場合があります。この点について、裁判例の中には、支給日在籍要件の定めはあるものの、解雇の場合について何ら取決めがなされていなかった事情のもとで、賞与支給日前に労働者を解雇した事案について、仮に解雇者が一時金支給対象者から除外されるとなると、使用者は「支給当日前に組合員を解雇する

ことにより一方的に自らの義務を免れるという不合理な結果になる」(**桜井鉄工所事件・千葉地裁昭48.9.12決定**)として、賞与の支払い(仮処分)を命じたものがあります。

また、整理解雇の場合にも、解雇の場合と同様に考えることができますが、整理解雇の有効性の観点も踏まえれば、支給日に在籍していないことにより賞与を不支給とする取扱いは、事実上困難であると考えられます。

なお、解雇予告期間中に賞与支給日が到来した場合には、賞与を支給しなければならないことに留意が必要です(図表Ⅷ-④参照)。

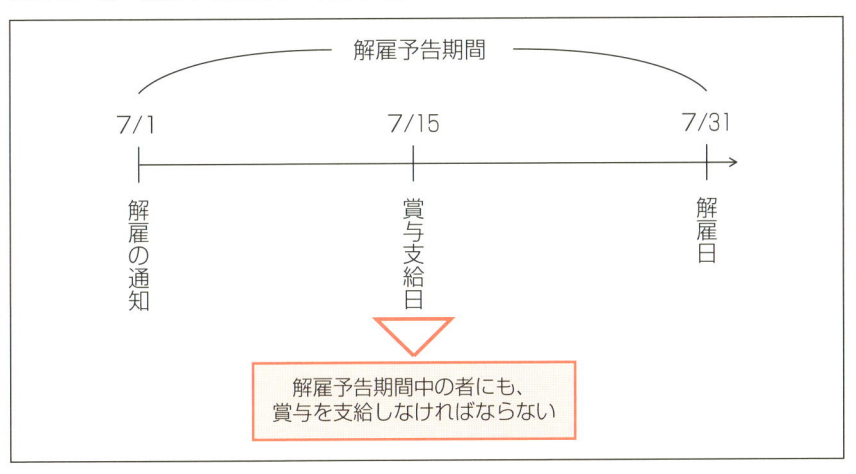

図表Ⅷ-④　解雇予告期間中に賞与支給日が到来した場合

```
              ―――― 解雇予告期間 ――――
        7/1              7/15             7/31
         ├────────────────┼────────────────┤
         解               賞               解
         雇               与               雇
         の               支               日
         通               給
         知               日
                          ▼
                  ┌─────────────────┐
                  │解雇予告期間中の者にも、│
                  │賞与を支給しなければならない│
                  └─────────────────┘
```

(5) 定年退職または契約期間満了によって労働契約が終了した場合

労働者の都合による任意退職や使用者の都合による整理解雇等については前述したとおりですが、そのいずれにもあてはまらない定年退職や契約期間満了の場合、支給日在籍要件の効力については学説が分かれています。

しかし、裁判例では次のように支給日在籍要件を有効とするものが少なくありません。たとえば、支給日在籍要件が賞与支給日の前日までに退職した者に不測の損害を与えるものとはいえず、支給日在籍者と非在籍者との間に不当な差別を設けるものということもできないとして、これを有効としたもの(**カツデン事件・東京地裁平8.10.29判決**)や、嘱託期間満了により賞与支給日前に退職した嘱託について、当該嘱託が支給日在籍要件にかかる慣行の存在を認識

していたかどうかにかかわらず、「事実たる慣習として上告人に対しても効力を有するものというべきである」(**京都新聞社事件**・最高裁一小昭60.11.28判決)として、支払対象期間のすべてを勤務し、支給日前に契約期間満了によって退職した嘱託の賞与を不支給としたことを有効と判示したものなどがあります。

(6) 賞与の支給が予定日より遅れた場合

　支給日在籍要件がある場合、賞与の支給が予定日より大幅に遅れた場合の効力が問題となります。この件についての裁判例には、現実に賞与が支給される日が団体交渉の妥結の遅れや会社の資金繰りなどの諸般の事情により、支給予定日より後にずれ込んだような場合に、賞与支給対象者を現実に賞与が支給された日に在籍する従業員に限ることは、「本件賃金規則(中略)により賞与請求権を取得した者の地位を著しく不安定にするもので、合理性があるとは言い難い」(**須賀工業事件**・東京地裁平12.2.14判決)としたものがあります。

　また、賞与が例年より2カ月以上遅れて支給され、かつ、遅延について特段の事情がない事案について、「本件賞与を受給する権利を一方的に奪うものであることは明らかであるから、控訴人らの同意のない限り、少なくとも本件賞与を支給日在籍者にのみ支給する旨の右合意の効力は、控訴人らには及ばないものというべきである」として、支給日在籍要件の合理性が高裁判決により否定され、最高裁でもこの判旨が支持されています(**ニプロ医工事件**・最高裁三小昭60.3.12判決)。

　したがって、支給日在籍要件がある場合でも、労使交渉の難航等により、現実の賞与支給日が予定日より遅れた場合には、予定日に在籍していた者に対して賞与の支給が必要となるものと解されます(**図表Ⅷ－⑤**参照)。

図表Ⅷ－⑤　賞与支給が予定日より遅れた場合

```
    7/10            7/末              8/10
─────┼──────────────┼──────────────────┼──────→
     │              │                  │
  賞与支給         従業員A           賞与支給日
  予定日           退職

         ～労使交渉難航～

              ▽
      ┌─────────────────┐
      │ 従業員Aに対しても、│
      │ 賞与を支給しなけれ │
      │ ばならない         │
      └─────────────────┘
```

●●●●●
5．退職予定者の賞与減額の可否

　従業員の実績部分より将来への期待部分を賞与額に大きく反映させ、退職予定者の賞与を減額することができるかどうかについては、賞与を賃金の後払いとしての労働の対価とみるか、将来への期待に対する対価とみるかによって異なります。いずれにせよ、支給対象期間に労働した者に対して賞与を大幅に減額したり、全額不支給とすることについては合理性があるとはいえません。

　この点について、裁判所は「賞与の趣旨が基本的に当該従業員の実績に対する評価にあり、賃金としての性質を有する場合に、将来への期待の部分が小さいとの理由で退職予定者に対する賞与額を非退職予定者と比較して僅少な金額に止めることとすれば、それは、将来への期待が小さいことを名目に従業員の賃金を実質的に奪うことになり、労働基準法違反あるいはその趣旨に反することによる民法90条（注11）違反の問題を生じることとなる」（**ベネッセコーポレーション事件・東京地裁平8.6.28判決**）として、退職予定者に対して将来の期待部分の賞与を大幅に減額した事案を違法としています。

さらに、同裁判例では「将来に対する期待の程度の差に応じて、退職予定者と非退職予定者の賞与額に差を設けること自体は、不合理ではなく、これが禁止されていると解するべき理由はない」としながらも、「過去の賃金とは関係のない純粋の将来に対する期待部分が、被告と同一時期に中途入社し同一の基礎額を受給していて年内に退職する予定のない者がいた場合に、その者に対する支給額のうちの82パーセント余の部分を占めるものとするのは、いかに在社期間が短い立場の者についてのこととはいえ、肯認できない」としたうえで、期待部分を非退職予定者の"賞与額の２割"とするのが相当であるとしています。

(注11) 民法第90条では、「公の秩序又は善良の風俗に反する事項を目的とする法律行為は、無効とする」とされている。いわゆる"公序良俗"のこと。

第9章

退職金支払いの実務

Ⅰ．退職金の法的性格と就業規則等への必要記載事項

　わが国における退職金制度は、古くは江戸時代の商人の"のれん分け"に由来するといわれています。その後、明治時代に入り、近代資本主義へ移行するとともに、熟練労働者の囲い込み政策として位置づけられ、第２次大戦後は、年功制や終身雇用制を補完する福利厚生施策の１つとして広く普及してきました。

　しかし、近年、その後になって導入された適格退職年金や厚生年金基金などの企業年金をはじめとする退職金制度において、企業の支払い能力やその保全方法などをめぐるさまざまな問題が表面化しました。

　ここでは、退職金の法的性格や就業規則等への定めについてみていきます。

1．退職金の法的性格

　まず、退職金の法的性格と賃金の該当性について考えてみます。

（1）退職金の法的性格

　退職金の性格には、①**功労報償説**、②**老後生活保障説**、③**賃金後払い説**などの諸説がありますが、わが国における退職金制度は、これらのうちのいずれかに限定されるものではなく、これらを合わせ持ったものと考えられます。

　では、これらの性格の特徴についてみていきます。

① 功労報償説

　功労報償説とは、退職金が労働者の在職中の功績や功労に報いるためのものとする説で、この考え方を明確にするために、退職慰労金とか退職功労金などと呼ばれることもあります。最近は、ポイント制退職金制度などのように、貢献度に応じて退職金額に差を設ける動きが顕著になっています。

② 老後生活保障説

老後生活保障説とは、退職後の生活保障のために退職金を支給するという説です。一般に、自己都合による中途退職よりも、会社都合退職や定年退職の場合の支給係数が大きくなっているのは、退職金によって老後生活を保障するという点をより明確にするためと考えられます。企業年金は、この考え方をより鮮明にしたものといえます。

③ 賃金後払い説

賃金後払い説は、賃金水準が低く、賃金が労働力の価値より低く支払われてきた時代に形成された説で、退職時に未払い分の賃金を退職金として支給するという考え方によるものです。この考え方は、主として、労働組合の理論的裏づけとして用いられることが少なくありませんが、近年では、功労報償説や老後生活保障説のほうが有力となっています。

(2) 賃金の該当性

退職金を支払うか否か、また、その内容をどのように定めるかは、使用者または労使当事者の自由に委ねられています。では、退職金は労働基準法でいう賃金に該当するかどうかについてみてみましょう。

この点について行政解釈では、「結婚祝金、死亡弔慰金、災害見舞金等の恩恵的給付は原則として賃金とみなさないこと」(昭22.9.13発基17号) とされており、使用者がその都度、恩恵的に支給する退職金は、賃金に該当しません。しかし、「結婚手当等であって労働協約、就業規則、労働契約等によって予め支給条件の明確なものはこの限りでないこと」(同通達) とされており、あらかじめ就業規則等において支給要件が明確にされている退職金は、恩恵的給付とはみなされず、法第11条に定める賃金に該当します。

すなわち、法が制定された昭和22年当時の退職金は、使用者が任意的、恩恵的に支給するのが一般的でしたが、今日では、就業規則や退職金規程において退職金制度として明確に定めている企業が少なくありません。このような場合は退職金も賃金債権となり、法第24条第1項をはじめとする諸法令の適用を受けることになります。

この点については裁判例でも、「退職金の法的性格については功労報償説、生活補償説、賃金後払説と見解が分かれているが、就業規則、労働協約等により

その支給が義務づけられている限り、その支給は労働条件決定の基準たる意味をもつから、退職金は労働基準法第11条の規定にいう労働の対償としての賃金とみるべき」(江戸川製作所事件・東京高裁昭44.7.24判決) と判示されています。

2．就業規則等に記載すべき退職金に関する事項

　法第89条第１項では、退職金に関する事項は就業規則の相対的必要記載事項とされており、退職手当の定めをする場合には、これに関する事項について定めなければなりません。しかし、従来、法律ではその内容が明確にされていなかったことから、退職金の支払いに関する争いが少なくありませんでした。そこで、昭和62年の法改正により、退職金制度を設ける場合には、①適用される労働者の範囲、②その決定、計算および支払いの方法、③支払いの時期について就業規則に定めることが義務づけられています（法第89条第１項第３号の２）。

(1) 適用される労働者の範囲
　"適用される労働者の範囲"とは、退職金制度の対象となる労働者の範囲をいいます。
　適用労働者の範囲について定めをする場合には、たとえば、『パートタイム労働者等の臨時労働者および短時間労働者を除く』とか、『勤続３年未満の者には、退職金を支給しない』などのように、適用を除外する者について定めをしたり、『社員となって勤続１年を経過した者に支払う』などのように、適用対象者を限定する方法でその範囲を定めてもよいでしょう。

(2) 退職金の決定、計算および支払いの方法
　退職金の"決定、計算および支払いの方法"とは、たとえば、勤続年数、退職事由等の退職金額の決定のための要素、退職金額の算定方法および一時金で支払うのか年金で支払うのかなどの支払いの方法をいいます。

① 退職金の決定および計算の方法

退職金の決定および計算の方法は、一般に**図表Ⅸ-①**の算式によって計算されます。

図表Ⅸ-①　退職金の計算方法

$$\text{勤続年数（支給係数）} \times \text{退職金算定基礎額（基本給等）} \times \text{退職事由別支給係数}$$

そこで、この算式をもとに退職金の決定および計算の方法について考えてみることにします。

①-ⅰ）　勤続年数

勤続年数については、とくに法的な制限はなく、5年未満と5年以上、10年未満と10年以上、20年未満と20年以上などのように、勤続年数の区切りによって異なる支給係数を設ける方法が一般的ですが、このほか、月単位で勤続年数を計算し、12カ月で割って按分する方法を採ることも可能です。

また、試用期間を勤続年数に算入するかどうかについても、労使当事者が任意に決めることができる事項です。さらに、休職（他社への出向を含む）期間の取扱いについても労使当事者間で決定することができますが、一般に私傷病等による自己都合休職は勤続年数から除外し、出向等による会社都合休職については、勤続年数に算入することが少なくありません。

なお、法令上は、業務上の傷病による休業（休職）期間について、退職金の計算にかかる勤続年数に算入すべきか否かの定めはありませんが、私傷病によるそれとは区別して、勤続年数に算入すべきものと考えられます。

就業規則（退職金規程）では、以上の点について、いずれの方法によるかを明確に定めておくことが重要です。

①-ⅱ）　退職金算定基礎額

基本給を退職金の算定基礎額とすることが少なくありませんが、この方法によると、基本給の上昇に連動して退職金の額が高騰してしまいます。このため、退職金の算定基礎を基本給と分離して『退職金算定基礎給』を別に設けたり、

職務グレード制度や職能等級制度にリンクさせ、グレードや等級ごとにポイント化して退職までの累積ポイントにポイント単価を乗じて退職金を算定する、いわゆるポイント制退職金制度が普及しています。

①-ⅲ) 退職事由別支給係数

　退職事由別支給係数とは、自己都合退職、定年退職、会社都合退職などの退職事由によって設ける係数をいいますが、自己都合退職を基準に、定年退職や会社都合退職の支給係数を割増する方法と、これとは逆に、定年退職または会社都合退職係数を基準に、自己都合退職の支給係数を減ずる方法があります。いずれの場合も、自己都合退職の支給係数を定年退職の支給係数より低く設定するのが一般的です。中には、業務上の傷病による退職の支給係数を、定年退職の支給係数より高くする企業もあります。

② 退職金の支払いの方法

　前述のように、就業規則等に支給要件が定められている場合には、退職金も賃金としての性格をもちます。したがって、退職金の支払方法については、法第24条第1項が適用されます（詳細は、本章258ページを参照のこと）。

（3）退職金の支払いの時期

　就業規則（退職金規程）には、原則として退職金の"支払いの時期"を特定しておく必要があります。なぜなら、退職金も賃金の一種であり、通常の賃金と同様、支払期日の定めが必要だからです。

　また、退職金の支払いの時期に関して、法第23条との関係や、中小企業退職金共済制度（以下「中退共」という）による場合に、支払いの時期を特定しなければならないかなどの問題があります。

① 法第23条との関係

　この点について、法第23条第1項では、労働者が死亡または退職した場合に、権利者の請求があった場合においては、7日以内に賃金を支払い、積立金、保証金、貯蓄金その他名称の如何を問わず、労働者の権利に属する金品を返還しなければならないこととされています。

　前述のように、退職金も賃金の一種であるため、この規定が適用され、労働者から請求があった場合には退職後7日以内に支払わなければならないかにみえますが、退職金は通常の賃金の場合と異なり、あらかじめ特定された支払期

日が到来するまで退職金を支払わなくても、同法違反とはなりません。

② **中退共によるときの支払期日**

中退共は、中小企業が国の援助によって退職金制度を確立できるように、昭和34年に法制化された、中小企業退職金共済法に基づく退職金共済制度です。中退共に加入している事業主は、労働者が退職したことを勤労者退職金共済機構（以下「機構」という）に申請するだけで、実際の退職金の支払いは、当該労働者がその請求を行った後に、機構から行われることになります。このため、その支払期日をあらかじめ特定しておくことはできません。したがって、事業主は、いつまでに機構に対して退職の手続きをするのかを定めておくようにすることで、支払期日を特定したことになることとされています。

Ⅱ．退職金の支払い方法

使用者による賃金の恣意的な支払いを排除するため、法第24条では賃金支払いの5原則が定められていますが、この原則が退職金に適用されるかどうかは問題となるところです。

ここでは、退職金の支払いにおけるそれぞれの原則についてみていきます。

1．賃金支払いの5原則の適用

賃金支払いの5原則（注1）が退職金に適用されるか否かは問題となるところですが、行政解釈では、労働協約、就業規則、労働契約等によってあらかじめ支給条件が明確である場合の退職金（以下、単に「退職金」という）は、法第11条に定める賃金の一種とされており、全体としては、この原則は退職金にも適用されることになります。

しかし、退職金が退職後に支払われることなど、その特殊な性格から、5原則の一部については適用が除外されます。

具体的には、法第24条第1項に定める①通貨払いの原則、②直接払いの原則、③全額払いの原則については、退職金もその適用を受けることとなりますが、④毎月1回以上払いの原則、⑤一定期日払いの原則については、退職金が"臨時に支払われる賃金、賞与その他これに準ずるもの"にあたる（注2）ことから、適用されません（**図表Ⅸ-②参照**）。

(注1) 法第24条は、第1項で、「賃金は、通貨で、直接労働者に、その全額を支払わなければならない」とするとともに、第2項で、「賃金は、毎月一回以上、一定の期日を定めて支払わなければならない」としている。詳細は、**第5章「Ⅰ．賃金支払いの5原則」**104ページを参照のこと。

(注2) 行政解釈では、労働協約、就業規則、労働契約等によってあらかじめ支給条件が明確である場合の退職金は、法第24条第2項の"臨時の賃金等"にあたるとされている（昭22.9.13基発17号）。

図表Ⅸ-② 退職金支払いの原則

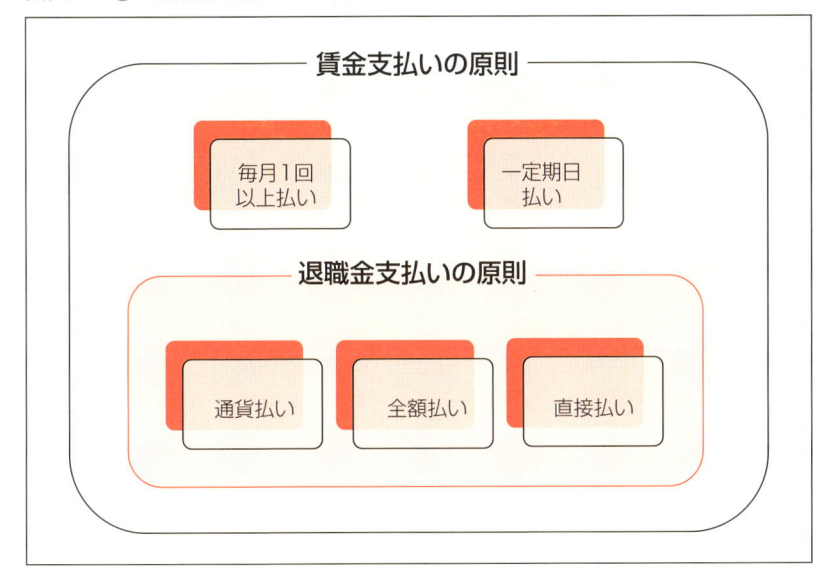

賃金支払いの原則
- 毎月1回以上払い
- 一定期日払い

退職金支払いの原則
- 通貨払い
- 全額払い
- 直接払い

●●●●
2．通貨払いの原則の例外

　退職金も賃金である限り、通貨で支払うことが原則となりますが、法第24条第1項ただし書では、「法令若しくは労働協約に別段の定めがある場合又は厚生労働省令で定める賃金について確実な支払の方法で厚生労働省令で定めるものによる場合」には、通貨以外のもので支払うことができるとして、"通貨払いの原則"に例外が設けられています。

　具体的には、"厚生労働省令"すなわち施行規則第7条の2第1項では、労働者の同意を得た場合には、通常の賃金について、①当該労働者が指定する銀行その他の金融機関に対する当該労者の預金または貯金への振込み、②当該労働者が指定する金融商品取引業者に対する当該労働者の預り金への払込み、のいずれかの方法によることが認められています。

　そして、同第2項では、上記の方法のほか、労働者の同意を得た場合には、退職金の支払いについて前項に規定する方法によるほか、①銀行その他の金融機関によって振り出された当該銀行その他の金融機関を支払人とする小切手を

当該労働者に交付すること、②銀行その他の金融機関が支払保証をした小切手を当該労働者に交付すること、③郵便為替を当該労働者に交付することで支払うこと、のいずれかの方法によることも差し支えないこととされています。

このように、退職金に関して小切手等での支払いが認められるのは、その支払いが確実に保証された銀行等の金融機関が振り出した自己宛小切手または支払保証をした小切手、郵便為替（注３）のいずれかによる場合のみであって、会社発行の小切手等で退職金を支払うことはできないことに留意が必要です。

(注３) 郵便為替については、「普通為替、電信為替及び定額小為替」が認められている（昭63.1.1基発1号）。

3．直接払いの原則の例外

法第24条第１項では、賃金の"直接払いの原則"について定められていますが、退職金を受け取るべき者が成年被後見人または失踪者である場合や、退職金債権が譲渡、質入れされたような場合、この原則はどこまで厳密に守られるべきかについて考えてみることにします。

(１) 成年被後見人または失踪者への退職金の支払い

退職金は、あくまでも労働者本人に直接支払わなければならないものであり、労働者の親権者その他の法定代理人または労働者の委任を受けた任意代理人に支払うことは認められません。しかし、成年被後見人や失踪者について、この原則どおりに取り扱うべきか否かは問題となるところです。

① 成年被後見人への退職金の支払い

成年被後見人である労働者本人に対してではなく、成年後見人に退職金を支払うことが、法第24条第１項に定める"直接払いの原則"に違反するかどうかは問題になるところですが、成年被後見人である労働者については、"直接払いの原則"の規定は適用がないものと解されます。なぜなら、使用者が成年被後見人に退職金を支払っても、退職金を受領すべき債権者である労働者にその債務受領行為が何であるかを判断する能力がないときは、債務弁済として認められず、無効となる可能性があるからです。また、精神上の障害により事理

を弁識する能力を欠く常況にある成年被後見人本人に退職金を支払うことは、実質的にみて労働者保護に欠ける可能性もあります。したがって、退職金債権をもつ労働者が成年被後見人である場合には、法に定められ、または裁判所が選任した成年後見人に退職金を支払うことが妥当であると解されます。

② 失踪者への退職金の支払い

退職金債権を持つ労働者が退職金を受領せずに失踪した（行方不明となった）場合に、家族や親権者に支払うことは、成年被後見人の場合とは異なって、明らかに"直接払いの原則"に反することとなります。

そこで、失踪者が受け取るべき退職金については、本人から請求があったときは、いつでも支払いができるようにしておくか、または供託するなどの方法で保管しておくといった方法があります。ただし、この場合、失踪者がその退職金を請求することのできる権利は、退職金の支給期日が定められているときはその翌日、定められていないときは失踪の日の翌日から起算して5年間で消滅します（法第115条）。

(2) 譲渡または質入れされた退職金の支払い

次に、"直接払いの原則"に関連して、退職金債権を第三者に譲渡または質入れすることができるかどうか、また、譲渡または質入れされた退職金を第三者（譲受人または質権者）に支払うことができるかについてみることにします。

① 退職金の譲渡、質入れの意義

まず、退職金を譲渡または質入れすることができるかどうかについて考える場合、"直接払いの原則"との関係が問題となりますが、この原則は、賃金の支払方法に関する定めであって、労働者が第三者に退職金を譲渡したり、質入れしたりする行為自体を禁じたものではありません。したがって、退職金の譲渡または質入れは法第24条第1項によって制限されないものと解されます。

たとえば、**図表Ⅸ－③**にみるように、労働者が金融業者（債権者）から融資を受ける際に、退職金債権を目的物として質権を設定（質入れ）したような場合、質権を設定した労働者（債務者）が使用者（第三債務者）にその旨を通知しまたは使用者がこれを承諾した場合には、使用者に対してその質権設定契約の効力が生ずるものと解されます。

図表Ⅸ—③　退職金債権の質入れと"直接払いの原則"の関係

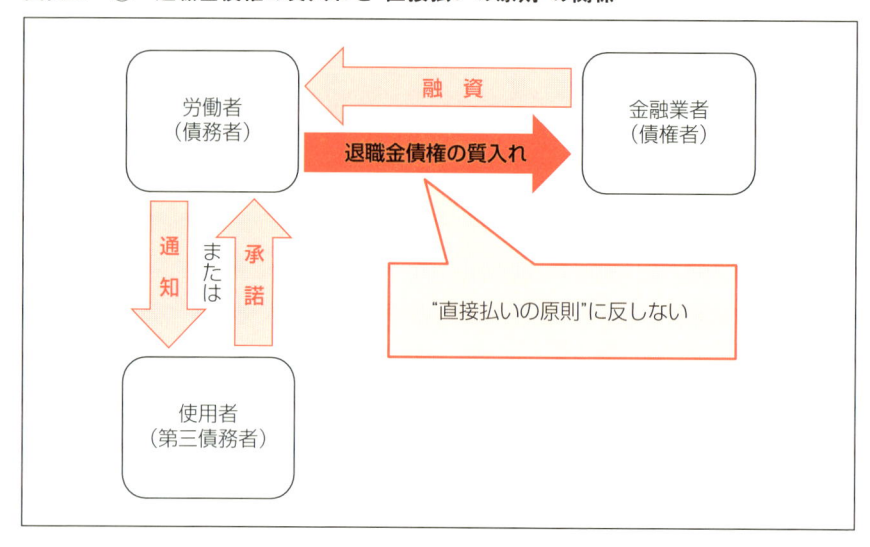

```
労働者                融資          金融業者
(債務者) ←――――――――――― (債権者)
         退職金債権の質入れ →

  通知  または  承諾      "直接払いの原則"に反しない
   ↓          ↑
  使用者
  (第三債務者)
```

　これは、民法第364条第1項の「指名債権を質権の目的としたときは、第467条の規定に従い、第三債務者に質権の設定を通知し、又は第三債務者がこれを承諾しなければ、これをもって第三債務者その他の第三者に対抗することができない」との規定に基づく解釈です（注4）。

　このように、労働者が退職金債権を譲渡しまたは質入れすること自体を禁止する法律はなく、民法第467条第1項または同第364条第1項の手続きを踏めば、退職金債権の譲渡または質入れは有効なものとして、法第24条第1項に抵触しないものと解されます。

(注4) 債権の譲渡についても、民法第467条第1項において「指名債権の譲渡は、譲渡人が債務者に通知をし、又は債務者が承諾をしなければ、債務者その他の第三者に対抗することができない」と規定されている。

② 譲渡または質入れ禁止の特約の効力

　では、退職金債権について、譲渡または質入れすることを禁止する旨の特約をすることはできるのでしょうか。

　一般に、通常の債権については、その性質上、譲渡が許されない場合を除いて、原則として自由に譲渡することができます（民法第466条第1項）が、「当

事者が反対の意思を表示した場合には、適用しない」（同第2項）とした民法の規定により、当事者の一方が譲渡を拒んだ場合には、債権譲渡はできません。いいかえれば、当事者の一方の意思があれば、譲渡禁止の特約が有効となるわけです。退職金債権についてもこの規定は排除されていないため、労働契約で譲渡を禁止する特約を結ぶことは可能と解されます。

また、質入れについても、民法第343条において、「質権は、譲り渡すことができない物をその目的とすることができない」こととされているため、譲渡禁止の特約は質権にも及ぶこととなります。

③ 譲渡または質入れ禁止にかかる就業規則の効力

次に、退職金債権の譲渡または質入れを就業規則で一律に禁止することができるかどうか、また、その就業規則の定めが全労働者を拘束する効力をもつかどうかが問題となります。この点について、結論からいえば、「労働条件の集合的処理、特にその統一的かつ画一的な決定を建前とする就業規則の性質からいって、当該規則条項が合理的なものであるかぎり、個々の労働者において、これに同意しないことを理由として、その適用を拒否することは許されないと解すべき」（**秋北バス事件**・最高裁大昭43.12.25判決）と判示した最高裁判例にみるように、一般的には、退職金債権の譲渡または質入れを禁じた就業規則の定めも、全労働者に"統一的かつ画一的に"適用されるものと考えられます。したがって、就業規則で退職金債権の譲渡または質入れを禁止する定めは、使用者と労働者間の特約とみなされ、個々の労働者の同意の有無を問わず、有効であると解されます。

④ 善意の第三者に対する特約の効力

このように、退職金について、労働契約または就業規則で譲渡または質入れすることを禁止する特約を結ぶこと自体は、当事者の意思により可能です。しかし、あくまで当事者間の契約であり、善意の第三者（その特約を知らない第三者）に対しては、その特約をもって対抗することはできません。

しかし、この場合、法第24条第1項の"直接払いの原則"との関係が問題となってきます。つまり、譲渡または質入れ禁止の特約を知らない善意の第三者が、譲渡または質入れされた退職金債権を請求してきた場合であっても、一般の債権とは異なり、使用者は労働者以外の第三者に退職金を支払うことはできず、退職金債権をもつ労働者本人に直接全額を支払わなければなりません。

したがって、もし当該退職金を善意の第三者に支払ってしまった場合にも、労働者に対する債務は消滅しないため、使用者は二重払いのリスクを負うことになります。

このため、たとえば図表Ⅸ－④のように退職金債権を質入れした労働者が、その旨をあらかじめ使用者に通知しまたは使用者の承諾を得ていた場合にも、債権者が直接債権行使、すなわち退職金債権の取立てをすることはできないわけです。

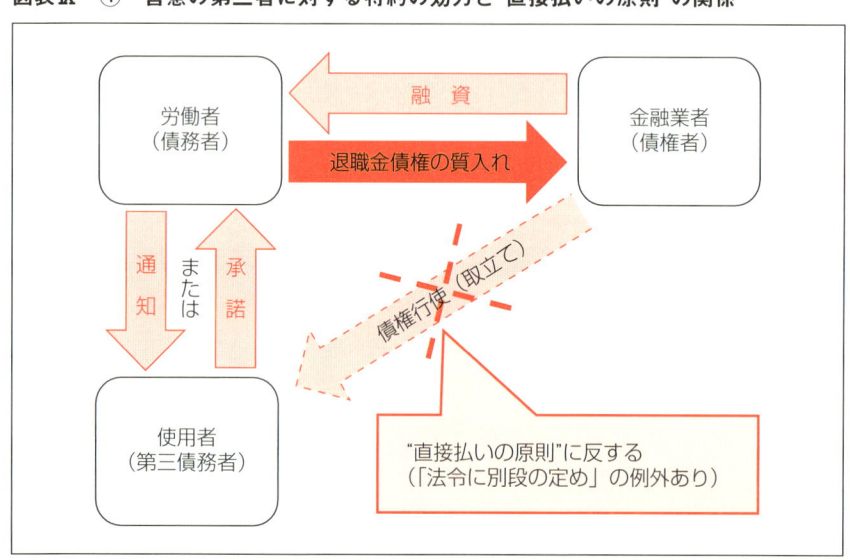

図表Ⅸ－④　善意の第三者に対する特約の効力と"直接払いの原則"の関係

```
     ←――― 融資 ―――
労働者              金融業者
(債務者)            (債権者)
     ――― 退職金債権の質入れ ―――→

通知                債権行使(取立て)
または
承諾                "直接払いの原則"に反する
                   (「法令に別段の定め」の例外あり)
↓
使用者
(第三債務者)
```

⑤　法令に別段の定めがある場合

　一方、裁判所からの差押えまたは取立て、転付命令があった場合には、法第24条第1項ただし書の"法令に別段の定めがある場合"に該当し、裁判所の命令に従って労働者本人以外の第三者に支払うこととしても違法とはなりません。この点について、裁判例（**小倉電話局職員退職金請求日本電信電話公社事件・東京高裁昭40.2.25判決**）では、そもそも法が賃金の直接払いを規定したのは、「労働者自身が労働力の給付に対する対価を現実に取得することを確保し、これによって労働力の搾取の行われることを防止しようとするため」であ

り、「労働者がみずから賃金を取得すると同様の経済的利益をうることが、疑もなく明白であるような場合」には、賃金（退職金）債権ないしその取立権が仮に第三者に帰属することとなったとしても、必ずしも賃金の直接払いの精神に反するものとはいえず、了解すべきものと判示されています。

つまり、譲渡または質入れされた退職金債権を強制執行によらずに請求することは違法となりますが、民事執行法に定める差押えによる場合には、"直接払いの原則"の適用が除外されるわけです。

なお、ここでいう"差押命令"とは、強制執行の第一段階として、国家が債務者の処分権限を奪ってこれを占有するという執行機関の行為であって、差押えがなされたことによって直ちに債権者が取立権を取得するということにはなりません。いいかえれば、賃金の差押えの場合にも、その差押対象額（注5）について、使用者は労働者に支払うことが禁止されるだけで、第三者である債権者が支払請求できることにはなりません。したがって、第三者が譲渡または質入れされた退職金債権を差し押え、使用者に取立てをしようとする場合には、裁判所から"取立命令"または"転付命令"を得ることが必要となるわけです。

(注5) 通常は賃金の4分の1、一定の場合、2分の1を上限とする（民事執行法第152条）。詳細は、第2章Ⅰ.-3.-「(2) 民事執行法による差押えの制限」27ページを参照のこと。

●●●●
4．全額払いの原則の例外

"全額払いの原則"の例外については、法第24条第1項のみならず、法第17条の"前借金との相殺の禁止"の定めとの関係でも検討が必要となります。すなわち、退職金を損害賠償や貸付金、住宅融資の残額あるいは過払賃金などと相殺することができるかどうかは問題となるところです。

法第17条では「使用者は、前借金その他労働することを条件とする前貸の債権と賃金を相殺してはならない」と定められていますが、ここでいう"相殺"には、当事者の一方の意思表示によって行われるものだけでなく、合意に基づく相殺契約や相殺予約として行われるものも含まれると解されます。この点について『労働基準法』コンメンタールでは、「民法の通常の用語例によれ

ば、かかる相殺契約は『相殺』に含まれないとも解されるが、もし、相殺契約は本条の相殺に含まれないと解すると、〔中略〕使用者の強制によって労働者が相殺契約を結ばざるを得なくなり、事実上本条の脱法が公然と行われることとなってしまうので、本条の相殺には相殺契約を含むものと解すべきである」とされています（厚生労働省労働基準局編「平成22年版　労働基準法（上）」248～249ページ）。したがって、"労働することを条件とする前貸の債権"に該当する場合には、たとえ労働者の同意があっても退職金との相殺は認められません。

　では、賃金債権の１つである退職金は、これらの労働者の債務等と相殺することはできないのでしょうか。

（１）損害賠償との相殺

　前述のように、法第24条第１項では、"全額払いの原則"について定められていますが、この原則との関係で、不法行為等によって惹起された損害賠償と賃金債権である退職金を相殺することができるかどうかの問題について、最高裁判例では、次のような解釈をしています。法第24条第１項は、賃金は原則としてその全額を支払わなければならない旨規定していますが、このことは、賃金債権に対して損害賠償債権をもって相殺をすることも許されないとしたもの（**関西精機事件**・最高裁二小昭31.11.2判決）や、使用者が労働者に対して有する債権が不法行為を原因としたものであっても、労働者の賃金債権と相殺することができないとしたもの（**日本勧業経済会事件**・最高裁大昭36.5.31判決）などがあります。すなわち、賃金が労働者の生活を支える重要な財源である以上、賃金と使用者が有する債権（損害賠償請求権）とを相殺することはできないものと解されます（**図表Ⅸ－⑤**参照）。

　したがって、これらの見解によれば、労働者が不法行為等によって企業に損害を与えたときは、退職金を全額支払った後に、あらためて損害賠償請求をし、請求額を支払わせるという手順をふむことが必要となります。

図表Ⅸ－⑤　損害賠償と退職金の相殺

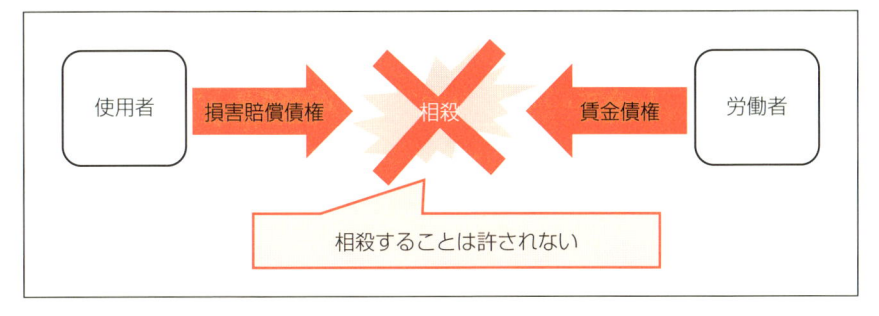

使用者 →損害賠償債権→ ✕相殺✕ ←賃金債権← 労働者

相殺することは許されない

（2）住宅融資額との相殺

　住宅取得等のための社内融資（貸付）制度を利用する労働者が退職する際に、その融資残額と退職金を相殺することができるかどうかをめぐっても、法第17条および同第24条との関係が問題となります。

①　"前借金相殺の禁止"および"全額払いの原則"との関係

　まず、法第17条の"前借金相殺の禁止"との関係について、住宅資金等の貸付けは、労働者と使用者の人的信用に基づいて行われるものであり、"労働することを条件とする前貸の債権"には該当しないものと解されるため、問題となりません。

　次に、法第24条との関係についてみると、退職金と融資（貸付金）の相殺について、裁判例の中には、退職金であって月々の生活を支える月給とは異なり、相殺に供したからといって、このことのみによって直ちに労働者の経済生活を脅かすものとはいえず、また、相殺に供された金員は、不法行為による損害賠償債務などのように労働者が一方的に負担する債務ではないことを根拠に、相殺の同意が完全に労働者の自由意思に基づくものと認められ、かつ、そう認めるに足りる合理的な理由が客観的に存在していたものと認められるとしたうえで、法第24条の"全額払いの原則"に違反しない（**大鉄工業事件・大阪地裁昭59.10.31判決**）と判示されたものなどがあります（**図表Ⅸ－⑥参照**）。

図表Ⅸ—⑥　全額払いの原則違反とならないための要件

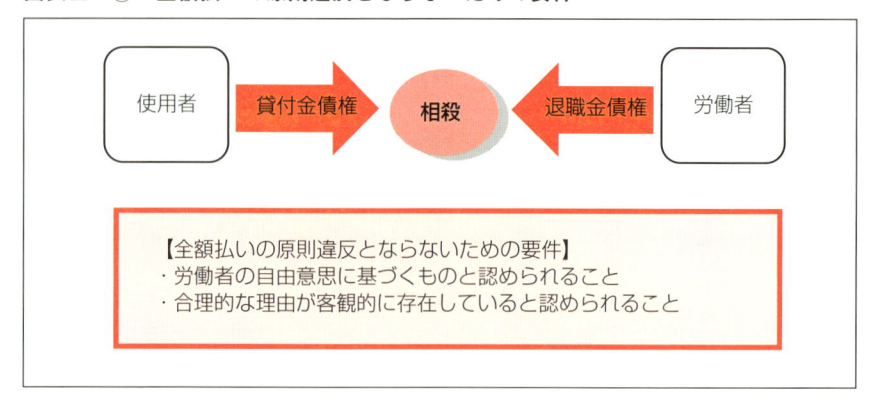

```
使用者  →貸付金債権→  相殺  ←退職金債権←  労働者
```

【全額払いの原則違反とならないための要件】
・労働者の自由意思に基づくものと認められること
・合理的な理由が客観的に存在していると認められること

② 二四協定の効力と労働者の同意

　退職金から貸付金等を控除する場合には、前提として法第24条第１項ただし書（注６）に定める労使協定（以下「二四協定」という）が必要となります。

　この二四協定では、『退職時に貸付金等の未返済債務があるときは、退職金から控除することができる』などのように、退職金と未返済金との相殺について明確な定めがなされていなければなりませんが、このような協定さえあれば、退職金から未返済金を一方的に控除（相殺）することができるというわけではありません。なぜなら、二四協定は、単に退職金から未返済金を控除しても違法とはならないという刑事免責の効果を生じさせるものであって、相殺の民事的効力は、当事者の自由な意思表示に基づく合意が必要となるからです。したがって、退職金から未返済金を控除するためには、二四協定が締結されているだけでは十分ではなく、その都度、当該労働者の同意を必要とします。

(注６) 法第24条第１項ただし書後段の「当該事業場の労働者の過半数で組織する労働組合があるときはその労働組合、労働者の過半数で組織する労働組合がないときは労働者の過半数を代表する者との書面による協定がある場合においては、賃金の一部を控除して支払うことができる」との定め。詳細は、**第５章Ⅰ.－3.－「（1）全額払いの原則の例外」**112ページを参照のこと。

③ 控除（相殺）額の上限

　使用者が民法第506条の規定（注７）によって貸付金と退職金を相殺する場合には、民法第510条（注８）および民事執行法第152条が適用され、退職金の４分の１を超える額については、相殺することができないこととされています

(民事執行法第152条第2項)。しかし、労働基準法では、賃金(退職金)からの控除(相殺)に関する限度額についての特段の制約はなく、二四協定があり、かつ、労働者の同意があれば、未返済額の全額を退職金と相殺することができることとされています。したがって、このような相殺の限度額の定めは、任意規定と解され、使用者側から一方的に行われる相殺ではなく、労働者の自由意思に基づいて行われる相殺については、適用されないものと解されます。

この点について、裁判例には、「原告は、相殺として退職金の一部控除が許されるのは、民法510条、民事執行法152条の各規定により退職金の4分の1の範囲に限られる旨主張する」が、本件相殺(控除)は、原告の「自由意思に基づくものであるから、右各規定による制限を受ける故はなく、右原告の主張は理由がない」(**大鉄工業事件**・大阪地裁昭59.10.31判決)と判示されたものがあります。

(注7)「相殺は、当事者の一方から相手方に対する意思表示によってする」との定めのこと。
(注8)「債権が差押えを禁じたものであるときは、その債務者は、相殺をもって債権者に対抗することができない」とする定めのこと。

Ⅲ．退職金の支払いにかかるその他の留意事項

　退職金の支払いについては、その特殊性から通常の賃金とは異なるさまざまな取扱いがなされています。
　ここでは、退職金の支給制限や返還請求の可否、死亡退職金の受給権者の範囲、時効、保全措置など、退職金支払いの実務についてみていきます。

1．退職金の支給制限

　前述のように、就業規則や労働協約等で支給要件が明確にされている場合には、退職金は単なる恩恵的な給付ではなく、賃金としての性格をもちますが、労働の対償として毎月支給される賃金とは異なり、退職金を支給するかどうか、また支給要件をどのように定めるかは、基本的に使用者または労使当事者の任意事項です。
　しかし、退職金を減額または不支給とすることができる事由は無制限に認められるものではなく、一定の合理的な事由がある場合に限られます。なぜなら、労働者の永年の勤続による功労と、その結果としての退職金受給への期待権を相殺し得るような重大な理由がないときに、恣意的に支給を制限することは妥当とはいえないからです。
　そこで、労働者が解雇された場合や同業他社に就職した場合に、退職金に支給制限（減額または不支給）を設けることができるかどうかについてみていきます。

（1）普通解雇の場合
　まず、労働者が解雇された場合に退職金を減額したり不支給とすることができるかどうかという問題については、解雇の理由がいわゆる使用者都合（退職

勧奨や整理解雇など）の場合と、労働者の責めによる場合とでは取扱いが異なります。前者の退職勧奨の形をとる場合は、むしろ減額するのではなく、退職金の上乗せが行われるのが一般的です。

一方、後者の場合は、あらかじめ退職金を減額する旨の規定があれば減額することとしても差し支えありません。

退職金の支給要件として、たとえば、解雇、自己都合退職、定年、会社都合退職などのように退職事由別に退職金支給係数が定められているときは、支給係数に差をつけることも可能です。また、解雇については、他の退職事由より支給係数を小さくすることとしても差し支えありません。

このように、解雇者に対しては、定めがあれば退職金を減額することも可能ですが、普通解雇の場合には、退職金の全額を不支給とすることは認められないものと解されます。この点に関連した裁判例には、円満退職した者以外には退職金を支払わない旨の定めを無効としたもの（**栗山精麦事件**・岡山地裁玉島支部昭44.9.26判決）や、使用者が退職を承諾しない限り退職金を支給しないとする制度について、「労働者としては、雇用関係の継続を望まなければ退職金受給をすべて断念しなければならないという不合理な結果を招くことになる」として、その定めを無効としたもの（**東花園事件**・東京地裁昭52.12.21判決）があります。

（2）懲戒解雇の場合

懲戒解雇の場合に、退職金を減額または支給しないとする定めがある場合で、退職金が功労報償的な性格を強く有するものである場合には、懲戒解雇者に対して退職金を減額または不支給とすることも可能と解されます。

この点については裁判例においても、従業員を懲戒解雇し、退職金を支給しない旨の決定がなされ、本人にその旨が通知されたときは、就業規則における退職金発生の条件を満たさないため、その者の会社に対する退職金債権が発生しないものと解釈しても当該規定が公序良俗に反するとはいえないとしたものがあります（**福岡県魚市場事件**・福岡地裁久留米支部昭56.2.23決定）。

一方、裁判例には、懲戒解雇の場合に退職金を減額もしくは支給しない旨の定めがある場合にも、労働者に永年勤続の功を抹消してしまうほどの不信がない以上、退職金を全額支給しないことは許されないとしたものもあります（**橋

元運輸事件・名古屋地裁昭47.4.28判決)。すなわち、一般的に退職金は賃金の後払い的性格を有するものであるため、退職金を減額もしくは不支給とすることができるのは、一定の合理的な事由があるときに限られるとする考え方です。労働者の永年の勤続への功労と、その結果としての退職金受給への期待を恣意的に制限することは妥当ではないということがその理由です。

このため、実務的には、事由の性格や程度を勘案したうえで、全額不支給とするか否かを判断すべきものと考えられます。

(3) 同業他社に就職した場合

退職後、同業他社に就職した場合に、退職金を減額することができるかどうかについては疑義の生じるところですが、結論からいえば、就業規則または労働協約にその定めがあれば減額することが可能と解されます。

この点について、最高裁の判例には、退職後に同業他社に就職した社員に支給すべき退職金を、一般の自己都合退職の場合の半額とする旨定めた事案について、「この場合の退職金の定めは、制限違反の就職をしたことにより勤務中の功労に対する評価が減殺されて、退職金の権利そのものが一般の自己都合による退職の場合の半額の限度においてしか発生しないこととする趣旨であると解すべきである」としたうえで、「その退職金が労働基準法上の賃金にあたるとしても、所論の同法3条、16条、24条及び民法第90条等の規定にはなんら違反するものではない」(**三晃社事件**・最高裁二小昭52.8.9判決)と判示したものがあります。

ただし、同業他社に就職する以前に退職金の支給日が到来し、退職金を規定どおり全額支払った後に同業他社に就職したような場合、上記退職金減額の規定を根拠として、その一部を返還させることはできません。

なお、以上にみてきたような不支給事由や減額事由を設ける場合には、退職金の決定および計算の方法に関する事項に該当するため、就業規則に記載しなければならないことに留意が必要です。

2. 退職金の返還請求

 次に、労働者が退職した後に、その労働者が在職中に、懲戒解雇事由に該当する不正行為があったことが発覚した場合、いったん支払ってしまった退職金を返還させることができるか否かについてみることにします。

(1) 退職後の懲戒解雇の可否

 すでに自己都合などで退職してしまった労働者について、退職後に、懲戒解雇事由が発覚したため、懲戒解雇したものとして退職金を不支給または減額することはできるのでしょうか。

 そもそも解雇とは、使用者の一方的な意思表示によって労働契約を将来に向かって解約することをいいますが、労働契約がすでに終了した後にその労働契約を解約することはできません。したがって、労使による合意解約や任意退職、契約期間満了などによってすでに労働契約が終了している場合には、後から使用者が解雇の意思表示を行ったとしても、その時点では労働契約が存在していないため解雇は成立しません。

 この点について、裁判例には、「自己都合により退職したものと認められる以上、本訴被告と本訴原告との間の雇用関係は右事由によって終了したものであり、たとえその後になって本訴被告が本訴原告に対して懲戒解雇の手続を履んだとしても、これによって右自己都合退職による雇用関係の終了の法的効力に影響を及ぼすものではない」（**ジャパン・タンカーズ事件**・東京地裁昭57.11.22判決）と判示されたものがあります。

 以上のように、雇用関係がすでに終了している者に対して懲戒解雇をする余地はなく、退職金を不支給としたり減額することもできません。

(2) 退職金返還請求の効力

 次に、すでに支払ってしまった退職金の返還を求めることができるかどうかが問題となりますが、この点について、裁判例では、退職後に懲戒免職相当の事実が明らかになった場合、退職金返還請求をすることができるという退職金規定の定めに基づいて、すでに支払った退職金の返還請求を行うことを有効と

したものがあります（**阪神高速道路公団事件**・大阪地裁昭63.11.2判決）。

したがって、就業規則（退職金規程）でこのような定めがなされている場合には、その定めに基づいて退職金を返還させることも可能と解されます。すなわち、不正行為があったことが事実である場合、もともと支払われるはずでないにもかかわらず支払われた退職金は"法律上の原因"のない不当利得となり、返還請求をすることが可能となるわけです（注9）。

また、この請求権の消滅時効は、後述の退職金請求権の時効とは異なり、10年（注10）とされています。

なお、前述のように、退職後には懲戒解雇する余地はないため、『懲戒解雇の場合には退職金を支給しない』としか規定されていない場合には、退職金返還請求をすることができないことに留意が必要です。

(注9) 民法703条は、「法律上の原因なく他人の財産又は労務によって利益を受け、そのために他人に損失を及ぼした者は、その利益の存する限度において、これを返還する義務を負う」と、不当利得の返還請求について定めている。
(注10) 不当利得返還請求権の消滅時効について最高裁判例では、「民事上の一般債権として民法167条1項により10年と解するのが相当」とされている（最高裁一小昭55.1.24判決）。

●●●●●●
3．死亡退職金

労働者が死亡したときの死亡退職金は、一般的には相続財産となりますので、民法の定めるところによって遺産相続人に支払うこととなります。しかし、就業規則（退職金規程）または労働協約において、民法の遺産相続の順位によらずに、施行規則第42条、第43条の順位による旨を定めることも可能です。

そこで、民法の一般原則と施行規則による場合を比較しながら、死亡退職金の受給権者の順位と支給対象者に関する諸問題についてみることにします。

(1) 死亡退職金の意義

退職金規程で死亡退職金の支給対象について具体的な定めをせず、単に遺族としている場合には、民法の相続の規定により、原則として戸籍上の配偶者等に対して死亡退職金を支給することになります。

しかし、死亡退職金の受取人を民法上の相続と同列に取り扱うことは、たと

えば、社会的事実として夫婦共同生活をなしていた、いわゆる内縁の妻に死亡退職金がまったく支給されなかったり、死亡退職金の一部を死亡した労働者と生計を別にしていた直系尊属や兄弟姉妹が受け取ることになるといったケースも考えられるため、死亡退職金の遺族に対する生活保障という本来の意義からすれば問題がないとはいえません。したがって、退職金規程で死亡退職金の受取人について則第42条、第43条に基づいた規定にしておくか、または生計維持関係あるいは生計同一関係にあった遺族の生活保障を十分考慮した規定を設けるべきものと考えられます。

（2）民法の相続に関する規定

民法に定められた法定相続人の相続順位は、**図表Ⅸ－⑦左列**のとおりですが、死亡退職金の意義は、残された遺族の生活を保障するところにあるため、必ずしも一般的な相続財産と同列に扱う必要はありません。この点について、最高裁判所も、民法の法定相続に関する規定と異なる定めをした規定について、「右規定は、専ら職員の収入に依拠していた遺族の生活保障を目的とし、民法とは別の立場で受給権者を定めたもので、受給権者たる遺族は、相続人としてではなく、右規定の定めにより直接これを自己固有の権利として取得するものと解するのが相当であり、そうすると、右死亡退職金の受給権は相続財産に属さず、受給権者である遺族が存在しない場合に相続財産として他の相続人による相続の対象となるものではないというべきである」（**日本貿易振興会事件**・最高裁一小昭55.11.27判決）として、当該退職金規程が民法の規定に優先されるという判断を示しています。

（3）施行規則第42条、第43条の規定

次に、施行規則第42条、第43条に定められた遺族の順位についてみてみることにします。

① 施行規則第42条および第43条の順位

施行規則第42条および第43条では、労働者が業務上の災害によって死亡したときの遺族補償を受けるべき者の順位について、**図表Ⅸ－⑦右列**のとおりとされています。

② 同順位の者が複数いる場合

　同順位の受取人（相続人）が複数いる場合は、その支払いについて別段の定めがあればその定めにより、別段の定めがないときは共同分割による趣旨と解されます。したがって、たとえば、兄弟姉妹が複数いるようなときで、"共同分割"による方法を採らない場合には、就業規則に『長幼の順による』あるいは『会社が指定する順序による』などと定めておくとよいでしょう。

（4）受取人の判定が困難な場合や争いがある場合の取扱い

　死亡退職金の支払いにあたって、正当な受取人かどうかが判定できない場合や、複数の受取人の間で争いがある場合の取扱いについてみることにします。

① 受取人（遺産相続人）の判定が困難な場合

　就業規則に死亡退職金の受取人の定めがない場合、遺産相続人に対して支給することとなりますが、労働者が死亡したときの遺産相続人について、正当な相続人であるかどうかの判定が困難なケースも考えられます。このような場合に、使用者が相続人と誤認して死亡退職金を支払い、後日、正当な相続人が現れたときは、あらためてその相続人に対して支払いをしなければなりません。

　また、分割相続によって相続人が複数いる場合には、死亡退職金を分割して支払う必要があります。このため、使用者は請求者に対して、死亡した従業員の戸籍謄本や遺産分割協議書等を提出してもらうなどによって、正当な相続人であることや相続割合を確認したうえで、死亡退職金を支払うこととなります。そして、遺産相続人の資格の証明が不十分な場合や、各相続人の相続分が確知できない場合には、請求のあった日から7日以内に供託（民法第494条）するのが確実な方法です（厚生労働省労働基準局編「平成22年版　労働基準法（上）」337～338ページ）

② 複数の受取人（相続人）に争いがある場合

　死亡退職金の受取人（相続人）が複数いる場合で、受取人の間に争いが生じたときの取扱いについて労働基準法では、「異義のない部分を、同項の期間中に支払い、又は返還しなければならない」（法第23条第2項）とされているため、死亡退職金の受給権者の間でその退職金の受給に関して争いがある場合には、当事者間に異義のない部分について支払えばよく、争いとなっている部分については、争いが解決するまで支払いを留保しておくことができます。

図表Ⅸ－⑦　民法の相続順位と労働基準法の遺族の順位の比較

	民法の相続順位	労働基準法（則第42条、第43条）に定める遺族の順位
―	配偶者（内縁関係を除く） ※下記相続人に並んで常に同順位の相続人となる	
第1順位	**子**（養子を含む） 相続割合は、配偶者が2分の1、残りの2分の1を子の人数により按分。子がおらず孫がいる場合は、次順位の直系尊属よりも孫が優先（代襲相続）	労働者の**配偶者**（内縁関係を含む）
第2順位	**直系尊属**（父母、祖父母等） 相続割合は配偶者が3分の2、残りの3分の1を直系尊属の人数により按分。父母と祖父母ともに健在な場合は、父母が優先	労働者の死亡当時、**生計維持関係**または**生計同一関係**にあった　①**子**、②**父母**（養父母は実父母に優先）、③**孫**、④**祖父母** ※順位は記載の順序による
第3順位	**兄弟姉妹** 相続割合は配偶者が4分の3、残りの4分の1を兄弟姉妹の人数により按分	労働者の死亡当時、生計維持関係もしくは生計同一関係になかった①**子**、②**父母**（養父母は実父母に優先）、③**孫**、④**祖父母**、または⑤労働者の**兄弟姉妹**（兄弟姉妹で、労働者の死亡当時、生計維持関係もしくは生計同一関係にあった者を優先） ※順位は記載の順序による。ただし、労働者が遺言または使用者に対して行った予告で、上記の者のうちの特定の者を指定した場合は、その指定した者

4．退職金の時効

　退職金の時効について、法第115条では、「この法律の規定による退職手当の請求権は５年間行わない場合においては、時効によって消滅する」と定められています。

　ここで、退職金の時効の起算日がいつから発生するかが問題となります。退職金の時効の起算日は、就業規則等で支給期日の定めがある場合にはその翌日から、支給期日の定めがない場合には退職または解雇の日の翌日から、すなわち、退職金の受給権が発生した日から起算すべきものと解されます。

　ところで、就業規則等に支給期日の定めがある場合には、請求がなくても、その支給期日には、当然に使用者に支払義務が発生するものと解され、時効の問題は生じないかにみえます。しかし、退職金の受給権を持つ労働者が退職金を受領できる状態にない場合、たとえば、退職金を受領しないまま失踪してしまったとか、本人が死亡し、相続人等の間で受給権に争いがあって退職金を支払うことができない（注11）などの場合には、上記の時効が意味を持ってきます。

　なお、前述のように、退職金の支給期日が定められていない場合に労働者が５年間請求をしないときは、その退職金の請求権は時効で消滅しますが、この場合、使用者は退職金の支払いを怠ったとしても法違反で罰せられることはありません。退職金の支払いが就業規則等で定められている場合、退職金が賃金債権となり、労働者に民事的な請求権が発生することとなりますが、この請求権は、法第26条の休業手当や第84条の災害補償などのように、その支払いが刑罰をもって担保された請求権とは異なり、労働者が請求しないことを理由に使用者が支給を怠ったとしても、労働基準法上の罰則の適用はないからです。

　（注11）民法第147条の規定に基づいて、裁判上の「請求」が行われた場合には、時効は中断し、同第157条第２項の規定により、「裁判上の請求によって中断した時効は、裁判が確定した時から、新たにその進行を始める」こととなる。

5．退職金の保全措置

　賃確法第5条では、事業主は「労働契約又は労働協約、就業規則その他これらに準ずるものにおいて労働者に退職手当を支払うことを明らかにしたときは、当該退職手当の支払に充てるべき額として厚生労働省令で定める額について、第3条の厚生労働省令で定める措置に準ずる措置を講ずるように努めなければならない」とされています。

　この規定は、企業倒産等によって退職金の支払能力がなくなってしまった場合でも退職金の未払いが発生することがないよう、退職金の支払いに必要な額のうちの一定額について保全措置を講ずることについて、事業主に努力義務を課したものです。

（1）保全措置を講ずべき事業主

　上記のように、賃確法では、退職金規程等によって労働者に対して退職金を支払うことを明らかにしている事業主に対して、原則として同法に定める退職金の保全措置の努力義務を課していますが、以下の事業主はその対象から除外されています（賃確法第5条）。

【保全措置の努力義務の対象から除外される事業主】
① 次に掲げる退職金制度を採用している事業主
　ⅰ）中小企業退職金共済制度（中退共）
　ⅱ）社会福祉施設職員等退職手当共済制度
　ⅲ）適格退職年金共済制度
　ⅳ）特定退職金共済制度
② 労働者が厚生年金基金の加入者である事業主
③ 確定給付企業年金の加入者である事業主
④ 退職手当の保全措置を講ずることを要しない旨の厚生労働大臣の指定を受けた法人または特殊法人等である事業主
⑤ 過半数代表者等との間で退職手当の保全措置を講じない旨の書面による労使協定を締結した事業主

(2) 保全措置の方法

　退職金の保全措置とは、次の措置をいいます（賃確法第5条、同法施行規則第5条の2第1項）。

【退職金の保全措置】
① 金融機関による支払保証方式
　労働者に対する退職手当の支払いに係る債務を銀行その他の金融機関に、要保全額について保証することを約する契約を締結すること
② 信託方式
　要保全額について、労働者を受益者とする信託契約を信託会社と締結すること
③ 質権または抵当権の設定
　労働者の退職手当の支払いに係る債権を被担保債権とする質権または抵当権を、要保全額について設定すること
④ 退職手当保全委員会方式
　退職手当保全委員会（以下「保全委員会」という）を設置すること

(3) 保全すべき退職金の額

　ここで、保全すべき退職金の額は、次のいずれかの額以上の額とされています（賃確法施行規則第5条）。

【保全すべき退職金の額】
① 退職金要支給額方式
　労働者の全員が自己都合退職したときに支払うべき退職金の4分の1に相当する額
② 中退共最低掛金額方式
　労働者が昭和52年4月1日以降、当該事業主に継続して使用されている期間について最低掛金月額を納付したとみなした場合に、中退共から支払われる退職金額の合計額
③ 労使協定方式
　過半数代表者等と書面によって協定した額

補章

賃金の不利益変更等に関する諸問題

Ⅰ．賃金の改定（昇給・降給）をめぐる諸問題

　近年、終身雇用制の崩壊や高齢化、ホワイトカラーの増大、能力・成果主義の台頭といったさまざまな要因により、従来の年功賃金システムの崩壊が起こっています。

　定期昇給の見直しもその流れの一つで、最近では、右肩上がりの企業成長を前提とした昇給制度の見直しが迫られています。実際に、人事考課に基づく賃金の据え置きや減額もあり得る制度を導入するなど、全社的な賃金体系の再構築を進めていく中で、見直しを検討する企業は少なくありません。

　これと同時に、マイナス昇給と称して賃金を引き下げたり、降格に伴って賃金を減額したことによって、トラブルに発展するケースも急増しています。

　そこで、昇給と降給について、それぞれの意義と実務上の留意点についてみていきます。

1．昇給

　昇給とは、賃金の決定要因の変動に対応して、定期的または臨時的に、賃金の基本的な部分を増額させることをいいます。ここでいう賃金の決定要因の変動には、物価上昇（インフレ）、業績や生産性の向上、各人の能力や職務難易度の向上などがあります。

（1）昇給の種類

　一般に昇給と呼ばれているものには、ベースアップと定期昇給の２つがあります。

　ベースアップ（以下「ベア」という）は、その事業所の労働者全体の賃金水準を底上げし、賃金テーブルそのものを改定するもので、ベア自体を実施する

かどうかも含めて、その金額とか実施の時期などは、最終的に労使間の話し合いで決定されます。

通常、ベアは企業業績や世間水準とリンクする性質を有するものであることから、改定を行う際は、ベア改定の基礎となる物価上昇など、賃金の決定要因の変動がどの程度であったかについて検討することとなります。

これに対して、定期昇給（以下「定昇」という）は、賃金表などあらかじめ定められた基準に基づいて、個々の労働者の賃金を定期的に引き上げるもので、年齢や勤続年数に応じて、加齢による労働者の生活費の増加分を補填したり、勤続による貢献度を賃金に反映させることを目的としています。昨今では、年齢や勤続年数などの属人給部分を排除し、能力や実績により賃金を決定する企業も増えています。

（2）就業規則の絶対的必要記載事項と定昇凍結

ところで、法第89条第2号では、就業規則の絶対的必要記載事項の1つとして、「賃金（臨時の賃金等を除く。以下この号において同じ。）の決定、計算及び支払の方法、賃金の締切り及び支払の時期並びに昇給に関する事項」について定めなければならないこととされています（注1）。

このように、昇給に関する事項については就業規則への記載が義務づけられていますが、企業の業績悪化や同業他社の動向等を理由として昇給を停止することは可能なのでしょうか。

まず、賃金水準の底上げを実施するベアは、企業業績や物価上昇等の賃金水準の決定要因にどの程度の変動があったかによって実施の有無が決まるものです。労働協約や就業規則等で毎年ベアを行う旨の定めをしていない場合は、これらの要因に変化がない限り、実施しなくても差し支えありません。実際、昨今のデフレ時代にあっては、ベアを行わない企業も少なくありません。

一方、定昇については、就業規則における昇給の定め方によって異なります。まず、就業規則等のうち"昇給に関する事項"について、『毎年4月に定期昇給を実施する』というような定めがなされている場合は、定昇は企業にとって義務であり、原則として会社の業績低下等を理由とした中止や減額をすることはできません。いいかえれば、昇給停止事由に該当しない限り、原則として就業規則の適用を受ける全労働者について、ルールどおりに昇給を行わなければ

ならないということです。ただし、この場合、就業規則には実際の金額が定められていないため、具体的な賃金請求権が労働者に発生するわけではありません。このため、不払い賃金の問題が生ずることはありませんが、企業の信義則上の義務違反の問題は残ります。

ところで、職能資格制度を導入している場合など、等級ごとに定昇の標準額を定め、それに、決められた係数を乗じるなど人事考課の結果を反映させて個別の昇給額を算出する場合には、人事考課の結果が悪ければ、結果として定昇なし（またはマイナス昇給）になるケースもあります。また、『毎年４月に、本人の年齢、能力、勤務態度、勤務成績等を総合的に勘案して、昇給することがある』というような定めがある場合には、昇給を行わないこととしても、とくに問題はありません。

最近では、長期にわたる経済の低迷や従業員の高齢化等によって雇用そのものの維持が困難になってきており、年功型の賃金人事制度は行き詰まりをみせています。こうした中で、人事制度改革の一環として、賃金が上がることを前提とする定昇の考え方を改め、降給もあり得るとする賃金制度に転換する企業も増えています。

（注１）詳細は、**第３章Ⅰ.－「２．就業規則の必要記載事項」**46ページを参照のこと。

●● 2．降給

　降給とは、賃金の基本的な部分を減額することをいい、大きく分類すると、以下の３つがあります。

> 【降給の種類】
> ① 降格に基づく降給
> ② 職務変更（配転）に伴う降給
> ③ 人事考課に基づく降給

　いずれの場合も、賃金の不利益変更の問題（本章295ページ参照）とは異なり、労働契約や就業規則、労働協約の内容を変更するわけではなく、人事制度

の運用に伴って"降給"が行われるものです。
　ここでは、降給の意義と考え方についてみていくことにします。

（1）降格に基づく降給

　一般に降格という場合、①部長から次長や課長に職位（職制上の地位）を引き下げ、あるいは役職そのものを解く降格のほか、②人事考課に基づいて職能資格制度や職務グレード制度等の人事制度上の資格等級やグレード等を下位に引き下げる降格、さらには、③懲戒処分としての降格があります。
　では、これらの降格に伴う降給の有効性についてみてみることにします。

①　職位を引き下げる降格（降格・降職）

　多くの企業では、職位を引き下げる降職と職能等級等を引き下げる降格を区別せず、あわせて"降格"と称しています。また、組織上の職制と職能等級等が一体のものとなっており、一定の役職に就くに伴って職能等級等が上がり、基本給も上がるような制度においては、降職と一体のものとして降格が行われ、基本給が下がる仕組みとなっていることが少なくありません。
　本章では、人事考課や懲戒処分によって人事制度上の資格等級を下位に引き下げる降格と区別するため、職位の引下げ（降職）を伴う降格と職位の引下げのみの降職をあわせて"降格・降職"ということとします。
　降格・降職に伴う賃下げは、それが権利の濫用として無効でなく、かつ、降格・降職に伴って職能給や役職手当等の賃金が下がることが制度的に明確にされている場合にのみ、認められるものです。
　では、人事権の行使として行う場合の有効性と賃金減額の可否について詳しくみることにします。

①-ⅰ）人事権の行使としての降格・降職の有効性

　降格・降職は、通常、人事権の行使として行われますが、業務上・組織上の必要に応じて行われる場合のほか、役職者の能力や適格性の欠如などを理由として行われる場合があります。
　いずれにせよ、人事権の行使として行われる降格・降職は、社会通念上著しく妥当性を欠き、権利の濫用にあたると認められない限り、違法性はないものと解されます。この点については裁判例でも、企業において、「従業員中の誰を管理者たる地位に就け、またはその地位にあった者を何等かの理由（業績不

振・業務不適格等を含む。）において更迭することは、その企業の使用者の人事権の裁量的行為であると一般的には解されるところである」（**星電社事件**・神戸地裁平3.3.14判決）とされたものや、「役職者の任免は、使用者の人事権に属する事項であって使用者の自由裁量にゆだねられており裁量の範囲を逸脱することがない限りその効力が否定されることはないと解するのが相当」（**エクイタブル生命保険事件**・東京地裁平2.4.27決定）とされたものがあります。

この場合の人事権の裁量判断の基準について裁判例では、「使用者側における業務上・組織上の必要性の有無・程度、労働者がその職務・地位にふさわしい能力・適性を有するかどうか、労働者の受ける不利益の性質・程度等の諸点が考慮されるべきである」とされています（**バンク・オブ・アメリカ・イリノイ事件**・東京地裁平7.12.4判決）。

また、本人の能力や適格性の欠如を理由として降格・降職を行う場合は、何らかの人事考課をもとにするのが一般的ですが、この場合の人事考課は公正なものでなければなりません。この点について裁判例では、「役職者についてどのような評価基準でその成績評価を行うかは使用者の裁量に委ねられているものと解される」（**エクイタブル生命保険事件**・前掲）とされており、人事考課（評価）制度が確立されていれば、それをもとに降格・降職を行うことは、一般的には差し支えないものと解されます。

①-ⅱ）降格・降職に伴う役職手当等の賃金減額の可否

役職者に対しては、その役割や責任に応じて役職手当などの名称で手当が支給されることが少なくありません。この場合、降格・降職に伴って役職手当の減額や支給停止が認められるかどうかが問題となるところですが、降格・降職そのものが有効であれば、それに伴う役職手当の減額または支給停止は、役割や責任等の変更に伴う当然の措置として有効と解されます。

この点について裁判例では、新経営方針の推進・徹底が急務とされ、これに積極的に協力しない管理職を降格・降職させる業務上・組織上の高度の必要性があったと認められる場合には、その降格・降職は裁量権を逸脱した濫用的なものと認めることはできないとしたうえで、降格・降職に伴って、役職手当が42,000円から37,000円に減額されることは「人事管理業務を遂行しなくなることに伴うもの」であり、違法ではない（**バンク・オブ・アメリカ・イリノイ事件**・前掲）と判示されたものがあります。

ただし、賃金規程等で職制ごとの役職手当等が規定されている場合であっても、その職制と実際の役職との対応が明確でない場合には、賃金の減額が無効となる場合もあります（**石油産業新聞社事件**・東京地裁平23.10.11判決）。このため、職制と賃金の対応関係については、賃金規程等に明確に定めておくことが望まれます。

　また、本部長・部長は6～7等級、次長・課長は5～6等級、主任・一般職は4等級以下などのように、一定の役職と資格等級等が連動している制度において降格・降職が行われた場合、役職手当だけでなく、職能給や資格給等の賃金もあわせて減額できるかどうかが問題となります。この場合、就業規則に降格の定めがあれば、その規定に基づいて降格することができ、それに伴って職能給等を減額することも可能と解されます。

　この点について、能力主義・成果主義賃金体系の下、職務遂行能力の欠如等を理由に、人事権の行使としての降格・降職とそれに伴う降給の有効性が争われた事案で、裁判所は、「企業において、労働者の適性や能力を正当に評価して、企業組織の中で見合った職務や職位に労働者を配置する人事権を保有することは、労働契約上予定されているというべき」であるとしたうえで、基本給のほかに、「職務遂行能力に応じて職位が決定され、職位に応じた職務給と職務手当が支給されること、その職位は社員の経験、勤務成績等職務遂行能力を要素に決定すること」とされているほかは、特段詳細な資格要件が規定されていないため、就業規則における「社員は、職務遂行上において、再三の指示・命令にもかかわらず改善がなされず、被告会社から要求された職務遂行が行われない場合、降格することがある」との規定に基づく降格・降職と、それに伴う職務給および職務手当の減額を有効と判示しました（**日本レストランシステム事件**・大阪地裁平16.1.23判決）。

　また、店長職から流通センターへ職種の変更を伴う配転が行われるとともに、職務等級が5等級から4等級に降格・降職され、その結果、職能給が10,300円、役職手当が78,000円減額になった事案について、「本件降格異動に伴い原告の給与は職能給と役職手当を併せて約9万円の減給となっており、原告の不利益は小さくはないが、職務等級にして1段階の降格であることや原告の店長としての勤務態度に照らせば、やむをえないものというほかない」（**上州屋事件**・東京地裁平11.10.29判決）と判示されたものもあります。

なお、人事権の発動として降格・降職が行われた場合に、法第91条に定める減給の制裁（後述3参照）の制限を受けるかどうかは問題となるところですが、同裁判例では、役職者としての適格性や能力不足を理由とした降格・降職について、「通常の人事発令が行われたものと推認できることからすると、本件降格処分は、懲戒権の行使ではなく、人事権に基づき本件降格異動を行ったものと認められる」（**上州屋事件**・前掲）として、減給の制裁の制限を受けないこととしています。

② 人事考課に基づく降格

　職能資格制度等における職能資格は、一般に職階制と賃金上の処遇が一体となっており、格付けが上下することは、職能給等の賃金その他の労働条件を左右します。したがって、人事考課の結果によって職能等級等を下げる場合には、その降格の根拠が、就業規則および人事考課（評価）制度において明確に定められており、かつ、その運用が適正になされている必要があります。

　この点について争われた裁判例をみると、職能資格制度の下では、職務遂行能力を基準とした資格等級が決定されるのが一般的であるとしたうえで、「いったん備わっていると判断された職務遂行能力が、営業実績や勤務評価が低い場合にこれを備えないものとして降格されることは、（心身の障害等の特別の事情がある場合は別として）何ら予定されていなかった」（**アーク証券〔本訴〕**事件・東京地裁平12.1.31判決）として、降格の効力が否定されたものがあります。判決の理由として、使用者が、能力以上に格付けされていると認められる者の資格・等級を、職能資格や等級の見直しによって一方的に引き下げる措置、すなわち降格を実施するにあたっては、「就業規則等における職能資格制度の定めにおいて、資格等級の見直しによる降格・降給の可能性が予定され、使用者にその権限が根拠づけられていることが必要である」とされました。

　この点について、被告会社は、賃金制度が年功序列的なものではなく、各人の能力や業績に応じたいわゆる職能給であり、賃金制度自体が降格・減給の根拠となる旨主張しましたが、「資格制度における資格や等級を労働者の職務内容を変更することなく引き下げることは、同じ職務であるのに賃金を引き下げる措置であり、労働者との合意等により契約内容を変更する場合以外は、就業規則の明確な根拠と相当の理由」がなければなし得るものではない、とされま

した（**アーク証券事件・**東京地裁平8.12.11決定）。

　このように、人事考課に基づく降格は、①でみた降格・降職のように、人事権の行使として使用者の裁量によって行うことはできず、就業規則等によって降格の定めがあり、かつ、その運用が適正に行われていることが要件となるわけです。

　また、降格に伴って賃金の減額を行うには、就業規則等にその旨の定めが必要です。この点について裁判例では、「本件降格処分は、役職を解くたぐいの降格ではなく、職能部分の賃金の減額をも伴うものであるが、右賃金の額は雇用契約の重要な部分であるから、従業員の同意を得るか、あるいは少なくとも就業規則上にその要件について明示すべきである」（**マルマン事件・**大阪地裁平12.5.8判決）とされています。

　なお、成果主義賃金制度の一環として、人事考課の結果により降格もあり得る制度を導入する場合には、評価基準が明確であるなど一定の合理性が求められます。

③　懲戒処分としての降格

　懲戒処分として降格が行われる場合には、賃金の引下げを伴うことがあります。この場合の賃金引下げが減給の制裁（注2）にあたるかどうかは問題となるところです。もし、減給の制裁にあたる場合には、就業規則にその根拠規定が必要であり、また、その引下げ額は、「1回の額が平均賃金の1日分の半額を超え、総額が一賃金支払期における賃金の総額の10分の1を超えてはならない」（法第91条）からです。

　この点について、行政解釈では、「交通事故を惹起した自動車運転手を制裁として助手に格下げし、従って賃金も助手のそれに低下せしめるとしても、交通事故を惹起したことが運転手として不適格であるから助手に格下げするものであるならば、賃金の低下は、その労働者の職務の変更に伴う当然の結果であるから法第91条の制裁規定の制限に抵触するものではない」（昭26.3.14基収518号）とされています。また「職務毎に異なった基準の賃金が支給されることになっている場合、職務替えにより賃金が減少しても法第91条の減給の制裁規定には抵触しない」（昭26.3.31基収938号）とされています。

　いいかえれば、降格処分後も従来と同一の業務に従事させながら賃金額だけを下げる場合は、通常の労働に対する対価としての賃金を継続的に一定額減給

するものであり、減給の制裁に該当するものと解されます（厚生労働省労働基準局「平成22年版　労働基準法（下）」915ページ）。

一方、職務グレード制度等において、各グレードに求める職務レベルや職務内容等が異なり、それに対応して賃金が決定されることが明確となっている場合で、懲戒処分として降格が行われ、降格後の職務が降格後のグレードに求める職務レベル等に応じたものに変更される場合には、対応するグレードに応じた賃金に変更することは可能と考えられます。この点については、就業規則の定めに基づいて、資格等級を下位等級のいずれかへ変更するという降格処分が有効とされた裁判例があります（**バンダイ事件**・東京地裁平15.9.16判決）。

なお、懲戒処分を行うにあたっては、労働契約法第16条の定めにより、「当該懲戒が、当該懲戒に係る労働者の行為の性質及び態様その他の事情に照らして、客観的に合理的な理由を欠き、社会通念上相当であると認められない場合は、その権利を濫用したものとして、当該懲戒は、無効」とされており、留意が必要です。このため、降格処分の結果、著しい賃金（労働条件）の低下を伴う場合には、労働者が受ける不利益の程度や量刑の妥当性を勘案したうえ、懲戒権の濫用とならないよう細心の注意が必要となります。

（注2）詳細は、**第4章 Ⅱ.－「1. 減給の制裁の制限と意義」**87ページを参照のこと。

（2）職務変更（配転）に伴う降給

一般に、職種や勤務場所等についての特約がない限り、労働者は使用者に配転を行う権限を付与することに同意したものと解され、使用者は、労働契約によって取得した指揮命令権に基づいて配転を命じることができるものと解されます。したがって、配転命令によっても職位上および経済上とくに不利益を被るものでない通常の配転は、人事権の濫用とは認められないものと解されます（**広島中央電報局事件**・広島地裁昭63.7.26判決）。

それでは、職務変更に伴う降給の有効性についてみていきます。

① 職務変更に伴う降給の有効性

降格や降職によらず、単に職務の変更を理由として賃金の引下げを行うことは、原則として認められないものと解されます。この点について、裁判所は、「配転と賃金とは別個の問題であって、法的には相互に関連しておらず、労働者が使用者からの配転命令に従わなくてはならないということが直ちに賃金減

額処分に服しなければならないということを意味するものではない」としたうえで、「使用者は、より低額な賃金が相当であるような職種への配転を命じた場合であっても、特段の事情のない限り、賃金については従前のままとすべき契約上の義務を負っている」(**デイエフアイ西友事件**・東京地裁平9.1.24決定)と判示しています。

　ただし、能力不足とか不適格などの労働者の帰責によって役職者から一般社員に降格・降職が行われ、それに伴って配転が行われ賃金の減額があったとしても、それは降格・降職に伴う賃金減額であり、必ずしもここにいうような制限は受けないものと解されます。したがって、降格・降職と配転を同時に行う場合には、降格・降職に基づく賃金減額(役職手当等の減額)と配転とを明確に区別しておく必要があります。

　また、降格・降職を含む配転命令については、賃金の減額が少ない場合と大きい場合とを同一に取扱うことは相当ではないとされた裁判例があります(**日本ガイダント仙台営業所事件**・仙台地裁平14.11.14判決)。本裁判例は、業務内容を変更する配転の結果、賃金月額が約62万円から約半分に減額された事案ですが、裁判所は、大幅な賃金引下げを伴う場合には、「配転の側面における使用者の人事権の裁量を重視することはできず、労働者の適性、能力、実績等の労働者の帰責性の有無及びその程度、降格の動機及び目的、使用者側の業務上の必要性の有無及びその程度、降格の運用状況等を総合考慮し、従前の賃金からの減少を相当とする客観的合理性がない限り、当該降格は無効」であると判断し、「降格が無効となった場合には、配転命令に基づく賃金の減少を根拠付けることができなくなる」から、賃金減少の原因となった営業事務職への「配転自体も無効となり、本件配転命令全体を無効とすべき」と判示しています。

② 職務変更に伴う職務給等の減額の有効性

　一方、近年、職務給や役割給などのように、職務や役割に応じて基本給が決定される制度を導入している企業が増えていますが、就業規則等において、どのような職務や役割であれば基本給がどうなるかといったルールを明確にしておき、かつ、その運用が適正になされている場合には、職務変更に伴う降給については有効と認められるものと解されます。

　ただし、実務上は、使用者の人事権によって労働者の職務を一方的に変更し

た結果、その労働者のこれまでの経験や専門性、能力等がほとんど活かされない職務に就くことは労働者の不可抗力といえるものであるため、企業の人事政策上の観点から、職務変更後の一定期間の人事考課は賃金に反映させず、たとえば1年間は標準評価（例：B評価など）を保障するとの施策をとることも考えられます。

③ 育児休業から復帰した者の職務変更と降給

育児・介護休業法では、原則として1歳までの子を養育する労働者に対して育児休業を取得させることが義務づけられています。

産前産後休業と合わせると休業期間は1年以上に及ぶこともあるため、当該労働者の所属部署に代替要員が配置されることもありますが、この場合、育児休業を取得した労働者が復帰するにあたって、原職ではなく別の部署や職務に変更せざるを得ない場合もあります。このような場合、配転に伴って賃金を減額することは認められるのでしょうか。

ここではまず、法令の定めについてみた後、この問題について争われた裁判例についてみていきます。

③-ⅰ) 職務変更と降給にかかる法令の規制

育児・介護休業法第22条では、育児休業等の後の就業が円滑に行われるようにするため、育児休業等をする労働者が雇用される事業所における労働者の「配置その他の雇用管理」に関して、必要な措置を講ずるよう努めることとされています。この点について、育介指針では、具体的に、「育児休業及び介護休業後においては、原則として原職又は原職相当職に復帰させることが多く行われているものであることに配慮すること」とされており、必ずしも義務ではないものの、原職等への復帰を原則とすることを促しています。

また、同法第10条では、労働者が育児休業等をしたことを理由として、「解雇その他の不利益な取扱い」をすることが禁止されていますが、育介指針では、降格や減給のみならず、「不利益な配置変更」についても例示列挙されています。

不利益な配置変更に該当するか否かについては、「配置の変更前後の賃金その他の労働条件、通勤事情、当人の将来に及ぼす影響等諸般の事情について総合的に比較考量の上、判断すべきもの」とされており、たとえば、「通常の人事異動のルールからは十分に説明できない職務又は就業の場所の変更を行うこ

とにより、当該労働者に相当程度経済的又は精神的な不利益を生じさせること」があげられています。

このように、育児休業等から復帰した者については、原則として原職等への復帰を促すとともに、不利益な配置変更等を行うことについては、法令による一定の規制が設けられています。

③-ⅱ）職務変更と降給の有効性が争われた裁判例

育児休業復帰者の担当職務の変更と、それに伴う降格および賃金減額の有効性が争われた事案で、裁判所は、「役割報酬の引下げは、労働者にとって最も重要な労働条件の一つである賃金額を不利益に変更するものであるから、就業規則や年俸規程に明示的な根拠もなく、労働者の個別の同意もないまま、使用者の一方的な行為によって行うことは許されないというべき」であるとし、さらに、役割グレードの変更、すなわち降格についても、「そのような役割報酬の減額と連動するものとして行われるものである以上、労働者の個別の同意を得ることなく、使用者の一方的な行為によって行うことは、同じく許されないというべきであり、それが担当職務の変更に伴うものであっても、人事権の濫用として許されないというべき」（**コナミデジタルエンタテインメント事件・東京高裁平23.12.27判決**）であると判示しています。

本事例では、育児休業から復帰した後、成果報酬をゼロと査定したことについて、育児休業を取得して休業したことを理由に不利益な取扱いをすることに該当するとしたうえで、そのようなことは育介指針の趣旨に照らしても、育児休業を取得して休業したことを理由とする不利益取扱い禁止の趣旨に反すると判示されました。

（3）人事考課に基づく降給

近年、本人の能力や成果、業績等によって賃金を決定または変更する賃金人事制度を導入する企業が増えています。この場合、人事考課の結果に基づいて賃金を減額させる制度が有効と認められるためには、人事考課の目的の合理性や制度の決定手続き、個々の人事考課の過程における合理性と公平性が担保されていることが必要となります。特定の労働者の賃金を恣意的に引き下げることを目的とする場合や、人事考課基準やその結果が明確でない場合は、人事考課による賃金の減額は無効と解されます。

なお、人事考課の結果次第で降給を伴う賃金人事制度をこれから導入しようとする場合には、賃金の不利益変更の問題について慎重に検討することが必要となります（成果主義賃金制度の導入と不利益変更の問題については、本章315ページを参照）。

Ⅱ. 賃金の不利益変更について

近年、景気の低迷を背景に業績不振に陥る企業は少なくありません。こうした中で企業が存続していくためには、時として、大胆なリストラ策を打ち出さなければならない局面もあります。このリストラ策の１つとして人件費コストのカットがありますが、人件費の大幅な圧縮の手法として、整理解雇等による人員の削減のほか賃金水準の低減などが考えられます。

ここでは、賃金水準の引下げと不利益変更の問題についてみていきます。

1. 労働契約と就業規則、労働協約、法令の関係

通常、労働条件は、労使による個別の労働契約や就業規則、労働協約等によって取り決められますが、就業規則の内容が労働協約に反する場合や、労働契約に定める労働条件が就業規則や労働協約の内容を下回る場合、どちらが優先するかが問題となります。

この点について、労働基準法、労働契約法および労働組合法では、**図表補－①**に示すとおり、それぞれの関係について明確に規定されています。

では、これらをふまえて具体的な内容についてみることにします。

2. 労働条件の不利益変更の法的効力

労働条件を変更する場合には、法令により一定の手続きが必要とされています。具体的には、①労働条件の内容を個別に変更する場合は、労働者との個別の合意、②就業規則を不利益に変更する場合は、労働者との合意を原則としたうえで、合意がない場合は、労働者への周知と変更内容の合理性、③労働協約

図表補－① 労働契約と就業規則、労働協約、法令の相関図

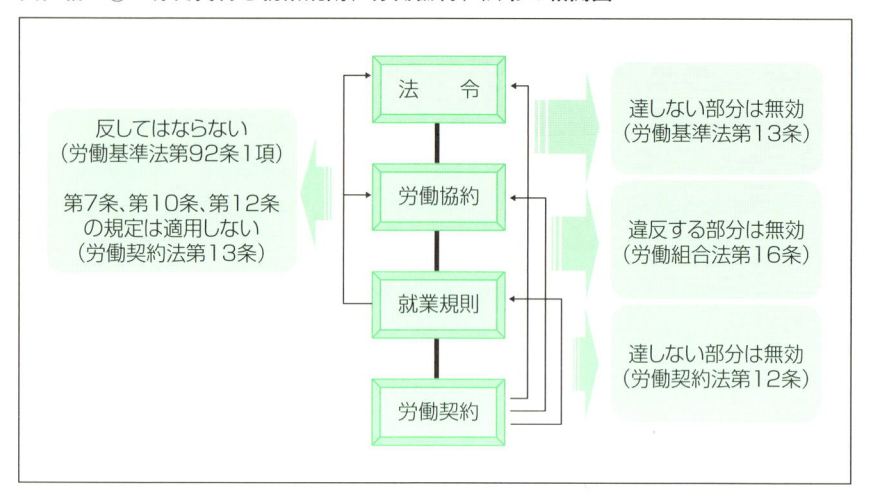

```
                    ┌─────────┐
                    │ 法   令 │ ──→ 達しない部分は無効
反してはならない  ←─│         │    （労働基準法第13条）
（労働基準法第92条1項）│         │
                    ├─────────┤
第7条、第10条、第12条 │ 労働協約│ ──→ 違反する部分は無効
の規定は適用しない ←─│         │    （労働組合法第16条）
（労働契約法第13条） │         │
                    ├─────────┤
                    │ 就業規則│ ──→ 達しない部分は無効
                    │         │    （労働契約法第12条）
                    ├─────────┤
                    │ 労働契約│
                    └─────────┘
```

〔参考〕労働契約と就業規則、労働協約、法令の関係に関する条文

法　律	条　文
労働契約法第12条 （就業規則違反 の労働契約）	「就業規則で定める基準に達しない労働条件を定める労働契約は、その部分については、無効とする。この場合において、無効となった部分は、就業規則で定める基準による。」
労働組合法第16条 （基準の効力）	「労働協約に定める労働条件その他の労働者の待遇に関する基準に違反する労働契約の部分は、無効とする。この場合において無効となった部分は、基準の定めるところによる。労働契約に定がない部分についても、同様とする。」
労働基準法第13条 （この法律違反 の契約）	「この法律で定める基準に達しない労働条件を定める労働契約は、その部分については無効とする。この場合において、無効となった部分は、この法律で定める基準による。」
労働契約法第13条 （法令及び労働協約 と就業規則との関係）	「就業規則が法令又は労働協約に反する場合には、当該反する部分については、第7条、第10条及び前条の規定は、当該法令又は労働協約の適用を受ける労働者との間の労働契約については、適用しない。」
労働基準法 第92条第1項 （法令及び労働協約 との関係）	「就業規則は、法令又は当該事業場について適用される労働協約に反してはならない。」

を変更する場合は、労働組合との書面による合意がそれぞれ必要となります（**図表補－②**参照）。

図表補－② 労働条件を変更するための手続き

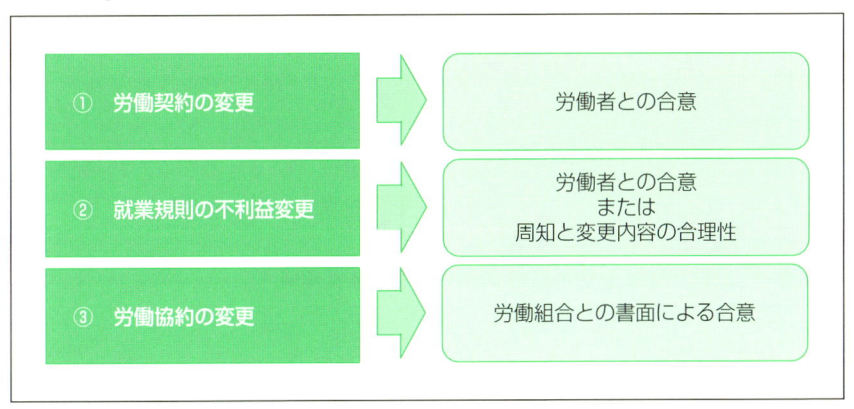

① 労働契約の変更	→	労働者との合意
② 就業規則の不利益変更	→	労働者との合意 または 周知と変更内容の合理性
③ 労働協約の変更	→	労働組合との書面による合意

　労働条件の不利益変更の取扱いについては、これまで最高裁判例をもとに判例法理が積み上げられてきましたが、個別の労働条件の変更および就業規則の変更による労働条件の変更については、これまでの判例法理をもとに平成19年に労働契約法が創設され、法律に明文化されました（平成20年3月施行）。

　では、労働条件の不利益変更の取扱いとして、個別の合意による方法、就業規則による方法、労働協約による方法についてみていきます。

（1）個別合意による労働条件の変更

　労働契約法では、「労働者及び使用者は、その合意により、労働契約の内容である労働条件を変更することができる」（同第8条）とされています。したがって、労働契約の内容を変更しようとするときは、労働者にとって有利な変更であっても労使の個別合意が必要であり、逆に、不利な変更であっても労使の個別合意さえあれば有効となります。

　ただし、前述したように、「就業規則で定める基準に達しない労働条件を定める労働契約は、その部分については、無効」（労働契約法第12条）とされているため、個別合意によって就業規則を下回る内容の不利益変更を行ったとしても、同時に就業規則の変更を行わなければ、その効力は無効となる点に注意

が必要です。

たとえば、就業規則に転勤を命ずることがある旨の記載がある事業場において、雇入れの際に個別に勤務地限定の合意をした場合には、労働契約の内容が就業規則を上回っているため、個別の特約として有効となります（**図表補－③例１参照**）。

一方、就業規則（賃金規程）において『法定休日以外の休日労働割増賃金率：135％』との定めがある場合において、雇入れ時の労働条件通知書に『法定休日以外の休日労働割増賃金率：125％』との定めをしたとしても、その部分については、労働契約の内容が就業規則に達しないこととなるため無効となり、就業規則の定めによることとなります（**図表補－③例２参照**）。

図表補－③　就業規則と労働契約の関係に関する具体例

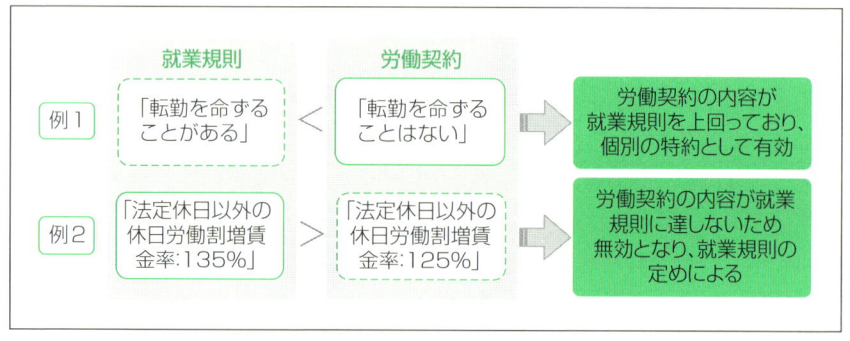

	就業規則		労働契約	
例１	「転勤を命ずることがある」	＜	「転勤を命ずることはない」	労働契約の内容が就業規則を上回っており、個別の特約として有効
例２	「法定休日以外の休日労働割増賃金率：135％」	＞	「法定休日以外の休日労働割増賃金率：125％」	労働契約の内容が就業規則に達しないため無効となり、就業規則の定めによる

また、労働協約との関係においては、「労働協約に定める労働条件その他の労働者の待遇に関する基準に違反する労働契約の部分は、無効」（労働組合法第16条）とされているため、労働協約で定められた労働条件と異なる条件への変更については、組合員と個別に合意をした場合であっても、有利不利を問わず無効となります。

なお、個別合意の認定にあたっては、明示の同意だけでなく、"黙示の同意"が含まれるか否かが問題となります。この点について、「基本給の減額のように労働条件の極めて重要な部分については、単に当該労働者が明確に拒否しなかったからといって、それをもって黙示の承諾があったものとみなすことはできない」（**東京アメリカンクラブ事件**・東京地裁平11.11.26判決）とした厳格な見解を示した裁判例があります。したがって、賃金や退職金など、労働者にとって重要な権利、労働条件については、個別合意の認定は慎重に行うべきで

あり、可能な限り明示の同意を得ることが望ましいといえます。

（2）就業規則による労働条件の変更

　一般に労働条件は、就業規則で統一的かつ画一的に定められており、個々の労働者は、原則として就業規則に示された労働条件を容認して労働契約を締結せざるを得ない立場におかれています。そこで、就業規則の変更によって、既存の労働条件を一方的に労働者に不利益となるように変更することができるか否かが問題となります。

　ここでは、判例法理と労働契約法をもとに、この問題について考えてみることにしましょう。

① 就業規則による労働条件の不利益変更の可否

　就業規則による労働条件の不利益変更については、前述のとおり、従来は最高裁判例によって判例法理の形で体系化されてきましたが、労働契約法の創設により、法律に明文化されました。

①-ⅰ）判例法理

　就業規則の不利益変更の問題について、最高裁判例では、「おもうに、新たな就業規則の作成又は変更によって、既得の権利を奪い、労働者に不利益な労働条件を一方的に課することは、原則として、許されないと解すべきであるが、労働条件の集合的処理、特にその統一的かつ画一的な決定を建前とする就業規則の性質からいって、当該規則条項が合理的なものであるかぎり、個々の労働者において、これに同意しないことを理由として、その適用を拒否することは許されないと解すべきであり、これに対する不服は、団体交渉等の正当な手続による改善にまつほかはない」（**秋北バス事件・最高裁大昭43.12.25判決**）とされています。

　この判決は、就業規則について、統一的かつ画一的な決定を建前とするものであり、その変更の内容が合理的である限り、個々の労働者の同意があったかどうかを問わず、有効なものであるとしており、それまで学説や判例で議論の分かれていた就業規則の法的性格について、法規範説（注3）を確定させた判決としても有名です。

　　（注3）法規範説とは、「就業規則の存在および内容を現実に知っていると否とにかかわらず、また、これに対して個別的に同意を与えたかどうかを問わず、当然に、その適用を受ける」（**秋北バス事件・前掲**）とする考え方をいう。

①-ⅱ）労働契約法

　労働契約法第9条では、「使用者は、労働者と合意することなく、就業規則を変更することにより、労働者の不利益に労働契約の内容である労働条件を変更することはできない」とされています。これはすなわち、労使合意があれば就業規則による労働条件の変更が認められるということです。

　さらに、同法では、その例外として、「使用者が就業規則の変更により労働条件を変更する場合において、変更後の就業規則を労働者に周知させ、かつ、就業規則の変更が、（略）合理的なものであるときは、労働契約の内容である労働条件は、当該変更後の就業規則に定めるところによるものとする」（同法第10条）とされています。

　実際に就業規則を変更するにあたっては、すべての労働者と合意することは困難な場合が少なくありませんが、変更後の内容を周知し、かつ、変更そのものが合理的なものであるときは、労働者との合意がなくても、就業規則の変更によって労働条件を不利益に変更することができるということです。

② 合理性の判断基準

　では、"合理的なもの"とは、どのようなものをいうのでしょうか。判例法理と労働契約法をもとに考えてみることにしましょう。

②-ⅰ）判例法理

　前掲の**秋北バス事件**では、就業規則の変更が合理的なものである限り、個々の労働者の同意を必要としないと判断しています。しかし、そもそもこの裁判は、賃金や退職金の不利益変更について争われたものではなく、定年を突如として一方的に定めたことによる就業規則の不利益変更の効力が争われたものです。また、"合理的なもの"とはどういう場合を指すのかについても具体的には示されておらず、不利益変更の判断基準をこの判決からみることはできません。

　そこで、退職金支給基準の変更の有効性が争われた**大曲市農協事件**（最高裁三小昭63.2.16判決）についてみることにします。この判例では、就業規則が"合理的なもの"であるとは、「就業規則の作成又は変更が、その必要性及び内容の両面からみて、それによって労働者が被ることになる不利益の程度を考慮しても、なお当該労使関係における当該条項の法的規範性を是認することができるだけの合理性を有するものである」ことをいうこととされています（**図表**

補―④参照)。

図表補―④ 就業規則の変更が"合理的なもの"であるか否かの主な判断基準

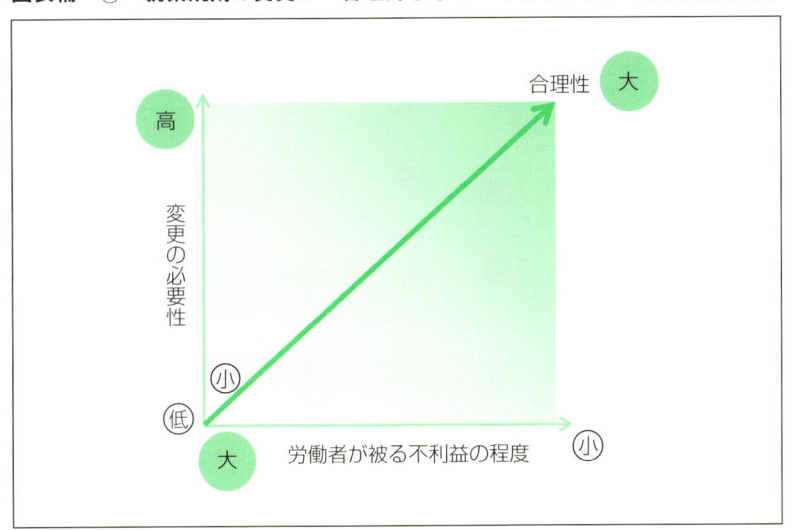

縦軸：変更の必要性（高／低）
横軸：労働者が被る不利益の程度（大／小）
合理性：大／小

　さらに、**第四銀行事件**（最高裁二小平9.2.28判決）では、就業規則の変更にかかる"合理性"の有無の判断基準について、具体的に、「労働者が被る不利益の程度、使用者側の変更の必要性の内容・程度、変更後の就業規則の内容自体の相当性、代償措置その他関連する他の労働条件の改善状況、労働組合等との交渉の経緯、他の労働組合又は他の従業員の対応、同種事項に関する我が国社会における一般的状況等」の7つの基準（**図表補―⑤参照**）が示され、これらを総合考慮して判断すべきであるとされました。

②-ⅱ) 労働契約法

　労働契約法では、前掲の**第四銀行事件**における合理性の判断基準をもとに、①労働者が受ける不利益の程度、②労働条件変更の必要性、③変更後の就業規則の内容の相当性、④労働組合等との交渉の状況、⑤その他の就業規則の変更にかかる事情、の5つの基準（**図表補―⑤参照**）に組み換えられています。ただし、労働契約法（第9条および第10条）は、最高裁判所の判例法理に沿って規定されたものであり、これまでの判例法理に変更を加えるものではありません（平20.1.23基発0123004号）。

図表補-⑤　合理性の判断基準に関する判例法理と労働契約法の対比

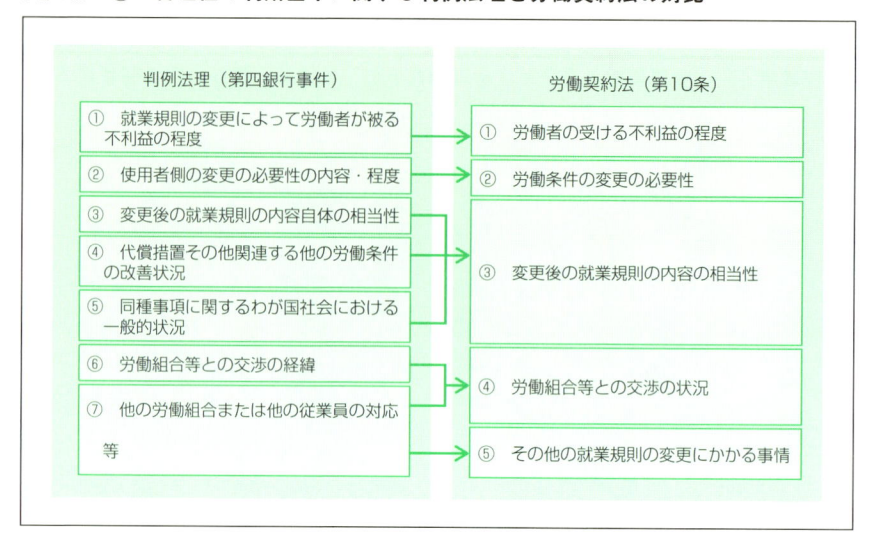

判例法理（第四銀行事件）	労働契約法（第10条）
① 就業規則の変更によって労働者が被る不利益の程度	① 労働者の受ける不利益の程度
② 使用者側の変更の必要性の内容・程度	② 労働条件の変更の必要性
③ 変更後の就業規則の内容自体の相当性	③ 変更後の就業規則の内容の相当性
④ 代償措置その他関連する他の労働条件の改善状況	
⑤ 同種事項に関するわが国社会における一般的状況	
⑥ 労働組合等との交渉の経緯	④ 労働組合等との交渉の状況
⑦ 他の労働組合または他の従業員の対応	
等	⑤ その他の就業規則の変更にかかる事情

〔参考〕　労働契約法第7条～第10条、第12条のイメージ図

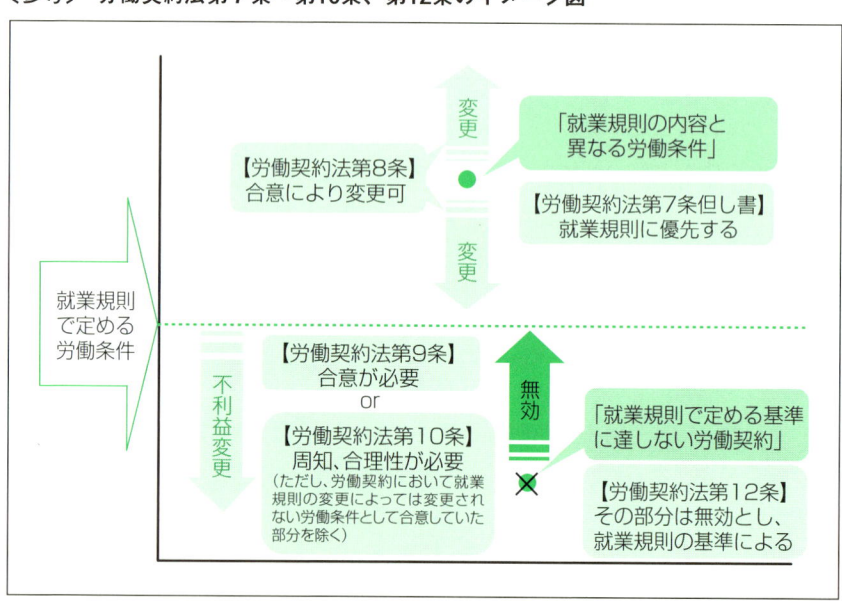

就業規則で定める労働条件

変更：
- 【労働契約法第8条】合意により変更可
- 「就業規則の内容と異なる労働条件」
- 【労働契約法第7条但し書】就業規則に優先する

不利益変更：
- 【労働契約法第9条】合意が必要 or
- 【労働契約法第10条】周知、合理性が必要（ただし、労働契約において就業規則の変更によっては変更されない労働条件として合意していた部分を除く）

無効：
- 「就業規則で定める基準に達しない労働契約」
- 【労働契約法第12条】その部分は無効とし、就業規則の基準による

〔参考〕就業規則による労働契約の成立、変更に関する条文

法　律	条　文
労働契約法第7条	「労働者及び使用者が労働契約を締結する場合において、使用者が合理的な労働条件が定められている就業規則を労働者に周知させていた場合には、労働契約の内容は、その就業規則で定める労働条件によるものとする。ただし、労働契約において、労働者及び使用者が就業規則の内容と異なる労働条件を合意していた部分については、第12条に該当する場合を除き、この限りでない。」
労働契約法第8条 （労働契約の内容の変更）	「労働者及び使用者は、その合意により、労働契約の内容である労働条件を変更することができる。」
労働契約法第9条 （就業規則による労働契約の内容の変更）	「使用者は、労働者と合意することなく、就業規則を変更することにより、労働者の不利益に労働契約の内容である労働条件を変更することはできない。ただし、次条の場合は、この限りでない。」
労働契約法第10条	「使用者が就業規則の変更により労働条件を変更する場合において、変更後の就業規則を労働者に周知させ、かつ、就業規則の変更が、労働者の受ける不利益の程度、労働条件の変更の必要性、変更後の就業規則の内容の相当性、労働組合等との交渉の状況その他の就業規則の変更に係る事情に照らして合理的なものであるときは、労働契約の内容である労働条件は、当該変更後の就業規則に定めるところによるものとする。ただし、労働契約において、労働者及び使用者が就業規則の変更によっては変更されない労働条件として合意していた部分については、第12条に該当する場合を除き、この限りでない。」
労働契約法第12条	「就業規則で定める基準に達しない労働条件を定める労働契約は、その部分については、無効とする。この場合において、無効となった部分は、就業規則で定める基準による。」

（3）労働協約による労働条件の変更

　労働協約とは、労働条件その他に関して、労働組合と使用者との間で協定したもので、書面により両当事者が署名し、または記名押印することによってその効力が生じます（労働組合法第14条）。

では、労働協約の効力と不利益変更の取扱いについてみていくことにします。

① 労働協約の規範的効力

労働組合法第16条では、「労働協約に定める労働条件その他の労働者の待遇に関する基準に違反する労働契約の部分は、無効とする。この場合において無効となった部分は、基準の定めるところによる。労働契約に定がない部分についても、同様とする」とされています。したがって、個々の組合員と個別に労働契約の変更について合意したとしても、労働協約の定めに違反する部分は無効となります。これを"規範的効力"といいます。

では、組合員の個別同意を得ず、あるいは組合に対する授権もなく、組合員にとって重大な不利益変更を労働協約で一括して行うことはできるのでしょうか。

この点について、組合員の定年および退職金算定方法に関する不利益変更の有効性が争われた裁判例（**朝日火災海上保険（石堂・本訴）事件・最高裁一小平9.3.27判決**）で、最高裁は「これにより上告人が受ける不利益は決して小さいものではないが、同協約が締結されるに至った以上の経緯、当時の被上告会社の経営状態、同協約に定められた基準の全体としての合理性」に照らせば、その規範的効力を否定すべき理由はない、と判示しています。さらに「労働協約に定める基準が上告人の労働条件を不利益に変更するものであることの一事をもってその規範的効力を否定することはできないし、また、上告人の個別の同意又は組合に対する授権がない限り、その規範的効力を認めることができないものと解することもできない」として、規範的効力が不利益変更にも及ぶと判示しました。

ただし、上記裁判例では「特定の又は一部の組合員を殊更不利益に取り扱うことを目的として締結されたなど労働組合の目的を逸脱して締結された」労働協約については、その効力を否定しています。すなわち、労働協約による不利益変更の効力が常に組合員に及ぶわけではなく、協約締結に手続き上の瑕疵があり、また、対象となる組合員の不利益が極めて大きいなどその内容に合理性を欠く場合には、その規範的効力が否定されることとなります（**鞆鉄道事件・広島高裁平16.4.15判決**）。

② 労働協約の一般的拘束力

一方、労働組合に加入していない非組合員については、労働協約による労働

条件の変更の効力は及ぶのでしょうか。

この点について労働組合法第17条では、「一の工場事業場に常時使用される同種の労働者の4分の3以上の数の労働者が一の労働協約の適用を受けるに至ったときは、当該工場事業場に使用される他の同種の労働者に関しても、当該労働協約が適用されるものとする」とされており、組合員に対して規範的効力が及ぶことはもちろんのこと、各事業場における同種の労働者の4分の3以上の労働者が1つの労働協約の適用を受けるときは、非組合員に対しても規範的効力が拡張適用されることとされています。これを一般的拘束力といいます（**図表補－⑥**参照）。

図表補－⑥　労働協約の一般的拘束力

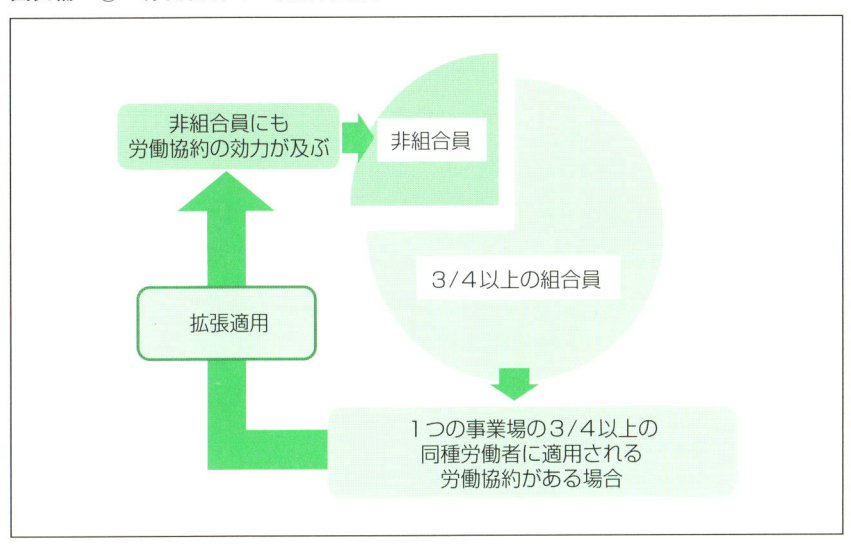

一般的拘束力の趣旨について、最高裁は、「主として一の事業場の4分の3以上の同種労働者に適用される労働協約上の労働条件によって当該事業場の労働条件を統一し、労働組合の団結権の維持強化と当該事業場における公正妥当な労働条件の実現を図ることにあると解されるから、その趣旨からしても、未組織の同種労働者の労働条件が一部有利なものであることの故に、労働協約の規範的効力がこれに及ばないとするのは相当でない」（**朝日火災海上保険事件・最高裁三小平8.3.26判決**）と判示しています。

しかし、同時に、同判決は、「他面、未組織労働者は、労働組合の意思決定に関与する立場になく、また逆に、労働組合は、未組織労働者の労働条件を改善し、その他の利益を擁護するために活動する立場にない」ことからすると、①労働協約によって特定の未組織労働者にもたらされる不利益の程度・内容、②労働協約が締結されるに至った経緯、③当該労働者が労働組合の組合員資格を認められているかどうか等に照らし、「当該労働協約を特定の未組織労働者に適用することが著しく不合理であると認められる特段の事情があるときは、労働協約の規範的効力を当該労働者に及ぼすことはできないと解するのが相当」と判示しています。

3．就業規則の変更による賃金の不利益変更の合理性の判断基準

　近年、長期的な不況の影響から業績不振に陥る企業は少なくありませんが、これらの企業では、経営立直しのため、賃金制度の見直しや賃金水準の引下げが実施されることがあります。
　一般に、労働組合のない企業において労働条件の不利益変更を実施する場合、労働者と個別に合意をするか、就業規則の変更によることとなりますが、労働条件の中でも、とりわけ重要な賃金の引下げについて、経営主体の一方的な行為としてなされる就業規則の変更によって、統一的かつ画一的に実施できるのでしょうか。
　この点について最高裁は、就業規則の"変更の必要性と内容"の両面からみて、それによって"労働者が被ることになる不利益の程度"を考慮してもなお、変更をすべき合理性があることを求めています。
　そこで、"労働条件の変更の必要性"と"労働者の受ける不利益の程度"について詳しくみていくことにします。

(1) 変更の必要性

　就業規則の変更によって労働条件を変更する場合、変更後の就業規則を労働者に周知させ、かつ、その変更が合理的なものであることが必要とされています（労働契約法第9条）。賃金や退職金など、労働者にとって重要な権利およ

び労働条件に関して、実質的な不利益を及ぼす就業規則の作成または変更については、その条項が、そのような不利益を労働者に法的に受忍させることを許容できるだけの「高度の必要性に基づいた合理的な内容のもの」である場合において、その効力を生ずるものと解されます（**大曲市農協事件**・最高裁三小昭63.2.16判決）。

では、"高度の必要性"に基づいた合理的な内容のものとは、どのようなものをいうのか、裁判例をもとに考えてみることにします。

① 定年延長に伴う55歳以上の賃金減額にかかる就業規則の変更に高度の必要性を認めた事例

行員の定年年齢を55歳から60歳に延長するとともに、55歳以上の賃金を減額した措置の効力が争われた裁判例で、最高裁判所は、就業規則等の変更の必要性について、「定年延長は、年功賃金による人件費の負担増加を伴うのみならず、中高年齢労働者の役職不足を深刻化し、企業活力を低下させる要因ともなることは明らかである」としたうえで、「定年延長に伴う人件費の増大、人事の停滞等を抑えることは経営上必要なことといわざるを得ず、特に被上告人においては、中高年齢層行員の比率が地方銀行の平均よりも高く、今後更に高齢化が進み、役職不足も拡大する見通しである反面、経営効率及び収益力が十分とはいえない状況にあった」ことから、「従前の定年である55歳以降の賃金水準等を見直し、これを変更する必要性も高度なものであったということができる」とし、さらに、「円滑な定年延長の導入の必要等からすると、このときに、全行員の入行以降の賃金体系、賃金水準を抜本的に改めることとせず、従前の定年である55歳以降の労働条件のみを修正したことも、やむを得ないところといえる」（**第四銀行事件**・最高裁二小平9.2.28判決）と判示しています。

② 55歳以上の賃金減額にかかる就業規則の変更に高度の必要性を認めた事例

60歳定年制を実施していた銀行が、経営コストの削減を理由として就業規則等を変更し、55歳以上の行員を専任職に移行させ、賃金、賞与を大幅に削減した措置の効力が争われた裁判例で、最高裁判所は、就業規則等の変更の必要性について、「被上告人は、60歳定年制の下で、基本的に年功序列型の賃金体系を維持していたところ、行員の高齢化が進みつつあり、他方、他の地銀では、従来定年年齢が被上告人よりも低かったため55歳以上の行員の割合が小

さく、その賃金水準も低レベルであったというのであるから、被上告人としては、55歳以上の行員について、役職への配置等に関する組織改革とこれによる賃金の抑制を図る必要があったということができる。そして、右事情に加え、被上告人の経営効率を示す諸指標が全国の地銀の中で下位を低迷し、弱点のある経営体質を有していたことや、金融機関間の競争が進展しつつあったこと等を考え合わせると、本件就業規則等変更は、被上告人にとって、高度の経営上の必要性があったということができる」と判示しています。

そして、企業においては、社会情勢や当該企業を取り巻く経営環境等の変化に伴い、企業体質の改善や経営の一層の効率化、合理化をする必要に迫られ、その結果、賃金の低下を含む労働条件の変更をせざるを得ない事態となることがあることはいうまでもないとしたうえで、「そのような就業規則の変更も、やむを得ない合理的なものとしてその効力を認めるべきときもあり得るところである」としています。さらに、「特に、当該企業の存続自体が危ぶまれたり、経営危機による雇用調整が予想されるなどといった状況にあるときは、労働条件の変更による人件費抑制の必要性が極度に高い上、労働者の被る不利益という観点からみても、失職したときのことを思えばなお受忍すべきものと判断せざるを得ないことがある」（**みちのく銀行事件**・最高裁一小平12.9.7判決）としています。つまり、整理解雇等を余儀なくされる可能性もあり得る状況下では、賃金に関して、就業規則等による経営主体の一方的な行為として、統一的かつ画一的な不利益変更を実施することもやむを得ないわけです。

なお、本事案において、最高裁判所は、経営上の高度の必要性を認めつつも、不利益性の重大性を考慮して、就業規則変更の合理性を否定しています。

③ 本人の同意を得ない賃金減額措置が無効とされた事例

一方、業績悪化への対応策の一環として賃金の削減が行われたケースとして、**チェース・マンハッタン銀行（賃金切下げ）事件**（東京地裁平6.9.14判決）があります。

本件は、**みちのく銀行事件**と論点が異なっており、一見すると正反対の結論を述べているように読むこともできますが、結論としては、就業規則を変更することなく、"昇給"に関する規定を根拠として約3割の"マイナス昇給"を行ったことが無効とされました。

具体的には、会社業績が悪化し、このまま放置すれば買収・合併など企業の

存続の危機に陥ることが予測される中で、これに対する合理化策として整理解雇の方向が想定されたものの、より犠牲の少ない賃金調整という方法を採ったとする会社側の主張に対して、「被告は本件合理化の一環として整理解雇という措置を選択することなく、本件賃金調整という措置を選択したのであるから、この措置の有効性のみが問題となるのであって、整理解雇という措置を選択しなかったことをもって本件賃金調整を有効とすることの根拠とすることはできない」とし、たとえ整理解雇回避のための措置として行った賃金調整であっても、労働条件のうちの賃金という重要な要素を各組合員の同意を得ることなく一方的に変更するに値する明確な根拠とはならないと判示しています。換言すれば、解雇権の濫用にあたらない範囲内であれば、整理解雇さえも認められている（注４）わけであり、労働者にとってより犠牲の少ない賃金の引下げであれば、個々の労働者の同意を得ることなく当然に認められるべきとする会社側の論理に対して、判決は「論理の飛躍」であり、賃金減額を必要とする直接的かつ合理的な根拠がない限り、個々の労働者の同意を要すると判示しています。

（注４）民法第627条の「当事者が雇用の期間を定めなかったときは、各当事者は、いつでも解約の申入れをすることができる。この場合において、雇用は、解約の申入れの日から２週間を経過することによって終了する」および労働基準法第20条の「使用者は、労働者を解雇しようとする場合においては、少くとも30日前にその予告をしなければならない。30日前に予告をしない使用者は、30日分以上の平均賃金を支払わなければならない」とする定め。

（２）不利益の程度

就業規則の変更によって労働者が被る不利益の程度が大きい場合には、たとえ変更の必要性が高い場合であっても、就業規則変更の合理性そのものが否定されることが少なくありません。

では、どの程度の不利益であれば合理的なものとして認められるのかについて、裁判例をもとにみていきます。

① **合併に伴う退職給与規程の変更による不利益の程度が大きくないとされた事例**

７つの農協の合併に伴って、給与、賞与、退職金等の水準や支給率の統一が行われ、退職給与規程の改訂による不利益変更の有効性が争われた事案について、「新規程への変更によって被上告人らの退職金の支給倍率自体は低減され

ているものの、反面、被上告人らの給与額は、本件合併に伴う給与調整等により、合併の際延長された定年退職時までに通常の昇給分を超えて相当程度増額されているのであるから、実際の基本月俸額に所定の支給倍率を乗じて算定される退職金額としては、支給倍率の低減による見かけほど低下しておらず、金銭的に評価しうる不利益は、本訴における被上告人らの前記各請求額よりもはるかに低額のものであることは明らかであり、新規程への変更によって被上告人らが被った実質的な不利益は、仮にあるとしても、決して原判決がいうほど大きなものではない」(**大曲市農協事件**・最高裁三小昭63.2.16判決)として、退職金倍率の低減措置を有効と判示しています。

② **定年延長に伴う55歳以上の賃金減額の不利益は小さくないとしながらも新たに受ける利益も小さくないとされた事例**

　この事例は、行員の定年年齢を55歳から60歳に延長するとともに、55歳以上の賃金を減額した措置の効力が争われた事案で、就業規則等の変更によって、従前の定年後在職制度の下で得られると期待された金額について、2年近くも長く働かなければ得られないこととした不利益は、労働者にとって小さいものとはいえません。しかし、最高裁判所は「従前の55歳以降の労働条件は既得の権利とまではいえない上、変更後の就業規則に基づく55歳以上の労働条件の内容は、55歳定年を60歳に延長した多くの地方銀行の例とほぼ同様の態様であって、その賃金水準も、他行の賃金水準や社会一般の賃金水準と比較して、かなり高いものである」とし、さらに、「定年が55歳から60歳まで延長されたことは、女子行員や健康上支障のある男子行員にとっては、明らかな労働条件の改善であり、健康上支障のない男子行員にとっても、58歳よりも2年間定年が延長され、健康上多少問題が生じても、60歳まで安定した雇用が確保されるという利益は、決して小さいものではない」(**第四銀行事件**・最高裁二小平9.2.28判決)として、就業規則の変更を有効と判示しました。

③ **給与規程の改定と同時に行われた退職金規程の変更による不利益の程度がわずかとされた事例**

　給与改善の一環として、給与、諸手当等の改正と一体となって行われた退職金規程の変更に関して、退職金の支給率は低下したものの、給与の上昇がこれを上回ることに着目して、「本件退職規程変更によって被った原告の不利益の程度、本件退職規程変更の必要性、他の労働条件の改善内容を総合して考慮す

るならば、本件退職規程変更により職員が被る不利益はその変更後の一定の短期間内に限って生ずるもので、かつ、その不利益の程度も僅かである」から、退職規程変更はこれを受任すべき高度の必要性に基づいた合理的な内容のものであるとして、退職金規程の変更を有効と判示しています（**空港環境整備協会事件**・東京地裁平6.3.31判決）。

（3）労働条件の不利益変更にかかる手続き

　前述したように、就業規則によって労働条件を不利益に変更するためには、①変更について労働者と合意するか、②変更後の就業規則を周知し、かつ、変更の内容が合理的なものであることが必要、とされています。

　実務上は、労働者全員と合意できる見込みがない場合、②の手続きのみによって就業規則の変更が行われることが少なくありませんが、変更の内容が合理的なものであるかどうかの判断は容易ではないため、後々の訴訟リスクを完全に払拭することはできないといわざるを得ません。

　このため、②による変更手続きをとるとともに、これとあわせて①によって全労働者と合意手続きをとることも考えられます。このように、二段階の手続きをとった場合、結果として、①の合意手続きによって全労働者と合意することができれば、後々の訴訟リスクが生じないこと、また、たとえ全労働者と合意できなかったとしても、労働契約法第10条で求められている合理性の判断基準（本章300ページ参照）の１つである"労働組合等との交渉の状況"の判断において、十分な協議や説明が行われていると認められる可能性が高まること、さらに、大部分の労働者が合意していた場合には、就業規則変更の合理性の判断にあたって、それ自体が合理性を補強する要素となることなどのメリットがあります。

　一方、現実に合意手続きを進めた際に、一部の労働者が合意しなかった場合において、改めて企業を取り巻く環境等を説明して説得したにもかかわらず労働者の納得を得られなかったというのであればやむを得ませんが、そうでない場合には、たとえそれが少数であっても、明確に反対の意思を表明している労働者を放置して就業規則の変更を強行すれば、その後の労務管理に支障をきたす可能性があるといったデメリットも考えられます。

　このように、就業規則の変更手続きの進め方によってメリットとデメリット

がありますので、どのように進めるかについては慎重に検討することが重要です。

●●●●
4．賞与の不利益変更

次に、業績悪化に伴う賞与の支給水準の引下げや不支給等の合理性についてみることにします。

(1) 賞与の支給水準の引下げ、不支給
毎年、一定額以上の賞与を支給してきた実績がある場合、業績悪化を理由として、突然、賞与額を減額することは認められるのでしょうか。

この問題については、定昇の凍結と同様、就業規則でどのように定められているかがポイントとなります。すなわち、『毎年7月および12月の年2回、おのおの基本給月額の2カ月分の賞与を支給する』というように定めている場合は、労働者の具体的な請求権が発生しており、これを下回る額の支給とするためには、就業規則の変更を行う必要があります。

これに対して、『賞与は、毎年7月および12月に年2回、会社業績、社員一人ひとりの算定期間内の成果、業績、能力、勤務状況等を総合的に勘案して、支給の有無および支給額を決定する』というような定めとしている場合は、賞与の支給額の決定はその都度、賞与の支給を行うか否かを含めて、使用者の裁量に委ねられていると解されます。

この点について、裁判例では、「賞与は、労働基準法11条所定の労働の対価としての広義の賃金に該当するものであるが、その対象期間中の企業の営業実績や労働者の能率等諸般の事情により支給の有無及びその算出基準が定められている場合を除き、特段の事情がない限り、賞与に関する労使双方の合意によってはじめて発生すると解するのが相当」(**小暮釦製作所事件**・東京地裁平6.11.15判決) とされています。

また、過去において業績がいかに悪くても一定の賞与を必ず支給してきたというように、最低支給金額を保障してきたことが事実たる慣行 (注5) として客観的に認められるかどうかもポイントとなります。ただし、それまでは賞与

を支給できるだけの利益や業績があったため、一定の基準で長い間賞与が支給されてきたという事実だけで、賞与の額が慣行化するものではありません。

　すなわち、それまで前年度の支給額を下回らなかったという実績だけでは、今後も前年度の額を下回ってはならないとする労働慣行が成立したことにはならないということです。

　(注5)　民法第92条では、「法令中の公の秩序に関しない規定と異なる慣習がある場合において、法律行為の当事者がその慣習による意思を有しているものと認められるときは、その慣習に従う」とされている。

(2) 賞与の廃止

　次に、賞与の減額や不支給ではなく、賞与制度そのものを廃止することの合理性について考えてみることにします。

　この点について、賞与の廃止および月例給への一本化等を内容とする就業規則の不利益変更の効力について争われた事案で、裁判所は、同業他社との競争上、会社が不利な立場に立たないよう、同業他社の賃金制度に近づけるため、「新規の従業員を円滑に募集したり、在職する従業員の雇用を継続していくうえでの障害を取り除くという観点」から行われたものであるから、就業規則の変更は、会社の「経営体質強化に資するものであったということができる」のであって、会社の運営上、「高度の必要性があったものと認められる」(**県南交通事件**・東京高裁平15.2.6判決)と判示しています。

　そして、賃金制度の変更に伴って、これに見合う代償措置が採られたため、「変更後の労働条件は必ずしも従業員の側に不利益ばかりをもたらすもの」ではなく、また、「新たな労働条件は、労働生産性に比例した公平で合理的な賃金を実現するという利点を生じさせており、新規の従業員の採用が円滑化し、また、在職する従業員の働く意欲にも良い影響を与えるようになった」ことがうかがわれるため、このような論点から、本件就業規則の変更は、合理性と相当性を兼ね備えているものということができるとされています。

　以上の点を考慮すると、本件就業規則の変更は、「合理性の要件を充足するものということができるのであって、本件就業規則の変更は、不利益を受ける労働者に法的に受忍させることを許容できるだけの高度の必要性に基づいた合理的な内容のものということができる」として、就業規則の変更を有効としています。

(3) 月給制から年俸制への移行と賞与の廃止

　年俸制には、年俸総額を12カ月に按分して支給する完全年俸制のほか、半期ごとに年俸額を見直す半期年俸制、基本年俸（月例支給分）と業績年俸（賞与相当分）の二階建て年俸制など、さまざまなパターンがありますが、月給制からこれらの年俸制へ移行しようとする場合、就業規則の変更について高度の必要性が求められるのでしょうか。

　この点については、変更の内容が不利益変更にあたるかどうかがポイントとなります。賞与の廃止によって年収総額を引き下げたり、従前より年俸額の固定部分を減らして業績評価の変動幅を大きくする場合は、就業規則の不利益変更にあたるため、高度の必要性に基づく合理性が求められることとなります。

　なお、年俸制の下でも時間外・休日労働にかかる割増賃金を支給すべき義務が免除されるわけではなく、年俸額とは別に割増賃金を支払わなければなりません。したがって、この限りにおいては不利益変更の問題が生じることはありません。

Ⅲ. 成果主義賃金制度の導入と不利益変更

　長い間、わが国で採用されてきた年功序列型の賃金人事制度は、年齢や勤続年数、学歴等をもとに処遇を決定するもので、一種の客観性と合理性を有しており、かつては集団的一括管理型の人事制度として有効に機能してきました。しかし、近年、経済のグローバル化や雇用の流動化、就労形態の多様化、就労意識の変化等を背景に、能力・成果主義の人事制度への転換がわが国における趨勢となっています。

　成果主義賃金人事制度は、限られた賃金原資を効率的に配分し、成果に対するインセンティブを強めることによって、従業員全体の士気向上を図り、引いては経営の効率化や競争力の強化を図ることを目的としています。

　ここでは、年功制から成果主義への移行が労働条件の不利益変更にあたるか、また、不利益変更にあたる場合は、許容される範囲がどこまでなのか等についてみていきます。

1. 成果主義賃金制度の導入についての不利益変更の該当性

　前述したように、業績悪化に伴う賃金制度の変更、とくに賃金の引下げについては、高度の必要性に基づく合理的な内容のものであるかどうかが重要なポイントとなります。しかし、年功主義から成果主義への移行は、賃金原資の配分の基準を、年功から成果や貢献度に変更するものであり、この場合、全体として総原資（賃金総額）を維持または増額するような成果主義賃金制度への移行を検討するにあたって、労働条件の不利益変更の問題を考慮する必要はあるのでしょうか。

　この点について裁判例では、制度移行後の職務の格付けが旧制度における給与額に対応する格付けより低くなった場合や、その後の人事考課等によって降

格された場合には、「旧賃金制度の下で支給されていた賃金額より顕著に減少した賃金額が支給されることとなる可能性」があり、その「可能性が存在する点において、就業規則の不利益変更に当たるものというべき」(**ノイズ研究所事件**・東京高裁平18.6.22判決)とされています。

つまり、制度のしくみとして減額の可能性があれば現実の賃金引下げの有無にかかわらず、不利益変更の問題が生ずるというわけです。したがって、年功制から成果主義賃金制度へ移行する場合にも、一般的には高度の必要性に基づいた合理的な内容であることが必要となります。

2. 成果主義への移行に伴って許容される不利益変更の範囲

では、成果主義への移行にあたっては、どの程度の不利益変更、すなわち賃金減額の可能性まで認められるのでしょうか。

まず、賃金・退職金など、労働者にとって重要な権利や労働条件に関して実質的な不利益を及ぼす就業規則の作成または変更については、**図表補-⑤**(本章302ページ参照)の判断基準をもとに、その合理性が総合的に考慮されます。

そこでまず、これらでもとくに重要な"変更の必要性の内容・程度"、"変更内容の相当性"、"労働者が受ける不利益の程度"に焦点をあててみていくことにします。

(1) 変更の必要性の内容・程度

成果主義の導入に伴う賃金制度の変更は、従業員のやる気を引き出し、生産性を向上させることによって、競争力の強化を図ることを目的としていますが、不利益変更の合理性の判断にあたっては、業績悪化に伴う画一的な賃金引下げと同等の"高度の必要性"を求めるべきではなく、ある程度緩やかな判断基準が求められるべきでしょう。

従来、年功制から成果主義賃金制度への変更に関して、その合理性について論じた裁判例はあまりありませんでした。また、その数少ない裁判例は、成果主義に対して寛容な立場をとってきたとはいえません。しかし、近年の人事制度見直しの流れを受けて、成果主義への移行について肯定的な立場をとる裁判

例も徐々にみられるようになっています。

ここでは、近年の裁判において、高度の必要性がどの程度厳格に求められているのか、実際の裁判例に沿ってみていくことにします。

① **年功制から成果主義賃金制度への変更の必要性を認めた事例**

成果主義賃金制度の合理性を積極的に認めたケースとしては、**ハクスイテック事件**（大阪高裁平13.8.30判決）があります。近年、日本企業においても国際的な競争力が要求される時代となっており、一般的に、労働生産性と直接結びつかない形の年功型賃金体系は合理性を失いつつあるとして、成果主義賃金制度の導入の必要性について一般論を論じたうえで、「被控訴人においては、営業部門のほか、控訴人の所属する研究部門においてもインセンティブ（成果還元）の制度を導入したが、これを支えるためにも、能力・成果主義に基づく賃金制度を導入する必要があったもので、これらのことからすると、被控訴人には、賃金制度改定の高度の必要性があったということができる」として、成果主義賃金制度への移行を肯定しています。

② **成果型報酬（インセンティブ制度）導入の必要性を認めた事例**

金融業者（いわゆる商工ローン）の営業社員の賃金体系を月給制から歩合給制に変更する賃金体系の変更等について争われた事案で、裁判所は、「歩合給制の導入には合理的な理由があり、またこれの導入によって賃金額が上がった従業員もおり、歩合給制の導入が直ちに従業員に不利益な賃金体系であるということもできない」として、業界や会社の状況、成果主義導入を歓迎する者もいたことなどからみて、歩合給制の導入には必要性があり、営業社員を奮起させて業績向上を図ることを目的としたものとして、その合理性を認めています（**光和商事事件**・大阪地裁平14.7.19判決）。

③ **年功序列型から業績重視型の賃金制度への変更の必要性を認めた事例**

業績重視型の賃金制度導入に伴う不利益変更の効力が否定された**キョーイクソフト事件**（東京高裁平15.4.24判決）では、「本件就業規則改定は、賃金制度を年功序列型から業績重視型に改め、従業員間の賃金格差を是正することを目的としたものであり、その経営上の必要性があったことを否定することまではできない」として、変更の必要性について一定の評価を下しています。

④ 若年期の低賃金の補填を目的として行われた年功給廃止について高度の必要性を認めた事例

　若年期の低賃金を補填することを目的として年功制を廃止した**県南交通事件**（東京高裁平15.2.6判決）では、従業員（被控訴人）らは、勤続年数が短く、年功給が少ないころ、薄給に甘んじ、勤続年数が増加して相当な額の年功給を得られるようになるまで我慢してきたのであるから、年功給を廃止するのは、過去の不利益を無視するものである旨主張しました。しかし、勤続年数が短かった当時は、高額の年功給を受ける従業員はほとんど存在せず、勤続年数が短いことによる不利益を我慢していたというのは実情に合わない主張であり、年功給の廃止が過去の不利益を無視するものであるなどということはできないとしたうえで、年功給の廃止は「年功給の制度による公平を欠いた賃金の配分を是正するもの」であると位置づけました。

　すなわち、「年功給によって被控訴人らが得る利益は、他の従業員の犠牲の上に成り立った利益であるとの批判を免れないのであり、これを永続的に得ることができなくなったからといって、その不利益を過大視すべきではない」（**県南交通事件・前掲**）として、従業員の定着と新規従業員の円滑な獲得の観点から、就業規則の変更について、会社運営上の高度の必要性があるものと認めています。

⑤ 生産性の向上と競争力の強化を目的とする成果主義への移行について高度の必要性を認めた事例

　近年の成果主義への移行に関する裁判例の中で、逆転判決となったものとして最も注目を集めた**ノイズ研究所事件**（前掲東京高裁判決）では、被告会社の主力商品の市場がグローバル化し、日本国内において海外メーカーとの競争が激化して、売上、営業利益ともに減少し、税引き前損益が損失に転じたという経営状況下で、「事業の展開を描き、組織や個人の実績に見合った報奨でインセンティブを与えて積極的に職務に取り組む従業員の活力を引き出すことにより労働生産性を高めて」競争力を強化し、これにより会社の業績を好転させるなどして、早期に技術ノウハウの開発が可能な企業を目指すために賃金制度の変更を実施したものとして、同社の成果主義への移行は高度の経営上の必要性があったと判示しています。

(2) 変更内容の相当性

次に、変更内容の相当性の考察にあたっては、総原資の増減、新制度における人事考課および降格・降給の合理性の有無等がポイントとなります。

① 総原資の増減

総原資が減額しているかどうかは、内容の相当性を判断するうえで重要なポイントとなります。**ノイズ研究所事件**（前掲東京高裁判決）では、賃金制度の変更について、「従業員に対して支給する賃金原資総額を減少させるものではなく、賃金原資の配分の仕方をより合理的なものに改めようとするもの」であり、また、「個々の従業員の具体的な賃金額を直接的、現実的に減少させるものではなく、賃金額決定の仕組み、基準を変更するもの」であって、新制度の下における個々の従業員の賃金額は、職務の内容と従業員の業績・能力評価に基づいて決定する格付けとによって決定される制度への変更であるとされています。

なお、総原資を変えない場合であっても、賃金制度の変更に伴って、特定の者に不利益となる変更を行う場合は、代償措置等について十分に検討しておくことが重要です。この点について、業績悪化に伴う総賃金コスト削減の必要性からではなく、人件費の再配分が不利益変更の直接の理由であったにもかかわらず十分な代償措置もなく、高年齢層のみに不利益を強いることは不合理であるとされた裁判例があります（**キョーイクソフト事件**・前掲東京高裁判決）。

② 人事考課の合理性

さらに、**キョーイクソフト事件**（前掲）では、どの従業員についても、人事考課の結果次第で昇格も降格もあり得るので、自己研鑽による職務遂行能力等の向上により昇格し、昇給することができるという平等な機会が与えられているということができ、「新賃金制度の下において行われる人事考課査定に関する制度が合理的なものであるということができるのであれば、本件賃金制度の変更の内容もまた、合理的なものである」とするとともに、新人事考課査定制度についても、「最低限度必要とされる程度のもの」は備えているとされています。このように、成果主義の導入にあたっては人事考課の合理性も重要な判断基準となります。

一方、職能資格制度における人事考課制度の運用に関して、「その制度が実は別の目的で運用されているとか、制度の具体的運用において評定者の恣意的

な運用が可能である」と認められる場合には、「当該社員が他の社員に比して低位に位置付けられていることは、使用者が当該社員をねらって差別を行う動機や企図があるなどの事情と相まって、同様に、特段の合理的事情が認められない限り、人事考課に名を借りた差別であると推認される」としたものがあります（**朝日火災海上保険事件**・東京地裁平13.8.30判決）。この裁判例では、人事考課について、最終評定決定者の主観ないし恣意の入り込む余地が相当程度あるため、原告（会社）の職能資格制度は、制度の具体的運用において評定者の恣意的運用を阻む程度にまで確立されたものとはいえない、と判示されています。

③ 降格・降給の合理性

　成果主義賃金制度の下で降格・降給を実施する場合は、恣意的な運用に陥らないよう、職務と本人の成果・貢献度等に応じた客観的な基準の下に行われることが求められます。

　成果主義賃金制度下において降給が認められた事案としては、**エーシーニールセン・コーポレーション事件**（東京地裁平16.3.31判決）があります。裁判所はこの判決で、成果主義による基本給の降給が労働契約等によって定められている場合でも、使用者が恣意的に基本給の降給を決めることは許されないとしています。降給が許容されるのは、「就業規則等による労働契約に、降給が規定されているだけでなく、降給が決定される過程に合理性があること、その過程が従業員に告知されてその言い分を聞く等の公正な手続が存することが必要であり、降給の仕組み自体に合理性と公正さが認められ、その仕組みに沿った降給の措置が採られた場合には、個々の従業員の評価の過程に、特に不合理ないし不公正な事情が認められない限り、当該降給の措置は、当該仕組みに沿って行われたものとして許容されると解するのが相当」として、降格決定の過程の合理性だけでなく、降格に関する本人の意見聴取の機会を付与するべきことまで言及しており、相当厳格な要件を課しています。

④ 諸手当の廃止

　成果主義賃金制度の導入に伴って、属人的手当といえる家族手当や住宅手当を廃止するケースが多くみられますが、それまで支給基準が明確に定められていた手当を廃止する場合、一定の合理性が求められます。

　日帰り出張日当を廃止したケースで、出張旅費規程の変更は、日帰り出張時

の賃金という従業員にとって軽くみることができない労働条件を、変更の必要性を超えて制限するもので、「代償措置や関連する労働条件の改善も十分とはいえず、変更の合理性について組合及び従業員に対しての変更の必要性の説明も不十分で、これを受忍させることを許容することができるだけの高度の必要性に基づいた合理的な内容のものとは認められないから、無効と解すべきである」(**日本ロール製造事件**・東京地裁平14.5.29判決) としています。

上記裁判例は、成果主義への移行に伴う手当廃止の事案ではありませんが、家族手当や住宅手当のように、属人的要素に基づいて支給される諸手当を廃止し、職務や成果に基づいて再配分する場合、単に賃金総額を減額することを目的とするものでなければ、必ずしも上記の裁判例ほど厳格な要件を求められないものと解されますが、減額の程度によっては一定の経過措置期間をおくなどの配慮が必要と考えられます。

(3) 労働者の受ける不利益の程度

最後に、労働者にとって受忍されるべき不利益の許容限度について考えてみます。成果主義賃金制度への移行に伴って、たとえば賃金減額に関する一定の経過措置や代償措置を設けたり、新制度の下で標準的な評価を受けた場合に受けられる賃金額が旧制度における実際の賃金額を下回らないようにする措置等が、合理性の判断における重要な要素となります。

① 経過措置の必要性

この点について、業績の悪化に伴って、変動賃金制(能力評価制)を導入した事案で、裁判所は、経営上の必要性があったことは肯定できるし、本件変動賃金制(能力評価制)が一般論として合理性を有する制度であることは否定できないとしつつも、「代償措置その他関連する労働条件の改善がされておらず、あるいは既存の労働者のために適切な経過措置が採られているともいえず、あるいは不利益を緩和する措置」が何ら採られていないことをあげています。

さらに、「現に雇用されている従業員が以後の安定した雇用の確保のためにはそのような不利益を受けてもやむを得ない変更であると納得できるものである等、被告の業績悪化の中で労使間の利益調整がされた結果としての合理的な内容」と認めることもできないとしています。労働者にここまで大きな犠牲を一方的に強いるものであるとすれば、変更の必要性としては、「業績が著しく

悪化し、本件変動賃金制（能力評価制）を導入しなければ企業存亡の危機にある等の高度の必要性が存することを要する」としつつ、変動賃金制（能力評価制）導入当時そのような高度の必要性があったことを認めるに足りる証拠はないことから、変更の合理性を肯定することはできないとしています（**アーク証券〔本訴〕事件**・東京地裁平12.1.31判決）。

② 調整給の償却期間

また、新賃金制度の下で被控訴人（従業員）らに支給された賃金額が旧賃金制度の下で支給されていた賃金額よりも相当程度減少した事案で、「本件賃金制度の変更に際して採られた経過措置は、制度変更の1年目は差額に相当する調整手当を全額支払うが、2年目は50％だけであり、3年目からはこれがゼロとなる」ものであって、賃金額が顕著に減少する従業員についても特別な緩和措置が講じられていませんでした。

しかし、「本件賃金制度の変更が旧賃金制度の年功型賃金体系を大幅に改定するものであることにかんがみると、経過措置は実情に応じて可能な範囲で手厚いものであることが望まし」く、「本件賃金制度の変更の際に実際に採られた経過措置は、いささか性急なものであり、柔軟性に欠ける嫌いがないとはいえない」としながらも、それなりの緩和措置としての意義を有することを否定することはできないとされています（**ノイズ研究所事件**・前掲東京高裁判決）。

③ 新制度移行に伴って賃金が増額する者の割合

また、前掲**ハクスイテック事件**の一審判決（大阪地裁平12.2.28判決）では、「新給与規定は、能力主義、成果主義の賃金制度を導入するもので、評価が低い者については、不利益となるが、普通程度の評価の者については、補償制度もあり、その不利益の程度は小さいというべき」であり、新給与規定の実施により、「8割程度の従業員は、賃金が増額している」ことなどを勘案すると、新給与規定への変更による不利益の程度は、さほど大きくはないというべきであるとして、労働者の受ける不利益について受忍すべき程度のものであるとしています。

Ⅳ. 雇用形態の変更・契約更新に伴う賃金の引下げと不利益変更

　近年、経済のグローバル化や産業構造の変化、労働者の高齢化、就業意識の変化などにより、グループ企業間での転籍や出向、有期契約社員の増加など、雇用の流動化が急激に進んでいます。こうした中、法改正、判例の動向等は時代の流れとともに、大きく変化しています。
　ここでは、出向社員の賃金の取扱い、定年再雇用者、契約社員等の賃金の引下げの問題についてみていきます。

1. 出向社員の賃金の取扱い

　近年、ホールディングスやカンパニー制などの普及とともに、グループ企業間で人事交流を積極的に進める企業が増えています。このようなケースにおいて、親会社から子会社への出向の場合、出向元より出向先の賃金水準のほうが低いことが少なくありません。しかし、子会社との関係でみると、まったく同じ仕事をしているにもかかわらず、出向社員のほうが賃金水準が高かったり、休日・休暇が多かったりという矛盾を抱えることとなります。このような場合、出向先企業の水準に合わせて賃金を一方的に引き下げることはできるのでしょうか。
　まず、出向とは、出向元との労働契約関係を維持しながら、出向した労働者が出向先との指揮命令関係のもとで労務を提供するものです。出向した労働者と出向先との間にも新たな労働契約関係が成立することとなり、出向した労働者は、出向元および出向先の双方と二重に労働契約を締結することとなります。
　この場合、出向の際に就業規則において出向命令に対する応諾義務等の定めを包括的に設けていれば、個別の承諾を得る必要はないものと解されています。しかし、出向先の範囲や出向手続き、出向事由、出向に伴う労働条件や賃金支払いの取扱い、復帰の場合の取扱いなどについては、明確にしておかなけ

ればなりません。そして、これらの労働条件が出向にあたって変更となる場合には、当該労働者の個別の同意が必要であり、労働者本人の承諾なしに一方的に出向先の賃金水準等に引き下げることはできないと解されます。

したがって、労働者を出向させる場合には、出向先での賃金等の労働条件について明示したうえで、当該労働者の同意を得る必要があります。そして、実際には、出向元と出向先の間に生じる賃金格差を補填するのが一般的です。

なお、出向中の昇給や昇格は、復帰後の賃金水準や資格等級にも影響するため、出向元の基準で行うのが一般的です。また、賞与についても、基本的には昇給や昇格と同様に出向元の基準によるのが一般的ですが、出向の目的によっては、出向先の基準で支払うケースもあります。

2．定年再雇用、定年延長と賃金引下げ

平成18年4月から施行された改正高年齢者雇用安定法では、定年退職者のうち希望する者について65歳まで継続雇用することを企業に義務づけています（注6）。継続雇用制度の具体的な施策には、再雇用制度のほか、勤務延長制度、定年延長制度等があり、そのいずれを実施するかは各企業の判断に委ねられていますが、多くの企業では、いったん退職したのちに再雇用する再雇用制度が導入されています。

(注6)「高年齢者雇用確保措置」といい、①定年年齢の引上げ、②継続雇用制度の導入、③定年の廃止、のいずれかの措置を講ずることが事業主に義務づけられている。

(1) 定年再雇用者の賃金引下げ

定年退職した者を再雇用する場合に、賃金水準を引き下げることについて、労働条件の不利益変更に該当するか否かは問題となるところですが、定年再雇用にあたっては、労働者は定年により一度会社を退職しており、企業は改めて再雇用することとなるため、一般的には、従前の賃金に比較して相当額を引き下げたとしても、あくまで新たな労働契約の締結であり、問題にならないものと解されます。

この点について、「高年齢者雇用安定法Q＆A（高年齢者雇用確保措置関係）」（厚生労働省・平成24年11月公表）では、継続雇用後の労働条件につい

ては、高年齢者の安定した雇用を確保するという高年齢者雇用安定法の趣旨を踏まえたものであれば、最低賃金などの雇用に関するルールの範囲内で、フルタイム、パートタイムなどの労働時間、賃金、待遇などに関して、事業主と労働者の間で決めることができることとされています。

　また、高年齢者雇用安定法は事業主に定年退職者の希望に合致した労働条件での雇用を義務づけるものではなく、事業主の合理的な裁量の範囲の条件を提示していれば、労働者と事業主との間で労働条件等についての合意が得られず、結果的に労働者が継続雇用されることを拒否したとしても、高年齢者雇用安定法違反とはならないこととされています。

　さらに、同Q＆Aでは、55歳時点で、①従前と同等の労働条件で60歳定年到達時に退職する、②55歳以降の労働条件を変更したうえで65歳まで継続して働き続ける、のいずれかを労働者本人の自由意思によって選択する制度についても、高年齢者が希望した場合に65歳まで安定した雇用が確保されるしくみとなっている限り、継続雇用制度を導入していると解釈されるため差し支えないとされています。

(2) 定年延長と賃金引下げ

　次に、定年延長に伴って、延長された年齢にかかる賃金を引き下げることができるかどうかについてみてみましょう。

　この点については、定年延長に伴って55歳以降の賃金を減額するとした就業規則変更の効力が争いになった**第四銀行事件**（最高裁二小平9.2.27判決）が参考となります。本裁判例は、従来は定年を55歳としたうえで、希望者に対しては引き続き3年間の在職を認め、58歳までは定年前とほぼ同様の待遇を与えていたところ、就業規則の変更によって定年を60歳に延長するのに伴って、55歳以降の賃金を54歳時の60数％に減額した結果、従来、55歳から58歳までに受けられた賃金総額と新しい定年制によって55歳から60歳までに受けられる賃金総額がほぼ同額となったことが不合理・不利益をもたらす変更であるかどうかをめぐって争われたものです。

　最高裁判所は、「本件就業規則の変更は、それによる実質的な不利益が大きく、55歳まで1年半に迫っていた上告人には、いささか酷な事態を生じさせたことは想像するに難くないが、原審の認定に係るその余の諸事情を総合考慮

するならば、なお、そのような不利益を法的に受忍させることもやむを得ない程度の高度の必要性に基づいた合理的な内容のものであると認めることができないものではない」(第四銀行事件・前掲)として、定年延長に伴って賃金減額を定めた就業規則の変更を有効としました。この最高裁判例は、定年延長に伴う賃金の減額という問題に一応の決着をつけたものということができます。

3．有期契約労働者の契約更新時の賃金引下げ

　契約期間を定め、更新の都度、契約更改後の賃金について取り決めを行う場合には、次期の契約期間にかかる賃金水準を引き下げても直ちに問題になることはありません。なぜなら、有期労働契約はそれぞれ別個のものであり、次期の賃金等の労働条件について労使で合意に至らない場合には、次の労働契約は成立せず（注7）、結果として契約更新が行われないことになるからです。

　ただし、労使合意に至らず雇止めとなった場合に、その雇止め自体が無効であるときは、賃金等の労働条件は従前の有期労働契約と同一の内容で契約更新されたものとみなすこととされていますので、留意が必要です。

　この点については、これまで判例法理として確立されてきた"雇止め法理"が、平成24年改正の労働契約法により法制化され、同年8月10日の公布と同時に施行されました。改正法では、労働者から契約更新の申込みを受けたにもかかわらず雇止めをした場合で、その雇止めが次のいずれかに該当し、客観的に合理的な理由を欠き、社会通念上相当であると認められないときは、従前の有期労働契約と同一の労働条件で契約が更新されたものとみなすこととされています（改正労働契約法第19条）。

　　（注7）この点について、労働契約法第6条では、「労働契約は、労働者が使用者に使用されて労働し、使用者がこれに対して賃金を支払うことについて、労働者及び使用者が合意することによって成立する」とされている。

> ① 過去に反復して更新された有期労働契約で、その雇止めが無期労働契約の解雇と社会通念上同視できると認められる場合
> ② 労働者において、有期労働契約の契約期間の満了時に当該有期労働契約が更新されるものと期待することについて合理的な理由がある認められる場合

　この雇止め法理は、賃金等の労働条件について合意に至らずに雇止めとなった場合にも、上記の要件が揃えば適用されます。したがって、上記①または②に該当するような有期契約労働者に対して契約更新時に賃金の引下げを行う場合には、事実上、労働者の同意を得なければならないことになります。

　なお、有期契約労働者について賃金等の労働条件を決定するにあたっては、期間の定めがあることによって、労働条件を同一企業における他の無期契約労働者と不合理に相違させることはできませんので、あわせて留意が必要です（注8）。

（注8）詳細は、第3章Ⅱ.－「2．非正規労働者の均衡待遇」50ページを参照のこと。

4．変更解約告知による賃金引下げ

　経営状況の悪化等の場面において企業が人件費総額を圧縮しようとする場合、希望退職の募集や整理解雇等によって人員数の削減を行ったり、賃金引下げを行うなどの方法がありますが、賃金引下げを行うための手段として、"変更解約告知"という考えがあります。これは、ドイツやフランスの労働法に由来するもので、労働者に対して新たな労働条件での再雇用の申込みや賃金引下げの申込みを行い、これに応じない者を解雇するというものです（通常の解雇は"終了解約告知"として行われる）。

　一般的に、賃金等の労働条件を不利益に変更するためには、労働者と合意するか、就業規則や労働協約の変更によることが必要であることは前述のとおりですが、変更解約告知の法理を適用すれば、企業は、賃金の引下げに応じない労働者を解雇することができ、また、事実上、強制的に労働条件の変更を行う

ことができることとなります。しかし、この法理が適用された裁判例は1件だけであり、仮にこの法理が適用されるような場合でも、その要件は判例上も学説上も極めて厳しく、実際の適用はかなり難しいものと解されます。

（1） 変更解約告知が有効とされた事例

　変更解約告知を有効とした唯一の裁判例が、**スカンジナビア航空事件**（東京地裁平7.4.13決定）です。本事案は、外資系の航空会社が日本支社の経営再建のため、割増退職金を付した早期退職募集を実施するとともに、これに応じない者のうち再雇用の可能性のある者に対して、個別に再雇用後の新ポジションや新賃金を示して早期退職と再雇用への応募を促したにもかかわらず、早期退職・再雇用に応募をしなかった者に対する解雇の有効性が争われたものです。裁判所は、「この解雇の意思表示は、要するに、雇用契約で特定された職種等の労働条件を変更するための解約、換言すれば新契約締結の申込みをともなった従来の雇用契約の解約であって、いわゆる変更解約告知といわれるものである」と判示しました。

　そして、「会社と債権者ら従業員との間の雇用契約においては、職務及び勤務場所が特定されており、また、賃金及び労働時間等が重要な雇用条件となっていたのであるから、本件合理化案の実施により各人の職務、勤務場所、賃金及び労働時間等の変更を行うためには、これらの点について債権者らの同意を得ることが必要であり、これが得られない以上、一方的にこれらを不利益に変更することはできない事情にあったというべきである」としたうえで、「しかしながら、労働者の職務、勤務場所、賃金及び労働時間等の労働条件の変更が会社業務の運営にとって必要不可欠であり、その必要性が労働条件の変更によって労働者が受ける不利益を上回っていて、労働条件の変更をともなう新契約締結の申込みがそれに応じない場合の解雇を正当化するに足るやむを得ないものと認められ、かつ、解雇を回避するための努力が十分に尽くされているときは、会社は新契約締結の申込みに応じない労働者を解雇することができるものと解するのが相当」とされています。

（2） 変更解約告知が無効とされた事例

　一方、変更解約告知法理を否定した裁判例として、**大阪労働衛生センター第**

一病院事件（大阪地裁平10.8.31判決）があります。本事案で、裁判所は「変更解約告知といわれるものは、その実質は、新たな労働条件による再雇用の申出をともなった雇用契約解約の意思表示であり、労働条件変更のために行われる解雇であるが、労働条件変更については、就業規則の変更によってされるべきものであり、そのような方式が定着しているといってよい」とし、あえて変更解約告知法理を持ち出せば、「使用者は新たな労働条件変更の手段を得ることになるが、一方、労働者は、新しい労働条件に応じない限り、解雇を余儀なくされ、厳しい選択を迫られることになる」と判示しました。さらに、「再雇用の申出が伴うということで解雇の要件が緩やかに判断されることになれば、解雇という手段に相当性を必要とするとしても、労働者は非常に不利な立場に置かれることになる。してみれば、ドイツ法と異なって明文のない我国においては、労働条件の変更ないし解雇に変更解約告知という独立の類型を設けることは相当でないというべきである」と判示しました。

Ⅴ．退職金・企業年金の制度変更等による不利益変更

　近年、わが国の企業の多くは、従業員の高齢化に伴う退職金原資の積立不足の増大、年功序列の崩壊と成果主義人事制度への転換、退職給付会計の導入、適格退職年金の税制優遇措置の廃止等を背景として、退職金制度の見直しを迫られています。しかし、企業が一方的に、退職金水準を引き下げたり、退職金の算出方法や支給率を変更することは、労働者にとって労働条件の変更となり、ときとして不利益変更の問題として争いになることがあります。
　ここでは、退職金および企業年金の不利益変更に関する諸問題についてみていきます。

1．退職金の法的性格

　退職金の性格には、①功労報償説、②賃金後払説、③生活保障説などの諸説がありますが、実際の退職金制度では、これらが組み合わされて設計されていることが少なくありません。
　功労報償説は、退職金が労働者の在職中の功績、功労に報いるものとする説で、この説の立場を明確にするために、退職慰労金とか退職功労（報償）金などと呼ぶ企業もあります。
　賃金後払い説は、賃金水準が低く、賃金が労働力の価値以下で支払われてきた時代に形成された説で、退職時に未払い分の賃金を退職金として支給するという考え方によるものです。この説は、主として労働組合の理論的裏付けとして用いられてきたものです。
　生活保障説とは、いうまでもなく退職後（とくに老後）の生活保障のために退職金を支給するとする説です。一般に、中途退職（自己都合退職）に比べて、会社都合退職や定年退職の場合に支給係数を大きくしているのは、この考え方

に基づくものです。

なお、企業年金は、老後生活の保障をするという点を一層鮮明にしたものといえます。

2．退職金の不利益変更

まず、退職金の不利益変更の問題について、裁判例における考え方をみたうえで、退職金制度の設計や見直しの際の留意点について考えてみます。

(1) 裁判例

新たな就業規則の作成または変更によって、既得の権利を奪い、労働者に不利益な労働条件を一方的に課することについて、最高裁判所は、個々の労働者の同意を得ることを原則としながらも、その変更の内容が合理的な場合に限って、個々の労働者の同意を不要と判断しています（**秋北バス事件**・最高裁大昭43.12.25判決）。

また、"合理的なもの"の判断にあたって、とくに賃金や退職金など、労働者にとって重要な労働条件に関して実質的な不利益を及ぼす就業規則の変更については、当該条項が、そのような不利益を労働者に法的に受忍させることを許容することができるだけの"高度の必要性"に基づいた合理的な内容のものである場合に限って、その効力を生じさせるべきものとしています（**大曲市農協事件**・最高裁三小昭63.2.16判決）。

では、実際の裁判例をもとに、具体的な退職金の不利益変更の問題についてみることにします。

① 経営悪化を理由とする退職金規程の失効を無効とした事例

会社が財政悪化を理由とした退職金規程の失効と支払猶予を主張した事案について、裁判所は、退職金は退職によって具体化するものの、実質は過去の長期間にわたる労働の対価というべき性格のものであって、賃金の後払いというべきものであるから、「本来、退職間際の被告の財政状態によりその権利が左右されるべき性質のものではない」として、「被告の財政状態の悪化は、数年来徐々に進行して来たものであって、仮にそれが破産の危機に瀕する程度の深

刻なものとなったとしても、それが予期すべからざる社会経済情勢の一般的な急激な変動による等の特別な事情による」ものとはいえず、さらに、「一般的には、個別企業の経営の悪化は、特段の反対事情がない限り、経営責任として、当該企業の責に帰すべき事情というべきであって、事情変更の原則を持ち出す余地のない」ところであるから、「企業経営が悪化したからといって、当該企業が契約の拘束力を免れることが出来ないのは当然で、これは、退職金についても、それが雇用契約上の賃金債権である以上は、何ら区別する理由はない」(**大阪暁明館事件**・大阪地裁昭58.11.15判決)と、退職金規程の変更の合理性について、相当に厳格な判断を下しています。

② 退職金の支給率の一方的変更を無効とした事例

　退職金の支給率を一方的に不利益に変更した事案について、裁判所は、「本件退職金規定の改正は、従業員にとって明らかに不利益な変更である」ところ、「退職金は賃金に準じるものであり、いったん退職金支給基準が雇用契約の内容となった以上は、相手方の同意なくしてこれを変更し得ない」のであるから、退職金規程の支給率を従業員の不利益に変更することについては、たとえ被告会社の業績悪化等の事情があるとしても、不利益変更を是認すべき特別の事情がある場合でない限り、「変更前から雇用されていた従業員との関係では、その個別の同意のない限り不利益変更の効力は及ばないものと解される」(**アイエムエフ事件**・東京地裁平5.7.16判決)として、退職金規程の変更を無効としました。

③ 規程変更による退職金の大幅減額を無効とした事例

　退職金規程の改定によって、退職金を従来より大幅に減少させた事案について、裁判所は「新たに作成又は変更された就業規則の内容が合理的なものであるとは、その必要性及び内容の両面から見て、それによって労働者が被ることになる不利益の程度を勘案しても、なお、当該労使関係における当該条項の法的規範性を是認できるだけの合理性を有することを要し、特に、賃金、退職金など労働者にとって重要な権利、労働条件に関し実質的な不利益を及ぼす就業規則の作成又は変更については、当該条項が、そのような不利益を労働者に法的に受忍させることを許容できるだけの高度の必要性に基づいた合理的な内容のものである場合において、その効力を生ずるものというべきである」(**アスカ事件**・東京地裁平12.12.18判決)としたうえで、退職金規程の変更は、出向

先との労働条件のバランスをとる必要が生じたためであったものと認められるものの、変更後の退職金規程は、従業員にその退職金を従来の約3分の2ないし約2分の1に「減少させることを法的に受忍させることを許容できるだけの高度の必要性に基づいた合理的な内容のものであるとは認め難い」（**アスカ事件**・前掲）として、本件改定後の退職金規程を無効としています。

④ 給与制度改定の一環としての支給率の引下げを有効とした事例

また、最近の裁判例の中には、給与制度改善の一環として、給与・諸手当等の改定と一体として行われた退職金規程の変更に関して、退職金の支給率がみかけは低下しても、賞与を含む給与の増額改善、定年延長、さらには退職手当として後払いされるべき部分を給与として事前に受け取っているものと評価することができる点などに着目して、「本件退職規程変更によって被った原告の不利益の程度、本件退職規程変更の必要性、他の労働条件の改善内容を総合して考慮するならば、本件退職規程変更により職員が被る不利益はその変更後の一定の短期間内に限って生ずるもので、かつ、その不利益の程度も僅かである」から、「本件退職規程変更は有効なもの」（**空港環境整備協会事件**・東京地裁平6.3.31判決）としたものがあります。

すなわち、退職金規程の変更は、給与制度改定の一環としてなされたものであり、労働者が受ける不利益の程度は、退職金制度のみではなく、給与制度改定の全体の中で検討すべきものであるとしたものです。

（2）退職金制度の見直し

従来、わが国では退職時の基本給に勤続年数と退職事由別係数を乗じて退職金を算出する方式（以下「基本給連動型退職金制度」という）を採っている企業が多数を占めていました。しかし、基本給に連動した勤続累増型の退職金制度は、退職時の基本給額と勤続年数、退職事由別係数等によって退職金額が決まるため、在職中の功績や企業への貢献度が退職金にあまり反映されません。また、将来の退職金総額がどれくらいかを見込みにくいという難点もあります。

これらの問題を有する基本給連動型退職金制度を採用している企業では、制度の根本的な見直しが求められ、改革に踏み切る企業が増加しました。今後の退職金制度改革の方向としては、①ポイント制退職金制度への移行、②前払い退職金制度の導入、③企業型確定拠出年金や確定給付企業年金等の新しい企業

年金制度への移行などが考えられますが、ここでは、①および②への移行に伴う不利益変更の問題について考えてみます。

①　ポイント制退職金制度への移行

　ポイント制退職金制度とは、退職金の算定基礎を基本給から切り離し、一定のルールで決められたポイントとポイント単価を用いて退職金を算出する制度をいいます。すなわち、在職中の貢献度を一定の方法でポイントに換算し、退職までの累積ポイントの合計にポイント単価を乗じて退職金を算定する制度で、ポイントの決め方によっては、勤続（年功）重視の退職金制度から、貢献度を大きく反映させた退職金制度に切り替えることができます。また、退職金の額はポイント単価を用いて算出するため、定昇やベアなどの基本給の上昇による退職金原資の膨張を回避できるというメリットもあります。

①－ⅰ）退職金債権の特殊性と合理性の判断基準

　退職金は、勤続年数や支給事由別係数等の一定の支給基準によって算出されますが、月例賃金とは異なり、自己都合退職した場合は減額されたり、懲戒解雇された場合にはまったく支給されないなど、必ずしも確定した債権とはいえないという特殊性を有しています。いいかえれば、退職金は、退職したときに初めて、支給日や退職金額等が確定する"不確定期限"債権と考えられています。

　しかし、その中でも、今、退職すれば受け取れるはずの既得権としての過去勤務債権と、今後、休職等をすることなく順調に勤務したときに受け取れるはずの期待権としての将来債権では、自ずと変更内容の合理性の判断基準が異なってきます。

①－ⅱ）既得権としての過去勤務債権

　退職金規程に基づいてすでに支払うべき金額が確定している過去勤務分の退職金については、確定した賃金債権と考えられるため、個々の労働者の同意を得ない限り、これを一方的に減額することはできないものと解されます。

　この点については裁判例でも、「使用者が退職金に関する就業規則を変更し、従来の基準より低い基準を定めることを是認し、その効力が全労働者に及ぶとすれば、既往の労働の対償たる賃金について使用者の一方的な減額を肯定するに等しい結果を招く」から、「このような就業規則の変更は、たとえ使用者に経営不振等の事情があるにしても、前記労働基準法の趣旨に照し、とうてい合

理的なものとみることはできない。右就業規則の変更は、少くとも変更前より雇用されていた労働者に対しては、その同意がない以上、変更の効力が及ばないものと解するのが相当である」(**大阪日日新聞社事件**・大阪高裁昭45.5.28判決)とされています。

つまり、現時点で自己都合退職した場合に受領し得る退職金の水準を引き下げることは、"既往の労働"の対償である賃金について、使用者が一方的に減額することにも相当するので、このような変更を本人の同意なく行うことは認められないわけです。

したがって、ポイント制退職金制度に移行する際は、現行の退職金制度の下で、従業員がすでに受け取ることが確定している過去勤務債権としての退職金を減額することはできないと解されます。

そこで、ポイント制退職金制度に移行する際は、新制度への移行時点、たとえばある年度末の3月31日の時点で、現行制度で支給されるべき一人ひとりの退職金の額(これが過去勤務債権にあたる)を算出し、それをポイント単価で除して過去ポイント(または持ちポイント)を算出します。そして、新年度(4月1日)以降は、その過去ポイントに新しい方式によって算出されたポイントを加算していくようにすれば、既得権を保障したうえで新しい制度に移行することができます(**図表補−⑦参照**)。つまり、過去勤務債権としての退職金額を保障したうえで、新しい制度に移行するわけです。

Ⅴ. 退職金・企業年金の制度変更等による不利益変更

図表補-⑦　過去勤務債権のポイント化

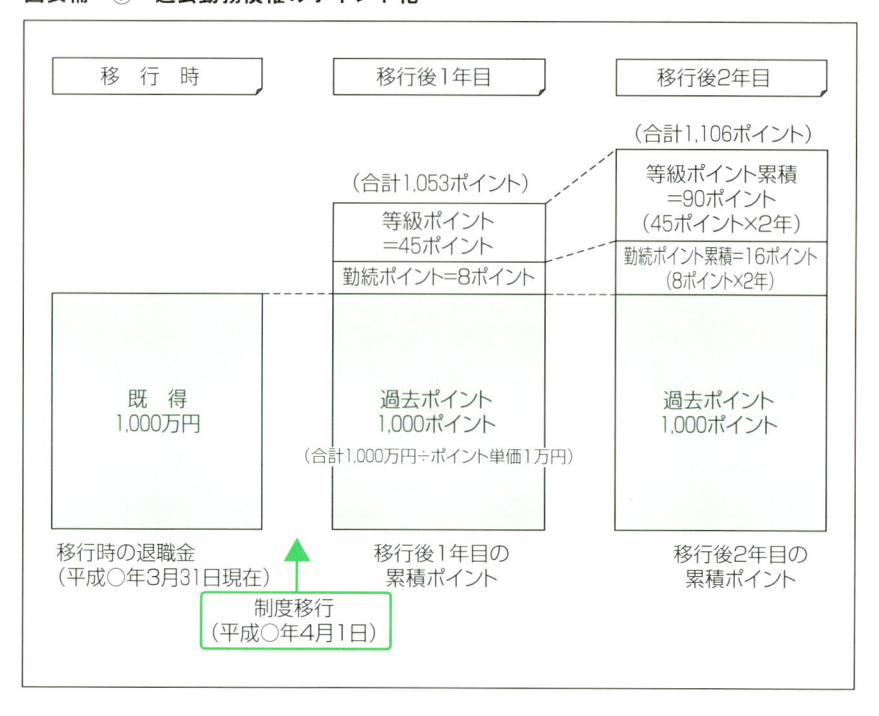

```
┌─────────────────────────────────────────────────────────────────┐
│   [ 移 行 時 ]          [ 移行後1年目 ]        [ 移行後2年目 ]    │
│                                              (合計1,106ポイント) │
│                        (合計1,053ポイント)    ┌──────────────┐   │
│                         ┌────────────┐       │等級ポイント累積│   │
│                         │等級ポイント │ ----- │=90ポイント   │   │
│                         │=45ポイント  │       │(45ポイント×2年)│   │
│                         ├────────────┤       ├──────────────┤   │
│                         │勤続ポイント=8ポイント│勤続ポイント累積=16ポイント│
│                         │            │       │(8ポイント×2年)│   │
│  ┌──────────┐          ┌────────────┐       ┌──────────────┐   │
│  │  既 得   │          │ 過去ポイント│       │ 過去ポイント  │   │
│  │ 1,000万円 │          │ 1,000ポイント│      │ 1,000ポイント │   │
│  │          │          │            │       │              │   │
│  └──────────┘          └────────────┘       └──────────────┘   │
│                        (合計1,000万円÷ポイント単価1万円)            │
│  移行時の退職金          移行後1年目の         移行後2年目の       │
│ (平成○年3月31日現在)      累積ポイント          累積ポイント       │
│              ↑                                                  │
│         制度移行                                                 │
│     (平成○年4月1日)                                             │
└─────────────────────────────────────────────────────────────────┘
```

　こうして、ポイント制退職金に移行した場合、在籍中の従業員は、従来の退職金制度で算定された退職金と移行後の新しいポイント制による退職金の両方で計算された退職金を受け取ることになります。

　たとえば、**図表補-⑧**のように、移行時に在籍している従業員の場合は、改正時点であるＸ点までは、現行制度で計算した年功型の退職金Ｂによって退職金を算出し、Ｘ点以降は新しい制度によって計算します。この場合には、Ｘ点以降はＡからＣまで退職金の額に差がつくことになります。

図表補-⑧　ポイント制退職金制度への移行イメージ

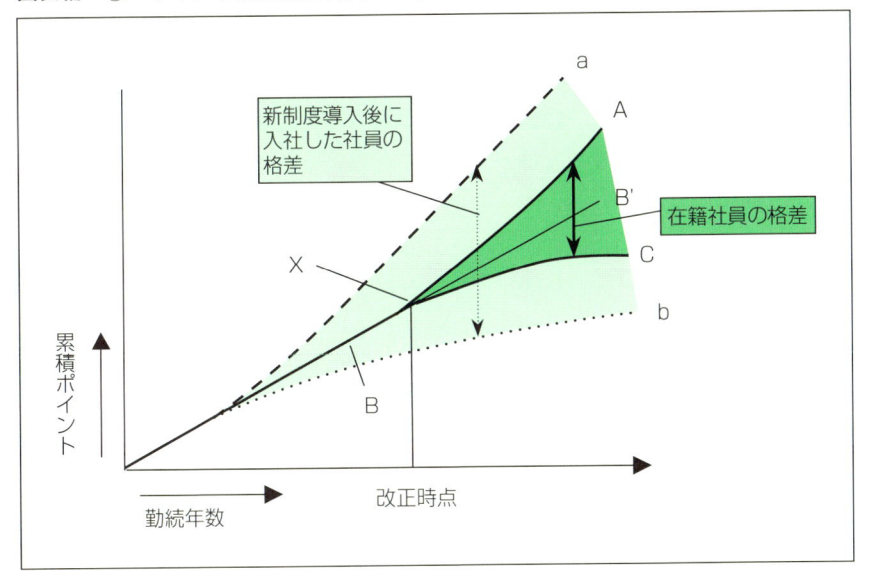

（図：縦軸「累積ポイント」、横軸「勤続年数」。改正時点でX点を通り、a、A、B'、C、bへと広がる図。「新制度導入後に入社した社員の格差」「在籍社員の格差」を示す）

　一方、新しい制度に移行した後に採用された従業員の場合は、初めからポイント制退職金制度が適用されるため、昇格が速いか遅いかによって、退職時点ではaからbまで退職金額に開きが出るわけです。

①-ⅲ) 期待権としての将来債権

　将来分の退職金は不確定な賃金債権であり、必ずしも期待権として確定的に保障されるものではありません。

　したがって、退職金制度の変更に伴って、何十年も先の退職金について、現時点で不利益変更の問題を持ち出したとしても、比較・検討することは困難といわざるを得ません。退職金制度を変更しなければ、数十年先に受け取れたであろう金額と、改定後の退職金制度に基づいて受け取れるであろう金額を比較することは、ほとんど不可能だからです。

　退職金制度の設計にあたって行うシミュレーションも、その前提となる昇格や昇給等の平均値や個人ごとの値を正確に割り出すことは困難であり、さらに、将来にわたって賃金・人事制度が変更されないとも限りません。仮に退職時の基本給と連動する退職金制度の場合、賃金・人事制度が変われば、その前提がすべて変わってきてしまいます。

したがって、将来部分の退職金カーブの設計については、退職金制度自体に一定の合理性を備えていれば、変更が認められるものと解されます。

　この点については裁判例でも、「退職金債権は、原告が退職して初めて具体的に発生するものであり、退職前には未だ具体的な債権として存在するものではない。そして、退職金規定は、当事者が合意する場合には容易に変更され得るし、合意のない場合においても変更される余地がある。そうであれば、退職前に退職金規定の効力の確認をしても、無益といわざるを得ず、また、退職金債権については、これが具体的に発生した段階で給付請求をしても遅すぎることはない。そうであれば、右確認を求める訴えは、即時確定の利益を欠くものというべきである」(**ハクスイテック事件**・大阪地裁平12.2.28判決) として、旧退職金規程が効力を有することの確認を求める原告の訴えについて、「不適法というべきである」としたものがあります。

　また、これと同様の趣旨の裁判例で、将来、従業員 (原告) が退職した際に会社 (被告) から支給されるはずの退職金についての権利関係の確認を請求した事案について、「原告らの被告に対する退職金債権はその履行期が将来の原告らの各退職時であるのみならず、その額及び支給方法等具体的債権の内容は、原告ら各人の退職時における就業規則及び退職手当支給規定の定めるところにより退職時に具体的に確定するものであって、現在の段階においては、未だ確定していないのであるから確認判決の対象とすべき法的紛争としては未成熟といわねばならない」(**仙台ブロック・トラック運送事業厚生年金基金事件**・仙台地裁昭61.4.15判決) として、本件の各訴えが、確認訴訟の対象適格の点からも、確認の必要性の点からも、不適法であるとしたものがあります。

　また、**図表補－⑧**にも示したように、ポイント制退職金制度の導入に伴って、制度改正時点 (X) 以降、退職金が減額される可能性がありますが、反対に増額となる可能性もあります。この点について裁判例では、新給与規定は、能力主義、成果主義の賃金制度を導入するもので、給与規定改定時の賃金と大差なく、「被告の経営状態がいわゆる赤字経営となっている時代には、賃金の増額を期待することはできないというべきであるし、普通以下の仕事しかしないものについても、高額の賃金を補償することはむしろ公平を害するものであり、合理性がない」(**ハクスイテック事件**・前掲) とされています。

　これは、給与規定の変更について論じられたものですが、退職金に置き換え

て考えると、将来の期待権としての退職金債権は、現時点では不確定なものであり、一定の合理性があれば、個々の従業員の同意を必要としないものと解されるということになります。

いずれにしても、退職金制度は、従業員が退職したときに受けるものであるため、退職金制度の改革を行った場合は、賃金制度の変更以上に労働条件の不利益変更であるかどうかが争われやすい問題となります。このため、労働組合等との協議を重ねるなど慎重な取組みが望まれます。

② 前払い退職金制度への移行

前払い退職金制度とは、退職後に退職金を支払う代わりに、退職時に支払うべき退職給付債務を月例賃金または賞与に上乗せして支払う制度で、平成10年（1998年）に松下電器産業（現・パナソニック）が導入して一躍有名になった制度です。近年では、企業年金と組み合わせて選択制とするなど、かなり一般化しています。

この前払い退職金制度は、将来に退職給付債務を残さず、掛金に相当する部分（前払い額）を毎月の費用として処理するもので、賃金または賞与に上乗せして支払うという特徴があります。また、従業員にとっても、不確実な将来に退職金をまとめて受け取るより、受けとれるときに受けとれるだけ受給し、それを資産として運用したり、人生設計を立てるなど、選択の幅が広がる制度とみることもできます。一方、住宅ローンや人生設計等の関係を考えると、退職時に受けとるべき退職金を在職中に受けとることが、必ずしもすべての従業員にとって有利になるとは言い切れません。

したがって、前払い制に移行する場合には、労働条件の不利益変更にならないようにすることも含めて、次の諸点に留意する必要があります。

②-ⅰ) 生涯賃金の維持・保障

前払い退職金制度と他の退職金制度の選択制とする場合には、前払い制を選択しても他の制度による給付を選択しても、大幅な損得が生じないように前払い額を決定する必要があります。また、前払い制への移行に伴って退職金制度を廃止する場合、廃止に代わって、従前と同等の代償給付を設けるなど、生涯賃金を維持・保障するようにしなければなりません。

この点について、退職金制度が廃止された事案で、最高裁判所は、退職金規程の変更は、従業員に対して、廃止日以降の就労期間が退職金算定の基礎とな

る勤続年数に算入されなくなるという不利益を一方的に課するものであるにもかかわらず、会社は「その代償となる労働条件を何ら提供しておらず、また、右不利益を是認させるような特別の事情も認められないので、右の変更は合理的なものということができない」(**御國ハイヤー事件**・最高裁二小昭58.7.15判決) として、退職金規程変更の効力を生じないと判示しました。

②-ⅱ) 他の退職金制度の水準との連動

　前払い退職金制度を他の退職金制度との選択制とする場合は、他の退職金制度の退職金水準が途中で改定されたときは、それに合わせて前払い給付額についても改定を行う必要があります。

②-ⅲ) 既得権の保全・保護

　前払い退職金制度の対象者は、制度導入時点以降の新入社員から適用することもできますが、新入社員だけでなく、従来から在籍している従業員にも適用する場合には、在籍従業員の既得権を保全・保護する必要があります。

　既得権を保障するためには、前払い退職金制度を選択(移行)した時点で、過去勤務分の退職金を一時金として清算する方法があります。この場合、過去勤務分の退職金については税法上の退職所得控除を受けることができず、その年の給与所得として課税されるため、従業員にとってはかなり不利になります。ただし、所得税等を上乗せすれば、この部分についての不利益は生じません。

　また、切り替え時に過去勤務分(既得権分)を清算せずに、退職時まで据え置く方法を採る場合は、据え置き期間に応じた利息分を保障する必要があります。

3. 企業年金の不利益変更

　近年、高齢化に伴う退職金原資の増大や年金資産の積立不足の増加等を背景に、企業年金制度の廃止や見直し、給付利率の引下げ等を実施する企業が相次いでいます。

　そこで、企業年金の不利益変更の問題についてみることにします。

（1）企業年金の概要

退職金を、一時金ではなく年金で受け取る企業年金には、将来の年金額が確定している確定給付型と、現在の掛金額が確定している確定拠出型があります。

確定給付型企業年金の代表的なものとして、厚生年金基金、確定給付企業年金、自社積立年金等があります。これらの企業年金は、年金資産の運用の結果にかかわらず一定の給付額を従業員に支払うもので、運用がうまくいかず、積立金等に不足が生じた場合には、原則として企業がその穴埋めをしなければなりません。

一方、確定拠出型企業年金には企業型確定拠出年金があります。あらかじめ掛金額を確定して拠出し、従業員個々人が年金資産を運用するもので、その結果次第で、従業員が将来受け取る年金額が増減します。確定給付型企業年金が、企業側が運用リスクを負うのに対し、確定拠出型企業年金は、従業員側が運用リスクを負う制度ということができます（**図表補－⑨**参照）。

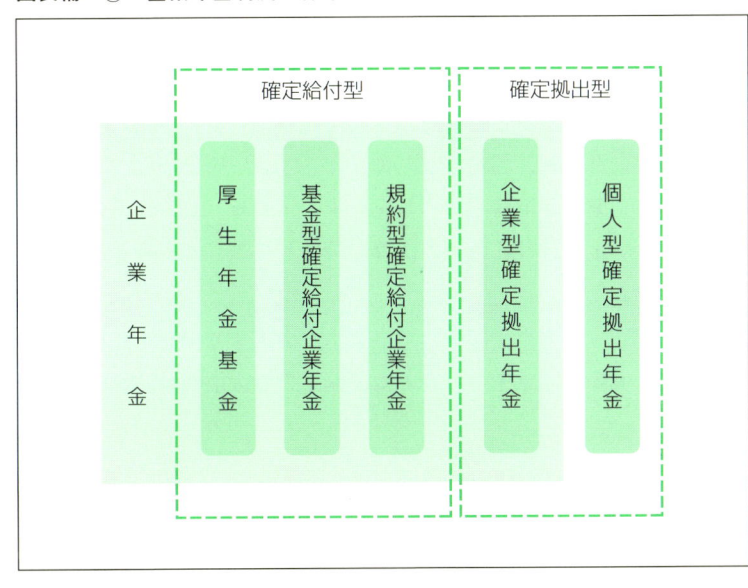

図表補－⑨　企業年金制度の体系

企業年金	確定給付型			確定拠出型	
	厚生年金基金	基金型確定給付企業年金	規約型確定給付企業年金	企業型確定拠出年金	個人型確定拠出年金

（2）企業年金の給付減額にかかる要件

近年の低金利を背景に、想定していた運用利回りを確保できず、確定給付型

の年金では企業が積立不足を穴埋めしなければならないため、給付減額に踏み切る企業も少なくありません。ここではまず、企業年金の給付減額にかかる要件についてみることにします。

企業年金の給付減額を行うには、まず各企業年金の根拠となる法令の定めに基づいて、現役加入者およびすでに退職している受給者等の同意の取得をはじめ、さまざまな手続きが必要となります。

たとえば、確定給付企業年金では、厚生労働大臣の認可を受けるとともに、給付減額にかかる規約変更が必要となります。この場合、事業の継続が困難など、やむを得ない「理由」があることが必要とされています。また、これとあわせて、加入者や受給者等の3分の2以上の同意を得るなどの手続きを経ることも必要です。

この点について争われた**NTTグループ企業（年金規約変更不承認処分）事件**（最高裁三小平22.6.8判決）では、受給者の3分の2以上の同意を得ていたにもかかわらず、「実施事業所の経営の状況が悪化したことにより、給付の額を減額することがやむを得ないこと」および「給付の額を減額しなければ、掛金の額が大幅に上昇し、事業主が掛金を拠出することが困難になると見込まれるため、給付の額を減額することがやむを得ないこと」のいずれも満たさないとして、給付減額にかかる規約変更の承認申請について不承認とした厚生労働大臣の判断が有効とされ、話題となりました。

本事案では、企業側が継続的に利益を計上しており、経営が悪化したとは認められず、年金廃止を避けるための次善の策として減額がやむを得ないとはいえないとされました。

一方、企業型確定拠出年金について事業主が拠出する掛金を減額する場合には、過半数代表者等の同意を得たうえで、厚生労働大臣の承認を受ける必要があります。

(3) 企業年金の不利益変更にかかる問題

企業年金の給付減額を行う場合、各法令に定める要件を満たす場合であっても、給付減額そのものの有効性については別途検討する必要があります。つまり、法令の要件を満たしている場合であっても、企業年金の不利益変更の合理性がなければ、給付減額を行うことは認められないわけです。この点について

は、確定給付型の企業年金はもちろんのこと、企業型確定拠出年金における掛金減額の場合にも、不利益変更の問題として、労働協約や就業規則等による不利益変更手続きに基づいてこれを行うことが必要となります。

また、現役加入者とすでに退職している受給者等では、給付減額のハードルの高さは大きく異なります。加入者については、現時点で在職している従業員であり、まだ企業年金を受給していないため、将来分の企業年金の給付減額について争いになる可能性はそれほど高くはありません。しかし、受給者については、すでに年金給付額が確定しており、その給付額を前提に生活設計を立てているため、給付減額を実施することはより困難といえます。

さらに、そもそも受給者はすでに企業との雇用関係が終了しており就業規則の適用を受けないため、給付減額を行おうとする場合、就業規則の不利益変更の問題として処理することは、本来できないわけですが、受給者との契約と就業規則の間に類似性があると認められる場合には、就業規則の解釈をあてはめることができる場合がある、と解されます。

なお、いわゆる内枠方式、すなわち労働協約や就業規則においてあらかじめ年金給付額が定められている場合、規約の変更によって企業年金の給付減額を行っただけでは従業員に対する退職金債務は変更されないため、企業年金の減額分を企業が穴埋めする必要があります。したがって、年金給付額そのものを減額しようとする場合には、労働協約や就業規則についても、不利益変更手続きに基づいて、同時に変更しておかなければなりません。

これに対して、退職金制度との調整を行わない別建ての外部積立による企業年金を外枠方式といいますが、この場合には、企業年金の給付減額イコール従業員の企業年金の給付減額となるため、内枠方式のような問題は生じません。

Ⅵ. 企業再編に伴う労働契約の承継と不利益変更

近年、市場のグローバル化による競争の激化や経済の低迷を背景に、生き残りや再建をかけて事業を売却する企業や、後継者の不在から事業継承を図る中小企業などが増えています。また、その一方で、企業規模の拡大によって経営効率の向上や競争力強化、販売チャネルの獲得等を狙いとしてM&Aを推し進める企業も、急激に増加しています。

企業再編のスキームには、合併や買収、会社分割、事業譲渡などがありますが、これらを行うにあたっては、労働条件の変更を行わなければならないことが少なくありません。

ここでは、企業再編の種類とそれぞれのスキームにおける労働条件の承継、さらには賃金の変更の問題についてみていきます。

●●●●
1. 企業再編の種類

上述のとおり、企業再編には、合併・買収、会社分割、事業譲渡などのスキームがあります（**図表補-⑩参照**）。そこで、まず各スキームの概要についてみていきます。

(1) 合併

合併とは、二以上の会社が契約により一つの会社に統合することをいい、新設合併と吸収合併の2つに分けられます。

新設合併とは、合併によって消滅する会社（消滅会社）の権利義務の全部を合併により設立する会社（新設会社）に承継させるものをいい（会社法第2条第28号）、吸収合併とは、合併によって消滅する会社（消滅会社）の資産や負債、権利義務の全部を合併後存続する会社（存続会社）に承継させるものをい

図表補－⑩　企業再編の種類

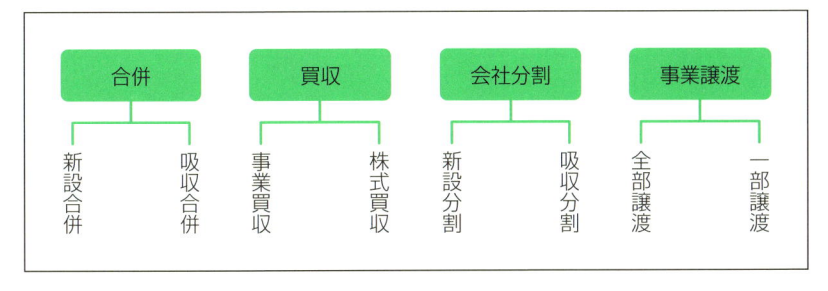

```
┌─────────────────────────────────────────────────────────┐
│   ┌──合併──┐   ┌──買収──┐   ┌─会社分割─┐   ┌─事業譲渡─┐  │
│   │       │   │       │   │         │   │         │  │
│  新設    吸収   事業    株式   新設      吸収    全部      一部  │
│  合併    合併   買収    買収   分割      分割    譲渡      譲渡  │
└─────────────────────────────────────────────────────────┘
```

います（同第27号）。

（2）買収

　買収を大別すると、事業譲渡による事業の譲受け（後述（4）参照）と、株式取得の2つがあります。

　株式取得には、株式譲渡や株式交換、株式移転等の方法がありますが、事業の取得とは異なり企業の経営権を取得するもので、労働関係に直接的に影響を及ぼすものではありません。

（3）会社分割

　会社分割とは、分割会社の事業に関する権利義務の全部または一部を他社に包括的に承継させるものをいい、新設分割と吸収分割の2つに分けられます。

　新設分割とは、会社がその事業に関して有する権利義務の全部または一部を分割によって新たに設立する会社（新設分割設立会社）に承継させるものをいい（会社法第2条第30号）、吸収分割とは、会社がその事業に関して有する権利義務の全部または一部を分割後他の会社（吸収分割承継会社）に承継させるものをいいます（同第29号）。

　なお、本章では、吸収分割承継会社および新設分割設立会社をあわせて「承継会社等」といいます。

（4）事業譲渡

　事業譲渡とは、平成18年の会社法施行以前は営業譲渡と称されていたもので、事業の全部または一部を契約により譲渡することをいい、全部譲渡と一部

譲渡の2つに分けられます（会社法第467条第1項）。これをいいかえると、事業譲渡とは、単なる事業用財産の譲渡を意味するものではなく、「一定の営業目的のため組織化され、有機的一体として機能する財産」の移転（最高裁大昭40.9.22判決）と定義づけられます。

事業譲渡によるスキームは、合併や会社分割のように権利義務関係が包括承継されるわけではなく、事業資産や営業権、その事業に携わる労働者等を個別合意によって譲渡するもので、譲受側からみれば、リスクの低い事業のみを選択して譲り受けることが可能となります。

2．労働契約関係の承継

企業再編を実施するにあたって人の異動を伴う場合には、労働者本人の個別の同意を得ずに転籍させることができるかどうかが問題となります。

転籍は、転籍元企業が転籍先企業に労働契約上の権利義務を全部譲渡する、つまり、転籍元企業との労働契約をいったん解約し、同時に転籍先企業と新たな労働契約を締結するものですが、労働契約によって生じた権利義務関係を転籍の形によって譲渡することについて、民法第625号第1項では、「使用者は、労働者の承諾を得なければ、その権利を第三者に譲り渡すことができない」とされており、当事者の同意なしに他人（他社）に譲渡することは禁じられています。

これは、一般に労働（雇用）契約の一身専属性といわれるもので、労働関係から生じる権利義務の履行について、契約当事者である使用者と労働者に限定されるとしたものです。

したがって、本人の同意を得ることなく労働者を転籍させることは、原則としてできません。この点については裁判例でも、「労働協約や就業規則において業務上の都合で自由に転籍を命じうるような事項を定めることはできず、従ってこれを根拠に転籍を命じることはできないのであって、そのためには、個別的に従業員との合意が必要であるというべきである」（**ミクロ製作所事件**・高知地裁昭53.4.20判決）と判示されています。

つまり、転籍は従業員の雇用契約上の地位の根本にかかわることであり、包

括的な転籍条項を設けたとしても、転籍させることはできないわけです。
　では、それぞれの企業再編における権利義務関係の承継についてみていくことにします。

(1) 合併における権利義務の承継

　合併は、消滅会社のすべての権利義務関係が個別の同意を得ることなく、存続会社等に包括的に承継されます（会社法第750条第1項、第754条第1項）。このことは、労働契約等についても同様で、消滅会社の労働者の労働契約も存続会社等に包括的に承継されます。

① 労働契約の承継

　合併は包括承継が原則であり、その効力発生のときに消滅会社のすべての権利義務が存続会社または新設会社（以下「存続会社等」という）に包括的に承継されます。この権利義務には労働契約も含まれるため、民法第625条第1項の規定（労働契約の一身専属性）は排除されます。したがって、承継の際には、労働者から個別の同意を得る必要はありません。

　この点については行政解釈でも、「消滅会社の労働者の労働契約は、存続会社等に包括的に承継されるため、労働契約の内容である労働条件についても、そのまま維持されるものであること」（「営業譲渡等に伴う労働関係上の問題への対応について」平15.4.10地発0410001号、政発0410001号）とされています。

② 労働協約の承継

　前述のように、合併は包括承継が原則となるため、労働協約がある場合には、存続会社等にそのまま承継されることとなります。この場合、複数の労働組合との間でそれぞれ労働協約が存する場合には、それぞれがそのまま存続会社等に承継されます。

　なお、合併の結果、複数の労働組合が存在することとなった場合、使用者側から労働組合に対して合併を強要することは、労働組合への違法な介入として不当労働行為にあたり、認められません（労働組合法第7条第3項）。

(2) 買収における権利義務の承継

　買収には、事業譲渡による事業の譲受けと株式取得の2種類があることは前述したとおりです（本章345ページ参照）。事業譲渡による事業の譲受けの詳

細については(4)でみることとし、株式取得による手法についてみると、株式取得は、事業の取得の場合と異なり、企業の経営権を取得するものであるため権利義務関係は、そのまま承継されることとなります。

(3) 会社分割における権利義務の承継

会社分割制度は平成12年の商法改正により創設されたものですが、この制度ができたことによって、承継会社等に移転する権利義務の範囲を企業側が一方的に決定できるようになったことなどから、労働者保護や労働関係の諸問題を解決することを目的として、同年4月1日に労働契約承継法が施行されました。

では、会社分割における権利義務の承継についてみていきます。

① 労働契約の承継

一定の条件を満たした場合、会社分割においても労働者本人の同意を得ることなく承継会社等に転籍させることができます。具体的には、会社分割によって、承継会社等に承継される事業に"主として従事"している労働者については、分割契約等に承継する旨の記載をすることによって、分割の効力が生じたときに、労働者の意向と関係なく、当然に承継会社等に労働契約が承継されることになります。

この点については、労働契約承継法指針でも、会社分割によって承継会社等に承継された労働契約は、「分割会社から承継会社等に包括的に承継されるため、その内容である労働条件は、そのまま維持されるもの」とされています。

さらに、この場合において、①労働協約、就業規則または労働契約に規定されている労働条件のほか、②確立された労働慣行であって分割会社と労働者との間で黙示の合意が成立したもののうち労働者の待遇に関する部分、③民法第92条の慣習が成立していると認められるもののうち労働者の待遇に関する部分についても、労働契約の内容である労働条件として維持されるとされています。

また、退職金額等の算定や年次有給休暇の日数、永年勤続表彰資格等にかかる勤続年数についても、分割会社におけるそれが通算されることとされています。このように会社分割による場合、労働条件等について承継会社等に引き継がなければならないこととされており、分割会社は、会社分割を理由として一方的に労働条件を不利益に変更することは認められません。

なお、承継される業務にまったく従事していない労働者を承継会社等に転籍

させるには、通常の転籍と同様、個別の同意を得ることが必要となります。

② **労働契約の承継にかかる手続き**

会社分割にあたって労働契約を承継するには、以下の承継手続きを行うことが必要となります。

②-ⅰ) **労働組合等との協議**

労働契約承継法第7条では、会社分割を行う際は、承継の対象となる事業の有無にかかわらず、すべての事業場において、過半数代表者等との間で、分割を行う背景・理由や承継される事業に"主として従事"する労働者に該当するか否かの判断基準等について、労働者の理解と協力を得るよう努めることとされています。

②-ⅱ) **承継の対象となる労働者との個別協議**

商法等改正法附則第5条では、承継される事業に従事している労働者に対して、会社分割後に勤務することとなる会社の概要や承継される事業に"主として従事"する労働者に該当するか否かの考え方等を十分説明するとともに、本人の希望を聴取したうえで、当該労働者にかかる労働契約の承継の有無、承継するとした場合または承継しないとした場合の当該労働者が従事することを予定する業務の内容、就業場所その他の就業形態等について協議しなければならないとされています。なお、この協議を「全く行わなかった場合又は実質的にこれと同視し得る場合における会社分割については、会社分割の無効の原因となり得る」（労働契約承継法指針）とされています。

この点について、労働者への説明や協議の有無と新会社への転籍の効力が争われた**日本アイ・ビー・エム（会社分割）事件**（最高裁二小平22.7.12判決）において、最高裁判所は、分割に関して労働者との協議や説明がまったく行われなかったときは、転籍は無効となるとの初めての判断が下されています。

②-ⅲ) **労働者および労働組合への通知**

分割会社は、会社分割にあたって、承継される事業に主として従事する労働者およびそれ以外の承継会社等に承継される労働者に対して、分割契約書等に当該労働者が承継される旨の定めの有無や当該労働者の異議申出期日等を書面によって通知しなければなりません（労働契約承継法第2条第1項）。

また、労働組合との間で労働協約を締結している場合には、分割会社は、労働組合に対して、労働協約が承継会社等に承継される旨の分割契約等の定めの

有無等を書面により通知しなければなりません（同条第2項）。

②-ⅳ）労働者の異議申出

会社分割にあたって、①承継される事業に主として従事する労働者を分割会社に残留させる場合、および②承継される事業に主として従事する労働者以外の労働者を承継会社等に承継させる場合には、当該労働者は、分割会社に対してそれぞれ異議申出をすることができることとされています。

当該労働者は、異議を申し出ることにより、労働者本人の意向に従って、①の場合には労働契約が承継され、②の場合には労働契約が承継されないこととなります（労働契約承継法第4条、第5条）。

分割会社は、異議申出期限日を設ける場合、通知日と異議申出期限日との間に少なくとも13日間をおかなければならないこととされています。

③ 会社分割に伴う解雇その他不利益な取扱い

会社分割のみを理由とする解雇や、一方的な賃金の引下げその他の労働条件の不利益変更を行うことはできません。また、会社分割の前後において労働条件の変更を行う場合には、法令や判例法理に従って、労使間の合意のもとに行うことが基本となります（賃金の不利益変更の問題については、本章295ページを参照）。

なお、勤務地限定の特約をしている労働者を承継会社等に承継させる場合、承継会社等の事業所が限定された勤務地にないときは、あらためて他の勤務地への異動について同意を得なければなりませんが、どうしても同意が得られない場合には、解雇せざるを得ない場合もあります。

④ 労働協約の承継

労働協約における規範的部分（労働条件その他の労働者の待遇に関する基準）については、その適用を受ける組合員が承継会社等に承継される場合、原則として、会社分割の効力が生じたときに、承継会社等と労働組合との間で、当該労働協約と同一内容の労働協約が締結されたものとみなすこととされています（労働契約承継法第6条第3項）。

なお、債務的部分（組合事務所や掲示板の使用、労使協議制や団体交渉のルールなど、労働組合と使用者の関係を定めた部分）については、分割会社と労働組合との間で合意があったときは、合意にかかる部分のみが承継されます（同第2項）。

⑤ 労使協定の承継

労働基準法等の労働法令にかかる労使協定については、会社分割によって会社の分割前後で事業場の同一性が認められる場合には有効です。この場合の"事業場の同一性"は、一般的に労働者の構成や事業場の場所、事業の実態等によって判断されるものであり、会社分割による使用者の地位の変更は考慮する必要がないものと解されます。

（４）事業譲渡における権利義務の承継

まず、事業譲渡における権利義務の移転にかかる原則的な考え方についてみたうえで、事業譲渡に伴う解雇等の不利益取扱いの禁止、労働者への情報提供等についてみていくこととします。

① 特定承継の原則と労働契約の承継

権利義務を包括的に承継する包括承継に対して、権利義務の移転について債権者の個別の同意を要するものを特定承継といいます。

事業譲渡における権利義務関係の承継に関する法的性格は、この特定承継とされています。このため、事業を譲渡する会社（以下「譲渡会社」という）と事業を譲り受ける会社（以下「譲受会社」という）の間で合意された特定の財産や権利義務のみが承継されることとなります。この点については、裁判例でも、事業譲渡に際しての労働契約の承継の有無やその範囲については、事業譲渡にかかる企業間の合意によって取り決めることができることとされています（**マルマンコーポレーション事件**・大阪地平14.6.11判決）。

労働契約の承継スキームの主なものには、以下の２つがあります。

> 【事業譲渡における労働契約の承継スキーム】
> ① 転籍型：事業譲渡に伴って労働契約を承継させる方法
> ② 退職・採用型：譲渡会社をいったん退職したうえで譲受会社が新たに採用する方法

まず、転籍型は、事業譲渡に伴って労働契約の承継を行うことを予定している労働者（以下「承継予定労働者」という）の労働契約を譲受会社に承継させるスキームですが、譲渡会社は、民法第625条第１項（労働契約の一身専属性。本章346ページ参照）の規定に基づいて、労働契約の承継、すなわち"転籍"に

ついて承継予定労働者から個別に同意を得る必要があります（**図表補－⑪参照**）。

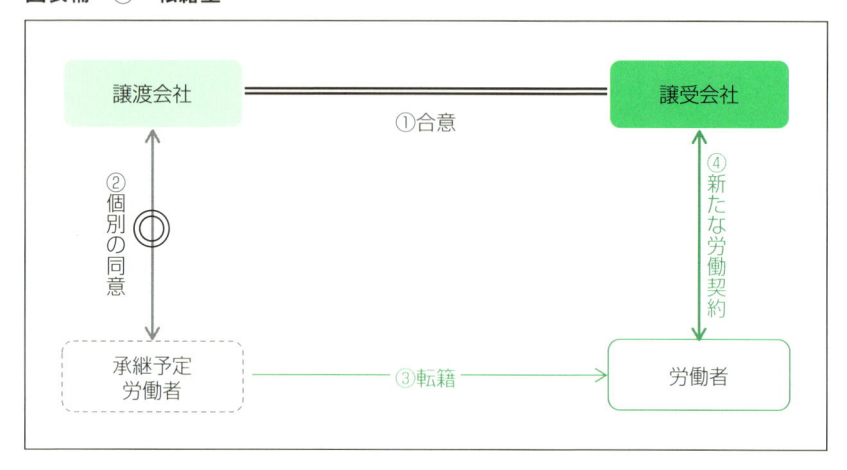

図表補－⑪　転籍型

一方、退職・採用型のスキームの場合、原則として、労働契約は譲受会社に承継されません（**図表補－⑫参照**）。

図表補－⑫　退職・採用型

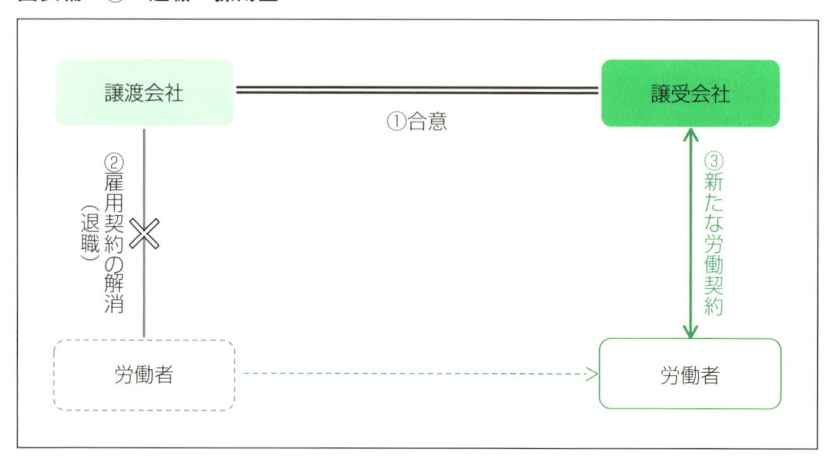

　ただし、譲渡会社と事業譲渡の対象業務に従事する労働者との間の労働契約上の地位について、当事者間で特段の定めをしていない場合には、譲受会社に

承継されるとした裁判例がいくつかあります（**エーシーニールセン・コーポレーション事件**・東京高裁平16.11.16判決ほか）。このため、譲渡会社における債権債務を譲受会社に引き継がないこととする場合には、事業譲渡にかかる契約等において、雇用契約を承継の対象としない旨を明確に記載しておくことが重要です。

② **事業譲渡に伴う解雇その他不利益な取扱いの禁止**

事業譲渡に伴う解雇等の取扱いについては、「営業譲渡等に伴う労働関係上の問題への対応について」（平15.4.10地発0410001号、政発0410001号）において、以下のように示されています。

②-ⅰ）**事業譲渡に伴う解雇**

事業譲渡に伴って解雇を行う場合、当然に整理解雇に関する法理の適用があり、それまで働いていた部門が譲渡されたことのみでは、解雇の正当な理由とはならないこととされています。

この点について、工場の分離、子会社化に伴って当該子会社への転籍および賃金の減額を拒否した者の解雇の効力が争われた事案で、経営不振や事業の縮小に伴う解雇については整理解雇の要件を満たさなければならないとしたうえで、解雇権の濫用にあたり無効とされた裁判例があります（**千代田化工建設事件**・東京高裁平5.3.31判決）。同裁判例では、「整理解雇の場合は、その認められる要件が条理上厳格に制限されるのであり、使用者の側で移籍に応じない者は解雇することを仄めかしたからといって整理解雇の要件が何ら緩和されるものではない」とし、さらに「業務縮小などに伴う整理解雇が許容される要件は、前述のとおり客観的に定めるものであって、労働者として移籍か解雇かの二者択一を迫られるものではない」と判示しています。

②-ⅱ）**事業譲渡に伴う労働契約の承継を拒否したことを理由とする解雇**

譲渡の対象となる事業に従事している労働者（譲渡部門の労働者）が事業譲渡に伴う譲受会社への労働契約の承継に同意をしなかった場合、同意しなかったことのみを理由として解雇することはできません。譲渡会社は、同意をしなかった労働者について、譲渡部門以外の他部門への配置転換を行うなどの措置を講ずる必要があることとされています。

②-ⅲ）**譲渡会社の解散に伴う解雇と譲受会社における不採用**

譲渡会社の解散に伴って解雇された労働者について、譲受会社における採用

の自由がどこまで認められるかは、問題となるところです。この点について、譲渡会社の経営破たんと解散に伴って労働者が全員解雇され、譲受会社において特定の者だけが不採用となった事案で、裁判所は「企業者は、経済活動の一環としてする契約締結の自由を有し、自己の営業のために労働者を雇用するに当たり、いかなる者を雇い入れるか、いかなる条件でこれを雇うかについて、法律その他による特別の制限がない限り、原則として自由にこれを決定することができる」(**東京日新学園事件・東京高裁平17.7.13判決**)と判示しました。

　一方、同様のケースであっても、実質的に、譲渡会社と譲受会社の経営者が同一であるなど、"高度の実質的同一性"が存在すると認められた場合には、解雇に関する法理を潜脱する偽装解散とみなされ、解雇無効とされる可能性がありますので、留意が必要です(**新関西通信システムズ事件・大阪地裁平6.8.5決定**)。

②-ⅳ) **労働組合の組合員に対する不利益な取扱いの禁止**

　譲受会社が譲渡部門の一部の労働者の労働契約を承継するために、承継予定労働者の選定を行う場合には、労働組合の組合員に対する不利益な取扱い等の不当労働行為など法律に違反する取扱いを行うことは認められないこととされています。

③ **労働者への情報提供**

　譲渡会社は、承継予定労働者の労働条件を変更して譲受会社に承継させる場合には、承継予定労働者から労働契約の承継に関する同意を得る際に、労働条件の変更についても、同意を得る必要があることとされています。

　この点について、事業譲渡によって労働契約が承継された場合に、承継対象業務に従事する労働者について、譲受会社の就業規則その他の労働条件が当然に適用されるか否かについて争われた裁判例では、「労働条件については、譲受会社の就業規則の定めその他の労働条件が転籍した被用者に当然に適用されるものではなく、転籍した被用者にその適用がされるためには、当該被用者がこれらの労働条件に同意することが必要であると解するのが相当である」(**エーシーニールセン・コーポレーション事件・前掲**)とされています。

　この場合、個別の同意を得る際には、労働者本人に対して、事業譲渡に関する全体の状況や譲受会社の状況について情報提供を行うことが望ましいこととされています。なお、個別同意を求める際の情報提供について、意図的に虚偽の情報が提供された場合には、民法第96条第1項の規定(詐欺または強迫）

に基づき、当該労働契約の承継にかかる同意について取り消すことが可能となる場合がありますので、留意が必要です。

④ 労働協約の承継

事業譲渡における権利義務の承継は特定承継であるため、労働協約を承継するためには、譲渡会社、譲受会社、さらには労働組合の合意が必要となります。これらの合意が調わない場合には、労働協約は譲受会社に承継されません。

3．企業再編時における労働条件の変更と調整

合併や分割、事業譲渡等によって、二以上の事業が統合する場合、賃金や労働時間その他の労働条件の整備、統一が必要となります。

そこで、これらの企業再編のスキームごとに、労働条件の変更の法的問題と対応実務についてみていくこととします。

（1）合併前後の労働条件の統一・調整

合併においては、消滅会社の労働条件はそのまま存続会社等に承継されることとなるため、合併直後は複数の労働条件が併存することになります。しかし、賃金や労働時間その他の労働条件の格差をいつまでも是正せずに放置しておくことは、労働者間の不平等や労務管理上の不便さなどから、人事管理上に支障をきたすこととなります。このため、合併を行うにあたっては、できる限り合併前に各社の労働条件統一の検討をしておくことが望まれます。しかし、合併交渉そのものが水面下で進められ、従業員に公表されるのは合併の数カ月前というケースも珍しくありません。このような場合、事前に労働条件を変更することは容易なことではありません。

このため、合併後、速やかに労働条件の統一を行うことが不可避となりますが、すべての労働条件を有利なほうに合わせることは現実的に容易ではありません。このような場合には、労働条件の不利益変更の問題として慎重に検討を進めることが必要となります。

なお、実際には、合併と同時に労働条件の統一・調整が行われるケースもありますが、前述のように、合併は包括承継が原則であるため、合併時に労働条

件の不利益変更を行う場合には、変更手続きなどについて慎重に進めることが重要となります。

ではまず、合併時における不利益変更の問題についてみたうえで、合併前後における労働条件の統一・調整にかかる問題についてみていくこととします。

① 合併時における労働条件の不利益変更の問題

合併時における労働条件の不利益変更の問題を検討するにあたっては、いずれかの企業に労働組合がある場合には"労働協約"による労働条件の不利益変更について、また、労働組合がない場合や労働協約に規範的部分（労働条件その他の労働者の待遇に関する基準）の記載がない場合には"就業規則"による労働条件の不利益変更について、検討することが必要となります。

①-ⅰ) 合併時における労働協約による労働条件の不利益変更

労働組合の組合員の労働条件については、合併により労働協約の内容も承継されるため、労働協約に規範的部分が定められている場合には、就業規則による労働条件の変更を行うことはできません。

したがって、このような場合は労働組合と協議したうえで労働協約の変更を行うか、労働協約を解約したうえで、就業規則による労働条件の変更を行うことが必要となります。

労働協約を解約する場合、90日間の予告が必要となります（労働組合法第15条第4項）ので、合併に伴って労働条件を統一しようとする場合は、あらかじめ解約の予告手続きを行っておかなければなりません。ただし、労働協約の期間の定めがあるときは、期間が到来するまでは、その労働協約に拘束されることとなります。

また、管理職やその他の非組合員については、原則として労働協約の適用を受けませんので、これらの者の労働条件の変更を行う場合には、就業規則や個別の労働契約を変更することが必要となります（賃金の不利益変更の問題については、本章295ページ参照）。

①-ⅱ) 合併時における就業規則による労働条件の不利益変更

就業規則によって労働条件を変更する場合には、就業規則の周知と変更内容の合理性が必要となります（詳細は、本章299ページ参照）。

この場合の合理性の判断にあたって、賃金、退職金等の不利益変更については、高度の合理性が必要となることは前述（詳細は、本章314ページ参照）し

たとおりですが、一般的には、合併による労働条件の統一化は、就業規則の不利益変更の合理性の判断において、それ自体高度の必要性が認められるものと解されます。

この点に関連した裁判例として、合併時における賃金・退職金等の不利益変更の合理性の有無について争われた**大曲市農協事件**（最高裁三小昭63.2.16判決）をみることにします。本事案は、7つの農協の合併に伴って、給与、賞与、退職金等の水準や支給率の統一が行われ、退職給与規程の改定による不利益変更の有効性が争われたものですが、被告農協（旧花館農協）は、給与および賞与のみ他の6つの農協と同様に、県農業協同組合中央会の指導・勧告に従って、給与規程の改定によって給与水準の引上げを行ったものの、退職金については、退職時の基本月俸に勤続年数に応じた所定の支給倍率を乗じて算定することとされていたところ、労働組合の反対などから、退職給与規程の改定を行っていませんでした。

裁判所は、「一般に、従業員の労働条件が異なる複数の農協、会社等が合併した場合に、労働条件の統一的画一的処理の要請から、旧組織から引き継いだ従業員相互間の格差を是正し、単一の就業規則を作成、適用しなければならない必要性が高いことはいうまでもない」としたうえで、「法的規範性を是認できるだけの合理性を有する」として退職給与規程の不利益変更を有効としました。

判決では、"改定の必要性"と、それに伴って労働者が被る"不利益の程度"の比較考量に重点がおかれています。

まず、改定の必要性については、退職金支給倍率の格差は、被告農協（旧花館農協）のみが中央会の指導・勧告に従わなかったことによって生じたものであり、合併に際してその格差を是正しないまま放置すると、合併後の人事管理等の面で著しい支障が生ずることが明らかであるとされています。

一方、労働者が被る不利益の程度については、退職金の算定基礎となる基本月俸が増額されていることから、おおむね減額分程度に達しており、休日・休暇、諸手当、旅費等の面でも有利な変更が行われており、さらには定年延長なども行われており、これらの措置は、退職金の支給倍率の低減に対する直接の見返りないし代償としてとられたものではないとしても、合併に伴う格差是正措置の一環として、新規程への変更と共通の基盤を有するものであるため、合理性の判断にあたって考慮すべき事情であると判示されています。

これに対し、**朝日火災海上保険事件**（最高裁三小平8.3.26判決）のように、合併に伴う定年年齢引下げおよび退職金減額の有効性が争われた事案で、労働協約の変更について高度の必要性を認めたものの、特定の者に対する不利益が大きすぎることを理由に、就業規則による変更の効力が否定された裁判例もあります。

　以上のように、合併にあたっては、"変更の必要性"と"労働者が被る不利益の程度"について検討することが重要となります。合併をスムーズに進めるためには、合併の数カ月前から、人事統合プロジェクト等を編成し、合併後の労働条件について項目ごとに統合の方向を検討し、合併前までに統一後の労働条件に変更を行っておくことが望まれます。

② 　合併に伴う人事労務の統合にかかる問題

　合併は、他の企業再編と比べると、組織の再編や労働条件の変更についてもっともドラスティックな改革が求められます。

　そこで、合併の際にとくに問題となる賃金の統一、調整の問題についてみることにします。

②−ⅰ）賃金の統一・調整

　賃金にかかる労働条件について、合併にあたって統一・調整が必要となる事項には、さまざまなものがあります。

　まず、各社における賃金人事制度の基本的な考え方が異なる場合には、人事フレームや賃金制度の抜本的な見直しが必要となります。また、諸手当の統廃合など賃金体系の見直しや給与改定のしくみの統一、昇・降格制度の統一・調整、賞与制度の基本的な考え方の統一等の検討が必要となります。新しい人事制度への移行にあたっては、賃金体系の変更や各個人の再格付けに伴う賃金減額が生じる可能性がありますが、そのような場合には、不利益変更の問題として経過措置等についても検討が必要となります。

　また、退職金・企業年金制度がある場合には、制度そのものの統一のほか、制度移行にあたっての過去分の確定と将来分の再設計が必要となります。

　さらに、合併時に複数の会社の従業員が1つの事業場で働くこととなる場合、できるだけ速やかに所定労働時間や年間休日数の統一をしておくことが必要となります。この場合、割増賃金単価や割増賃金率等についても統一することを忘れてはなりません。また、賃金支払い実務の問題として、賃金の端数処

理、入退社時の日割計算方法、欠勤・遅刻・早退等における賃金控除方法、通勤手当の支給方法、賃金締切日・支払日の統一も検討する必要があります。

②-ⅱ）合併に伴う役職ポストの減少と降格・降職に伴う賃金の減額

　合併等による企業再編を行う場合、各社において重複した機能を持つ部門、たとえば人事・総務や経理・財務、仕入・物流等の部門について統廃合が図られることが少なくありません。この場合、通常は合併前のそれぞれの組織において部長や課長等の役職者がいるわけですが、多くの場合、組織の統廃合に伴って役職ポストが減少します。

　このようなケースでは、降格・降職および賃金の減額が行われることがありますが、企業再編による組織の統廃合を理由に、これらの降格・降職に伴う賃金の減額が無制限に認められるものではありません。

　前述したように、役職ごとに一定額の役職手当がついている場合や、人事制度上で一定の役職と資格等級等が連動して当該資格等級等に基づいて賃金が決定されることが明確になっている場合には、問題とはなりません（詳細は、本章286ページ参照）。しかし、そうでない場合は、降格・降職を理由に賃金を減額することは、従業員本人の同意がない限り、できないものと解されます。

　このため、やむを得ず賃金の減額が避けられない場合には、これまでの賃金額の中に一定の役職相当分の賃金が含まれていたことを十分に説明するなどしたうえで、当該役職を外れた者から賃金減額の同意を得ることが不可欠となります。なお、この方法によって賃金の減額を行う場合には、今後、新たに役職に就く者に対しては、逆に、役職相当分の賃金を増額して支給することが必要となる点についても、留意が必要となります。

（2）買収における権利義務の承継

　株式取得による買収は、前述（本章345ページ参照）のように、権利義務関係がそのまま承継されることとなります。したがって、直接的に労働条件の変更に影響を与えるものではありませんが、実際は、リストラ策の一環として大幅な労働条件の引下げが行われたり、グループ傘下が変わることにより、人事ポリシーの違いから労働条件の不利益変更が行われることが少なくありません。

　しかし、この場合の労働条件の不利益変更の有効性については、特別に法令による保護がされているわけではなく、労働法の一般法理に基づいて判断され

ることとなります。

（3）会社分割前後の労働条件の変更と調整

　前述のように、会社分割の場合、分割会社は、会社分割のみを理由として一方的に労働条件の不利益変更を行うことはできません（本章350ページ参照）。しかし、吸収分割の場合のように、承継会社等の労働者の労働条件と格差がある場合は、これを是正する必要があります。このような場合においても、労働条件の不利益変更を行うことが一切認められないかのようにみえますが、会社分割前または会社分割後に、会社分割以外の理由で分割会社または承継会社等が労働条件を不利益に変更することについては、労働契約承継法の規制は及びません。したがって、実際に会社分割に際して賃金水準の引下げを行う場合には、労働者が転籍する前、もしくは転籍した後に行うこととなります。

　この場合、不利益変更の合理性の判断基準に基づいて慎重に検討することが必要となります。

（4）事業譲渡前後における労働条件の変更と調整

　前述したように、事業譲渡は特定承継であるため、企業再編時に労働条件の承継と変更の有無について明確にしておくことが大切です。

①　労働条件の承継の有無

　事業譲渡に伴う転籍により自らの労働条件の内容がどのように変更されるのか、その内容によっては従業員のモチベーションに大きく影響を与えるだけでなく、場合によっては、転籍に同意しなかったり退職してしまうなど、人材流失のリスクともなりかねません。このため、事業譲渡を実施するにあたっては、労働者の同意を得られるような条件をいかに提示できるかが重要なポイントとなります。

　では、事業譲渡前後における労働条件の承継に関する実務上の留意点についてみていきます。

①-ⅰ）未払い賃金等の取扱い

　前述のとおり、譲渡会社をいったん終了したうえで譲受会社が新たに採用する退職・採用型のスキームを採った場合、原則として、残業代等の不払い賃金債務は譲受会社に承継されません。

ただし、残業代等の債務を抹消することを企図して譲渡会社を解散し、譲受会社を新設したような場合で、譲渡会社と譲受会社の間に"実質的同一性"があると認められる場合には、法人格の濫用として、労働債務が引き継がれる場合があります（法人格否認の法理）ので、留意が必要です。

①-ⅱ) 年休の通算の取扱い

　年次有給休暇については、当然、勤続年数を通算すれば従業員にとって有利ですが、通算するか否かは会社の任意の取り決めによります。また、事業譲渡の際に、譲渡会社で残日数の買取りをすることも可能です。

①-ⅲ) 退職金の通算の取扱い

　退職金の取扱いについても、譲受会社に引き継ぐか否かの取り決めをしておく必要があります。

　事業譲渡の際にいったん退職金を清算してしまうことも可能ですが、譲受会社の労働条件が譲渡会社と比較して極端に低い場合や、勤続年数を通算しない取扱いとした場合、まとまった退職金を手にして他社に転職してしまうという、人材流失のリスクを伴います。このため、退職金を清算せず、譲受会社で勤続年数を通算する取扱いとすることについても検討することが望まれます。この取扱いは、退職金制度の内容にもよりますが、一般的には従業員にとって有利なものであり、従業員の流失を抑制する効果が期待できます。ただし、譲受会社にそもそも退職金制度がない場合には、退職金を引き継ぐという選択肢自体がないことはいうまでもありません。

② 労働契約承継時の労働条件の変更

　転籍型の場合において、譲渡会社が承継予定労働者の労働条件を変更して譲受会社に承継させる場合には、承継予定労働者から労働契約の承継に関する同意を得る際に、労働条件の変更についても同意を得る必要があることとされています。

　この点について裁判例では、事業譲渡によって労働契約が承継された場合に、承継対象業務に従事する労働者について、譲受会社の就業規則その他の労働条件が当然に適用されるか否かが争われた事案では、「労働条件については、譲受会社の就業規則の定めその他の労働条件が転籍した被用者に当然に適用されるものではなく、転籍した被用者にその適用がされるためには、当該被用者がこれらの労働条件に同意することが必要であると解するのが相当である」

(エーシーニールセン・コーポレーション事件・前掲）とされています。

4．企業再編におけるその他の労働条件の統一・調整

　企業再編にあたっては、多かれ少なかれ労働条件の統一・調整が必要となります。本書では、統一・調整が必要となる労働条件のうち、賃金の問題を中心に触れましたが、このほかにも労働時間や休日、休職、退職・解雇等、さまざまな問題について、統一・調整が必要となります（図表補－⑬参照）。

図表補－⑬　企業再編前後に統一・調整の検討が必要となる主な労働条件

項　目	内　容
ⅰ）採用・服務	・入社時の労働条件、試用期間 ・服務規律
ⅱ）労働時間	・日、週の所定労働時間と年間所定労働時間 ・各種変形労働時間制、みなし労働時間制等
ⅲ）休日	・年間休日数（各種変形労働時間制の活用）
ⅳ）休暇・休業	・年休、法定休暇（有給・無給）、特別休暇 ・休職・復職制度、休職・復職判定手続き ・育児休業、介護休業等
ⅴ）賃金	・賃金水準（賃金テーブル） ・賃金改定方法 ・割増賃金率 ・計算方法（端数処理、入退社時の日割計算方法等） ・欠勤、遅刻、早退等の控除方法 ・通勤手当の支給方法 ・賃金締日、支払日 ・賞与 ・退職金
ⅵ）退職・解雇	・退職事由、退職手続き ・定年年齢、再雇用制度 ・解雇手続き、解雇事由
ⅶ）懲戒	・懲戒の種類、懲戒事由、懲戒手続き
ⅷ）福利厚生等	・施設・保養所、優待割引等 ・旅費（出張旅費・転勤旅費等）、社宅 ・慶弔見舞金 ・災害補償

高年齢者雇用をめぐる課題と対応

少子高齢社会の進展を背景に、老齢厚生年金の支給開始年齢が段階的に65歳に引き上げられます。これに伴って平成25年4月より改正高齢法が施行され、原則として、すべての事業主に対して希望者全員の65歳までの継続雇用が義務づけられました。加齢とともに気力・体力などに大きな個人差が生じ、さらに就労ニーズや就業意識も多様化する高年齢者を、年齢（定年）によって画一的に取り扱い、一律に処遇することは、意欲と能力のある高年齢者のモチベーションの低下につながるだけでなく、組織の活性化にも悪い影響をもたらす可能性があります。

また、景気低迷によって業績の拡大が見込めない中で、今後の高年齢者雇用と従業員の高齢化に対応していくためには、次のような視点で高年齢者の仕事を確保し、また、限られた原資を有効に配分することが必要となります。

① ワーク・シェアリングによる仕事の分かち合い

高年齢者の雇用を確保するためには、限られた仕事（パイ）を高年齢者間で分かち合う「ワーク・シェアリング」を実施する必要があります。ここでいうワーク・シェアリングとは、単なる労働時間の分かち合いだけではなく、仕事そのものや役割、責任を分かち合うことによって高年齢者の雇用機会を確保しようとするものです。定年を機に一律に役割や責任を免じる（取り上げる）のではなく、意欲と能力のある高年齢者には現役時代と同じように重要な役割を担ってもらう一方で、事務職や現業職については、パートなどの短時間や短日勤務、ペア就業、グループ就業などによって仕事を分担するようにします。こうして、高年齢者の仕事や役割、責任に応じて配置（職務・役割）を適正化し、職域を拡大することによって、高年齢者の雇用の確保と人材の有効活用を実現し、同時に、高年齢者のモチベーションの維持・向上を目指します。

② ペイ・シェアリングによる賃金原資（総額人件費）の分かち合い

高年齢者雇用と従業員の高齢化の最も大きな課題は、人件費コスト増大の問題です。高年齢者雇用に取り組みながら、限られた賃金原資（パイ）を有効に配分するためには、「ペイ・シェアリング」の視点で総額人件費管理に取り組むことが重要となります。

ペイ・シェアリングには、ワーク・シェアリングを活用した仕事の分かち合いによる高年齢者間での賃金の分かち合いと、現役世代の賃金カーブを見直す（寝かせる）ことによって高年齢者の賃金原資を確保する世代間における分かち合いがあります。

世代間のペイ・シェアリングを実施するためには、定期昇給や自動昇格などの年功制を廃し、職務・役割・責任と貢献度に見合った職務・成果主義の賃金・人事制度に転換することが不可欠となります。

以上のように、高年齢者の雇用を可能な限り多様化し、メリハリのある処遇を実現する雇用システムの構築と、現役世代を含めた賃金・人事制度の改革を行うことが、高年齢者雇用を成功させるポイントとなります。

著者略歴

藤原　伸吾（ふじわら・しんご）

　1997年日本大学法学部卒。社会保険労務士法人ヒューマンテック経営研究所代表社員（特定社会保険労務士）および株式会社ヒューマンテック経営研究所代表取締役副所長。

　社会保険手続き、給与計算業務の受託およびＭ＆Ａ等の企業再編にかかる人事労務面からの総合支援やグループ経営強化支援のほか、労働時間制度や賃金・人事制度の企画・導入指導、就業規則等の諸規程の制改定、人事労務相談等、人事労務全般にわたるコンサルティングに取り組んでいる。

　公職等として、東京都社会保険労務士会中央支部副支部長、2011・12年度厚生労働省『中小企業相談支援事業・労働条件改善指導マニュアル等作成委員会』委員、ビジネスキャリア試験委員、第一法規『介護・福祉・医療サービス事業の人事労務ガイドブック』編集委員ほか（2013年3月現在）。

　著書に、『最新の雇用動向と柔軟な雇用システム』（経営書院刊「進化する柔軟な雇用システム」所収）、『中高齢層処遇の現状と課題、今後のあり方』（産労総合研究所刊「賃金事情2012年8月5・20号、中高齢処遇再考」所収）、『進展する従業員の高齢化に対応する雇用システムと賃金・人事システムの在り方』（第一法規刊「会社法務Ａ２Ｚ」2013年3・4月号所収）ほか多数。

　　　　　　　連絡先：〒104-0061　東京都中央区銀座3-10-7
　　　　　　　　　　　銀座東和ビル９階
　　　　　　　　TEL：03-3543-6326　FAX：03-3543-6169
　　　　　　　　　　　E-mail：info@human-tech.co.jp
　　　　　　　　　　　URL：http://www.human-tech.co.jp/

**基礎から学ぶ
賃金・賞与・退職金の法律実務**

2013年4月30日　第1版第1刷発行　　　　　　　定価はカバーに表示してあります。

著　者　　藤　原　伸　吾
発行者　　平　　盛　之

発行所　㈱産労総合研究所
　　　　出版部　経営書院

〒102-0093
東京都千代田区平河町2-4-7清瀬会館
電話 03(3237)1601　振替 00180-0-11361

落丁・乱丁はお取替えいたします　　　　　印刷・製本　中和印刷株式会社
ISBN978-4-86326-148-8

経営書院の本

改訂3版 就業規則ハンドブック〈CD-ROM付〉
産労総合研究所編

労働基準法および雇用機会均等法、育児・介護休業法等の改正・施行を踏まえた就業規則モデルと逐条解説。各社事例も豊富に収録した就業規則改定の手引書。

B5判 396頁 定価9,870円

改訂13版 就業規則総覧
経営書院編

各種労働関係法の施行・改正や、人事・賃金・労務等社内諸制度の改善をうけて、企業の実情に合った就業規則の見直しを進めるための手引書。

B5判 594頁 定価9,660円

改訂11版 社内規程百科
経営書院編

改正労基法に対応した数百社の数千に及ぶ諸規程を可能な限り一般化し、各項目ごとのモデルとして収録。規程作成の最新・最良の参考書。

B5判 640頁 定価7,560円

改訂8版 会社規程総覧
経営書院編

企業経営者、総務、労務、人事担当者、労働組合役員などの実務家向きの参考資料として実在企業の諸規程諸規則、諸協定類を精選。

B5判 634頁 定価9,450円

改訂3版 退職金・年金規程総覧
経営書院編

退職金規程および付属する諸規則を、煩雑な解説や難解な理論を取り上げず、できるだけ数多く収録。いずれも実在企業のもの。

B5判 492頁 定価10,080円

経営書院の本

実務家のための 労働判例の読み方・使い方
八代徹也 著

労働判例を読む場合に知っておくべき約束事や裁判に関する一連の手続きなどについて、実際の労働判例をもとに、できる限りやさしく分かりやすく解説。

四六判　162頁　定価1,470円

改訂版 労使の視点で読む 最高裁重要労働判例
髙井伸夫・岡芹健夫・宮里邦雄・千種秀夫 共著

労使を代表する弁護士と元最高裁判事が重要な22の最高裁労働判例に対して、それぞれの立場から意義・課題・方向性を明示した改訂版。巻末に年表付き。

四六判　362頁　定価1,995円

実務家のための 労働判例用語解説
八代徹也 著

一般の実務家には難解な判例用語を平易に解説するとともに、個別紛争などの具体的判断基準も判例をもとに解説。実務の個別事例にも対応できるように解説。

四六判　254頁　定価1,890円

改訂版 職場のいじめとパワハラ防止のヒント
涌井美和子 著

カウンセラーとして活躍している著者が、経験から想定したケースをもとにパワー・ハラスメントの発生から解決までの対応について実務的に解説。

A5判　218頁　定価1,470円

心理学の基礎から学ぶ職場のメンタルヘルス 「職場うつ」防止のヒント
涌井美和子 著

企業の人事・労務担当者を対象に、こころの病気の基礎知識と、それぞれの疾患に対する担当者へのアドバイスを解説。初期の発見・治療につなげ、早期回復を図るためのヒント。

A5判　214頁　定価1,470円

経営書院の本

柔軟な雇用システムの動きと導入・運用の実務／モデル規程例／30社の企業事例

進化する柔軟な雇用システム

産労総合研究所 編

「非正規社員の正規雇用」「ジョブリターン」「非正社員活用」「高齢者、外国人労働者活用」など、柔軟な雇用スタイルに関する解説、モデル規程例、各社事例で構成。

序章「最新の雇用動向」第1章「正社員の雇用スタイル」第2章「非正社員の雇用スタイル」第3章「ジョブリターン」第4章「特定労働者の雇用」第5章「その他の採用・雇用システム」の各章の解説は、ヒューマンテック経営研究所スタッフが執筆。

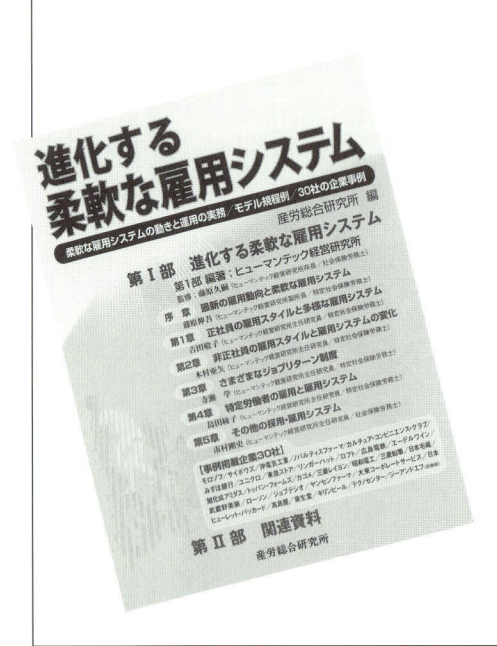

〔事例掲載企業〕
ロフト／ユニクロ／広島電鉄／リンガーハット／モロゾフ／東急ストア／みずほ銀行／エーデルワイン（非正社員の正社員登用）、トッパン・フォームズ／カゴメ／三菱レイヨン／昭和電工／三菱鉛筆（退職者復職制度）、日本毛織／武蔵野美装（高齢者雇用）、沖電気工業／ノバルティスファーマ（在宅勤務）、モロゾフ／サイボウズ（短時間正社員）、ヤンセンファーマ／大東コーポレートサービス（障害者雇用）、高島屋／資生堂／キリンビール（育児休業中社員の支援）、ローソン（外国人社員採用）、テクノセンター／ジョブテシオ／旭化成アミダス／ジーアンドエフ／CCC／日本HP（その他の採用・雇用）

変形B5版 360頁
7,980円（税込）
2009年10月発行